Diana Krüger

Tigerlilly kommt
Von einer, die auszog, das Lieben zu lernen

Eine Coming-in-Geschichte

Für meine Schwester.

Und für alle Frauen, die das Steuer über ihr Leben fest in der eigenen Hand halten und nicht so oft gesehen werden, wie sie es verdient hätten, weil sie weniger jammern als die anderen.

Diana Krüger

Tigerlilly kommt
Von einer, die auszog, das Lieben zu lernen

Eine Coming-in-Geschichte

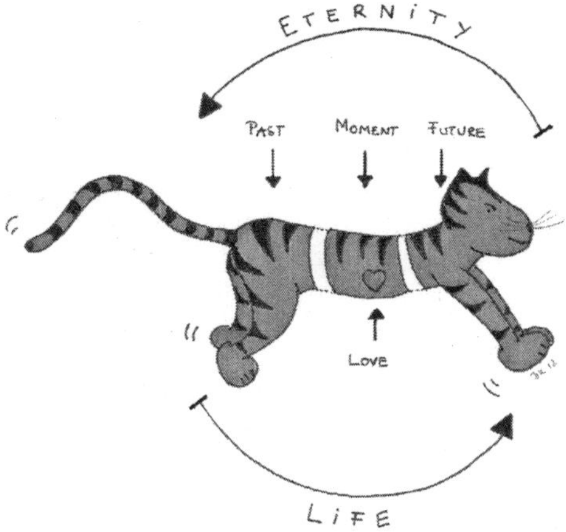

Oculus-Verlag

Titel: Tigerlilly kommt
Autorin: Diana Krüger
Lektorat: Armin C. Kälin

1. Auflage: November 2013

www.oculus-verlag.de

ISBN: 978-3-942567-11-4
Preis: 19,95 Euro

Hat Ihnen das Buch gefallen?
Schreiben Sie uns Ihre Meinung unter:
info@oculus-verlag.de

Ein freier Mensch

»Ich bin ein freier Mensch. Ich will unter keinen Umständen ein Allerweltsmensch sein. Ich habe ein Recht darauf, aus dem Rahmen zu fallen. Ich wünsche mir Chancen, nicht Sicherheiten. Ich will kein ausgehaltener Bürger sein, gedemütigt und abgestumpft, weil der Staat für mich sorgt. Ich will dem Risiko begegnen, mich nach etwas sehnen und es verwirklichen, Schiffbruch erleiden und Erfolg haben. Ich lehne es ab, mir den eigenen Antrieb mit einem Trinkgeld abkaufen zu lassen. Lieber will ich den Schwierigkeiten des Lebens entgegentreten, als ein gesichertes Dasein zu führen; lieber die gespannte Erregung des eigenen Erfolges statt die dumpfe Ruhe Utopiens. Ich will weder meine Freiheit gegen Wohltaten hergeben noch meine Menschenwürde gegen milde Gaben. Ich habe gelernt, selbst für mich zu handeln, der Welt gerade ins Gesicht zu sehen und zu bekennen:
Dies ist mein Werk.«
(Albert Schweitzer)

Inhaltsverzeichnis

Ohne Futter immer Hunger

Es gibt ein Experiment, das an Ratten durchgeführt wurde. Zwei Käfige. Zwei Gruppen. Das Futter wird beiden Gruppen durch eine Luke gereicht, die sich durch das Betätigen eines Hebels im Inneren des Käfigs öffnet. Der einen Gruppe wird die Nahrung in regelmässigen Abständen gereicht, immer zu einer bestimmten Zeit, verlässlich und in ausreichender Menge. Die andere Gruppe wird nur ab und zu gefüttert, in unregelmässigen Abständen und in variabler Menge. Als man die Futterzufuhr stoppt, begreift die erste Gruppe recht schnell, dass es nichts bringt, den Hebel zu betätigen, und hört irgendwann damit auf. Die andere Gruppe weiss nicht, was Verlässlichkeit, Regelmässigkeit und Beständigkeit ist. Die Ratten im zweiten Käfig drücken immer und immer und immer wieder auf den Hebel. Immer und immer wieder, denn es könnte ja sein, dass es beim nächsten Mal wieder etwas gibt. Druck. Druck. Druck. Es ist für die Ratten aus der zweiten Gruppe unmöglich zu erkennen, dass sie kein Futter mehr erhalten werden.
Die Sonne scheint. Für fast alle Männer da draussen in der Welt also ein perfekter Tag, glaubt man dem, was sie in ihre Profile in den Internet-Partnerbörsen schreiben. Wenn sie jetzt nur noch fliegen könnten. Tigerlilly fliegt bei Sonnenschein im Flugzeug nach Amerika. Amerika wurde durch einen Irrtum entdeckt. Wusstest Du das? Neben ihr sitzt eine Frau, die ständig in ihrer Tasche kramt. Tigerlilly hasst Frauen, die ständig in ihren Taschen kramen. Daneben sitzt eine Frau, die sich in einem blauen Fünf-Liter-Eimer Salat macht. Tigerlilly wird aggressiv, wenn Menschen in ihrer Nähe essen und sie nicht. Sie weiss nicht, warum. Fünf Reihen vor ihr verteilen freundliche Stewardessen das eingeschweisste Flugzeugmenü. Neben ihr tänzelt ein Mann aus Ostdeutschland mit einer Filmkamera durch das Flugzeug, um die amerikanische Frau zu filmen, die sich den Salat im Eimer macht. Er macht sich so laut darüber lustig, dass es auch die erste Reihe ganz sicher gehört hat. Tigerlilly schaut misstrauisch aus ihren grünen Augen in die Welt um sich herum. Menschliches Verhalten ist für sie so oft absurd, so fehlerhaft, so unverständlich und viel zu nah. Sie schüttelt den Kopf und isst. Weil ein Gericht niemals reicht, bestellt sie gleich zu Anfang ein weiteres. Wie immer. Zu viel. Grenzenlos. In allem. Anders. Irgendwie komisch. Nimmersatt. Immerdruck.

Ist das interessant? Wird etwas Neues in Dir geschaffen, wenn Du diese Zeilen liest, liebe Leserin, lieber Leser? Warst Du letztens in der Oper? Hast Du wie ich mit Tristan und Isolde gelitten, wünschend, dass Dein Leben enden möge mit den Worten „Oh, höchste Lust“ auf den Lippen? Und hattest Du wie ich eine betagte Sitznachbarin, sagend: „Na, man will es ja wenigstens einmal erlebt haben!“ Ich neige bescheiden mein Haupt, wohl wissend darum, dass es alles bereits gibt auf dieser Welt. Es gibt immer eine Geschichte hinter der Geschichte. Und wieder eine Geschichte hinter dieser Geschichte. Hat man eine Tür geöffnet, steht man vor der nächsten, hat man sich einen Gipfel erkämpft, gibt es fast immer einen höheren. Es ist uns nicht vergönnt, mehr zu sehen als nur ein Wort aus einem Satz. Das Leben findet im Augenblick statt. Wir lernen niemals die ganze Geschichte kennen, geschweige denn mit unserem Verstand zu begreifen, was wir sehen. Manchmal meinen wir, wir hätten es verstanden, müssen aber später meist einsehen, dass wir uns geirrt haben. Wie Kolumbus. Und mit etwas Glück erkennen wir noch viel später, dass es gut war, wie es war, obwohl wir uns geirrt haben. Vorher jammern, klagen und weinen wir, dass sich die Dinge nicht nach unserem Willen entwickeln. Tigerlilly jammert, klagt und weint laut. Keiner liebt sie.

Sie hat irgendwo in einem der tausend Handgelenk-Psychobücher, die sich neben, unter und auf ihrem Bett türmen, gelesen, dass in unserer grössten Verletzung auch unsere grösste Begabung liegt.

Dies wird eine Liebesgeschichte, ganz sicher. Klingt das geheimnisvoll in Deinen Ohren? Liest Du weiter? Schön. Tigerlillys Geschichte ist normal. Wirklich. Eine ganz normale Familiengeschichte in Deutschland. Berlin. West. 1971 bis …? Wer weiss das schon. Bis heute. Bis jetzt.

Es war einmal eine arme Frau.

Sie ist siebenunddreissig. Weiblich. Lackierte Fingernägel, Handtasche mit glitzernden Blümchen, Hackenschuhe. Ein hübsches Kleid, das ihr schönes Dekolleté betont. Brust raus, Po rein. Sie lacht laut. Ganz normal eben.
Es gibt immer eine Geschichte hinter der Geschichte hinter der Geschichte. Geschichte. Bei jeder. Und bei jedem.

Am Anfang war der Krieg

Krieg. Er entfremdet uns von uns selbst über Generationen hinweg. Er ist. Überall. In uns. Wie weit muss man zurückgehen, um die Lösung zu finden? Um das zu verstehen, was nicht gesagt wird, wofür es keine Worte gibt. Der Zweite Weltkrieg. Ostpreussen. Tigerlillys Oma hatte ein Kind. Einen Sohn. Sie war unverheiratet. Schande. Der Erzeuger ist angeblich gefallen. Die Liebe ist wie eine Feder, die der Wind auf unsere Hand weht. Wir dürfen die Hand aufhalten, im vollen Bewusstsein, dass der nächste Windhauch sie weiterwehen könnte. So schön, so leicht. Greifen wir nach ihr, um sie zu halten, ist sie in ihrer Struktur zerstört. Dann ist die Liebe kaputt. Greifen wir nicht, trägt der Wind sie irgendwann weiter. Einfach weg. Alles, was wir dann noch tun können, ist, ihr gedankenverloren hinterherzuschauen, nur langsam begreifend, wie kostbar der vergangene Moment war. Und vor Trauer darum vergehen. Der Krieg kam. Flucht. Mit dem Schiff. Das erste haben sie verpasst. Es ist später gesunken. Auf dem letzten Schiff war Platz. Oma N. hat ihn geheiratet, den Opa. Um versorgt zu sein, weil eine Frau ja nichts alleine kann, schon gar nicht mit einem Balg. Sie hat das Leben danach nicht mehr genossen, so ganz ohne Liebe. Aber wir haben ja keine Wahl. Alles ist vorherbestimmt. Es muss eben so sein, wie es sein muss. Mit Opa hat sie drei weitere Kinder bekommen. Dieser Opa hat bis zum Ende seines Lebens nicht geglaubt, dass die Erde eine Kugel ist. Er wurde sehr wütend, wenn man schon wieder davon anfing. Schliesslich müsste man dann runterfallen. Er war Nazi. Der Krieg war verloren. Und mit ihm der erste Mann von Oma. Die Liebe, diese zarte Feder, hat der Hauch des Todes weitergeweht. Irgendwohin. Aber eben. Darüber redet man nicht. Von Männern redet man sowieso nicht. Niemals. Das ist schmutzig. Nur einmal ist Oma N. ein liebevoll erinnernder Seufzer rausgerutscht.

Tigerlilly hat ein gutes Gespür für Seufzer. Sie merkt sich alle Seufzer der Welt. Und sie sucht die Liebe. Die Feder. Sie hält ihre kleine Menschenhand auf und hofft, der Wind wehe sie auch einmal auf ihre Hand.
Opa N. soff. Er war Waldarbeiter. Er war allein auf weiter Flur. Mit dieser Trauer-Frau, die man ja nicht anfassen durfte. Keine

Spur von Glück. Wenn er zu Hause nicht zu finden war, war er in der Kneipe. Wenn er besoffen war und heimkam, hat er um sich geschlagen. Das, was er im Wald nicht geschafft hat zu zerhauen, hat er zu Hause auf den Hintern seiner Kinder vollendet. Woher kommt Wut? Keine Fragen. Keine Antworten. Man hält eben aus. Oma N. wurde fett und flüchtete erneut aus dem Leben. In die Kirche. Moral war der gangbare Weg. Begleitet von Depression und Selbstmordversuchen. Der Tod ist ein mächtiger Geselle. Hand in Hand mit dem Krieg schlendert er über das Feld und sucht sich seine Geschichten aus. Einer der Söhne von Oma baute einen tödlichen Unfall. Die Söhne der Söhne warfen sich vor den Zug. Oder bauten wieder tödliche Unfälle. Keine Fragen, keine Antworten. Keine Trauer. Es wurde nicht darüber geredet. Man stellte ein Bild auf. Schwarzer Rahmen. Fertig. Mutti war das einzige Mädchen in dieser Familie. Als sie ihre Tage bekam und fragte, war die Antwort: „Jetzt fängt die Sauerei bei Dir auch an!" Keine Fragen mehr, keine Antworten. Sechzehnjährig ging sie noch in den Dorfladen, um nach „einem Päckchen für Mutti" zu fragen. Später wird Oma N. sagen: „Meine Kinder hatten zu essen und ein Dach über dem Kopf. Ich hab meine Pflicht getan!" Und sie hat viel mehr als ihre Pflicht getan. Mit klebrigen, schmierigen, fettigen Händen hat sie ein Netz um ihre Kinder gelegt, damit sie nicht alleine sein musste mit diesem Leben, das nicht lebbar war. Mit all dem, was nicht sagbar war. „Du sollst Vater und Mutter ehren!" war das oberste Gebot im Haus. Schuld wurde flächendeckend gesät. Von Verantwortung sprach in diesem Haus kein Mensch. Jedes Lachen war nur ein halbes Lachen. Tränen waren immer das vorletzte Mittel eines Feldzuges aus Erpressung. Danach kam dann der Mord. Wenn einer versuchte, sich aus ihrer Abhängigkeit zu lösen, versuchte sie sich selbst umzubringen. Mama darf man nicht alleine lassen. Niemals. Sie wusch noch die Sachen ihres letzten Sohnes, als dieser vierzig Jahre alt war, bis zu ihrem Tod. Um ihn bei sich zu halten. In Abhängigkeit. Damit sie sich spürt. Wichtig. Unentbehrlich. Als Frau. Selbstlos. Ihr Sohn könnte niemals ohne sie überleben. So fand er einfach keine andere Frau, mit der er hätte leben können, denn die wichtigste Frau in seinem Leben war Mama.

Mutti hatte ein Dach über dem Kopf und genug zu essen. Die Kreide verwischte auf der kleinen Schiefertafel, wo sie zu Hause

Hausaufgaben gemacht hat. Es war ein langer Weg zu Fuss in die Schule, dunkler Wald, Regen und Schnee. Kein Buchstabe war mehr auf der Tafel, wenn sie dort ankam, alle weg. Da war dann das Lineal vom Lehrer. Sie war ein Opfer. Eine kleine, zierliche, blondhaarige Frau. Ihr sehnlichster Weihnachtswunsch im Alter von achtzehn Jahren war eine elektrische Haartrockenhaube. Aber ihr allersehnlichster Wunsch war der, die Männer zu beherrschen. Damit sie kein Opfer mehr ist. Damit sie nicht alleine ist. Alleinsein ist das Schlimmste, denn alleine ist sie ja nichts. Man muss hübsch sein, damit der Plan aufgeht. Männer gucken mehr, als sie denken können. Sie wurde Schneiderin, aber sie arbeitete nicht gerne, die verwischten Buchstaben, Du weisst schon. Sie war irgendwie faul. Sie heiratet eh. Wozu also? Die Mühe lohnte nicht. Sie war ja nur ein Mädchen. Sie las anstatt dessen diese Heftchen. Schmuddelige, kitschige, rosarote Liebesromane. Die Frau ist das Opfer. Der Mann? Natürlich. Der Held. Auch wenn er der Täter ist. Beim Täter liegt die Kraft. So! So muss das Leben sein, damit alles seine Ordnung hat. Oma sagte zu Mutti: „Lies, Kind. Lesen bildet!"

Papa wurde 1944 auf der Flucht irgendwo in einem Schuppen geboren. Es war Ende November, kalt, dunkel. Da war ein Bruder. Da war eine Mutter. Kein Vater. Der war im Krieg und in russischer Gefangenschaft. Das erste Mal, dass die beiden einander sahen, war im Alter von eineinhalb Jahren. Der Vater war der festen Überzeugung, dass Papa nicht von ihm sei. Er selbst hat „unterwegs" eine andere geschwängert und sie gleich mitgebracht. Alle lebten unter einem Dach auf einem Bauernhof an der Elbe. Papas Mutter war eine hübsche, zierliche und permanent kranke Frau. Wenn sie nicht lebensbedrohlich krank war, war sie schwanger. Papa hat eine besondere Eigenschaft mit ins Leben bekommen. Eine Vision. Er kann aus Scheisse Gold machen. Er sieht das Gute. Immer. Auch wenn nichts Gutes ist. Er denkt sich seinen Weg gut. Er war wütend auf seinen Vater. Und irgendwann hatte er das strenge und grausame Bauernregiment satt. Er wollte etwas Besseres sein als Kuhhirte und beschloss, in die grosse, weite Welt zu ziehen. Er lernte. Er traf Mutti beim Tanz am Samstagabend im Tannenhof, und das Märchen beginnt. Er ritt aus Staub und Nebel auf sie zu, hob sie auf sein Pferd und zog mit ihr davon. Mutti schlief im Bett von Oma N. Mit Oma. Oma N. bestand darauf, auch als sie schon mit Papa zusammen war. Damit nichts passiert. Kein Unglück. Du weisst schon. Man kann den Männern nicht vertrauen. Oma N. wusste es besser. Eigentlich wusste es nur sie, niemand sonst. Sie war von dem, was sie erlebt hatte, gezwungen, ja legitimiert, zu kontrollieren. Und sie meinte es ja nur gut. Ihr Kind soll vor all den schlechten Erfahrungen geschützt werden. Und vor den bösen Männern, die nur das Eine wollen. Damit nichts passiert. Erinnere Dich. Das Schlimmste für eine Frau ist das Alleinsein, weil eine Frau nichts alleine kann. Deswegen gibt es die Männer. Die Männer entscheiden. Die Männer nehmen den Frauen alles ab. Alles, was die Frauen tun müssen, ist, nicht erwachsen zu werden. Und hübsch auszusehen. Oder sterben zu wollen. Das Zweitschlimmste für eine Frau ist ein Kind. Ohne Mann. Schande. Schande. Schande. Papa schlief also im Wohnzimmer auf dem Sofa.

So! So muss die Liebe sein! Liebe? Die Feder in der geballten Faust ohne Luft zum Fliegen. Wir haben doch keine Wahl. Es ist, was ist. Mutti blieb während der Woche alleine zu Hause bei Oma. Papa war in Hamburg. Wenn er sich freitags durch viel Verkehr auf den Strassen verspätete, brach sie heulend auf dem Sofa zusammen in der festen Überzeugung, er werde nicht wiederkommen. Dass ihr das Schlimmste passierte.

Sie hatte ein Dach über dem Kopf und genug zu essen. Das war viel, aber wie viel war sie als Mensch wert? Sie war dumm, das wusste sie. Alle Worte auf der Schiefertafel im Gehirn weggewischt. Und der böse Lehrer hat geschlagen, anstatt neue hineinzutun. Sie war hübsch. Eine kleine, blonde Frau. Sie war faul. Sie besass nichts. Und sie war alles Schlechte dieser Welt, einmal im Monat Sauerei. Wie Oma.

Warum um alles in der Welt sollte ein Mann, der ein bisschen aussah wie Clark Gable in „Vom Winde verweht" freiwillig zu ihr zurückkommen? Keine Fragen, keine Antworten. Er kam wieder. Er wollte nicht schuld sein. Irgendwann kam er als Meister für Gas- und Wasser-Installationen wieder. Um aus dem Dreck, den andere anrichteten, Gold zu machen. Das hat er auch bei Tigerlillys Mutti versucht. Die Prinzen auf dem weissen Pferd brauchen schwache Frauen, damit sie stark und überlegen sein können, denn im Grunde sind sie selber schwach. Wie viel wäre so ein Prinz noch wert, wenn eine Frau selber reiten kann? Aber schweigen wir lieber von etwas anderem.

Er war für Mutti die Ahnung davon, der Enge des widerlichen, engen, verschwiegenen Elternhauses entfliehen zu können. Später gibt es immer nur das Gefühl: Da ist noch mehr! Mehr Grauen. Mehr Schuld. Mehr Unaussprechliches, aber an diesen Ort dringt kein Wort. Diesen Mann zu heiraten, war der Weg in die Freiheit. Und irgendwie war der Mann das auch. Sind Männer nicht immer der Weg in die Freiheit für Frauen? Haben Frauen einen eigenen Weg in die Freiheit? Es kam jedenfalls ganz anders als in den Heftchen, die Mutti gelesen hatte. Mutti war zwanzig Jahre und drei Monate alt, als sie Papa kennenlernte, und einundzwanzig Jahre alt, als Tigerlilly geboren wurde. Es ist also doch passiert. Irgendwie. Und bis hierher stimmte der Ablauf aus den Heftchen ja auch. Sie das Opfer, hübsch. Er der Held, stark.

Die Moral von der Geschicht'?
Du hast keine Wahl, vergiss das nicht.

Jammert und klagt und weint. Euer Lachen verkehre sich in Weinen und eure Freude in Traurigkeit.

Erst ist da Ohnmacht. Dann Wut. Dann Trauer. Und dann, viel später, wenn man durch all das durch ist, wieder und wieder, dann erst ist Liebe. Wenn man nicht wütend wird und die Dinge zu gross zum Trauern sind, dann ist da nichts. Schwarze, klebrige Depression. Ödes, vertrocknetes Land.

Tigerlilly sieht einen Bericht im Fernsehen, in dem eine Frau kleinen Kindern von chinesischen Gefangenen hilft zu überleben. Ohne diese Hilfe müssten diese Kinder sonst auch ins Gefängnis. Getrennt von den Eltern. Die Frau sagt: „Kinder können mit wenig Essen auskommen, auch mit einem einfachen Bett und wenig Schlaf, aber sie können nicht überleben ohne jemanden, der ihnen sagt, dass sie etwas wert sind!"

Es gibt Studien[1], die die langfristigen Wirkungen von Traumatisierungen durch Kriegsgeschehen untersuchen. Man stellte an Menschen mit traumatischen Kriegserfahrungen fest, dass sie unter anderem ein um zwanzig Prozent höheres Risiko für eine Minderdurchblutung des Herzmuskels, für Herzversagen oder für einen Schlaganfall haben. Auch die Wahrscheinlichkeit, dass sie an Angina, Bronchitis, Asthma, an der Leber oder schweren Durchblutungsstörungen in Armen und Beinen erkrankten, war zwei- bis dreimal so hoch. All das liess sich als direkte Folge von traumatischem Stress nach Krieg und Misshandlung zweifelsfrei beweisen. Vor allem die Wirkung auf die nächsten Generationen wurde untersucht. Diese Studien belegen, dass bei den Kindern von Frauen, die Kriege überlebt haben, die Stressresistenz deutlich geringer ist als bei Kindern des Friedens. Das Genmaterial ist bei Kriegskindern verändert. Bei Kindern mit traumatischen Erfahrungen produziert das Immunsystem dauerhaft mehr Antikörper gegen im Versuch injizierte Viren. Das Immunsystem hat also permanent grössere Schwierigkeiten, die Erreger in Schach zu halten. Und das galt nicht nur für Betroffene, die nach wie vor in der Familie lebten, in der sie misshandelt wurden, sondern galt sogar doppelt so stark bei den Probanden, die nach frühen Heimaufenthalten in liebevollen Pflegefamilien untergekommen waren. Der einmal angerichtete Schaden bleibt also bestehen. Das menschliche Gehirn ist bei der Geburt nicht voll ausgebildet, sondern lernt weiter, besonders viel in der frühkindlichen Phase. Die Forscher befürchten, dass die körpereigene Abwehr bei Menschen mit traumatischen Erfahrungen im Kleinkindalter insgesamt in einem schlechteren Zustand ist. Es liegt nahe, zu vermuten, dass das emotionale Umfeld von Kindern umfassende Auswirkungen auf ihre Gesundheit hat. Zusätzlich hat man herausgefunden, dass Misshandlungen die Aktivitäten eines bestimmten Gens auf Dauer senken können. So zum Beispiel die Aktivität des Gens, das dabei hilft, das Stresshormon Kortisol aus dem Körper zu entfernen und damit Stressreaktionen im Zaum zu halten. Den Betroffenen mangelt es also an diesem Faktor, und ihr Kortisolspiegel ist höher als bei Vergleichspersonen, sie können körperliche und psychische Belastungen schlechter verkraften. Man konnte eine ähnliche Gen-Inaktivierung bei Rattenkindern feststellen, die durch die mangelnde Fürsorglichkeit der Rattenmütter verursacht wurde, bis ins hohe Alter erhalten blieb und sich sogar an weitere Generationen vererbte.

Als Tigerlilly auf die Welt kommt, hat sie einen Leberschaden und darf die ersten drei Wochen nicht zu Mutti. Sie liegt irgendwo in

Berlin in einem Krankenhaus, gelb vor lauter Galle im Gesicht. Die Ärzte versuchen dort zu heilen, was nicht zu heilen ist, mit keiner Medizin der Welt. Nur mit Frieden. Und mit Liebe.

Träume vom Schlaraffenland

Es war eine Hochzeit auf dem Kartoffelbeet, die Saat bestand aus preussisch-nationalsozialistischer Strenge, Zucht und Ordnung, gesät in ein dunkles Beet, eingerahmt von grauen Mauern, getränkt mit Entbehrungen, Armut und viel Alkohol in dunklen, kalten Nächten.

Papa baute einen schweren Unfall. Ob es ein Unglück war oder ein Glück, weiss man nicht, weil man ja das Ende nicht kennt. Er wurde auf dem zweiten Bildungsweg Techniker für Heizungs-, Lüftungs- und Sanitärtechnik. Später wurde ihm dieser Abschluss als Ingenieurstitel anerkannt. 1971 machten sie sich zusammen auf den Weg in die grosse geteilte Stadt, ins mit Subventionen vollgepumpte Berlin. Und nach ein paar Jahren machte er sich selbständig. Mutti telefonierte jeden Abend artig mit Oma. Oder Oma mit Mutti. Damit niemand allein ist, denn das ist das Schlimmste.

Aus der Hochzeit auf dem Kartoffelbeet sind drei verängstigte und eingeschüchterte, rebellische und trotzige Kinder gewachsen. Ihre Gutenachtgeschichten bestanden aus einem grossen Buch von Dingen, die man nicht tut, und sie haben sie alle angehört, aus Angst vor Strafe, aus Angst, ohne diese Regeln nicht überleben zu können, aber sie haben nicht gelernt, welche Dinge man anstatt dessen tut. Sie fragen sich alle drei täglich, was richtig und was falsch ist. Wenn sie überhaupt noch fragen. Tigerlilly findet, dass Strafen dumm machen. Die permanente Angst vor Strafe macht einen mutlos, etwas auszuprobieren. Schläge auf den Körper eines Kindes demonstrieren nur Macht. Genauso Schläge, die die Seele treffen, wie tagelanges Schweigen oder Sätze wie „Ich habe keine Tochter mehr!“ und „Du bist ein Stück Dreck!“. Liebesentzug macht das Vertrauen kaputt und zerstört das Selbstwertgefühl. Bei Tigerlilly gab es beides in Überfluss, Schläge für den Körper und Schläge für die Seele. Lange nachdem der Krieg vorbei war.

Zu allem Überfluss gab es so viel mehr schwerwiegendes Geld als federleichte Liebe. Lieblos, gewalttätig und grausam. Wie Krieg. So denkt Tigerlilly an die Zeit zu Hause, nicht zu laut sein, nicht gesehen werden, sich anpassen an dieses Geflecht aus Regeln mit einer alles kontrollierenden Mutter, die wie eine Furie schreien und einen Kochlöffel schwungvoll auf Kinderpopos schlagen kann, wenn man sich auch nur einen Millimeter aus ihrem Kontrollbereich entfernt. Die Grenzen sind fliessend, mal eng, mal gleichgültig weit. Man musste es jeden Tag neu erproben. Alles übertüncht mit Normalität. Die hübsche Frau von nebenan. Immer hilfsbereit, weil sie immer alles besser weiss. Sie trug gerne Leopardenmuster-Jacken-Hosen-Pullis-Kleider-Mäntel. Tigerlilly liebte es, ihr beim Schminken zuzusehen, dabei zu sein, wenn sie das Gesicht bemalte, das die Welt draussen von ihr sehen sollte. Es war ein schönes Gesicht, abgesehen davon, dass das Lächeln darauf gemalt war. Auch Papa war ein ganz normaler Mann. Seine schönen, grossen, warmen Hände im Format XXXL sah man gut, aber nicht, wie oft er sie dazu benutzte, all seine Wut, seine Enttäuschung, seinen Schmerz und seine Ohnmacht mächtig in seine Schläge zu stecken. Er war der schwer arbeitende Mann aus dem ersten Stock. Man kann gut mit ihnen feiern. Man kann gut mit ihnen im Treppenhaus plaudern. Die Schreie? Ach naja, das ist ja jedem seine eigene Sache. Da mischt man sich nicht ein. Was soll man auch sagen. Alle anderen spielen die drei Affen: nichts sehen, nichts hören, nichts sagen. Mutti kann nicht gut alleine sein, denn dann ist da nichts. Mit Oma N. telefoniert sie immer nur abends, um sieben, aber da ist ja noch Tigerlilly. Wozu ist Tigerlilly sonst da? Natürlich damit Mutti nicht alleine ist. Mutti will, dass sie Mittagsstunde mit ihr auf dem Sofa macht. Unter der grossen, orangefarbenen Decke, aber Tigerlilly will nicht. Die Decke kratzt. Mutti schnarcht. Muttis Füsse riechen komisch. Es ist so warm. Es ist langweilig. Da draussen wartet ein Leben. Und Tigerlilly streift wie eine Katze gerne alleine draussen herum. Neugierig sieht, schmeckt und hört sie sich die Welt an. Mit vier Jahren sah sie neben ihrem Wohnblock jeden Sonntagmorgen viele Kinder in ein Haus gehen. Warum gehen die Kinder da hin? Glocken. Kirche. Gott. Geschichten. Von der Liebe. Eine liebevolle Hand, die sie ausserordentliche und wundersame Wege führt, öffnet ihr die grosse Tür, und sie malt und singt und hört Geschichten an. Sie mag diese Geschichten. Gott hat Freude an ihr. Oma N. ist zufrieden. Kirche ist gut. Da lernen die Kinder gleich, dass man Vater und Mutter ehren soll und was Schuld ist. Mutti liess Tigerlilly in die Kirche gehen. Sie selbst ging nicht hin. Sie wollte nicht alleine sein, aber sie wollte trotzdem nicht zu Gott. Sie wollte lieber zu ihrer Mama, aber Papa fuhr erst auf den Bauernhof, wo Mutti sich nicht wohlfühlte, weil es da Mäuse gab und bereits eine Frau, die alles besser konnte als sie. Oma K. Und Opa K, der Mutti auflauerte und sie in der Scheune betatschte, wenn keiner hinsah. Tigerlilly sah hin, als eine Katze eine Maus fangen wollte, wie sie mit ihr spielte und die Maus jagte. Tigerlilly fand das nicht fair. Sie jagte die Katze fort, rettete die Maus und trug sie auf die andere Strassenseite. Auf die sichere Seite, wo keine Katze war. Sie war eine Heldin. Sie hatte eine Maus gerettet. Sie machte es ebenso mit Fröschen, die leichtsinnig auf der Strasse herumsassen. Die wissen nichts, die Mäuse und die Frösche dieser Welt. Tigerlilly hatte alles unter Kontrolle auf dem Bauernhof. Sie durfte nicht in den Stall, abends, wenn es dunkel war. Tigerlilly ging trotzdem, der Kontrolle wegen, und sah, wie eine Kuh kalbte. Aufgeregt rannte sie zu den Grossen in die Stube und erzählte, was sie gesehen hatte. Jetzt hatte sie auch noch ein Kalb gerettet. Die Grossen sagten, wenn Tigerlilly nicht gekommen wäre, wäre es gestorben. Nur bei dem Schwein, das geschlachtet wurde, war sie machtlos. Man kann nicht immer gewinnen, aber sie war und blieb eine Heldin, eine Retterin der Kleinen und Schwachen. Tigerlilly wusste von Recht und Unrecht in der Welt. Katzen sind böse, weil sie Mäuse jagen. Sie sind Täter. Mäuse sind lieb, weil sie gejagt werden. Sie sind Opfer der Katzen. Opfer müssen geschützt werden. Immer. Tigerlilly wurde gebraucht in dieser Welt. Sie fühlte sich unendlich stark. Wenn sie jetzt doch nur noch einen Hund hätte. Sie brauchte unbedingt einen Hund an ihrer Seite, weil sie mit Hund noch stärker wäre. Hunde tun nämlich, was man ihnen sagt. Wie mächtig ist man wohl, wenn man jemand anderem befehlen kann, was er tun soll. Mindestens so mächtig wie Mutti, bestimmt. Vielleicht sogar so mächtig wie Papa. Papa erlaubte Tigerlilly keinen Hund.

An einem Regentag fand Tigerlilly eine Blockflöte in einem alten Schrank. Innerhalb weniger Stunden brachte sie sich Noten und das Spielen bei, und am Ende des Tages klang ein Lied durch Fenster und Türen hindurch an die Ohren derjenigen, die es hören konnten.

Hänschen klein ging allein in die weite Welt hinein. Stock und Hut steht ihm gut, er ist wohlgemut. Doch die Mutter weinet sehr, hat ja nun kein Hänschen mehr! Da besinnt sich das Kind, kehrt nach Haus' geschwind.

Dann erst fuhr die kleine Familie in die heile Welt. Zu Oma und Opa N. In die Welt, in der ebenfalls alle alles besser konnten als Mutti. In der Papa doppelt so viel wert war, denn Papa hat früher Bücher gelesen. Richtige Bücher mit vielen Worten drin, die keiner wegwischen konnte. Papa nahm Mutti auf sein Pferd und ritt mit ihr in die grosse, weite Welt. Sie fuhren zusammen nach London. Dorthin, wo die Beatles wohnten. Die fand Mutti toll. Oma versuchte, sich umzubringen, indem sie sich die Treppe herunterfallen liess. Der Krankenwagen kam und nahm Oma mit, die sich bei dem Sturz beide Beine gebrochen hatte. Als Mutti und Papa wieder nach Hause kamen, kaufte Papa eine Standuhr, die läutete wie der Big Ben. Papa hatte ein eigenes Büro. Und er hatte Geld. Und überhaupt hatte er viel Ahnung. Und er hatte Freunde, die er besuchte. Mutti hatte Tigerlilly. Darauf konnte sie stolz sein. Tigerlilly gehörte ihr. Tigerlilly war ihr Kind, und sie hatte es bekommen, damit sie nicht alleine war, denn das wäre das Schlimmste. Willst Du mal Kinder haben? Warum?

Es war einmal eine arme Frau. Sie besass nichts weiter als eine Tochter, deren Lachen stets das lauteste weit und breit war. Klar, hell und fröhlich. Diese Tochter war ihr ganzer Reichtum. Sie wäre nur dann noch reicher gewesen, wenn Tigerlilly ein Junge wäre. Wie das Märchen weitergeht, willst Du wissen? So wie alle diese Märchen weitergehen.

Im Radio sang Howard Carpendale: „Ti amo!" Tigerlilly, fünf Jahre alt, lief laut singend durch den Hausflur: „Ti amo! Sagtest Du das nur so, weil es dazugehört? Was ist geblieben von Deinem Mich-Lieben, von hundert Mal Ti amo?" Man hört ihre kleine, klare Stimme weit und breit. Im Hausflur hallt es so schön. Wie in der Kirche. Sie bekam einen Po voll, weil sie laut gesungen hat. Von der Liebe. Was sollen die anderen Menschen im Haus denken? Mutti schlägt am liebsten mit dem gelben Kochlöffel, der erst auf Tigerlillys Hintern bricht, als sie zwölf Jahre alt ist.

Und die Moral von der Geschicht'?
Singen, tanzen, lachen sollst Du nicht.

Sei leise!

Tigerlilly hat immer Hunger. Vor allem auf Süsses. Masslos. Oma N. schickte oft Pakete, aber nicht oft genug. Und sie kam mit ihren fünfzig Pfennig Taschengeld nicht aus. Es reichte nie. Mutti schimpft. Es reichte noch weniger. Mutti findet immer die Münzen, die andere Menschen verloren haben auf der Strasse, sie hebt sie auf und ist stolz darauf, sie denkt, das bringt Glück. Tigerlilly fand nur bereits gekaute Kaugummis auf der Strasse, obwohl sie immer Ausschau nach Münzen hielt. Die Kaugummis sind auch noch gut. Tigerlilly steckte sie in den Mund und dachte, das bringt sicher auch Glück. Bis Mutti es merkte und schimpfte.

Ich weiss ein Land, dahin mancher gern ziehen möchte, wenn er wüsste, wo es liegt. Dieses schöne Land heisst Schlaraffenland. Da sind die Häuser gedeckt mit Eierkuchen, die Türen sind von Lebkuchen und die Wände von Schweinebraten. Um jedes Haus steht ein Zaun, der ist aus Bratwürsten geflochten. Aus allen Brunnen fliesst süsser Wein und süsser Saft. Wer den gern trinkt, braucht nur den Mund unter das Brunnenrohr zu halten, und der süsse Saft rinnt ihm nur so hinein. Auf den Birken und Weiden, da wachsen frischgebackene Semmeln, und unter den Bäumen, da fliessen Milchbäche. Die Semmeln fallen in sie hinein und weichen sich selbst ein. Das ist etwas für die Kinder, die sich gern einbrocken! Hallo, Gretel, hallo, Hänsel! Wollt ihr nicht in dieses Land ziehen? Macht euch auf zum Semmelbach, vergesst aber nicht, einen grossen Milchlöffel mitzunehmen! Die Fische schwimmen im Schlaraffenland oben auf dem Wasser. Sie sind auch schon gebacken oder gesotten und schwimmen ganz nahe am Ufer. Wenn aber einer gar zu faul ist und ein echter Schlaraff, der muss nur „Pst! Pst!" rufen und die Fische kommen aufs Land herausspaziert und hüpfen dem guten Schlaraffen in die Hand, dass er sich nicht zu bücken braucht. Ihr könnt es ruhig glauben, die Vögel fliegen dort gebraten in der Luft herum, die Gänse, Enten und Hühner, die Wachteln und die Tauben. Und wem es zu viel Mühe macht, die Hand darnach auszustrecken, dem fliegen sie schnurstracks in den Mund hinein. Die Spanferkel laufen gebraten umher, das Messer steckt ihnen schon im Rücken, damit, wer will, sich ein frisches, saftiges Stück abschneiden kann. Käse liegt im Schlaraffenland wie Steine, gross und klein, umher. Die Steine selbst sind lauter gefüllte Pastetchen. Im Winter, wenn es regnet, regnet es lauter Honig in süssen Tropfen. Da kann einer lecken und schlecken, dass es eine Lust ist. Und wenn es schneit, so schneit es Staubzucker, und wenn es hagelt, so hagelt es Würfelzucker, vermischt mit Feigen, Rosinen und Mandeln. Das Geld kann man von den Bäumen wie gute Kastanien schütteln. Jeder mag sich das Beste herunterschütteln, das Mindere lässt er liegen. In dem Land, da gibt es auch grosse Wälder. Da wachsen im Buschwerk und auf den Bäumen die schönsten Kleider, Röcke, Mäntel, Hosen und Westen in allen Farben, schwarz, grün, gelb, blau und rot. Wer ein neues Gewand braucht, geht in den Wald und wirft es mit einem Stein herunter. Auf der Wiese wachsen schöne Damenkleider aus Samt und Seide, die Grashalme sind bunte Bänder. Die Wacholderstöcke tragen Broschen und goldene Nadeln, und die Beeren sind nicht schwarz, sondern echte Perlen. An den Tannen hängen Armbanduhren. Auf den Stauden wachsen Stiefel und Schuhe, Sommer- und Winterhüte und allerlei Kopfputz. Dieses edle Land hat auch ein Jungbad. Alte und kranke Leute baden darin drei Tage oder vier, und sie werden gesund und jung und schmuck und sehen wie siebzehn oder achtzehn aus. Auch mancherlei Spass und Kurzweil gibt es in dem Schlaraffenland. Wer zu Hause kein Glück hat, der hat es dort bestimmt. Beim Spielen wird er immer gewinnen, beim Schiessen wird er immer ins Schwarze treffen. Wer die Leute am besten ärgern und belügen kann, bekommt jedes Mal ein Goldstück. Für die Schlafsäcke und Faulpelze, die bei uns durch ihre Faulheit arm werden und betteln gehen müssen, ist das Schlaraffenland gerade das richtige Land. Jede Stunde Schlafen bringt dort ein Silberstück ein und jedes Mal Gähnen ein Goldstück. Wer gern arbeitet, das Gute tut und das Böse lässt, der wird aus dem Schlaraffenland vertrieben, aber wer nichts kann, nur schlafen, essen, trinken, tanzen und spielen, der wird zum Grafen ernannt. Und der Faulste wird König im Schlaraffenland. Nun wisst ihr, wie es im Schlaraffenland zugeht. Und wer gern hinreisen will, aber den Weg nicht weiss, der frage einen Blinden. Auch ein Stummer wird ihm keinen falschen Weg sagen, aber der Weg dahin ist weit für die Jungen und für die Alten, denen es im Winter zu heiss und im Sommer zu kalt ist. Noch dazu ist um das ganze Land herum eine berghohe Mauer aus Reisbrei. Wer hinein- oder herauswill, muss sich da erstmal durchessen.

Und die Moral von der Geschicht'?
Egal, was es ist, es reicht Dir sicher nicht!

Beeil Dich! Nimm, so viel Du kriegen kannst.

Amrum

Tigerlilly konnte sich den Namen der Insel nicht merken, auf die Mutti und Papa mit ihr gefahren sind, während Oma N. mal wieder versuchte, sich deswegen drei Tage später umzubringen. Diesmal nahm sie Schlaftabletten. Der Notarzt kam, und Oma N. wurde zu Hause der Magen ausgepumpt, während Papa auf Amrum im Türrahmen stand und sagte: „Stell Dir vor, auf dem Tisch da hinten steht eine Flasche Rum. Wenn Du zum Tisch gehst, wo bist Du dann?"
Tigerlilly sagte: „Am Tisch."
Papa sagte: „Am Rum."

Mutti und Papa machten mittags komische Geräusche im Bett. Tigerlilly ging an Papas Portemonnaie und nahm sich heimlich fünf Mark heraus. Dann ging sie ins Kino. *„Herbie, ein toller Käfer"*. Sie lachte und lachte und lachte. Kurz vor dem Ende des Films ging sie schnell wieder nach Hause, damit es nicht herauskam. Das würden die eh nicht verstehen. Sie fragten, wo sie war. Draussen. Fertig. Keine Fragen. Keine Antworten. Tigerlilly hatte sich ihren ersten Moment Glück gestohlen. Sie wusste nun, wie es geht, das mit dem Glück.

Das Meer. Bewegt. So gross. Nie gleich. Ungewiss und unsicher. Kalt. Tigerlilly lernt schwimmen. Mit Papa. Ein Indianer kennt keinen Schmerz. Sie hat Angst vor den scheinheiligen Krebsen, die plötzlich beleidigt aus dem Boden hervorkrabbeln, weil man sie ganz unbeabsichtigt in ihrem selbstgebuddelten Versteck gestört hat, und die deswegen denken, sie hätten das Recht, einen in die Zehen zu kneifen und nie wieder loszulassen. Sie hat Angst vor den Wellen. Vor den Feuerquallen, die überhaupt keine Angst zu haben scheinen, weil sie keine Augen haben und nichts sehen können. Jeden Tag muss sie mit Papa ins Meer. Die anderen Kinder sind im Schwimmbad, wo alles sicher ist und bunt und so, wie sie es kennt. Mit Rutsche, aber sie schwimmt im Meer der Unsicherheit neben Papa. Lernt die Wellen zu nehmen, das Hoch der Welle, die einen so hebt, dass man plötzlich den Boden unter den Füssen verliert, das Tief, in dem sie Papa für ewig lange, angstvolle Momente nicht mehr sehen kann. Denn sie sieht zu, wie

Papa es macht. Er redet nicht viel. Sie lernt vom Zusehen. Sie lernt den Geschmack kennen, salzig. Sie lernt in hohem Wellengang nicht unterzugehen, zu spüren, wie das Meer sie trägt. Sie lernt die Luft anzuhalten, wenn eine Welle über ihr zusammenbricht und sie untertaucht. Sie spürt die unterschiedlichen Temperaturen des Wassers, je nach Tiefe mal wärmer, mal kälter. Sie lernt es langsam kennen, das Meer und seine Spielarten. Sie ist froh, wenn sie wieder draussen ist und festen Boden unter den Füssen hat. Sie ist stolz. Papa sagt nichts. Eines Tages, die Wellen sind meterhoch, sehen sich Papa und Tigerlilly an, schmeissen am Strand alles von sich und rennen einfach so in die Wellen hinein. Tigerlilly schreit vor Übermut, Freude und Aufregung. Sie hebt die Arme und juchzt und tobt in den Wellen. Papa plantscht wie ein Fisch und lacht. Mutti denkt, Tigerlilly sei am Ertrinken. Mutti, die mit beiden Beinen fest auf dem Boden steht, schreit um Hilfe. Sie läuft am Ufer auf und ab. Sie kann nämlich nicht schwimmen. Sie hat mehrmals versucht, es im Schwimmbad mit Tigerlilly zusammen zu lernen, aber sie kann den Kopf nicht über Wasser halten. „Ich hab Angst", sagt Mutti. Tigerlilly denkt: „Angst sitzt immer im Kopf. Dadurch wird alles andere so schwer, und man ertrinkt sogar in knietiefem Wasser."

Und die Moral von der Geschicht'?
Balken hat das Wasser nicht!

Streng Dich an! Lern Schwimmen!

Es kam, wie es kommen musste. Tigerlillys Bruder wurde geboren. Für sie war damit das Kindsein vorbei. Sie musste sich um ihn kümmern. Mit seiner Geburt hat sie es gewusst, sie hat sich nicht gefreut, aber sie hat getan, als ob sie sich freut, damit sich die Grossen keine Sorgen machen. Kurze Zeit darauf wurde Tigerlilly mit ihrem Bruder zusammen getauft, sie war jetzt eine Tochter Gottes und bekam einen neuen Vater. Einen liebenden Vater, der zwar wie Papa die meiste Zeit auch unsichtbar, aber im Gegensatz dazu immer für sie da ist, solange sie nur an ihn glaubt. Und sie glaubte daran, geliebt zu sein, solange sie alle seine Regeln befolgt.

Beim zweiten Mal Urlaub auf Amrum ist alles anders. Es ist Herbst, und Sturmfluten überspülen den Strand, an dem Tigerlilly im letzten Jahr noch gespielt hat. Der Bruder lag in einem roten Kinderwagen, die Familie ging an der Wasserkante spazieren. Irgendwann nahm Papa Tigerlilly auf den Arm, das hatte er schon lange nicht mehr getan, trug sie in die Wellen des Meeres weit hinein und setzte sie in ein kleines, rotes Rettungsboot, welches auf den hohen Wellen der Sturmflut heftig schaukelte. Es war an einer Kette befestigt. Papa schüttelte die Kette, so als ob er sie loslösen würde. Er ging zurück ans Ufer. Tigerlilly schrie und weinte, sie war bewegungsunfähig vor Angst, starr. Klarer Fall. Die haben jetzt ein neues Kind, sogar einen Jungen. Die brauchen sie nicht mehr. Ganz allein war sie. Und sie war doch schon wie Mama. Sie war alleine nichts wert. Sie brauchte doch die anderen. Die Eltern standen am Ufer und lachten. Es gibt Fotos davon in Tigerlillys Kinder-Fotoalbum. Nach einer Ewigkeit holte der Vater sie zurück an Land. Sie schwor sich, von nun an alles zu tun, was von ihr verlangt wurde, nur damit sie bleiben durfte. Sie wollte sich noch mehr anstrengen für die anderen, damit sie das nie wieder erlebt. Ausgesetzt in einem Boot, verlassen und allein zu sein. Denn für Tigerlilly war das schon das Schlimmste. Allein zu sein. Dann war da nichts mehr. Auf dem Foto, welches gemacht wurde, als sie wieder bei dem Kinderwagen stand, schielte sie unter ihrer Regenjacke hervor wie ein getretenes, verletztes Tier. Mutti steht daneben und hält sich mit einer Hand am Kinderwagen fest, die andere Hand hält sie sich vor den Mund, um ihr Lachen zu verbergen. Sie sagt: „Bis Du heiratest, ist alles wieder gut!" Das Boot? Das war immer noch an der Kette verankert. Ihr Bruder war von da an ihr Konkurrent, es ging um Leben oder Tod, und nur einer konnte gewinnen. Der Stärkere. Klar. Sie wollte leben. Er auch. Sie waren Feinde.

Und die Moral von der Geschicht'?
Mit Heulen änderst Du es nicht.

Sei stark!

Des Kaisers neue Kleider

Mit neun Jahren hat Tigerlilly gespielt, dass sie entführt wird und hat Zettel mit ihrem Notruf darauf verfasst. Mutti hat die Zettel gefunden. Einen Po voll. Viele Schläge. Die Ecke ihres Zimmers. Sie durfte eine ganze Ewigkeit nicht rauskommen, und sie hat sich an die Regeln gehalten. Der Fleck auf dem Teppich von ihrem Pipi war noch viele Jahre zu sehen. Stunden später kam Mutti rein, sie durfte zur Toilette gehen und mit den anderen zu Abend essen.

Die Zimmertür? Stand die ganze Zeit offen.

Und die Moral von der Geschicht'?
Deine Hilferufe hört man nicht.

Mach es allen recht! Mach schon.

Tigerlilly gewann Gefallen an der Überzeugung, sie sei im Krankenhaus vertauscht worden, das seien nicht ihre richtigen Eltern. Sie schrieb Hilfebriefe, in denen sie ihre wahren Eltern suchte. Sie fing an zu stehlen, in einem Kaufhaus um die Ecke, Chips und Kinder-Milch-Schnitten. Die brauchte sie, damit die anderen sie mitspielen liessen. Sie wurde beim Klauen erwischt, vom Chef des Ladens. Sie durfte es Mutti selbst erzählen. Die stand gerade im Bad und schminkte sich. Tigerlilly hat es ihr stotternd gesagt, Mutti ist ohne ein Wort aus dem Bad gegangen, und Tigerlilly hat sich selbst geschlagen, tausend Mal ins Gesicht, aber der erlösende Schmerz wollte sich nicht einstellen. Ab jetzt war sie wirklich eine Diebin. Und sie würde es immer ein bisschen bleiben.

Den anderen Mädchen ging es anders, Tigerlilly schüttete ihr Herz bei einer Freundin aus. Deren Mutter rief fassungslos bei Mutti an. Ist das wahr? Nein, natürlich sei alles in Ordnung. Tigerlilly spinnt. Das machen Kinder in dem Alter ja ab und zu.

Und die Moral von der Geschicht'?
Das, was in unseren eigenen vier Wänden passiert – erzähl es nicht!

Mach es mit Dir allein ab!

Die Strafe für diesen Verstoss war der Wichtigkeit der Regel angemessen. Sie wollte sich nun noch mehr anstrengen, brav zu lernen für Mama, aber es wollte ihr einfach nicht gelingen, sie konnte sich nicht auf die Vokabeln in dieser Sprache aus Gehorsam konzentrieren. Immer stand Mutti an ihrer Tür: „Zeit, einkaufen zu gehen!" Dann sind sie „in die Stadt gegangen". Fünfmal in der Woche oder so. Das war Freizeit. Einkaufen. Rausch. Was ich trage, das bin ich. Am U-Bahnhof Kurfürstendamm hat Brautmoden Petsch einen Schaukasten aufgestellt. Lange, wallende, weisse, perlenbestickte Rüschenbrautkleider. Tigerlilly drückte sich ihre Nase platt und war kaum von dem Kasten wegzubewegen.

Wenn Papa nicht da war, war sie der Vater. Sie kümmerte sich um Mutti, die nicht so gut alleine sein konnte und sich schnell langweilte. Sie sah mit ihr fern, sie ging einkaufen, schleppte die Getränkekisten, sie putzte die Wohnung, leerte die drei vollen Aschenbecher des Abends davor, sie machte Spässchen und las der Mutter beim Bügeln vor, um sie glücklich zu machen. Es ist schön, eine glückliche Mutter zu haben. Und plötzlich spürte sich Tigerlilly. Sie fühlte sich gesehen und gut in diesen Momenten. Nur nachts hielt sie sich die Ohren zu, wenn sie die beiden im Schlafzimmer stöhnen hörte. Am nächsten Tag, wenn Papa auf der Arbeit war, gehörte der Platz an Muttis Seite wieder ihr. Ihr ganz allein.

Wenn Papa da war, war sie Mutter für den kleinen Bruder. Weil Mutti dann nicht mehr Mutti war, sondern Papas Frau. Tigerlilly war die Grosse, auch wenn sie noch nicht wusste, wie man Windeln anlegt. Sie hat ihn einfach ohne Windeln krabbeln lassen. Er machte sein Geschäft auf den Fussboden. Tigerlilly wusste sich nicht anders zu helfen und legte einfach ein Handtuch drüber. Dann sah man es nicht mehr. Man roch es nur noch. Tigerlilly ekelte sich und rief heulend Oma N. an, aber Oma lachte nur. Oma war weit weg. In der anderen Welt, in der Tigerlilly nur ein Kind war und in der es Nutella und Eis nur für sie gab, so viel sie wollte. Oma konnte nicht helfen, den Mist aufzuwischen, den Tigerlillys Bruder ins Leben gesetzt hatte. Schliesslich klingelte sie bei den Nachbarn. Da durfte sie dann hingehen, mit dem Bruder unter dem Arm. Als Mutti und Papa wieder da waren, haben sie geschimpft. Tigerlilly ist doch schon gross. Sie wird doch wohl zwei Stunden alleine bleiben können, aber Tigerlilly konnte nicht alleine bleiben. Zwanghaft rannte sie alle fünf Minuten auf den Balkon, um zu sehen, ob sie schon wiederkämen. Sie hielt es für realistisch, dass die Grossen sie vergessen hatten. Wenn Tigerlilly nicht die Mutti vom Bruder war, war sie seine Rutschbahn. Mit angewinkelten Beinen im Bett. Um sechs Uhr morgens. Damit Mutti und Papa schlafen konnten. Geh zu Tigerlilly. Er war Muttis Liebling. Tigerlilly tat in blindem Gehorsam, was Mutti sagt. Und ihr Bruder sagte Mutti, was sie sagen sollte. Und Mutti sagte, was er wollte. Wenn nicht, wurde er krank. Keuchhusten. Dann war Mutti traurig. Und Tigerlilly war schuld. Es gab kein Entrinnen. Und dabei gab sie sich wirklich Mühe, alle um sie herum zu lieben, aber es wollte ihr einfach nicht gelingen.

Irgendwann zwischen neun und zwölf Jahren hatte Tigerlilly nur noch eine Waffe zur Hand. Sie hatte ihren Hass. Und sie hasste ihn. Sie war unerreichbar gross. Vorbild. Betrügerin. Vorleserin. Aufpasserin. Besserwisserin. Süssigkeitenklauerin. Spielverderberin. Gepeinigte. Peinigerin. Grenzenlos. Blöd.

Es gab viele Rollen für Tigerlilly, in jede noch so kleine Lücke hat sie sich gequetscht. Man braucht doch schliesslich eine Berechtigung zum Sein. Oder nicht? Damit es funktioniert, das System aus Illusionen von vier anderen Menschen mit völlig unterschiedlichen Bedürfnissen. Da war plötzlich nur noch das „Du". Kein „Ich" mehr. Immer für andere. Sie fühlte sich nur noch durch andere. Irgendwo auf dem Weg bis hierher hat sie nicht immer nur ihre Hausschlüssel, ihre Fahrräder, ihr Geld oder ihre Turnbeutel verloren, sondern auch sich selbst. Der Vorteil war, sie war wichtig. Sie hielt sich selbst für den Blitzableiter zwischen den Streitereien der Eltern, sie schlichtete hier, sie erklärte dort. Sie war weise. Sie war mächtig. Sie fühlte sich als eins mit Mutti, als der erstgeborene Sohn für Papa, später fühlte sie sich als Mutter für den Bruder. Dann fühlte sie lange nichts. Und danach war sie Frau für Papa und Mann für Mutti.

Ihr Lohn war das Gefühl, permanent zu scheitern. Immer. Trotz übermenschlicher Anstrengung. Mutti, Papa und ihr Bruder liessen sich einfach nicht kontrollieren. Und dass das alles nicht klappte, lag immer nur daran, dass sie sich selbst nicht genug angestrengt hatte. Beim Fahrradfahren zum Beispiel schimpfte Papa, weil Tigerlilly Angst hatte auf dem weichen, weissen Sand, auf dem alles unsicher ist und rutscht. Er schimpfte sogar sehr. Tigerlilly glaubt, er hat eigentlich mit Mutti geschimpft.

Man muss sich sehr anstrengen, damit man nicht wird wie Mutti.

Und die Moral von der Geschicht'?
Ohne Dich geht es nicht!

Sei perfekt!

Tigerlilly stritt sich mit Lulu, einer Schulfreundin, um den schönsten Jungen in der Klasse. Micha Schmidt. Sie mochte seine Sommersprossen. Und er war cool. Das merkte man daran, dass er nicht viel sagte. Er prügelte sich oft. Tigerlilly und er lagen zusammen im Gebüsch versteckt und wollten Liebe machen, aber sie wussten nicht, wie es geht. Sie wollten ein Taschentuch „dazwischenlegen". Damit nichts passiert. Du weisst schon. Die beiden wissen es natürlich auch. Das Schlimmste eben. Das, was eben passiert, wenn man sich öffnet. Deswegen öffnen sich die wenigsten. Es passiert etwas Schlimmes, wenn man sich öffnet. Was? Das weiss keiner so genau, aber auf jeden Fall müssen die Frauen aufpassen, weil die Männer schuld sind. Das war auch Tigerlilly im zarten Alter von zehn Jahren ganz klar. Verwirrt gingen sie auseinander und konnten sich nicht mehr in die Augen sehen. Keine Fragen. Keine Antworten.

Bald darauf ging Lulu mit Micha. Weil er auf ihrem Zettel „ja" angekreuzt hat. Auf Tigerlillys Zettel hatte er „vielleicht" angekreuzt. Tigerlilly versuchte zu sein wie Lulu. Sie dachte, sie habe es geschafft, wie Lulu zu sein, als ihr Buddelkastenfreund sie fragte, ob sie mit ihm aufs Klo kommen wolle. Während er pullerte, sass sie beinebaumelnd auf dem Badewannenrand und schaute ihm gelangweilt dabei zu. Er zeigte ihr seinen kleinen Mann und sie zuckte bloss mit den Schultern. „Was ist schon dabei? Mein Bruder hat auch so einen!", sagte sie. Er scheuerte ihr eine. Zusammenspielen ging jetzt nicht mehr richtig, was ärgerlich war, weil er das Playmobil-Piratenschiff hatte. Dann kam Lulu eines Tages in die Schule und prahlte damit, dass sie bald auf eine andere Schule gehen werde, eine kirchliche Eliteschule. Das konnte doch nicht wahr sein. Jetzt geht die schon mit Micha Schmidt und dann noch auf eine Schule, in der Gott Lehrer war? Tigerlilly wollte unbedingt auch bei Gott in die Schule gehen. Tigerlillys Eltern wollten eine Elite-Tochter haben. Als Mutti mit Tigerlilly zum Vorstellungsgespräch ging, wollte der Direktor wissen, warum Tigerlilly bei ihm in die Schule gehen will. Tigerlilly sagte: „Ich will bei Gott in die Schule gehen, ich mag die Geschichten aus der Bibel." „Kannst Du eine erzählen?" Und Tigerlilly erzählte alle Geschichten, die sie kannte. Es war ein heilloses Geschichtendurcheinander. Sie wurde zwar aufgenommen, aber sie war von Anfang an anders als die anderen. Obwohl sie sich sehr anstrengte, gehörte sie nicht zur Elite. Sie war keine Rechtsanwaltstochter, keine Pastorentochter, sie hatte keine Arzteltern. Sie war eine Diebin. Sie war schlecht, faul und eine Lügnerin. Hatte Mutti ja gesagt, und Mutti hat immer Recht. Andererseits konnten die Christen sie deswegen auch nicht einfach so von der Schule verweisen, man brauchte ja einen richtigen Grund. Es gab eine Lehrerin, die wirklich alles versucht hat, um ihre Klasse sauber zu halten, aber Tigerlilly war stark. Sie machte es allen recht. Sie strengte sich an. Sie war leise. Sie war schnell. Sie konnte schwimmen. Sie konnte lesen. Und sie konnte Geschichten erzählen. Die Evolution gab es nicht im Biologie-Unterricht, dafür gab es die Genesis. Im Mathe-Unterricht wurde wenig gerechnet und dafür viel gebetet. Tigerlilly hatte es nicht so mit Zahlen. Und mit Latein hatte sie es nicht. Und mit Physik nicht. Und mit Englisch nicht. Und mit Chemie hatte sie es auch nicht. Mit dem Lernen überhaupt hatte sie es nicht. Lernen ist gleich Ohnmacht. Den Geist öffnen, um Neues, Unbekanntes einströmen zu lassen, war gefährlich. Dieser Ort in Tigerlillys Leben entzog sich dem mütterlichen Kontrollbereich. Es gab ihn nicht. Sie nahm von dem Reichtum, den ihr die Schule jeden Tag bot, so viel mit, wie sie sich traute. Heimlich, gut versteckt vor Mutti, damit diese sich nicht an die verwischten Buchstaben auf ihrer eigenen Schiefertafel erinnerte. Tigerlillys Noten waren immer gerade gut genug für das Bestehen des Schuljahres. Und sie waren trotzdem schlecht genug, damit zu Hause alle mit ihr schimpfen konnten. Sie ging jahrelang, beinahe unbemerkt von sich selbst, jeden Tag durch die offene Eingangstür hindurch, über die jemand mal von aussen mit weisser Farbe dick „Nur Mut" an die Wand geschmiert hatte.

Tigerlilly gehörte die Nacht, sie träumte immer wieder von einem Land, in dem einem die gebratenen Hühner direkt in den Mund fliegen, in dem alles im Überfluss vorhanden ist, man für nichts etwas tun muss und es trotzdem bekommt. Und ihr gehörten ihre eigenen, geheimen Orte, entdeckt in der kostbaren Zeit, die sie sich stahl, wenn sie etwas für Mutti erledigte. Die Kirche, der Rosengarten um die Ecke und die Bibliothek. Da waren nette Frauen, und alles war voll von schönen Geschichten, die einem mit dem Geruch von altem Papier aus den Büchern entgegenflogen. Hier durfte sie einfach nur ein Kind sein. Jedes Mal, wenn sie diesen Raum betrat, taten sich die Türen zu ihr selbst auf, führten Wege in eine andere Welt ohne Regeln, ohne Strafe und ohne Mutti. Ein Raum, in den sie versank, in dem sie die Zeit vergass und den sie mit niemandem teilen wollte. Sie nahm heimlich ein Buch mit nach Hause. Mutti fand es, aber sie schimpfte nicht. Lesen bildet, aber als Mutti sah, dass es Tigerlilly dort richtig gut ging, sollte sie ihren Bruder mitnehmen. Tigerlillys Bruder machte immer alles kaputt. Er riss die Seiten aus den Büchern, log die netten Frauen an, rannte wild umher, zerstörte die Stille, und Tigerlillys Zuflucht war hinüber. Also rannte Tigerlily hinter ihm her. Denn da war ja niemand sonst. Und sie war schliesslich die Grosse.

Und die Moral von der Geschicht'?
Du sein sein sollst Du nicht!

Kümmere Dich um die anderen!

Vor allem um die, die sagen, sie lieben Dich. Denn Du bist schuld, wenn es Dir gut geht und den anderen nicht.

Lieber zusammen unglücklich als alleine sein.

Der Fischer und seine Frau

Es war einmal ein Fischer und seine Frau, die wohnten zusammen in einem alten Topfe, dicht an der See, und der Fischer ging alle Tage und angelte. Und er angelte und angelte. So sass er auch einst bei der Angel und sah immer in das klare Wasser hinein. Und er sass und sass. Da ging die Angel auf den Grund, tief hinunter, und als er sie heraufholte, zog er einen grossen Butt heraus. Da sagte der Fisch zu ihm: „Hör einmal, Fischer, ich bitte dich, lass mich leben, ich bin kein rechter Fisch, ich bin ein verwünschter Prinz. Was hilft es dir, wenn du mich tötest? Ich würde dir doch nicht recht schmecken. Setz mich wieder ins Wasser, und lass mich schwimmen." „Nun", sagte der Mann, „du brauchst nicht so viele Worte zu machen. Einen Fisch, der sprechen kann, hätte ich so schon schwimmen lassen." Damit setzte er ihn wieder ins klare Wasser. Da ging der Fisch auf den Grund und zog einen langen Streifen Blut nach sich. Nun stand der Fischer auf und ging zu seiner Frau in den Topf. „Mann", sagte die Frau, „hast du heute nichts gefangen?" „Nein", sagte der Mann, „ich fing einen Fisch, der sagte, er sei ein verwünschter Prinz, da hab ich ihn wieder schwimmen lassen." „Hast du dir denn nichts gewünscht?", fragte die Frau. „Nein", sagte der Mann, „was sollt' ich mir wünschen?" „Ach", sagte die Frau, „das ist doch schlimm, hier immer so im Topfe zu wohnen. Es ist eklig und stinkt. Du hättest uns doch eine kleine Hütte wünschen können. Geh noch einmal hin und rufe ihn. Sag ihm, wir möchten gern eine kleine Hütte haben, er tut es gewiss." „Ach", sagte der Mann, „was sollt' ich noch einmal hingehen?" „Ei", sagte die Frau, „du hattest ihn doch gefangen und hast ihn wieder schwimmen lassen, er tut es gewiss. Geh gleich hin." Der Mann wollte noch nicht recht, wollte aber seiner Frau nicht zuwider sein und ging hin an die See. Als er dort ankam, war die See ganz grün und gelb und gar nicht mehr so klar. So stellte er sich hin und sagte: „Manntje Manntje, Timpe Te, Buttje Buttje in der See, meine Frau, die Ilsebill, will nicht so, wie ich gern will." Da kam der Fisch angeschwommen und sagte: „Na, was will sie denn?", fragte der Fisch. „Ach", sagte der Mann, „ich hatte dich doch gefangen und meine Frau sagt, ich hätte mir auch etwas wünschen sollen. Sie mag nicht mehr in einem Topfe wohnen, sie möchte gern eine Hütte haben." „Geh nur hin", sagte der Fisch, „sie hat sie schon." Da ging der Mann hin, und seine Frau sass nicht mehr in einem Topfe, aber eine kleine Hütte stand da und seine Frau sass vor der Tür auf einer Bank. Da nahm ihn seine Frau bei der Hand und sagte zu ihm:

„Komm nur herein, sieh, nun ist's doch viel besser." Da gingen sie hinein, und in der Hütte waren ein kleiner Vorplatz und eine herrliche Stube und Kammer, wo für jeden ein Bett stand, und Küche und Speisekammer, alles aufs Beste mit Gerätschaften und aufs Schönste aufgeputzt, Zinnzeug und Messing, was da hineingehört. Hinten waren auch ein kleiner Hof mit Hühnern und Enten und ein kleiner Garten mit Gemüse und Obst. „Sieh", sagte die Frau, „ist das nicht nett?" „Ja", sagte der Mann, „so soll's bleiben, nun wollen wir recht vergnügt leben." „Das wollen wir uns bedenken", sagte die Frau, und dann assen sie und gingen zu Bett. So ging das wohl acht oder vierzehn Tage, da sagte die Frau: „Höre, Mann, die Hütte ist doch gar zu eng, und der Hof und der Garten sind gar so klein. Der Fisch hätte uns auch wohl ein grösseres Haus schenken können. Ich möchte gern in einem grossen, steinernen Schlosse wohnen. Geh hin zum Fisch, er soll uns ein Schloss schenken." „Ach, Frau", sagte der Mann, „die Hütte ist ja gut genug, was wollen wir in einem Schlosse wohnen." „Ei was", sagte die Frau, „geh du nur hin, der Fisch kann das tun." „Nein, Frau", sagte der Mann, „der Fisch hat uns erst die Hütte gegeben, ich mag nun nicht schon wieder kommen, es möchte den Fisch verdriessen." „Geh nur", sagte die Frau, „er kann›s recht gut und tut›s gern. Geh du nur hin." Dem Mann war sein Herz so schwer, und er wollte nicht. Er sagte bei sich selber: „Das ist nicht recht". Er ging aber doch hin. Als er an die See kam, war das Wasser ganz violett und dunkelblau und grau und dick und gar nicht mehr so grün und gelb, doch war es ruhig. Da stellte er sich hin und sagte: „Manntje Manntje, Timpe Te, Buttje Buttje in der See, meine Frau, die Ilsebill, will nicht so, wie ich gern will." „Na, was will sie denn?", fragte der Fisch. „Ach", sagte der Mann halb betrübt, „sie will in einem grossen, steinernen Schlosse wohnen." „Geh nur hin, sie steht vor der Tür", sagte der Fisch. Da ging der Mann hin und dachte, er wolle nach Hause gehen, als er aber dort ankam, da stand dort ein grosser, steinerner Palast, und seine Frau stand oben auf der Treppe und wollte hineingehen. Da nahm sie ihn bei der Hand und sagte: „Komm nur herein." Und so ging er mit ihr hinein, und in dem Schlosse war ein grosser Flur mit marmornem Estrich, und da waren so viel Bedienstete, die rissen die grossen Türen auf, und die Wände waren alle blank und mit schönen Tapeten, und in den Zimmern lauter goldene Stühle und Tische, und kristallene Kronleuchter hingen von der Decke herab, und in all den Stuben und Kammern lagen Fussdecken, und Essen und die allerbesten Weine standen auf den Tischen, als wollten sie brechen. Und hinter dem Hause war auch ein grosser Hof mit Pferde- und Kuhstall und Kutschen aufs Allerbeste, auch war dort

ein grosser, herrlicher Garten mit den schönsten Blumen und feinen Obstbäumen und ein Lustwald wohl eine halbe Meile lang, mit Hirschen und Rehen und Hasen darin und allem, was man sich wünschen mag. „Na", sagte die Frau, „ist das nun nicht schön?" „Ach ja", sagte der Mann, „so soll es auch bleiben, nun wollen wir auch in dem schönen Schlosse wohnen und wollen zufrieden sein." „Das wollen wir uns bedenken", sagte die Frau, „und wollen's beschlafen." Damit gingen sie zu Bett. Am anderen Morgen wachte die Frau zuerst auf, es war eben Tag geworden, und jeder sah von seinem Bett aus das herrliche Land vor sich liegen. Der Mann reckte sich noch, da stiess sie ihn mit dem Ellbogen in die Seite und sagte: „Mann, steh auf und guck einmal aus dem Fenster! Sieh, können wir nicht König werden über all dies Land? Geh hin zum Fisch, wir wollen König sein." „Ach, Frau", sagte der Mann, „was wollen wir König sein! Ich mag nicht König sein." „Ei", sagte die Frau, „willst du nicht König sein, so will ich König sein. Geh hin zum Fisch, ich will König sein." „Ach, Frau", sagte der Mann, „was willst du König sein, das mag ich ihm nicht sagen." „Warum nicht?", sagte die Frau. „Geh sogleich hin, ich muss König sein." Da ging der Mann hin und war ganz betrübt, dass seine Frau König werden wollte. „Das ist nicht recht und ist nicht recht", dachte der Mann. Er wollte nicht hingehen, ging aber doch hin. Und als er an die See kam, da war die See ganz schwarzgrau und das Wasser gärte so von innen und roch ganz faul. Da stellte er sich hin und sagte: „Manntje Manntje, Timpe Te, Buttje Buttje in der See, meine Frau, die Ilsebill, will nicht so, wie ich gern will." „Nun, was will sie denn?", fragte der Fisch. „Ach", sagte der Mann, „sie will König werden." „Geh nur hin, sie ist es schon", sagte der Fisch. Da ging der Mann hin, und als er an den Palast kam, war das Schloss viel grösser geworden, mit einem grossen Turm und herrlichem Zierrat daran, und die Schildwache stand vor dem Tor, und da waren so viele Soldaten mit Pauken und Trompeten. Und als er in das Haus kam, war alles von purem Marmor mit Gold und samtenen Decken und grossen, goldenen Quasten. Seine Frau sass auf einem hohen Thron von Gold und Diamant und hatte eine grosse, goldene Krone auf und das Zepter in der Hand, von purem Gold und Edelstein, und ihr zu beiden Seiten standen sechs Jungfrauen in einer Reihe, immer eine einen Kopf kleiner als die andere. Da stellte er sich hin und sagte: „Ach Frau, bist du nun König?" „Ja", sagte die Frau, „nun bin ich König." Da stand er und sah sie an, und als er sie eine Zeit lang so angesehen hatte, sagte er: „Ach, Frau, was ist das schön, wenn du König bist! Nun wollen wir auch nichts mehr wünschen." „Nein, Mann", sagte die Frau und ward ganz unruhig, „mir wurde die

Zeit und Weile so lang, ich kann das nicht mehr aushalten. Geh hin zum Fisch, König bin ich, nun muss ich auch Kaiser werden." „Ach, Frau", sagte der Mann, „was willst du Kaiser werden?" „Mann", sagte sie, „geh zum Fisch, ich will Kaiser sein." „Ach, Frau", sagte der Mann, „Kaiser kann er nicht machen, ich mag dem Fisch das nicht sagen. Ein Kaiser ist nur einmal im Reich. Kaiser kann ja der Fisch nicht machen, das kann und kann er nicht." „Was?", sagte die Frau. „Ich bin König, und du bist nur mein Mann, willst du gleich hingehen? Geh gleich hin. Kann er König machen, so kann er auch Kaiser machen, ich will nun Kaiser sein. Gleich geh hin!" Da musste er hingehen. Als der Mann aber hinging, war ihm ganz bange, und als er so ging, dachte er bei sich: „Das geht und geht nicht gut, Kaiser ist zu unverschämt, der Fisch wird›s am Ende müd." Damit kam er an die See. Da war die See noch ganz schwarz und dick und begann so von innen herauf zu gären, dass es nur so Blasen warf, und es ging ein Windstoss drüber hin, der sie aufwühlte und den Mann kam ein Grausen an. Da stellte er sich hin und sagte: „Manntje Manntje, Timpe Te, Buttje Buttje in der See, meine Frau, die Ilsebill, will nicht so, wie ich gern will." „Nun, was will sie denn?", fragte der Fisch. „Ach, Fisch", sagte er, „meine Frau will Kaiser werden." „Geh nur hin", sagte der Fisch, „sie ist es schon." Da ging der Mann hin, und als er dort ankam, war das ganze Schloss von poliertem Marmor mit goldenen Figuren und goldenen Zierraten. Vor dem Tor marschierten die Soldaten, und sie bliesen Trompeten und schlugen Pauken und Trommeln, aber in dem Hause, da gingen die Barone und Grafen und Herzoge nur so als Bedienstete herum, da machten sie ihm die Türen auf, die von lauter Gold waren. Und als er hineinkam, da sass seine Frau auf einem Thron, der war von einem Stück Gold und war sechs Ellen hoch, und sie hatte eine mächtige, grosse, goldene Krone auf, die war mit Brillanten und Karfunkelsteinen besetzt. In der einen Hand hatte sie das Zepter und in der anderen Hand den Reichsapfel, und ihr zu beiden Seiten standen die Trabanten in zwei Reihen, immer einer kleiner als der andere, von dem allergrössten Riesen, der war über sechs Ellen hoch, bis zum allerkleinsten Zwerg, der war nur so gross wie mein kleiner Finger. Und vor ihr standen so viele Fürsten und Herzoge. Da stellte sich der Mann schüchtern hin und sagte: „Frau, bist du nun Kaiser?" „Ja", sagte sie, „ich bin Kaiser." Da ging er näher hin und besah sie sich so recht, und als er sie eine Zeit lang so angesehen hatte, sagte er: „Ach, Frau, was ist das schön, wenn du Kaiser bist." „Mann", sagte sie, „was stehst du dort? Ich bin nun Kaiser, nun will ich aber auch Papst werden. Geh hin zum Fisch." „Ach, Frau", sagte der Mann, „was willst du nicht alles. Papst kannst du nicht werden, Papst ist nur einmal in der Christenheit, das kann er doch nicht machen." „Mann", sagte sie, „ich will Papst werden. Geh gleich hin, ich muss heut noch Papst werden." „Nein, Frau", sagte der Mann, „das mag ich nicht sagen, das geht nicht gut, das ist zu grob, zum Papst kann der Fisch nicht machen." „Mann, was für Unsinn!", sagte die Frau, „kann er Kaiser machen, kann er auch Papst machen. Geh sofort hin, ich bin Kaiser, und du bist nur mein Mann. Willst du wohl hingehen!" Da wurde er bange und ging hin, es war ihm aber ganz elend zu Mute, er zitterte und bebte und Knie und Waden schlotterten ihm. Und da strich ein Wind übers Land, und die Wolken flogen, als es düster wurde gegen Abend. Die Blätter wehten von den Bäumen, und das Wasser rauschte und brauste, als ob es kochte, und platschte an das Ufer, und in der Ferne sah er die Schiffe, die schossen in der Not und tanzten und sprangen auf den Wellen. Doch war der Himmel noch so ein bisschen blau in der Mitte, aber an den Seiten zog es herauf wie ein schweres Gewitter. Da stellte er sich in der Angst recht verzagt hin und sagte: „Manntje Manntje, Timpe Te, Buttje Buttje in der See, meine Frau, die Ilsebill, will nicht so, wie ich gern will." „Nun, was will sie denn?", fragte der Fisch. „Ach", sagte der Mann, „sie will Papst werden." „Geh nur hin, sie ist es schon." Da ging er hin, und als er dort ankam, war es wie eine grosse Kirche, von lauter Palästen umgeben. Dort drängte er sich durch das Volk. Inwendig war aber alles mit tausend und tausend Lichtern erleuchtet, und seine Frau war in lauter Gold gekleidet und sass auf einem noch viel höheren Thron und hatte drei grosse, goldene Kronen auf und um sie her so viel vom geistlichen Staat, und zu ihren beiden Seiten standen zwei Reihen Lichter, das grösste so dick und gross wie der allergrösste Turm bis zum allerkleinsten Küchenlicht, und alle die Kaiser und die Könige lagen vor ihr auf den Knien und küssten ihr den Pantoffel. „Frau", fragte der Mann und sah sie so recht an, „bist du nun Papst?" „Ja", sagte sie, „ich bin Papst." Da stellte er sich hin und sah sie so recht an, und das war, als ob er in die helle Sonne sähe. Als er sie eine Zeit lang so angesehen hatte, sagte er: „Ach, Frau, was ist das schön, wenn du Papst bist!" Sie sass aber ganz steif wie ein Klotz und rührte und regte sich nicht. Da sagte er: „Frau, nun sei zufrieden, jetzt bist du Papst, nun kannst du nichts mehr werden." „Das will ich mir bedenken", sagte die Frau. Damit gingen sie beide zu Bett, aber sie war nicht zufrieden, und die Gier liess sie nicht schlafen, sie dachte immer, was sie noch werden wollte. Der Mann schlief recht gut und fest, er war den Tag viel gelaufen. Die Frau aber konnte gar nicht einschlafen und warf sich die ganze Nacht von einer Seite auf die andere und dachte nur immer, was sie wohl noch werden könnte, und konnte sich doch auf nichts mehr besinnen. Mittlerweile wollte die Sonne aufgehen, und als sie das Morgenrot sah, richtete sie sich auf im Bett und sah dort hinein, und als sie aus dem Fenster die Sonne so heraufkommen sah dachte sie: „Ha, kann ich nicht auch die Sonne und den Mond aufgehen lassen?» „Mann", sagte sie und stiess ihn mit dem Ellbogen in die Rippen, „wach auf, geh hin zum Fisch, ich will werden wie der liebe Gott." Der Mann war noch halb im Schlaf, aber er erschrak so sehr, dass er aus dem Bette fiel. Er meinte, er habe sich verhört, und rieb sich die Augen aus und fragte: „Ach, Frau, was sagtest du?" „Mann", sagte sie, „wenn ich nicht die Sonne und den Mond kann aufgehen lassen und muss das so mit ansehen, dass die Sonne und der Mond aufgehen, ich kann das nicht aushalten und hab keine ruhige Stunde mehr, wenn ich sie nicht selbst aufgehen lassen kann." Da sah sie ihn so recht gross an, dass ihn ein Schauder überlief. „Gleich geh hin, ich will werden wie der liebe Gott." „Ach, Frau", sagte der Mann und fiel vor ihr auf die Knie, „das kann der Fisch nicht, Kaiser und Papst kann er machen. Ich bitte dich, geh in dich und bleibe Papst." Da kam sie in helle Wut, die Haare flogen ihr so wild um den Kopf, sie riss sich das Mieder auf, gab ihm eins mit dem Fuss und schrie: „Ich halt's nicht aus und halt's nicht länger aus. Willst du gleich hingehen!" Da schlüpfte er in seine Hosen und lief weg wie von Sinnen. Draussen aber ging der Sturm und brauste, dass er kaum auf den Füssen stehen konnte. Die Häuser und die Bäume wurden umgeweht, die Berge bebten, die Felsen rollten in die See und der Himmel war ganz pechschwarz und es donnerte und blitzte, die See ging in so hohen schwarzen Wellen wie Kirchtürme und wie Berge, und die Wellen hatten oben alle eine weisse Krone von Schaum auf. Da schrie er und konnte seine eigenen Worte nicht hören: „Manntje Manntje, Timpe Te, Buttje Buttje in der See, meine Frau, die Ilsebill, will nicht so, wie ich gern will." „Nun, was will sie denn?", fragte der Fisch. „Ach", sagte der Mann, „sie will werden wie der liebe Gott." „Geh nur hin, sie sitzt schon wieder im alten Topfe." Dort sitzen sie noch beide bis auf den heutigen Tag.

Der Fischer und seine Frau. Erst Krieg, Flucht, Armut, Nichts. Dann ein Fisch. Dann schuftet er, und sie schimpft. Er schuftet mehr, sie schimpft mehr. Und immer mehr. Und immer grösser. Vermessen. Ein Palast. Ein Imperium. Wir sind Gott. Und dann? Ist wieder alles nichts.
Es gab einen Schulwettbewerb mit dem Thema: „Was man zum Leben braucht."

Tigerlilly malte. Schöne Kleider. Adidas-Turnschuhe, die mit den drei Streifen. Sie malte Handschuhe. Sie malte ein Bier. Sie malte ein Bett. Sie malte ein Brot und Wurst. Sie malte ein Buch. Sie malte ein WC und ein Waschbecken. Sie malte eine Flöte. Sie malte eine Kerze. Sie malte eine Federtasche. Sie malte Medizin. Sie malte einen Wecker. Sie malte ein Telefon. Sie malte einen Tisch und einen Stuhl. Sie malte ein Auto.

Der Junge neben ihr malte ein Mädchen und ein Herz.
Die Bilder hingen lange Jahre nebeneinander an den Wänden vom Schulhof.
Man braucht ein Dach über dem Kopf und etwas zu essen. Und Liebe.
Und von alldem braucht man vor allem eins: mehr.

Ein bisschen Frieden!

Mit elf Jahren interessierte Tigerlilly sich für den Weltfrieden und ging mit der linken Fraktion ihrer Schulklasse auf eine Friedensdemo, Hauptstrasse, Rathaus Schöneberg. Frieden ist wichtig. Und was waren schon zwei Stunden Latein im Vergleich zum Weltfrieden. Zwei coole Mädchen aus ihrer Klasse haben sie gefragt, ob sie mitkommt. Sie wurde sonst nie gefragt, ob sie mitkommt. Eines von den Mädchen war sogar Klassensprecherin. Tigerlilly wollte auch Klassensprecherin sein. Also ist sie mitgegangen. Es war eine lebendige Stimmung auf der Demo. Viele friedliche Menschen. Als sie heimkam, hatte ihre Lehrerin schon angerufen. Die Familie sass am Mittagstisch, als Mutti erzählte, was Tigerlilly heute Unglaubliches angestellt hat. Der Vater ging daraufhin, ohne ein Wort zu sagen, langsam ins Schlafzimmer der Eltern, zog einen Gürtel aus einer seiner Hosen im Schrank und schlug Tigerlilly unendliche Male damit. Es kommt Tigerlilly wie eine Zeitlupenaufnahme vor, wenn sie heute daran denkt.

Und die Moral von der Geschicht'?
Obwohl der Krieg vorbei ist, regiert der Frieden noch lange nicht.

Kurz darauf sang eine junge Frau im Fernsehen: „Ein bisschen Frieden, ein bisschen Freude, ein bisschen Wärme, das wünsch ich mir. Ein bisschen Frieden, ein bisschen Träumen und dass die Menschen nicht so oft weinen. Ein bisschen Frieden, ein bisschen Liebe, dass ich die Hoffnung nie mehr verlier'. Sing mit mir ein kleines Lied, dass die Welt im Frieden lebt." Viele Menschen sassen an dem Abend vor ihren Fernsehgeräten und weinten. Mutti auch. Tigerlilly ging in ihr Zimmer, und wenige Minuten danach konnte sie das Lied auf der Flöte spielen.

Ein paar Tage später brach sie sich den Arm im Bus. Der Bus war voller Menschen, und eine Frau, die wie Oma N. aussah, wollte unbedingt trotzdem von vorne nach hinten. Tigerlilly war im Weg, und gerade in dem Moment, wo sie die alte Frau ehrte, indem sie ihr Platz machte, ging die Bustür auf, und Tigerlillys Arm war im Weg. Jetzt war sie schuld, dass ihr Arm ganz und gar nicht gut aussah. Sie durfte drei Wochen im Krankenhaus bleiben. Es war eine Kinderstation. Sie hat Geschenke bekommen, und es war immer eine von den Schwestern da, die nach ihr gesehen hat. Sie lachte oft, fühlte sich gemocht, umsorgt und war nicht allein. Sie bat darum, noch eine Woche länger im Krankenhaus bleiben zu dürfen, und es wurde in der Visite genehmigt. Als sie dann schliesslich und endlich doch nach Hause musste, hat sie geweint. Das hat die Eltern zornig gemacht.

Und die Moral von der Geschicht'?
Kranksein gildet nicht.

Kinder gehören den Eltern. Für immer. Damit alles seine Ordnung hat.

Bei den anderen Kindern, den Arzt-Lehrer-Pastoren-Töchtern, da war etwas anders. Es gab Spiele für Kinder, Väter, die zu Hause waren und mit den Kindern gelacht und geredet haben. Die anderen waren irgendwie okay. Tigerlilly dachte, es sei ihre Schuld, dass es bei ihr nicht so ist. Sie hat die anderen ganz genau beobachtet und nahm sich jedes Mal vor, genau so zu werden wie sie. Die Eltern sagten oft, wenn Du so wärst wie „blablabla" oder „hmhmhm", aber Du bist eben nicht so. Seufz! Ach, es hat ja eh keinen Sinn mit Dir. So sehr Tigerlilly es auch versuchte, wie „blablabla" oder „hmhmhm" zu sein, es klappte einfach nicht. Sie traute sich nicht mehr, ihre Noten, meistens eine Sechs, zu Hause vorzuzeigen. Oma K. hatte ihr zum Geburtstag ein Tagebuch geschenkt, ein blaues, mit schönen Sprüchen. Mutti fand, Tigerlilly sei noch zu klein dafür. Ratlos und nach Lösungen suchend, wie sie ihrem Lehrer die fehlende Unterschrift unter der Arbeit erklären könnte, schrieb Tigerlilly ihre Sorgen in das schöne Tagebuch hinein. Schliesslich fälschte sie die Unterschrift unter der Arbeit. Sie war eine Betrügerin. Ein paar Tage später fand sie in ihrem Tagebuch einen Zettel, auf den Mutti geschrieben hat: Du bist faul, und auf Faulheit solltest Du nicht stolz sein. Daran änderst Du auch nichts, wenn Du Deinen Mist hier reinschreibst. Ein anderes Mal lag ein Zettel drin mit den Worten: Toll, wie viel Mühe Du Dir gibst. Wie schon mal erwähnt, auf Faulheit solltest Du nicht stolz sein. Eigentlich schade, dass Du Dich so gehen lässt. Durch so etwas kann man nichts erreichen. Gruss, Mutti. Oma K. hatte Tigerlilly auch einen Teddy geschenkt. Mutti fand, Tigerlilly sei schon zu gross dafür. Mutti, Papa, Tigerlilly und ihr Bruder sassen mittags zusammen am Tisch und assen. Keine Fragen. Keine Antworten. Alles ganz normal.

Und die Moral von der Geschicht'?
Der, der geliebt wird, ist übermächtig.
Der, der liebt, ist ohnmächtig.

Vor anderen stellte Mutti Tigerlilly als die Beste dar. Nein, wir haben keine Schwierigkeiten. Haare wuscheln. Knuddeln. Und sehen Sie nur, Tigerlilly hat so schöne lange Beine, die wird sicher mal ein Top-Model. Manchmal ein Glas voller Süssigkeiten, keine Ahnung wieso. Manchmal lag all ihr Hab und Gut auf einem grossen Berg zusammengeschüttet in der Mitte des Zimmers. Weil sie so unordentlich war. Und sie war es. Sie war nichts sonst. Sie war nur das, was Mutti von ihr dachte.

Als sie bei Oma N. zu Besuch war, schrieb Oma in Tigerlillys Poesiealbum:
In glücklichen Tagen ist niemand allein, da stürmen die Freunde zur Tür herein. Sie feiern mit Dir voll Übermut, und Du glaubst wirklich, sie meinen es gut. Bedenke, es kommen auch schwere Zeiten, erfüllt von Krankheit, Sorgen und Not. Wo sind nun die Freunde, die uns begleiten, die einst Treue versprachen bis in den Tod? Die kommen nicht mehr zurück, denn es verliess uns flüchtig das Glück. Wenn nur einer von ihnen bei uns bliebe, dann gäbe es sie noch, die grosse Liebe.

Mit ihr war auch ein fremder Junge bei Oma zu Besuch, auch ein Enkel von Oma und vierzehn Jahre alt. Tigerlilly kannte ihn bisher nicht, obwohl sie schon zwölf und oft bei Oma N. zu Besuch war, wie immer in den Schulferien. Mit dem Jungen stimmt etwas nicht, sagte Oma. Sein Vater war tot, Omas Sohn. Schon lange, aber darüber redete man nicht. Keine Fragen, keine Antworten. Tigerlilly und der Junge lagen zusammen morgens ganz früh in einem Bett. Er erzählte von sich. Flüsternd, damit Oma es nicht mitbekam. Tigerlilly küsste ihn auf die Wange. Sie fühlte sich schlecht. Wenn Oma das wüsste. Das ist ja sogar das Schlimmste, was sie getan hat. Der Junge war irgendwie komisch. Und dann verschwand er plötzlich. Oma N. klagte und jammerte, wie schwer sie es hatte. Tigerlilly machte sich mit ihrem Fahrrad auf den Weg und suchte ihn. Sie fand ihn rauchend im Wald. Mitten im Sommer. Es konnte ein Feuer geben, wenn man im Wald raucht, sagte Opa immer. Und überhaupt durfte man nicht rauchen, weil es ungesund ist. Tigerlilly fuhr schnell nach Hause und erzählte es Oma so aufgeregt wie damals, als die Kuh kalbte. Oma und Opa schickten den Jungen wieder weg. Ein paar Wochen später warf er sich vor den Zug. Mutti erzählte es nebenbei beim Mittagessen. Keine Fragen, keine Antworten. Tigerlilly war wütend auf Oma. Auf Opa. Auf die ganze Welt.

Opa N. hatte in Tigerlillys Poesiealbum Album geschrieben: *Wenn des Lebens Stürme toben und Du glaubst, es geht nicht mehr, sei nicht mutlos, nicht verzagen, was auch kommt, nimm's nicht so schwer. Alles, was heut trüb und dunkel, kann schon bald vergessen sein, und es kehrt zurück ins Herz wieder eitel Sonnenschein. Wer aber das Tiefste hat empfunden, vergisst nicht vergangenes Glück. Dem bleibt, mit der Seele verbunden, auf ewig ein Echo zurück.*

Tigerlilly nimmt am Schultheater teil. Sie spielen *„Des Kaisers neue Kleider"*. Sie ist das Kind, das sagt: „Aber er hat ja gar nichts an!" Sie ist toll, alle klatschen. Sie weiss, wovon sie spricht. Tigerlilly schreit zwischen den Zeilen, so laut sie kann: „Aber sie haben ja gar nichts an!!! Sie haben ja gar nichts an!!! Seht hin!"

Ein Märchen ist ein Märchen. Im echten Leben sagt niemand: „Hört, die Stimme der Unschuld!" Keiner stimmt in das Rufen ein: „Aber sie haben ja gar nichts an!"
Keiner sagt überhaupt irgendwas. Keine Fragen, keine Antworten. Psssssst. Was in unseren vier Wänden passiert, geht niemand anderen etwas an! Es ist normal. So normal. Märchen sind eben Märchen. Die sind zwar wahr, aber unerfüllbar.

Hänsel und Gretel

Das erste Mal, als Papa ihren Bruder mit dem Gürtel schlagen wollte, ist Mutti mit Tigerlilly in den hinteren Teil der einhundertachtzig Quadratmeter grossen Altbauwohnung mit sechs Zimmern mitten im Herzen Berlins gegangen, hat alle Türen und Fenster geschlossen und den fünfjährigen Bruder mit dem Vater im Wohnzimmer ganz vorne in der Wohnung alleine gelassen. Tigerlilly hat die grausame Stille nicht ausgehalten. Eine bis dahin ungeahnte Kraft wuchs in ihr hoch, aus der Mitte der Erde und vom Himmel wie ein Strahl in sie hinabgeschickt. Diese Kraft pochte in ihrem Bauch so stark, dass sie alle geschlossenen Türen geöffnet hat und wie in Trance nach vorne gewankt ist. Hysterisch brach die Angst wie ein Schwall stinkender Gülle mit einem lauten Schrei wortlos aus ihr heraus. Es war das einzige Mal, dass sie ihren Bruder retten konnte.

Und die Moral von der Geschicht'?
Manche Schreie verschluckst Du lieber nicht.

Ihr Bruder war kein Seitenwechsler. Ein Seitenwechsel war unter seiner kindlichen Würde. Er wurde oft geschlagen. Irgendwann hat er als Antwort auf die Schläge nur noch gelacht, es war ein grauenhaftes Geräusch. Tigerlilly hat ein paarmal mit den Eltern geredet. „Ihr dürft ihn nicht so behandeln wie mich, er ist anders, er ist weich. Macht ihn nicht kaputt!" Es war zwecklos. Irgendwann kam er nicht mehr zum vereinbarten Zeitpunkt nach Hause, er war einfach verschwunden, nach der Schule war er lieber bei dem Parkplatzwärter der Sparkasse in der Nähe seiner Schule, er hat Geschichten erfunden, den Menschen auf der Strasse als Siebenjähriger erzählt, er sei schwer herzkrank und werde bald sterben. Mutti wurde dann mit mitfühlenden Worten angesprochen, und Tigerlillys Bruder kannte die Antwort darauf bereits. Und alle anderen waren wie die Affen: nichts hören, nichts sehen, nichts sagen. Alles ganz normal. Man lacht. Auf Familienfeiern. Im Treppenhaus. Beim Griechen um die Ecke.

Und selbst wenn, fragt Tigerlilly sich jetzt, wer hätte etwas ändern können? Das Jugendamt? Die Polizei? Der Richter? Ein Psychologe? Sie haben es alle später mal probiert. Es gibt kein Mittel gegen dieses Gift. Weil man nichts beweisen kann, so normal ist das. Es gibt nur das Leben, das seinen eigenen Weg geht, einem Plan zu folgen scheint, den wir nicht kennen. Es gibt nur das grosse Ganze, das nicht zu lenken ist, nicht mit aller Liebe der Welt und nicht mit allem Hass. Man ist Zuschauer in seinem eigenen Film. Und wer weiss schon, wozu das Leid in unseren Lebensgeschichten wichtig ist? Tigerlillys Leid bestand zu grossen Teilen darin, den anderen bei etwas zuzusehen, das grundlegend falsch war, den Katzen beim Jagen, dem Vater beim Schlagen, der Mutter beim Unglücklichsein. Sie wusste es besser, sie kannte die Lösung, aber so laut sie auch schrie, kein Herz liess sich damit erweichen, keiner wurde zu Stein, niemand fiel in einen hundertjährigen Schlaf. Alles blieb, wie es war. Und sie war die Dumme.

Tigerlillys Bruder wollte keine von Muttis Regeln befolgen. Er hat das Lügen bis zur Perfektion erweitert, um in seiner eigenen Welt leben zu dürfen. Mit sechs Jahren hat er der Mutter nach einem Erpressungsversuch alle seine Farbstifte vor die Füsse geschmissen. Wütend, frei, verletzt, enttäuscht und betrogen schrie er, während er die Stifte, die er von Mutti ein paar Tage vorher geschenkt bekommen hatte, um sich warf: „Hier, das kannst Du alles wiederhaben, ich will sie nicht mehr!" Es war ein göttlicher Moment. Dazu gemacht, um ihn in dieses Buch zu schreiben. Damit es die Welt erfährt. Damit Du verstehst, warum es so ist, wie es ist.

Und die Moral von der Geschicht'?
Kindermund die Wahrheit spricht.

Aber die Grossen wissen trotzdem alles besser.

Hänsel und Gretel verliefen sich im Wald, es war so finster und auch so bitterkalt. Sie kamen an ein Häuschen von Pfefferkuchen fein. Wer mag der Herr wohl von diesem Häuschen sein?

Aschenputtel

Als Tigerlilly ihre Tage bekam, war sie zwölf. Sie sagte es Mutti. Mutti hatte Tränen in den Augen. Sie fiel Tigerlilly um den Hals, redete aufdringlich mit ihr, was sich jetzt alles ändern werde für sie als Frau, wie schön das Frausein sei, und machte ihr gleich einen Termin beim Frauenarzt. Damit alles seine Ordnung hatte. Jetzt war Tigerlilly erwachsen. Eine Frau. Tigerlilly dachte, jetzt müsse sie den Müll nicht mehr herunterbringen und auch nicht mehr auf den Bruder aufpassen, aber ausser dem Termin beim Frauenarzt, den elenden Schmerzen jeden Monat, dem dicker werdenden Hintern und dem sich anschleichenden Gefühl, dass mit ihr irgendetwas nicht stimmt, änderte sich nichts. Es gehörte zu Muttis Plan, egal, was sie tut, es damit zu rechtfertigen, dass alle anderen schlimme Absichten haben. Ganz sicher. Die wollen doch alle nur das Eine. Das, was nicht passieren darf. Tigerlilly wegnehmen von Mutti. Und so war das Bild gemalt: Alle Menschen sind schlecht, man muss ständig auf der Hut sein, niemandem kann man trauen, wer sich als Schaf gibt, wird von Wölfen gefressen. Vertrauen ist gut, Kontrolle ist besser. Und nur, wenn man besser kontrolliert als die anderen, kann man gewinnen. Das Ganze gewinnt einen Oscar für die beste weibliche Hauptrolle im Film „Paranoia", aber für Tigerlilly war das ganz normal. Es war geradezu unaussprechlich weiblich. So muss man als Frau sein. Was? Du kannst es noch nicht? Komm, Mutti zeigt Dir nochmal, wie es geht.

Und die Moral von der Geschicht'?
Ohne Mutti gäb's Dich nicht.

Mach es so wie Mutti!
Aber werde um Gottes willen nicht wie sie. Sonst schimpft Papa.

Er hiess Bobby. Eigentlich spielte Tigerlilly noch mit Barbie-Puppen. Schöne, dünne, blonde Puppen, Kleider, alles ist möglich. Ihr Heiligtum. Und der Kassettenrekorder. Nur einen Ken hatte sie nicht. Beim Abwasch des Mittagsgeschirrs sind ihr zwei Schüsseln und ein Glas heruntergefallen. Kaputt. Weil sie rumgealbert hat. Das hat Mutti während des Mittagsschlafes gestört. Schläge.

Und Mutti hat die Barbies, auch die ausgeliehenen ihrer Schulkameradin, in die Mülltonne vor dem Haus geworfen. Tigerlilly hat danach gesucht und sie gefunden, aber sie hat sich nicht getraut, sie wieder aus der Mülltonne herauszunehmen. Sie war schlecht, sie hatte die Strafe verdient, und sie wollte sich wirklich an die Regeln halten. Am nächsten Tag schlug sie ihr Sparschwein kaputt und fuhr in strömendem Regen fünf Kilometer mit dem Fahrrad, um die Schüsseln neu zu kaufen. Mutti hat sie ignoriert. Bis heute weiss Tigerlilly noch ganz genau, welche Schüsselchen sie damals gekauft hat. In irgendeinem Schrank stehen sie noch herum und warten darauf, für besonders schön, für viel schöner als jede andere Schüssel auf der ganzen Welt befunden zu werden. Sie sind so schön, dass man am besten alle anderen Schüsseln aus diesem Schrank entfernen sollte und nur noch aus diesen essen sollte, findet Tigerlilly. Der Schulkameradin hat sie Geld gegeben, welches sie aus dem Portemonnaie des Vaters geklaut hat für die Barbies, die sie aus Versehen verloren hatte. Diese hat nie wieder mit ihr gesprochen. Der ewige Teufelskreis des Verbrechens, vom Fehltritt zu Lügen zu Diebstahl. Und kein Weg heraus.

Bobby jedenfalls war sehr gut in der Schule und hing wie sie immer in der Schulbibliothek herum. Bücher und Bobby. Bobby wollte erst nicht, aber Tigerlilly hat ihm aufgelauert, sich ihm an den Hals geworfen, immer den Bus genommen, den Bobby nahm. Es war so lustig mit ihm, er war cool, trug viele Lederbänder um das Handgelenk gewickelt, und sie konnte albern sein mit ihm, er war zärtlich zu ihr. Seit sie Bobby kannte, ist sie gerne zur Schule gegangen, sogar viel früher, als die Schule angefangen hat. Im Winter ist sie bis zu Bobbys Tür gelaufen, hat ihn abgeholt, und sie sind das letzte Stück zusammen gelaufen. Vor seiner Tür ist sie zum ersten Mal im Dunklen und Kalten geküsst worden. Es war umwerfend, warm, weich und hoffnungsvoll. Tigerlilly ist plötzlich auch sehr gut in der Schule geworden, nachdem sie Bobby das erste Mal geküsst hatte. Sie hat zu Hause nichts erzählt, aber Du weisst ja. Vertrauen ist gut, Kontrolle ist besser. Die einzige Zeit, in der sich Tigerlilly und Bobby treffen konnten, war, während Tigerlilly gearbeitet hat für ihr Taschengeld. Sie hat geputzt in Papas Büro. In dem Büro gab es ein grosses, rotes Sofa, auf dem die beiden gesessen und geknutscht haben. Jemand hat es Papa erzählt. Bobby hat Tigerlilly nach Hause gebracht, er wollte sehen, wo sie hingehört. Ihr Vater hat schon auf die beiden gewartet. Er hat Bobby gejagt, wollte ihn verprügeln, aber Bobby konnte viel schneller laufen. Währenddessen hat Mutti bei Bobbys Mutter angerufen und mit der Polizei wegen Verführung Minderjähriger gedroht. Tigerlilly konnte nicht so schnell laufen. Und sie wusste ja auch nicht wohin. Es blieb ihr nur diese Ecke in ihrem Zimmer. Du weisst schon, die mit dem Pipifleck. „Ich liebe ihn!", hat sie gesagt. Mutti hat gelacht. „Liebe? Du weisst gar nicht, was Liebe ist!" Und wo sie Recht hatte, hatte sie Recht!

Es gab eine Chorreise. Sie hat mit Bobby in einem Bett gelegen, in dem Zimmer lagen noch ein paar andere Mädchen. Sie hat Bobby angefasst, an seiner noch so jungen Männlichkeit, sie hat sich im Dunklen vorsichtig vorgetastet, neugierig das runzelige Stück in ihren Mädchenhänden gehalten, ohne zu wissen, was für eine Welt sich darin verbirgt.

Als sie heimkam, wusste Mutti schon davon, ein Lehrer habe angerufen und alles erzählt. Mutti sagte: „Vertrauen ist gut. Kontrolle ist besser!" So dreckig, wie Tigerlilly sei, werde sie nie wieder mit auf eine Schulreise dürfen. Tigerlilly hat ihr nicht geglaubt, es waren zu viele Details in Muttis beschämenden Ausführungen, die nicht stimmten, also hat Tigerlilly all ihren Mut zusammengenommen und den Lehrer gefragt, ob er ihre Mutter angerufen habe. Der Lehrer verneinte. Sie konnte ihm vor Scham nie wieder in die Augen schauen. Sie hatte wirklich niemandem davon erzählt, aber Mutti wusste es trotzdem. Es gab kein Entrinnen vor ihr.

Und die Moral von der Geschicht'?
Einen Ken bekommst Du nicht!

Und wer ist Barbie schon ohne Ken? Nichts und niemand.

Tigerlilly wusste nicht mehr, was sie noch tun sollte. Die Liebe, von der sie in der Kirche und in der Schule manchmal hörte, gab es in ihrem Leben irgendwie nicht. Tigerlilly glaubte, wenn sie es schaffen würde, aus ihrem Leben ein richtiges Märchen zu machen, dann würde sie auch wirklich wie im Märchen glücklich und zufrieden bin ans Ende ihrer Tage mit einem Prinzen leben können. Das Dumme war nur, dass sie auch glaubte, dafür, dass ihr Märchen wahr wurde, wie Aschenputtel alle Schuld der Welt auf ihren kleinen Schultern tragen zu müssen. Sie war nur gut, wenn sie hart genug arbeitete für die anderen. Sie machte Papas Büro immer besonders gut sauber, aber sie war nie gut genug. Sie litt angemessen, sass in der Asche und weinte, weinte, weinte. Doch es passierte nichts. Sie hielt sich tapfer an das hässliche Entlein und Aschenputtel, sagte sich zehntausend Mal am Tag: „Wenn Du später erfolgreich und beliebt sein willst, dann musst Du erstmal hässlich und verspottet sein, das ist normal, das muss so sein.“ Sie fühlte sich trotzdem so ohnmächtig in einer Welt, die schon lange nicht mehr ihre Welt war, nur die der anderen.

Und zu dem Dilemma kam ja noch hinzu, dass es keinem schlechter gehen durfte als Mutti. Das Leben einer Frau ist das eines Opfers. Es durfte auch keinem besser gehen als Mutti. Sie konnte Tigerlilly nicht vertrauen. Sie weiss es besser. Eigentlich weiss nur sie es, niemand sonst. Wie Oma N. ist sie vom Leben gezwungen, ja legitimiert, zu kontrollieren. Sie meint es ja nur gut. Ihr Kind soll vor all den schlechten Erfahrungen geschützt werden. Und vor den bösen Männern. Menschen überhaupt. Damit nichts passiert. Das wäre das Schlimmste. Du weisst schon. Nur deshalb durchsucht sie Tigerlillys Zimmer nach verdächtigen Hinweisen. Und Tigerlilly will einfach nicht dankbar sein, obwohl sie es doch nur gut meint, aber später, später wird Tigerlilly es schon einsehen. Das Leben einer Mutter ist voll von Entbehrungen. Auch Mutti war nicht sie selbst, sondern nur für ihre Kinder da. Denn wer war sie ohne ihre Kinder?

Mutti schreibt in Tigerlillys Poesiealbum: *Lachendes Leben blüh Dir entgegen, lachendes Glück kehr bei Dir ein. Freude sei mit Dir auf allen Wegen, meine Gedanken werden immer bei Dir sein. Für heut und alle Zeiten, Deine Mutti*

Noch heute klingt der letzte Satz wie eine Drohung. Tigerlilly findet das, was Mutti macht, falsch, aber Mutti kennt kein „richtig“ oder „falsch“. Mutti kennt nur ihre Wahrheit. Tigerlilly fragt sich, ob es eine ultimative Wahrheit gibt, die für uns alle gleich gilt. Was ist unbequemer? Das eigene Unwohlsein oder diese ultimative Wahrheit? Ist es leichter, die Augen zu schliessen, als sie zu öffnen, und ist Wegsehen leichter als Hinsehen? Ist es leichter, unglücklich zu sein als glücklich, ist Weinen einfacher als Lachen? Ist es leichter, zu trinken, als nicht zu trinken? Ist Schimpfen einfacher als Loben und Schlagen einfacher als Streicheln? Wenn ja, kannst Du mir erklären, warum?

Mutti hat die Augen zu. Sie sieht einfach nicht hin. Sie hat eine Idee in ihrem Kopf, die nur sie kennt, aber das Leben, das ist einfach. Man kann sich vom Leben an die Hand nehmen lassen und die steinigen Pfade gehen oder gegen den Plan ankämpfen. Mutti strengt sich an und kämpft. Gegen jeden und alles. Für ihr Recht, für ihre Idee vom Leben, damit sich ihr Traum erfüllt. Damit sie Recht hat.

Der erste Fluchtversuch

Mit vierzehn war es so weit. Tigerlilly hatte eine kleine, blaue Tasche gepackt. Sie wollte abhauen, auf dem Weg zum Flötenunterricht, mit drei Unterhosen, ein paar Tampons, ihrer Querflöte, ihrem Tagebuch, ihrem Sparbuch und all ihrem übrig gebliebenen Mut. In ihrem Herzen pochte eine Ahnung davon, dass es etwas anderes geben musste, als das, was ihre Eltern lebten, aber ihr Herz schlug zu laut und hat sie verraten, kurz bevor sie es nach draussen geschafft hat. Handtaschenkontrolle am Ausgang der Wohnung. Fluchtversuch fehlgeschlagen. Mutti hat Papa angerufen, der ist nach Hause gekommen, früher als sonst, hat am Türrahmen gelehnt, verschmitzt gelächelt und gefragt: „Na, habt ihr Probleme?!?" Damit war das Thema erledigt, und es wurde nie wieder darüber geredet. Keine Fragen, keine Antworten. Als Tigerlilly abends in ihr Bett ging, fand sie einen Zettel von ihrem Bruder auf ihrem Kopfkissen: „Sei nicht traurig, Dein Bruder mag Dich." Sie fing an hemmungslos zu weinen. In der Zeit danach veränderte sich etwas. Tigerlilly bekam keine Briefe mehr. Als sie heimlich mit einer Freundin telefonierte und die fragte, warum sie nicht zurückschrieb, fing Tigerlilly an zu suchen. Sie fand die an sie adressierten Briefe in Muttis Kleiderschrank. Ihr Kassettenrekorder stand tagelang schon zur Strafe auf dem Flur vor Tigerlillys Zimmer und durfte nicht angefasst werden. Tigerlilly überlegte. Warum macht Mutti das? Sie fand es gemein. Einfach nur gemein. Mit lautem Herzklopfen hat sie sich bei der Post ein Postfach einrichten lassen. Es kamen keine Briefe mehr für sie zu Hause an, aber jeder Gang zur Post, zu sich selbst kam einem Spaziergang auf dem Mauerstreifen gleich. Immer musste sie lügen, Zeit rausschinden, Erklärungen suchen, die Dinge verdrehen. Jeden Tag. Und immer begleitete sie die Angst, den Röntgenblicken von Mutti nicht standzuhalten. Denn seien wir ehrlich, ein eigenes Postfach bei der Post ist ein Schritt von Mutti weg. Und das war das Schlimmste. Das durfte nicht passieren. Sie war also schuld. Sowieso.

Wenn die Eltern ausgingen, dann hat Tigerlilly sich den Kassettenrekorder in ihr Zimmer geholt und unter Hochspannung den Märchen-Hörspielkassetten gelauscht, mit einem Ohr immer an der Haustür, damit sie den Rekorder schnell genug wieder an genau dieselbe Stelle im Flur stellen konnte. Ach, wie gut, dass niemand weiss ...!

Ihr Tagebuch war schon lange nicht mehr vor Mutti sicher, und die Telefonate wurden überwacht und abgehört. Telefonate durften laut Papas Anordnung aus Kostengründen nicht länger als drei Minuten dauern. Es war ihm suspekt, wenn die Frauen ewig miteinander sprachen ohne Sinn und Verstand. Mütter und Töchter. Da kam nichts Gutes bei raus. Das sah man ja an Mutti und Oma N., aber das durfte er ja nicht sagen. Es könnte ja bedeuten, dass er Mutti verlassen will. Man weiss ja nie bei den Männern. Und man fragt ja nicht. Keine Fragen. Keine Antworten. Vor allem keine unbequemen Antworten. Papa sagte trotzdem andauernd, wie unzufrieden er war. Er sagte es einfach nicht zu Mutti. Er motzte, wenn Tigerlilly am Telefon schwatzte. Frauen sollten nicht schwatzen. Und Töchter schon gar nicht. Die sollten lernen. Fürs Leben. Und er sagte es zu Tigerlillys Bruder, indem er ihn schlug. Papa sagte mit jedem seiner Schläge: „Bleibt schön bei Mutti, damit sie nicht allein ist. Sonst bin ich schuld, aber werdet um Himmels willen nicht wie sie!"

Tigerlilly durfte ihre Zimmertür nicht schliessen, und das eh schon enge Maschennetz aus zu befolgenden Regeln wurde noch enger geknüpft. Tigerlilly stahl Geld aus Papas Portemonnaie, sie betrog andere Mädchen in der Schule, bettelte um Pizza am Pizzawagen vor der Schule, stahl Bonbons aus der Dose ihres Bruders. Bis sie eines Morgens zusammenbrach. Da war sie fünfzehn. Sie fühlte sich schlecht, schuldig, hässlich, dick, dreckig. In der Schule nannten die anderen sie „Miss Piggy". Und alle anderen hatten Recht, es gab nur die Tigerlilly, die die anderen sahen, aber unbemerkt von Mutti gab es auch Menschen, die Gutes in Tigerlilly sahen. Es waren immer Tigerlillys selbstgemalte Bilder, die bei Klassenprojekten die beste Note bekamen und auf der Deckseite von Kochbüchern oder Gedichtbänden abgedruckt wurden. Es waren Tigerlillys Geschichten, die laut gelesen wurden. Es waren Tigerlillys Referate, die gut benotet wurden. Gute Momente im freien Fall des Grosswerdens. Nicht begleitet von Menschen, die in Tigerlilly sich selbst sahen und alles schlecht fanden, sondern von denen, die einfach nur ein Kind sahen. Einfach nur ein Kind. Menschen wie Bernd. Bernd war der grosse, dicke, liebevolle

Pfarrer, der Tigerlilly konfirmieren sollte. Er trank beim Abendmahl immer den ganzen Becher Wein aus, egal, wie viel noch drin war. Er liess sie im Gottesdienst in der Heiligen Nacht Querflöte spielen und sagte, er fände es schön. Er nahm sie in den Arm und schmunzelte sie freundlich an. Bernd war toll. Er gab ihr ein Blatt, auf dem ganz viele Bibelsprüche standen. Sie durfte einen für sich zur Konfirmation auswählen. Sie wählte: *Denn es sollen wohl Berge weichen und Hügel hinfallen, aber meine Gnade soll nicht von dir weichen, und der Bund meines Friedens soll nicht hinfallen, spricht der Herr, dein Erbarmer.*

Als er sie konfirmierte, beendete Bernd seine Predigt mit den Worten: „Liebe Konfirmandinnen und Konfirmanden, hört nicht auf zu träumen, lasst Euch diese Träume nicht wegnehmen. Träume sind Pläne, nach denen man leben kann. Passt Euch nicht an und werdet nicht noch härter. Werdet weich und zart, zärtlich. Stellt Euch eine Blume ins Zimmer und seht in ihr das Wunder göttlicher Liebe. Ihr seid geliebt."

Eine Frau sang im Radio: „I'll never be Maria Magdalena!", und Tigerlilly küsste einen Jungen unter der grossen Tanne in der Badeanstalt. Sie telefonierten manchmal heimlich, aber er nahm dann eine andere, weil Tigerlilly nicht auf Partys gehen und auch nicht mit den anderen zelten durfte und man sich durchs Telefon zwar viel sagen, aber so schlecht küssen kann. Er küsste die andere. Dann tat es ihm aber leid. „Nachts sind alle Katzen grau!", sagte er. Sie hatten sich sehr gern. Er baute einen Unfall. Er starb. Tigerlillys Mutti sagte es ihr nebenbei beim Mittagessen. Tigerlilly schwieg. Keine Fragen, keine Antworten. Irgendwann ging sie zum Friedhof, fand sein Grab und weinte. Ganz für sich.
Oma N. weinte auch. Tigerlillys Cousin hat einen Unfall gebaut und war tot. Der Sohn von ihrem ersten Sohn, dem Balg. Der, von dem sie ein Foto am Bett stehen hat. Der, der nicht mehr mit ihr redete. Von Tigerlilly hatte sie kein Foto am Bett stehen. Tigerlilly fragte die weinende Oma: „Warum hast Du kein Bild von mir am Bett stehen? Ich lebe ja noch!" Oma seufzte und sagte: „Er sieht eben jemandem sehr ähnlich, den ich gern gehabt habe!"
Tigerlilly fragte: „Wem?" Aber Oma N. war wieder weit weg. An einem Ort, an den sie nur allein gehen konnte. In ihrer Erinnerung. Keine Fragen, keine Antworten.

Hinter jeder Geschichte steckt eine Geschichte.

Mutti findet, dass Mädchen nach der Konfirmation zur Tanzschule müssen. Natürlich nur, um tanzen zu lernen. Nicht, um frei zu sein, aber hast Du je einen Gefangenen tanzen sehen? Tigerlilly wollte tanzen. Gerne sogar. Sie fand Jive toll. Schnell. Lebendig. Sie mochte das Spiel zwischen dem Jungen und dem Mädchen. Frech, aber sie konnte sich irgendwie nur komisch bewegen. Irgendwie gehemmt. Sie versuchte, so zu sein wie Mutti, die toll tanzen konnte, aber es gelang ihr nicht. Und es fing gar nicht gut an. Man stellte sich in einem grossen Kreis vor, wie sich das eben gehört. „Guten Tag, mein Name ist lalala, ich bin so und so viel Jahre alt." Dreissig Augenpaare auf Tigerlilly gerichtet. Als sie aufgeregt in den Kreis tritt, rutscht sie auf dem Parkett mit ihren glatten Schuhen aus und brettert voll auf die Nase. Sie steht wieder auf, rückt ihren Rock gerade, schluckt alle Tränen runter und stellt sich vor. Keiner der Jungs wollte mit Tigerlilly tanzen. Sie sahen sie gar nicht. Tigerlilly blieb auf der Bank sitzen. Da war sie vierzehn. Also tanzte sie mit der alten, klapprigen Tanzlehrerin. Sie lernte, einen Schritt vor den anderen zu setzen, ohne zu weinen. Mutti gab ihr Ratschläge, zog sie wie Barbie an, mit Rüschenblüschen und Knickerbockerhosen, mit grün-goldenen Strickjacken, mit Dauerwelle, ohne Schminke. Und ohne Ken. So, dass das Schlimmste nie passierte. Tigerlilly konnte die schöne Musik hören und alle anderen engelsgleich an ihr vorbeigleiten sehen. Sie selbst blieb auf dem Stuhl sitzen, auf dem Platz neben ihr sass Mutti und flüsterte mit erhobenem Zeigefinger: „Bleib bei mir. Die anderen sind schlecht, siehst Du's nicht? Du kannst es eben nicht, das mit den Jungen. Die interessieren sich eben nicht für Dich. Du bist nicht hübsch genug. Es ist eben noch nicht an der Zeit für Dich. Bleib bei mir. Bis Du heiratest, ist alles gut!"

Und da sass sie. Bis auf den Tanz im Kreis. Fünf Minuten ganz am Ende von einer Stunde. It's raining again. Vor, rück, Cha-Cha-Cha. Dreh'n, dreh'n, dreh'n. Es machte so viel Spass, aber es war nicht auszuhalten. Tigerlilly ist nicht mehr tanzen gegangen.

Als nun niemand mehr daheim war, ging Aschenputtel zu seiner Mutter Grab unter den Haselbaum und rief: „Bäumchen, rüttel dich und schüttel dich, wirf Gold und Silber über mich." Da warf ihm der Vogel ein goldenes und silbernes Kleid herunter und mit Seide und Silber bestickte Pantoffeln. In aller Eile zog es das Kleid an und ging zum Fest. Seine Schwestern aber und die Stiefmutter kannten es nicht und meinten, es müsse eine fremde Königstochter sein, so schön sah es in dem goldenen Kleide aus. An Aschenputtel dachten sie gar nicht und dachten, es sässe daheim im Schmutz und suchte die Linsen aus der Asche. Der Königssohn kam ihm entgegen, nahm es bei der Hand und tanzte mit ihm. Er wollte auch sonst mit niemandem tanzen, so dass er ihre Hand nicht losliess, und wenn ein anderer kam, um es aufzufordern, sprach er: „Das ist meine Tänzerin." Es tanzte, bis es Abend war, da wollte es nach Haus gehen. Der Königssohn aber sprach: „Ich gehe mit und begleite dich!" Denn er wollte sehen, wo das schöne Mädchen hingehörte. Es entwischte ihm aber und sprang in das Taubenhaus. Nun wartete der Königssohn, bis der Vater kam, und sagte ihm, das fremde Mädchen sei in das Taubenhaus gesprungen. Der Alte dachte: „Sollte es etwa Aschenputtel sein?", und sie mussten ihm Axt und Hacken bringen, damit er das Taubenhaus entzweischlagen konnte, aber es war niemand darin. Und als sie ins Haus kamen, lag Aschenputtel in seinen schmutzigen Kleidern in der Asche, und ein trübes Öl-Lämpchen brannte im Schornstein. Denn Aschenputtel war geschwind aus dem Taubenhaus hinten herabgesprungen und zu dem Haselbäumchen gelaufen. Da hatte es die schönen Kleider abgezogen und aufs Grab gelegt, und der Vogel hatte sie wieder weggenommen. Dann hatte es sich in seinem grauen Kittelchen in die Küche zur Asche gesetzt.

An der Schule gab es viele Orte zum Sein. Tigerlilly war oft beim Hausmeister in dessen Kabuff. Es war zwar rauchig, aber alle mussten da vorbei. Und dort waren zwei Jungs, die beide gleich hiessen. Einer war der Sohn eines Arztes und sah umwerfend aus. Der gefiel ihr, aber sie bekam nie, was ihr gefiel. Das war die Regel. Damit das Schlimmste nicht passiert. Der andere war der Sohn eines Zahnarztes. Dem gefiel sie. Er war achtzehn, gerade durchs Abitur gefallen, und er interessierte sich für Tigerlilly, die gerade sechzehn war. Sie mochte das Gefühl, das sie spürte, wenn jemand an dem, was sie versuchte zu sein, und an dem, was sie sein durfte, Interesse hatte. Sie wollte sich lebendig fühlen. Nach der Schule, nach dem Chor oder vor dem Mathenachhilfeunterricht trafen sie sich. Er hatte einen grossen silbergrünen BMW, in dem er sie zu „Bright Eyes" von Art Garfunkel umherfuhr. *„Dirty Dancing"*. Schmachtend den schönen Bewegungen von Mann und Frau zusehend, floss sie im Kino dahin. Im Regen gingen sie heim.

Sie hatte einen besonders grossen Regenschirm dabei. Vor den Augen der anderen und mit dem Jungen darunter klappte sie den Schirm zu, um sich mit ihm lang und innig zu küssen. Der Junge fand, sie könne sehr gut küssen. Er sagte Jahre später, er habe keine getroffen, die besser küssen konnte als Tigerlilly.

Und die Moral von der Geschicht'?
Küssen lernst Du nicht. Entweder Du kannst es. Oder eben nicht.

Tigerlilly kann gut küssen. Es weiss nur kaum jemand.

Am nächsten Tag, als das Fest von Neuem anhob und die Eltern und Stiefschwestern wieder fort waren, ging Aschenputtel zu dem Haselbaum und sprach: „Bäumchen, rüttel dich und schüttel dich, wirf Gold und Silber über mich." Da warf der Vogel ein noch viel stolzeres Kleid herab als am vorigen Tag. Und als es mit diesem Kleide auf der Hochzeit erschien, erstaunte jedermann über seine Schönheit. Der Königssohn aber hatte gewartet, bis es kam, nahm es gleich bei der Hand und tanzte nur allein mit ihm. Wenn die anderen kamen und es aufforderten, sprach er: „Das ist meine Tänzerin." Als es nun Abend war, wollte es fort, und der Königssohn ging ihm nach und wollte sehen, in welches Haus es ging, aber es sprang ihm fort und in den Garten hinter dem Haus. Darin stand ein schöner grosser Baum, an dem die herrlichsten Birnen hingen, es kletterte so behände wie ein Eichhörnchen zwischen die Äste, und der Königssohn wusste nicht, wo es hingekommen war. Er wartete aber, bis der Vater kam und sprach zu ihm: „Das fremde Mädchen ist mir entwischt, und ich glaube, es ist auf den Birnbaum gesprungen." Der Vater dachte: „Sollte es Aschenputtel sein?", liess sich die Axt holen und hieb den Baum um, aber es war niemand darauf. Und als sie in die Küche kamen, lag Aschenputtel da in der Asche, wie sonst auch, denn es war auf der anderen Seite vom Baum herabgesprungen, hatte dem Vogel auf dem Haselbäumchen die schönen Kleider wiedergebracht und sein graues Kittelchen angezogen.

Sie nahm ihn an die Hand, mit zu sich nach Hause. Ihre Mutter schmiss ihn im hohen Bogen wieder raus. „Aber Du kennst ihn doch gar nicht! Schau ihn Dir doch erstmal an!" „Es tut mir leid, Sie müssen wieder gehen!"
Von da an schrieben sie Briefe, sie hatte ihm den Schlüssel vom Fahrradkeller gegeben, so dass er seine Briefe dort deponieren

konnte. Als Erkennungszeichen gab es einen Stein mit einem rosa Punkt drauf, im Vorgarten des Wohnhauses mitten in Berlin. Wenn der Stein da lag, wusste Tigerlilly: Er war da. Er versprach ihr, zwei Jahre auf sie zu warten. Aber dann lernte er ein Mädchen kennen, das in Freiheit lebte. Die schlief mit ihm. Eines Abends rief Tigerlilly bei ihm an, und er war nicht alleine. Sweet sixteen. Zwei Piccolo-Flaschen und siebenhunderttausend Mal „Flugzeuge im Bauch".

Es tat ihm leid. Er bat, sie wiedersehen zu dürfen. Also traf sie ihn noch einmal, er reparierte ihr Fahrrad (obwohl Tigerlilly das eigentlich alleine konnte), und sie gingen danach Hand in Hand spazieren. Es war ein wichtiger Tag in der Schule. Es war angeordnet, dass jemand von den Eltern dabei sein sollte, aber Tigerlillys Eltern liessen sich von niemandem befehlen, wann sie wo zu sein hätten. Irgendwie hat Mutti es trotzdem geschafft, zur Schule zu kommen, ohne dass sie es Tigerlilly vorher gesagt hatte. Die Märtyrerrolle war manchmal attraktiv genug, um den Leopardenlook abzulegen und sich stattdessen eben damit zu kleiden. Sie hat ihn und Tigerlilly Hand in Hand um das Schulgebäude spazieren sehen. Das Schlimmste war passiert. Und Tigerlilly hat ihre Mutter im Auto vorbeifahren sehen. Sie ging mit klopfendem Herzen nach Hause, wo die Katastrophe schon im vollen Gange war. Ihr Zimmer lag in Schutt und Asche, alles war aus den Regalen gezerrt, ihre Kleidung lag aus dem Schrank gerissen am Boden, die Regale waren umgeworfen, alle ihre Fotos zerrissen, ihre Schulsachen waren verwüstet, der Schreibtisch lag am Boden, es war grauenvoll. Und da war Mutti, die wie eine Furie schreiend voller dreckiger Ausdrücke und Beschimpfungen über Tigerlilly in dem Zimmer wütete. Der Vater war besoffen, betäubt, weit weg. Er stand mit einem mitleidigen Schmunzeln im Gesicht an den Türrahmen gelehnt, schwankend und mit trübem Blick und sah Tigerlilly beim Aufräumen zu: „Na, habt ihr Probleme?" Die sichtbaren Schäden konnte Tigerlilly beseitigen. Ganz alleine.

Und die Moral von der Geschicht'?
Mit Mutti stimmte doch etwas nicht.

Oder?

In der Berliner U-Bahn hingen kleine Plakate mit der Aufschrift: „Du kannst nicht mehr? Wir sind für Dich da!“ Einmal, nachdem Mutti sie wieder angeschrien, geschlagen und getreten hatte, ist Tigerlilly zum Jugendnotdienst gegangen. Es war ruhig dort. Sie sass auf einem Sofa, und die Menschen haben ihr freundlich zugehört. Dann haben sie sie wieder nach Hause geschickt. „Deine Situation ist nicht schlimm genug!“, sagten die Menschen. Sie hat versucht, Mutti aufzunehmen mit ihrem alten Kassettenrekorder, um zu beweisen, dass es doch schlimm war. Schlimm genug, aber Mutti hatte einen langen Atem. Nach fünfundvierzig Minuten Schreien ist die Aufnahmetaste am Kassettenrekorder zurückgesprungen. Das Geräusch war laut genug. Daran hatte Tigerlilly nicht gedacht. Sie kann sich nicht mehr daran erinnern, was danach passiert ist. In jedem Fall war es nicht schlimm genug. Und irgendwie war es ja auch ganz normal.

Tigerlillys Bruder hatte einen Zopf. Einen kleinen, geflochtenen Zopf in seinem blonden Haar, das meist zerzaust und struppig war. Es war die Zeit irgendeiner Fussball-Weltmeisterschaft, und ein sehr berühmter Spieler trug sein Haar auch so. Tigerlillys Bruder war sehr stolz auf seinen Zopf. Stolz als werdender Mann war in Papas Augen ein gefährliches Gefühl. Im Sommer, am Geburtstag des Bruders, hielt Papa Tigerlillys Bruder eine Schere hin. „Schneid ihn ab!“, sagte er. Tigerlillys Bruder war ausnahmsweise anwesend, es war sein Geburtstag. Er war einfach nur ein kleiner Junge, der mit offenem Herzen und erwartungsvollen Augen seine Geschenke in Empfang nehmen wollte, hören wollte: „Es ist schön, dass es Dich gibt, Du bist ein Geschenk Gottes!“ Anstatt dessen nahm er die Schere von Papa entgegen, und das, was von ihm danach noch übrig war, war in jeder nur erdenklichen Hinsicht beschnitten.
Warum will Papa das? Warum sagt Mama nichts? Was ist nur mit den Grossen los? Tigerlilly findet Mutti und Papa einfach nur gemein. Wenn sie sagen: „Ich hab Dich lieb!“, warum tun sie ihr und ihrem Bruder dann andauernd weh?
In Tigerlillys Herz ist grosser Kummer.

Und die Moral von der Geschicht'?
Sie sagen, sie lieben mich.
Aber sie lieben mich nicht.

Die Wende

Ein weiteres Kind wurde geboren, ein Mädchen. Mutti wollte keine Kinder mehr, und sie wollte sich auch eigentlich von Papa trennen, der nur noch arbeitete, trank, den Bruder verprügelte und fernsah. Western. Man hörte die Schüsse aus den Revolvern die ganze Nacht durch die grosse Wohnung hallen. Und wenn Papa nicht fernsah, trank er eben. Guten Rotwein, zwei Flaschen pro Abend, aber nun war Mutti vier Monate unbemerkt schwanger, und es war zu spät zum Abtreiben. Es war ein Wunder. Papa war nach einer Prostataoperation eigentlich zeugungsunfähig, und Mutti hatte eine Spirale. Mutti hat geraucht wie ein Schlot, in der Hoffnung, die Saat würde verderben. Sie ist von Tischen gesprungen und hat alles Menschenmögliche versucht, aber das Kind war stark. Es kam auf die Welt, während draussen ein heftiges Sommergewitter wütete, Papa fernsah, Western, und Tigerlillys Bruder irgendwo war. Tigerlilly spürte in die magische Nacht hinein. Ein neuer Anfang. Eine neue Geschichte. Hoffnung. Jetzt wird alles gut. Es war quasi Tigerlillys Kind. Erstens wollte die Mutti ja kein Kind haben, und zweitens hatte sie ja schon genug damit zu tun, das Geschäft ihres Mannes, seinen Alkoholkonsum, seine Affären und sein Geld zu kontrollieren. Sekretärin nannte sie es. Mutti lässt sich doch nicht von einem Kind ihr Leben kaputtmachen, jetzt, wo es endlich angefangen hatte und sie jemand war. Mutti sagte jetzt oft zu Tigerlilly: „Wenn ich Dich nicht hätte!“ Und Tigerlilly hatte eine neue Rolle, die der Mutterschwester. Tigerlilly ging noch zur Schule. Sonst wäre ja alles ganz einfach gewesen, aber so geht das Baby mit vier Monaten zur Tagespflege. Zu einer komischen Frau, die selbst einen kleinen Jungen hatte. Das Baby schrie wie am Spiess, wenn man es dort alleine lassen wollte. Manchmal, wenn Tigerlilly es abholte, sass es bei geschlossener Tür alleine in einem Zimmer, während man seine Schreie schon vier Treppen weiter unten hören konnte. Das Baby klammerte sich verzweifelt an Tigerlilly: „Lass mich nicht allein! Bitte lass mich nicht allein!“, aber als Tigerlilly Mutti davon erzählte, sagte die nur: „Du spinnst. Du willst mir mein Leben versauen. Du mit Deiner ewigen Moral.“ Sie verbot Tigerlilly den Mund. Tigerlilly überlegte. Schliesslich weigerte sie sich schweigend, das Baby von der Tagespflege abzuholen. Sie ging einfach nicht mehr. Lieber würde sie sich umbringen lassen. Was sollte Mutti tun? Jetzt, wo sie das Baby selbst abholen musste, suchte sie eine neue Tagesmutter. Eine gute.

Eines Tages war Mutti einfach weg. Verreist nach Köln mit Papa in einem extra für diesen Anlass gekauften Leopardenkostüm. Das war alles sehr wichtig. Tigerlilly hütete das Baby. Es bekam hohes Fieber und schrie die ganze Nacht. Tigerlilly wusste nicht, was man mit Säuglingen macht, die vierzig Grad Fieber haben. Sie gab ihm zu trinken, aber es wollte nicht trinken. Es wollte schreien. Sie nahm das Baby auf den Arm und fuhr mit dem Taxi ins Krankenhaus, aber man konnte nichts bei dem Kind feststellen, vielleicht Dreitagefieber. Am Nachmittag rief Mutti an. „Ist alles in Ordnung?“ Tigerlilly sagte: „Du musst nach Hause kommen, das Baby ist krank, es hat hohes Fieber und schreit die ganze Zeit!“ Aber es gab so viele wichtigere Dinge in Muttis Traum. Nach einer weiteren Nacht mit einem schreienden Säugling, dem die Fieberzäpfchen zu den Ohren wieder herauskamen, war in Tigerlilly nur noch ohnmächtige Wut. Ihre Schwester schrie und schrie, und mit jedem Schrei fragte sie: „Werde ich überleben in dieser Welt ohne Liebe?“ Tigerlilly konnte ihm wenig Hoffnung machen. Sie war einfach da. So etwas schweisst zusammen. Als die Eltern drei Tage später wiederkamen, war das Fieber vorbei. Tigerlilly begann am selben Abend mit einem umfangreichen Referat über medizinische Versuche im Dritten Reich, zu dem sich unzählige Bücher aus der Bibliothek auf ihrem Schreibtisch stapelten. Papa stand mitten in der Nacht, nachdem der letzte Western im Fernsehen vorbei war, an den Türrahmen gelehnt und sagte: „Mach Schluss, Mäuschen! Geh schlafen!“ Tigerlilly sagte nichts. Am Montag wurde das Referat mit „sehr gut!“ benotet.

Tigerlilly wusste von diesem Tag an, dass sie irgendwie mehr schafft als andere. Sie ist anders. Belastbarer. Sie spürt sich unter Anstrengung.

Und die Moral von der Geschicht’?
Marmor, Stein und Eisen bricht.

Aber wahre Liebe nicht.

Manchmal versuchte Mutti Papa zu verlassen. Dann nahm sie voll stiller Anklage in grossartiger *„Vom Winde verweht"*- Opfermanier das Baby und verschwand einfach. Ohne irgendwem zu sagen, dass sie fuhr, geschweige denn, wohin sie fuhr oder wann sie wieder da wäre. Den Bruder liess sie da. Um den hat sich sowieso keiner gekümmert. Zehnjährig sah er Tigerlilly Hilfe suchend an und gestand ihr, atemlos, dass er raucht. Tigerlilly sagt: „Du hast es in der Hand, Du kannst einfach aufhören. Komm auf meine Seite. Hier ist es sicher!", aber er konnte nicht. Er verschwand wieder. Diesmal für immer. Er hatte ja keine Wahl. Tigerlilly hat ihn oft gesucht, wie den Jungen damals bei Oma, den sie auf die Wange geküsst hatte. Wie den, mit dem sie sich unter der Tanne in der Badeanstalt geküsst hatte, aber sie hat ihn nie mehr gefunden. Seine Seele war verborgen, geschlagen, beschnitten, zugeklebt mit Muttis ewigem „Ich kümmere mich um Dich, aber bitte verlass mich nicht!", sein Geist war verschlossen, der Weg dorthin war hinter den Lügen versteckt, die er brauchte, um zu überleben. Er fand sich selbst nicht mehr.

Wenn Mutti wieder da war, hörte Tigerlilly nachts wieder das Gestöhne aus dem Schlafzimmer der Eltern und wusste, es würde sich nichts verändern. Mutti fuhr mit Tigerlilly nach Paris. Sie wollte eigentlich mit Papa fahren, aber der wollte nicht mit Mutti fahren. Tigerlilly wollte nach Paris, der Stadt der Liebe. Also ist sie mitgefahren, als Platzhalter, auf diesem undankbaren Posten, den sie so gut kannte, dessen Spielregeln sie beherrschte und den sie perfekt ausfüllen konnte. Sie erfüllte die an sie gestellten Erwartungen. Und trotzdem scheiterte sie. Keine Liebe. Auch nicht in Paris. Sie lernte dort ihre Fähigkeit zu perfektionieren, die Lücken zu erspüren, die andere Menschen haben, indem sie versuchte, hineinzuschlüpfen und das Loch zu stopfen. Du kannst Dir nicht vorstellen, was das bedeutet. Wie ein Tiger lag sie auf der Lauer, beobachtete lange und sprang dann in einem ungeahnten Moment, schwupp, genau in die Lücke. Weisst Du was? Das macht Menschen sehr glücklich und traurig zugleich. Menschen weinen dann, wenn das passiert. Komisch findet Tigerlilly das, aber sie war sich sicher in dem, was sie tat. „Die Welt braucht mich!", dachte Tigerlilly. Sagte nicht schon Gott, dass man seinen Nächsten so lieben soll wie sich selbst? Tigerlilly war ehrgeizig. Sie wollte ihren Nächsten sogar mehr als sich selbst lieben. Sie gab sich hin in die Bedürfnisse der anderen. Es war herrlich. Sie trug alten Nachbarinnen ihre schweren Einkaufstaschen nach Hause, half blinden Menschen über die Strasse, führte fremde Hunde aus. Sie verpetzte ihre Mitschülerinnen, wenn die Dummheiten machten, schaute immer, wo eine rettende Hand gebraucht wurde, räumte die Wohnung auf, kaufte Blumen für Mutti, schrieb oberlehrerhafte Briefe an Freundinnen, wies diese sorgenvoll zurecht bei der Wahl der richtigen Schule oder ihren ersten Liebesgeschichten, kümmerte sich nicht um die Briefe von den Müttern der Freundinnen, die als Antwort zurückkamen. Sie sorgte mit anklagenden Artikeln in der Schülerzeitung dafür, dass Lehrer von der Schule geworfen wurden, weil sie nicht unterrichten konnten. Ja, sie surfte geradezu auf einer Welle des Gebrauchtwerdens. Die Welt brauchte sie, damit Gerechtigkeit geschah. Die anderen Menschen wussten es ja nicht so gut wie sie. Am besten wusste es natürlich Mutti, das war klar. Mutti nahm sie in den Ferien beiseite und brachte ihr alles bei, was eine Frau können muss. Kochen. Kuchen backen. Auf Kinder aufpassen. Fingernägel lackieren. Männer anlachen. „Schau, der da drüben guckt. Sieh zu, wie ich es mache. Jetzt lächele ich zurück, aber nur kurz! Bis er angebissen hat.“ Das war Tigerlilly peinlich, zu Hause wischte sie sich den noch nicht ganz trockenen Nagellack ganz schnell wieder ab. Papa nahm Tigerlilly in den Ferien beiseite, um ihr alles beizubringen, was eine Frau können muss, die nicht so werden soll wie Mutti. Das Fahrrad reparieren, Glühbirnen auswechseln, tropfende Wasserhähne reparieren, die Werkstatt aufräumen, keine Angst vor Mäusen haben. Von alldem war keine Angst haben das Wichtigste. Denn wer Angst hat, ist wie Mutti. Das wäre das Schlimmste. Danach liessen Mutti und Papa sie einen Aufsatz schreiben über das, was sie gelernt hatte. Nicht für die Schule lernen wir, sondern fürs Leben. Mach es wie Mutti, aber werde nicht wie sie. Keine Fragen, keine Antworten.

Tigerlilly träumte davon, ins Kloster zu gehen. Nur Gott und sie und Ruhe. Und der Glaube an das Gute. Singen. Mit Gott sein. Wie ein Ton in seiner Musik. Musik. Sie spielte Querflöte. Man muss atmen, wenn man aus einer Flöte einen Ton herausbekommen will. Sie atmete. Sie hatte Unterricht bei einer Lehrerin von weit weg, die alles aus ihr herausholte, und übte jeden Tag nach der Schule. Das war ihr Raum, nur dann durfte sie die Tür schliessen. Eine Stunde, die jeden Tag nur ihr gehörte. Tigerlillys Bruder spielte Krieg im

Nebenzimmer, während *„Master and Servant"* von Depeche Mode aus den Lautsprechern dröhnte. Eines Tages kam er zur geschlossenen Tür hineingestürmt, während sie spielte, hielt eine Spielzeugpistole in der Hand, schoss auf sie und schmiss die Tür beim Rausrennen hinter sich wieder zu. Zwischen ihr, ihrem Bruder und der Tür war Tigerlillys Flöte. Als die Lehrerin von weit weg die kaputte Flöte sah, meinte sie, Tigerlilly brauche eh bald eine neue, um weiterzukommen. Tigerlilly habe Talent. Sie sprach mit Papa, aber der schrie ins Telefon: „Ich lasse mir von niemandem befehlen, wann ich etwas zu kaufen habe. Ob und wann Tigerlilly eine neue Flöte bekommt, entscheide ich ganz alleine!" Er legte auf, und es gab keine neue Flöte. Tigerlilly klappte den Notenständer zusammen, räumte die Noten weg und ging nun jeden Tag, anstatt zu üben, mit Mutti einkaufen. Irgendwann spürte sie den Schmerz nicht mehr, wenn sie an die Stelle in ihrem Zimmer sah, wo der Notenständer gestanden hatte. Dann, sechs Monate später, kaufte Papa Tigerlilly zu Weihnachten eine neue Flöte. Tigerlilly weinte. Aus Dankbarkeit? Aus Verzweiflung, Schmerz und Ohnmacht. Unwiederbringlich zerstört war das Zentrum, in dem die Musik in ihr geschaffen wurde und durch ihren Körper nach aussen drang. Alles in ihr war erschüttert und in grosser Unordnung. Wie die Buchstaben auf der Schiefertafel bei Mutti. Alle Noten in ihrer Seele weggewischt und irgendwann einfach vergessen. Von da an war sie ohne Gott, trug keine Musik mehr in sich, und der einzige Ton, der ihr geblieben war, war ein stummer, dumpfer Klagelaut.

Die Musik spielte jetzt woanders. Mutti und Papa besuchten einen Tanzkurs zusammen, obwohl sie eigentlich ja schon in ihrem eigenen Schritt zusammen tanzen konnten, aber alle anderen konnten richtig tanzen. Das wollte Mutti auch, damit sie sich sehen lassen konnte auf dem öffentlichen Parkett, aber Papa wollte nicht so, wie Mutti wollte. Sie haben sich beim Tanzen immer gestritten. Der Tanzkurs war bezahlt. Also nahm Papa Tigerlilly anstelle von Mutti mit. Sie übten sonntags in dem langen Flur der Wohnung, während Mutti im Wohnzimmer nervös auf und ab lief. Tigerlilly machte ihre Sache gut. Ihr war zwar etwas übel zwischen all den anderen Paaren in dem Tanzkurs, wo Mann mit Frau tanzte und nicht mit Tochter, aber sie war tapfer. Papa war schliesslich ein toller Mann, auch wenn er sich ein bisschen blöd anstellte, weil er sich einfach die Schritte nicht merken konnte. Mutti wurde irgendwann komisch zu Tigerlilly. Abweisend. Gemeiner als sonst. Bis zum Landfrauen-Ball, wo Papa den ganzen Abend mit Mutti tanzte und Tigerlilly nach stundenlangem Rumsitzen an einem Tisch mit lauter betrunkenen Menschen von einem fünfundsiebzigjährigen, nach Mist stinkenden, fremden, trampeligen Bauern aufgefordert wurde. Hilfesuchend blickte sie zu Papa. Papa bestand darauf, dass sie mit dem Bauern tanzte. Er hatte sie ja schliesslich nicht umsonst mit zum Tanzkurs genommen. Tigerlilly war sehr tapfer und tanzte diesen einen Tanz so aufrecht wie möglich, aber sie hat danach nicht mehr daran geglaubt, dass es jemals einen Prinzen für sie geben würde. Sie war nicht einmal Aschenputtel. Was sollte nur aus ihr werden? Dabei gab sie sich doch solche Mühe. Tigerlilly konnte im Gegensatz zu Mutti ja nicht nur mit dem Vater tanzen, ohne zu streiten, sondern auch Käsekuchen backen, das Fahrrad reparieren und über alles Berichte schreiben. Tigerlilly war doch eine gute Frau, oder? Sie hatte doch alle Regeln befolgt, die es einzuhalten galt. Gab es nicht doch noch Hoffnung für sie? Eines Sonntagnachmittags wagte sie es, mit einem Schulkameraden ins Kino zu gehen. Als sie heimkam, nahm Papa sie wortlos am Arm, legte sie im Wohnzimmer übers Knie und versohlte ihr den Hintern, während sich zwei Zimmer weiter ein Nachbar mit Mutti über Tapetenmuster unterhielt. Tigerlilly versuchte, nicht zu schreien, während ihr Vater sie schlug. Sie verstand nicht, wofür sie diese Prügel bekam. Und es war ihr mittlerweile auch egal. Keine Fragen. Keine Antworten. Die Welt brauchte sie. Und dafür lohnte es sich zu leiden. Kriechend schlich sie durch ihr Leben. Eines Tages hatte sie es kriechend in die Bibliothek geschafft, als ihr ein Traumdeutungsbuch in die Hände fiel. Von da an taten sich nachts in ihr neue Räume auf. Sie schwamm durch zähen Schlamm mit Elefanten, die lackierte Fingernägel hatten, kämpfte sich durch elende Wettkämpfe in dreckigem Wasser mit nicht enden wollenden Schwimmbahnen, auf denen die anderen immer schneller waren bis hin zu einem kleinen Paradies. Eine Insel, weisser Strand, warm, klar und ruhig.

Und die Moral von der Geschicht'?
Vor Gott verstecken kannst Du Dich nicht.

O Jona. Jona!

Ein kleiner Matrose umsegelte die Welt

Irgendwann war er einfach da, der Matrose. Und da waren seine Briefe. Seepost. Der Matrose war Tigerlillys Grosscousin. Der Sohn der Cousine der Mutter. Also der Enkelsohn der Schwester von Tigerlillys Oma. Brauchst Du eine Zeichnung? Es ist wichtig, dass Du das verstehst. Es waren fantasievolle Briefe. Tigerlillys Grossmutter, die Depression in Person, war die Schwester von seiner Grossmutter. Tigerlilly und er hatten sich früher als Kinder in den Ferien ein Mal bei Oma N. getroffen. Tigerlilly wunderte sich, dass es Jungen in der Familie gab, die noch nicht gestorben waren.

In eineinhalb Jahren schrieben sich Tigerlilly und der Matrose jeden Tag einen Brief. Also jeder bekam jeden Tag vom anderen einen Brief. Lange Seiten. Viele Worte. Jeder schrieb sie für sich allein. Sie erzählten sich von der Schule, dem Militär, von ihren Hobbys und Booten. Sie schrieben sich, was sie über dieses dachten oder über jenes. Sie schrieben sich auf Kaffeefiltern. Oder auf Schmuckbändern. Sie schrieben sich in Märchensprache und in Funksprüchen. Sie schrieben sich fast alles. Niemals über zu Hause. Niemals schrieben sie über das, was nicht stimmte. Und sie fragten sich auch nie. Was das mit ihnen ist, was es bedeutet, was sie fühlen. Keine Fragen, keine Antworten. Sie fühlten etwas. Tigerlilly war der festen Überzeugung, er sei ihr Weg in die Freiheit. Sie dachte, wenn sie ihn trifft, werden sie heiraten und glücklich bis an ihr Lebensende zusammenleben. „Bis Du heiratest, ist alles wieder gut“, hat Mutti immer gesagt. Und Mutti sagt auch, dass es jetzt langsam Zeit ist für sie. Für einen richtigen Freund. Sonst wird Tigerlilly noch eine alte Jungfer. Diesmal schien es gut zu gehen. Mutti würde also keinen Ärger machen. Das Märchen, ihr Märchen, konnte endlich beginnen. Tigerlilly traute sich, sich in seine Briefe zu verlieben. In seine Worte. Ewig lag sie im Bett und stellte sich vor, wie es sein wird, mit ihm zu tanzen. Wie es sein wird, ihn zu küssen, gemeinsam zu lachen. Frei und wild. Tigerlilly wollte nämlich keine alte Jungfer werden. Genaugenommen wusste sie nicht, was sie werden wollte. Da sass sie auf ihrem Elitegymnasium und sollte zur Übung für ein Berufspraktikum Bewerbungen schreiben. „Was soll ich bloss werden, Papa?“ Betrunken und schwankend stand Papa an den Türrahmen gelehnt und lachte schallend, als Tigerlilly mit einem verzweifelten Blick über ihren Bewerbungsversuchen sass und ihn fragte: „Hotelfachfrau?" „Für eine Hotelfachfrau bist Du nicht hübsch genug. Und wozu willst Du überhaupt arbeiten? Ich arbeite genug für euch alle. Ihr lebt doch alle wie die Maden im Speck. Du musst niemals in Deinem Leben arbeiten gehen, Mäuschen!" Er tätschelte ihr den Po dabei. Eigentlich wusste Tigerlilly das schon, sie hatte es ja oft genug gehört. Hotelfachfrauen sahen hübsch aus, in ihren Kostümen und mit dem netten Lächeln auf dem Gesicht. Sie war immer nur motzig. Faul. Nie gut genug. Man glaubt solche Sachen, wenn sie einem immer und immer wieder gesagt werden. Es ist wie Vokabeln lernen. Damit man weiss, wie man dem Leben antworten muss, wenn es nach einem ruft. Wie es für einen aussieht in der Welt. Damit man aufhört, zu träumen und realistische Erwartungen an das Leben hat. Keine Illusionen. Damit man keine Fragen stellt, auf die es eh keine Antworten gibt.

Im Religionsunterricht sagt der Lehrer, die Frage nach dem „Warum?" nütze nichts. Alles, was nützt, ist zu fragen: „Was kann ich tun?" Tigerlilly tut etwas. Sie traut sich, für einen Moment ihren Geist zu öffnen, und so gelingt ihr das Abitur. Abitur kommt von „abire". Es heisst weggehen, abgehen, davonkommen, in etwas übergehen, sich verwandeln, aber das wusste Tigerlilly damals nicht. Und Mutti wusste es, Gott sei Dank, auch nicht. Sie hatte Deutsch, Biologie, Latein und Religion als Prüfungsfächer. Als es in der letzten Prüfung galt, Bibelstellen zu vergleichen, schlug Tigerlilly die Bibel auf, ohne zu wissen, wo sie sie aufschlagen sollte. Es war genau die Stelle, die ihr die beste Note in ihrem Jahrgang in Religion schenkte, aber Papa fand Tigerlillys Abitur gerade gut genug, um damit Ingenieurin zu werden, zu mehr würde es Tigerlilly eh nicht bringen, weil sie so faul ist. Mutti fand, eigentlich habe sie Tigerlillys Abitur gemacht und nicht Tigerlilly. So viel Ärger, wie sie mit Tigerlilly in der Schule hatte. Sonst wurde nichts gesagt. Tigerlilly findet Schule gut, weil man nicht für die Schule lernt, sondern fürs Leben, aber sie fragt sich, warum man so viel Mathe lernen muss, so viel Deutsch und so viel Latein. Und so wenig Beziehung? Sie fragt sich, warum immer auf dem herumgeritten wird, was man alles nicht kann. Und warum so selten das gelobt wird, was man kann. Tigerlilly findet, es ist ja kein Wunder, wenn sie sich wie eine Verliererin fühlt, weil sie in Mathe eine miese Note hat. Papa findet Mathe wichtig. Keiner findet Deutsch wichtig, wo sie eine gute Note hat. Und Religion? Schon gar nicht. Wem nützt schon Religion? Niemandem. Eigentlich müsste Tigerlilly nicht Ingenieurin werden, aber es ist wie mit der offenen Tür und wie mit dem angeketteten Boot. Es ist einer dieser Momente, in denen sie die Zügel über ihr Leben in der eigenen Hand hält. Sie zieht sogar einmal daran, aber wie ein Pferd, das zu lange allein auf der Weide stand, bewegt sich nichts in ihrem Leben, wehrt sich alles gegen Veränderung. Also, sie hat es versucht. Hast Du ja gesehen. Es klappt nicht. Die Wahrheit ist, dass sie nicht daran glaubt, dass sie etwas anderes als Ingenieurin werden kann. Auch nicht, als sie die Abitur-Abschlussrede halten darf und es ganz still wird, bevor sie anfängt zu sprechen. Auch nicht, als ihre kleine zweijährige Schwester laut durch die Stille im Saal vor Freude „Nini" ruft. Auch nicht als sie Standing Ovations für ihre Rede bekommt. Sie sagt, dass die Wurzeln der jungen Bäume stark geworden sind in dem Garten Schule. Entweder dadurch, dass man Hilfe bekam, oder eben gerade dadurch, dass man keine Hilfe bekam. Sie wünscht allen viel Spass beim Wurzelnschlagen an anderen Orten und beim Weiterwachsen. Und sie wünscht allen Gottes Segen. Und „Nur Mut!".

Sie glaubt nicht, dass alles gut wird, sie glaubt, das Gute in ihrem Leben ist jetzt vorbei. Mehr Gutes wird es für sie nicht geben, jetzt, wo die Schule vorbei ist. Dass der Junge, den sie so richtig toll findet, beim Abi-Ball den ganzen Abend nur mit ihr tanzt, nie mit einer anderen, bemerkt sie nicht.

Und die Moral von der Geschicht'?
Schlechte Leistungen müssen getadelt werden, gute Leistungen gibt es nicht.

Sie soll den Führerschein machen, sagt Papa, aber sie traute sich nicht. Nach sechs Monaten Fahrschule stand Tigerlilly immer noch auf Gas und Bremse gleichzeitig und kam keinen Millimeter vorwärts. Sie flog durch die Prüfung. Erst ein Mal durch die Theorie. Dann ein Mal durch die Praxis. Zwei Mal durch die Praxis. Beinahe drei Mal durch die Praxis. Weil sie mit Vollgas über eine rote Ampel fahren wollte, an der sie Sekunden vorher eine Vollbremsung gemacht hatte. Der Prüfer brach die Prüfung ab.

Mutti nahm Tigerlilly an die Hand und ging mit ihr zu einer neuen Fahrschule. Der Lehrer sah toll aus und liess sie einfach nur fahren. Er sagte fast nichts und war ein bisschen wie der Pfarrer Bernd. Manchmal, wenn er Tigerlilly ansah, schmunzelte er darüber, wie sie mit ihrer vor Konzentration und Anstrengung zwischen die Lippen geklemmten Zungenspitze rückwärts einparkte. Irgendwann fuhr er einfach mit ihr auf das Prüfungsgelände und schubste sie ins kalte Wasser. „Du bist so weit." Tigerlilly bestand die Prüfung. Einfach so. Papa sagte, sie soll den Motorradführerschein gleich mitmachen. Man sei wild und frei, wenn man Motorrad fahren kann, sagte Papa. Sie bestand sofort.

Kurze Zeit später bekam sie ein Motorrad vom Vater geschenkt, ein rotes. Wie ein Stück Freiheit hat es sich angefühlt. Jetzt endlich war wild und frei. Irgendwann später, als sie artig mit ihrem Studium der Energie- und Versorgungstechnik begonnen hatte und auf dem Bau arbeitete, hörte sie, dass der Vater stolz überall erzählte, er hätte es ihr nicht gekauft, wenn Tigerlilly nicht mit dem Ingenieursstudium angefangen hätte. Ihr wurde übel. Sie mochte nicht mehr fahren. Geschenke in Tigerlillys Familie waren irgendwie keine richtigen Geschenke. Tigerlilly weinte.
Mutti sagte: „Du weinst zu viel!"

Und die Moral von der Geschicht'?
Tränen lügen nicht.

Draussen rufen die Menschen: „Wir sind das Volk! Wir sind das Volk!"
Sie glauben, sie stehen gerade für ihre Freiheit. Und was werden sie bekommen? Konsum. Schulden. Sie werden satt sein und ein Dach über dem Kopf haben. Freiheit? Freiheit hat ihren Preis. Freiheit ist nie sicher. Die Freiheit ist wie das Meer. Unberechenbar. Man muss sich binden können, um frei zu sein. Wusstest Du das?

Das Radio trägt mit dem Wind den Geruch von Veränderung herbei, und Tigerlilly fährt zum Matrosen, einfach so. Die Matrosenmutter ist irgendwie komisch. Vertraut komisch. Sie ist wie Mutti. Sie macht den Matrosen vor ihr schlecht. Sie erzählt, dass sie viel in die Kirche geht, und hebt andauernd den Zeigefinger, während sie redet. Sie will wissen, ob Tigerlilly die Zehn Gebote kennt. „Weisst Du, dass man Vater und Mutter ehren soll?" „Natürlich", sagt Tigerlilly. Sonst passiert ja das Schlimmste. Die Matrosenmutter seufzt. Tigerlilly darf trotzdem über Nacht bleiben. Tigerlilly und der Matrose dürfen in sein Zimmer gehen. Er schliesst die Tür. Es steht nur ein Bett in dem Zimmer und ein Koffer. Er holt sich ein Bier aus dem Koffer. Da geht plötzlich und mit Schwung die Tür auf, und ohne geklopft zu haben, steht seine Mutter im Raum. Sie schreit ihn an. Er sagt nichts. „Vertrauen ist gut, Kontrolle ist besser!", sagt sie, als sie wieder rausgeht. Das passiert dann in unregelmässigen Abständen den ganzen Abend lang. Er ist Tigerlillys Prinz. Die ganzen Briefe. Die ganzen Träume. Die vielen Worte. Sie küssen sich. Ein müder, kraftloser, sinnloser Kuss. Tigerlilly schläft auf dem Sofa im Wohnzimmer. Im Bett neben dem Matrosen liegt seine Mutter. Sie macht sich überall breit, drückt den Anspruch auf ihren Sohn mit aller Macht auch in die letzte Ecke seines Lebens hinein, so dass da kein Platz mehr für jemand anderen ist. Damit das Schlimmste nicht passiert. Du weisst schon. Am nächsten Morgen ist Tigerlilly leer, und die Stunden danach geben nicht zurück, was sie am Abend vorher verloren hat. Die Hoffnung auf ein Leben an der Seite des Matrosen ist weg. Die Träume sind weg. Die Liebe ist weg. Nur die Worte sind noch da. Tigerlilly versteht es nicht. Sie fährt nach Hause mit dem Zug nach Nirgendwo. Mutti schaut nur, fragt aber nichts. Keine Fragen. Keine Antworten. Kein Matrose. Keine Liebe. Keiner liebt sie.

Hinter jeder Geschichte gibt es wieder eine Geschichte. Und hinter dieser wieder eine Geschichte.

Die Grossmütter von Tigerlilly und dem Matrosen waren Schwestern. Die Mütter von Tigerlilly und dem Matrosen waren Cousinen. Kriegskinder. Frauen, die nicht allein sein konnten. Das wäre das Schlimmste.
Die Matrosengrossmutter war mit einem Mann verheiratet, den sie im Griff hatte. Sie hatte zwei artige Töchter, die jeden Sonntag in die Kirche gingen. Sie hatte zwei Enkelsöhne, die taten, was ihre Pflicht war, die brav bei Mama blieben, damit Mama nicht allein war. Und Mama blieb bei Oma, damit das Schlimmste nicht passierte. So war alles gut. Schau doch nur. Wie gut es da war bei Tante Trudi. Da war keiner schuld.

Tigerlillys Oma hatte einen Mann, der soff. Ihre Söhne waren bis auf zwei alle tot. Einer von den beiden, die nicht tot waren, sprach nicht mehr mit ihr. Da war das Schlimmste passiert, aber darüber redete man nicht. Keine Fragen. Keine Antworten. Der andere Sohn tat seine Pflicht und blieb bei Oma. Als Mann. Damit das Schlimmste nicht passiert und Mutti nicht alleine ist, denn man soll Vater und Mutter ehren. Das stand in der Bibel. Die Bibel war Gesetz. Weil die Frauen ja nichts alleine können, brauchen sie entweder die Männer oder eben die Kirche. Dafür wusch Mutti seine Wäsche, kochte ihm sein Lieblingsessen, stopfte seine Socken, gab ihm Geld für sein Auto. Das war bequem. Deswegen blieb er bei Mutti. Omas Enkelsöhne waren alle bis auf einen tot. Und der, der nicht tot war, Tigerlillys Bruder, war trotzdem nicht mehr da. Der war bei Mutti. Damit Mutti nicht alleine war.

Da war nichts gut. Schau doch nur. Wie schlecht es da war. Oma N. hat es schlecht gemacht. Sie war schuld, aber Gott liebt alle Menschen gleich. Wirklich. Wenn sie Vater und Mutter ehren, natürlich.

Und die Moral von der Geschicht'?
Wenn Du Vater und Mutter nicht ehrst, liebt Gott Dich nicht.

Tigerlilly war neunzehn, und sie konnte nicht so gut allein sein.

Die Stille nach dem Besuch beim Matrosen war unerträglich, der leere Briefkasten genauso wie das leere Papier vor ihr. Sie hat geweint. Und als keine Tränen mehr in ihr waren, hat sie getrunken, um zu weinen. Sie hat ihm weiter geschrieben, aus Gewohnheit, und alle Briefe in einem grossen Ordner abgelegt. Von da an hat sie in diesem Ordner gelebt. Eine Ewigkeit hat sie darin verbracht, weit weg von der Realität. Sie hat mit dem Matrosen gesprochen, er hat sie angefasst, sie gestreichelt, sich für sie interessiert. Sie ist mit ihm tanzen gegangen, sie haben zusammen am Ostseestrand Liebe gemacht und sind lachend Arm in Arm am Wasser entlang spaziert. Mit der rosaroten Brille auf der Nase stieg sie zur Hauptberufszeit in eine voll besetzte Berliner S-Bahn und setzte sich an den einzigen freien Platz am Fenster. Man sehnt sich nach einem Platz zum Sitzen, wenn man nicht weiss, dass man gut auf seinen eigenen Beinen stehen kann. Um sie herum sassen nur Männer, die sich zu kennen schienen und in einer fremden Sprache miteinander sprachen. Sie machten sich über Tigerlilly lustig. Ein leiser Warnruf regte sich in ihr, aber sie dachte an Gott und daran, dass man seinen Nächsten lieben soll wie sich selbst, und brachte ihre sowieso schon zaghafte innere Stimme schnell wieder zum Schweigen. Als einer der Männer sie am Knie angrabschte, tat sie nichts. Die anderen Männer fassten sie ebenfalls an und lachten dabei über sie. Die zwei Frauen, die auf der anderen Seite sassen und zu der Gruppe dazugehörten, kicherten leise. Alle anderen schauten weg. Nichts sehen, nichts hören, nichts sagen. Wie die drei Affen. Tigerlilly war wie aus Stein, aber als der Mann versuchte, ihr den goldenen Ring von Mutti vom Ringfinger abzuziehen, erinnerte sie sich. Das ist das Schlimmste, das darf nicht passieren. Sie versuchte sich zu wehren, aber sie konnte nicht mehr laut rufen. Sie versuchte dem Mann, der ihr gegenüber sass, eine Ohrfeige zu geben und streichelte dabei doch nur seine Wange. Schliesslich schaffte Tigerlilly es, das letzte Häufchen Mut aus einer Ecke ihrer Seele zusammenzukratzen und sich zu einer Frau in die Arme zu retten, auf einen Sitz, der dreiundzwanzig lange Schritte weg von dem Grauen ihrer eigenen Wehrlosigkeit lag. Einer der Männer stand auf, ging ihr die dreiundzwanzig Schritte nach und zog vor Tigerlilly die Hose runter. Er hat ihr seinen erigierten Schwanz gezeigt. Tigerlilly dachte, sie stirbt in diesem Moment vor Scham. Dann machte sie sich auf den Weg in ihre Wohnung in Ostberlin, im tiefsten Lichtenberg, wo man drei Jahre auf einen Telefonanschluss warten musste, von denen noch nicht mal drei Monate vorbei waren. Im Dunkeln quatschte sie ein Typ an. Müde blieb sie stehen und dachte, man soll ja seinen Nächsten lieben wie sich selbst. Er fragte, ob sie ihm einen blasen will. Sie verstand nicht, was er von ihr wollte. Als er ebenfalls seine Hose runterzog, begann sie zu rennen. Bis zur Wohnungstür. Sie rannte aufs Klo und musste sich übergeben. Tränen strömten pausenlos aus ihr heraus, überfluteten alle anstehenden Klausuren, so dass alle Zahlen auf dem Papier verschwammen wie die Worte damals auf Muttis Schiefertafel. Irgendwann ging sie nicht mehr aus ihrer Wohnung hinaus. Und als Mutti an einem Wochenende vorbeikam, um zu kontrollieren, ob Tigerlilly das war, was sie von ihr sehen wollte, Vater und Mutter ehrte und ihren Nächsten liebte wie sich selbst, öffnete ihr Tigerlilly die Tür nicht, bewegungslos verharrte sie in der Ecke ihres immer noch leeren Zimmers.

Und die Moral von der Geschicht'?
Mädchen, weich vom Wege nicht!
Bleib allein und halt nicht an,
traue keinem fremden Mann![2]

Männer wollen Dich von Mutti wegholen. Und das wäre das Schlimmste.

Irgendwann, nach einem sehr langen Winter und sehr vielen Flaschen schlechtem, billigem Rotwein, erinnerte sie sich daran, dass ihr Leben anders ausgesehen hatte, als sie noch zur Schule ging, dass sie gesungen und gelacht hatte, dass es Menschen wie den Pfarrer Bernd gegeben hatte. Sie weiss selbst nicht, wie es genau geschah, aber eines Tages sass sie auf der Couch einer Kinderpsychologin und begann zu reden. Ein bisschen später wurde sie ein kleines bisschen mutiger. Sie ging nach Hause und sagte zu Mutti: „Ich breche mein Studium ab." Mutti schaute sie nur an und sagte kalt: „Aber nicht Theologie!" Am Tag zuvor war Tigerlilly heimlich an der Evangelischen Hochschule in Berlin gewesen, um sich umzusehen. Das konnte Mutti nicht wissen. Und doch wusste sie es. Mutti wusste eben immer alles. Sie kannte jeden von Tigerlillys Träumen und sorgte mit all ihrer Macht dafür, dass keiner davon wahr wurde. Als Tigerlilly sich am Tag darauf ihren monatlichen Scheck bei Papa abholen musste, wollte der ihre Notenausdrucke von der Uni sehen. Tigerlilly fragte: „Wozu? Willst Du mir wie meinem Bruder für jede gute Note fünf Mark geben?" Der Vater lief rot an vor Zorn und sagte: „Pfaffen gibt es bei uns in der Familie nicht!" Damit war die Sache erledigt. Die Tür stand offen, aber Tigerlilly ging nicht hindurch. Sie wählte, ohne es zu wissen. Als sie mit Oma N. telefonierte und ihr von ihrem Kummer erzählte, seufzte sie: „Kind, ich wünschte, Du hättest endlich einen Mann und sieben Kinder. Dann wär endlich Ruh!" Papa hat es innerhalb von zehn Jahren zum Millionär mit mehreren Wohnungen, Autos und Häusern auf Amrum und in Leipzig und einer in der Berufsgruppe der Ingenieure vorgeschriebenen Alkoholabhängigkeit gebracht. Seine Familie ist ihm auf dem Weg dahin irgendwie abhandengekommen. Er sehnte sich nach Anerkennung für die Grossartigkeit, die ihm geglückt war. Obwohl sein Vater ihn nicht auf die Schule geschickt hatte. Ein guter Mittelschüler ist besser als ein schlechter Gymnasiast. Bis zum letzten Atemzug des Grossvaters bestand der Zweifel, ob Papa überhaupt sein Sohn war. Sein Schrei nach Liebe ungehört, sein Herz gebrochen. Müde. Unverstanden. Allein. Er tat Tigerlilly leid, der kleine verlassene Junge, der verschmitzt und klug in seinem Sandkasten sass und um die Liebe bat, die jedes Kind braucht, um zu überleben. Heute sitzt er nicht mehr im Sandkasten, sondern in einem grossen Büro mit alten Zeichentischen, auf denen die letzten vergilbten technischen Zeichnungen kleben, und wartet darauf, dass die guten alten Zeiten wiederkommen, in denen er noch jemand war. In denen sein Status als erfolgreicher Mann ihm das Recht gab, seine Kinder zu schlagen, mit seiner Frau oder eben irgendeiner anderen, die gerade da war, das zu tun, was man Liebe nannte, und ansonsten zu tun und zu lassen, was er wollte. Alles hat seinen Preis. Auch die Freiheit. Dabei wollte er einfach nur nicht schuld sein. Er wollte ein grosser Mann sein und es seinem Vater zeigen. Er wollte Mutti glücklich machen, sie retten aus ihrem staubigen Leben, er fing für sie einen Fisch nach dem anderen, aber keiner war Mutti recht. Alle waren ihr zu klein.

Tigerlilly schenkte Papa ein Buch zu Weihnachten über eine Nachkriegskindheit. Sie schrieb als Widmung hinein: *Es ist gut, seinen Blick auf das Wesentliche zu richten und etwas daraus zu machen. Es ist schlecht, etwas daraus gemacht zu haben, aber den Blick fürs Wesentliche verloren zu haben. Wesentlich ist allein die Liebe.*

Wer viel macht, macht auch Fehler

Eines Tages, als Tigerlilly abends bei Mutti war, bat diese Tigerlilly, Papa aus dem Büro abzuholen. Das Abendbrot stand bereits auf dem Tisch, alles wartete nur auf den Herrn, um mit dem Essen beginnen zu können. Als Tigerlilly mit der Nobelkutsche der Familie vor dem Büro vorfuhr und es betrat, sah sie einen Staubsauger im Flur liegen, mitten im Weg. Sie ging weiter und sah ihren Vater mit seiner Auszubildenden, die dort jetzt anstelle von Tigerlilly putzte, um ihr Gehalt aufzubessern, auf dem Fussboden im Esszimmer sitzen, jeder an eine gegenüberliegende Wand gelehnt. Es war eine kleine, blondhaarige Frau. Ihr Vater war so betrunken, dass er nicht mehr laufen konnte. Er hatte keine Strümpfe an. Als Tigerlilly in das Zimmer kam, stand die junge Frau auf und rannte aufs Klo. Tigerlilly ging ihr hinterher und fragte durch die geschlossene Tür hindurch: „Ist alles in Ordnung?" Sie bekam keine Antwort. Tigerlilly war unermesslich wütend auf Papa. Das gehörte sich nicht. Ein Vater gehörte nach Hause, zur Familie. Zu ihr. Sie fuhr Papa, ohne ein Wort zu sagen, dorthin, wo er hingehörte. Dann knallte sie die Autotür zu, liess ihn auf der Strasse stehen und rannte voller Zorn davon. Im Weglaufen sah sie noch aus dem Augenwinkel, wie Papa taumelte, im Nichts nach Halt suchte und schliesslich der Länge nach auf die Strasse stürzte. Tigerlilly stürmte weiter, ohne sich umzublicken. Ihr Herz schlug bis zum Hals, als sie oben bei Mutti hervorbrachte: „Jetzt lässt Du Dich besser scheiden!" Was zu viel war, war zu viel. Einfach mit einer Auszubildenden auf dem Boden sitzen, wenn man so betrunken ist. Sie schämte sich so sehr. Ein paar Stunden später, während Tigerlilly die Reste ihres Zimmers zusammenräumte, um die Wohnung und hoffentlich auch all das Leid darin zu verlassen und endlich ihr Leben zu beginnen, lehnte ihr Vater besoffen am Türrahmen. Sein verschmitztes Lachen im Gesicht, gleich neben den Schrammen, die sein tiefer, schwerer Sturz unten auf der Strasse dort hinterlassen hatte. Die lallende, aber nach wie vor belehrende Stimme hört Tigerlilly heute noch: „Wei-schhhst Du, Mäuschen, wer viel macht, macht eben auch mal Fehler!" Es tat Tigerlilly weh, ihren Vater auf der Strasse stürzen zu sehen, aber das mit anzusehen und trotzdem einfach weiterzugehen, war nichts im Vergleich zu dem Schmerz, den sein Sturz in Tigerlillys Ansehen verursacht hatte. Er war doch fast Gott. Gott? Lieber Gott. Wo bist Du? Hast Du mich vergessen?

Mutti liess sich natürlich nicht scheiden. Jetzt doch nicht, wo ihre Stunde gekommen war. Papa erhielt am Tag danach nämlich eine Anzeige von seiner Auszubildenden. Sie sei angeblich grün und blau von ihm geschlagen worden und klage ihn wegen versuchter Vergewaltigung an. Tigerlilly war die einzige Zeugin. Sie bekam eine Vorladung ins Polizeipräsidium, um eine Aussage zu machen. War Papa schuldig? Was sollte sie sagen? Er war ihr Vater. Also beinahe Gott. Tun Väter so etwas? Dürfen sie so etwas tun? Sie wusste es nicht. Sie wählte. Es machte keinen Unterschied. Er war und blieb ihr Vater. Einfach nur ihr Vater. Und man soll Vater und Mutter ehren. Sonst liebt Gott einen nicht. Es ist eben Tigerlillys Geschichte. Und hinter jeder Geschichte gibt es eine Geschichte. Also ging sie und machte ihre Aussage.

Und die Moral von der Geschicht'?
Die Wahrheit schaut Dir aus vielen Spiegeln ins Gesicht.

Jeder hat Recht. Irgendwie.

Die Aussage musste im Osten von Berlin gemacht werden. Im fünften Stock des grossen, alten Polizeipräsidiums am Alexanderplatz. Sie zog sich ordentlich an und machte sich auf den Weg. Durch eine Schleuse am Pförtner vorbei, der ihr den Weg zum Fahrstuhl zeigte. Es war ein komischer Fahrstuhl, man sah die Kabinen vorbeifahren, offen, aber im Osten war ja alles komisch. Auf Telefonanschlüsse in Mietwohnungen musste man drei Jahre warten, und es schien durchaus wahrscheinlich, dass sie eben einfach nicht genug Geld für ordentliche Fahrstühle mit Türen dran hatten. Tigerlilly schaute sich suchend um und erblickte vor sich einen Knopf, auf dem stand „Stopp". Sie drückte kurz entschlossen drauf. Wie anders soll man da sonst reinkommen? Als sie drückte, blieb das Teil stehen. Für zwei Sekunden dachte Tigerlilly, dass das ein Erfolg war. Die Kabine links hielt eineinhalb Meter über dem Boden an. Darin stand eine Frau mit kurzem Rock, laut fluchend. Alle Türen des Präsidiums schlossen sich mit einem Mal, keiner kam rein, keiner raus. Überall ertönte ein ohrenbetäubendes Rasseln, wie von tausend Weckern. Die Alarmanlage ging an. Der Pförtner, zu dem Tigerlilly sich fragend umblickte, lag nach Luft schnappend über seinen Tisch gebeugt und schüttelte sich vor Lachen. Verwundert las sie, dass unter dem Stoppknopf in grossen, roten Buchstaben handgeschrieben stand: „Nur bei Gefahr drücken". Sie ging zu dem Pförtner zurück, der gerade telefonierte. „Ja, eine Frau steht hier vor mir. Nein, kein Überfall. Ja, Dummheit." Kurze Zeit später nahm Tigerlilly die Treppe in den fünften Stock. Es gab zwar einen richtigen Fahrstuhl, aber sie traute der Sache nicht mehr. Das Rasseln hatte aufgehört, die Türen waren wieder offen. Nur der Paternoster fuhr immer noch nicht. Als sie auf dem Weg nach oben an den Menschen, die teilweise nur halb zu sehen waren, vorbeiging, wurde sie von manchen gefragt, was eigentlich los ist. Das fragte sich Tigerlilly auch, aber sie sagte nur: „Da hat irgend so ein Idiot den Stoppknopf gedrückt!"

Paternoster. Vaterunser. Wenn es doch so einfach wäre. Einfach mal kurz „Stopp" im Leben drücken. Die Treppe nehmen. Stufe für Stufe. Bis man oben ist. Und dann, wenn man fertig ist, wenn alles gesagt ist, wenn die Dinge wieder richtig sind, kann es weiterlaufen. Auf und ab. Dann dürfen alle Menschen wieder hinaus, in ihre eigene Geschichte, in die eigene Wahrheit.

Tigerlilly machte Aussage um Aussage. Papa wurde freigesprochen. Mutti fiel theatralisch im Gerichtssaal auf die Knie und rief laut, so dass es alle, wirklich alle hören können: „Lieber Gott, danke!" Tigerlilly schämte sich in Grund und Boden. Gott hatte offenbar Humor. Papas Auszubildende ging in die Berufung, und Papa wurde verurteilt. Zu sechstausend Mark Strafe und achtzehn Monaten auf Bewährung.
Wenn Tigerlilly die Geschichte mit dem Paternoster erzählte, dann wollten die Menschen sie immer wieder und immer wieder hören. Auf Partys wurde sie regelmässig gefragt, ob sie nicht noch einmal diese unglaublich lustige Geschichte erzählen kann. Alle lagen vor Lachen auf dem Boden, wie der Pförtner, nach Luft schnappend. Die Dinge liegen eben nah beieinander. Niemand fragte, warum sie überhaupt in das Präsidium musste.

Und die Moral von der Geschicht'?
Stoppknöpfe drückst Du besser nicht.

Es sei denn, Du bist in Gefahr.

Mutti war der Überzeugung, Papa braucht seine Familie jetzt, und sie selbst bekam nun endlich, was sie sich die ganze Zeit sehnlichst gewünscht hatte. Sie hatte Papa fest in ihrer Hand. Die Wohnung wurde aufwendig renoviert, genau so wie Mutti es haben wollte. Marmorne Bäder mit goldenen Wasserhähnen, Tiffanyglas-Lampen und -Türen, Tapeten mit Gold- und Silberfäden darin und als Sahnehäubchen oben drauf eine neue Traumküche. Nachmittags nahm man Anwaltstermine wahr (wobei man nicht darauf achtete, ob Tigerlilly Zeit hatte oder nicht), und nachts hatte man Sex. Tigerlillys Bruder war zu dieser Zeit zwölf und störte andauernd. Bei der Renovierung ihres Palastes. Bei den Anwaltsterminen. Und beim Sex. Deswegen sollte sich Tigerlilly am Wochenende um ihn kümmern. Das war keine Frage, keine Bitte. Das war ein Befehl. Beim Verlassen des Anwaltsbüros sagte Mutti: „Du nimmst Deinen Bruder heute mit zu Dir!" Und das tat Tigerlilly. Sie nahm ihn mit in ihre Wohnung nach Lichtenberg, stellte ihm eine Dose Erbsensuppe hin, zeigte ihm, wie Fernseher und Gasherd funktionierten, und fuhr weg. Verkroch sich bei ihrer Freundin Mimi und wollte nichts sehen, nichts hören und nichts sagen. Als die Lehrerin von ihrem Bruder ihr ein paar Tage später schrieb, dass sie den Eindruck habe, es gehe ihrem Bruder nicht gut und die Eltern reagierten nicht auf ihre Hilferufe und sie wende sich mit letzter Hoffnung an Tigerlilly, tat sie ebenfalls nichts. Sie hatte sich entschieden. Sie wurde zur Täterin, weil sich das Leben auf dieser Seite so viel sicherer anfühlte als auf der Opferseite. Das war alles viel zu viel. Sie war ja nur ein Kind.

Mit vierzehn hat ihr Bruder sich in einen Kindernotdienst gerettet. Seine Situation war schlimm genug. Er durfte ein halbes Jahr im Heim leben. Mutti hat ihn dort ein paarmal besucht. Mit jammernden Augen, die darum baten, dass er sich Mühe geben solle. Er musste wieder nach Hause. Dahin, wo er die Türen nicht schliessen durfte, wegen des Schweinkrams. Du weisst schon. Das, was Jungen eben so tun. Wenn Männer wirklich Männer werden, kann es sein, dass Mutti alleine bleiben muss. Eklig fand Mutti das. Papa sollte ab und zu mal an Fussballspielen als Zuschauer teilnehmen. Das würde helfen. Er hat es nie geschafft, sich anzusehen, was Mutti aus dem heranwachsenden Mann an ihrer Seite macht. Einen Affen. Der nichts sagt. Nichts sieht. Nichts hört. Der ihn nicht versteht. Papa ist doch nur so wütend auf Mutti, weil sie ihn nicht liebt für seine Grossartigkeit. Mutti liebt nur ihren Sohn. Weil der sie nicht alleine lässt. Weil der ihr ganz allein gehört. Papa kann ja schliesslich nicht Mutti schlagen. Das macht man nicht. Deswegen schlägt er Tigerlillys Bruder. Nur deswegen.

Tigerlilly sah nicht mehr hin. Sie hielt sich wie ein Kind die Hand vor die Augen in der festen Meinung, man könne sie nun nicht mehr sehen. Wie einen Tarnumhang hat sie sich die Fähigkeit umgelegt in den Momenten, in denen sie die grösste Angst hatte zu verschwinden. Wie gelähmt verharrte sie in Todesstarre, bis das Schlimmste vorbei war. Manchmal gab es einen dreckigen Schwall von schreienden, wortlosen Eruptionen, um die Eltern in ihrer Welt aus Lieblosigkeit, Ignoranz, Alkoholabhängigkeit, Zerstörungswut und Gewalt zu erreichen, aber es gelang ihr nie. Mutti darf nicht alleine bleiben. Niemals. Das wussten ja alle von Anfang an, aber dummerweise ist Papa gerade jetzt oft verreist. Segeltörns in Irland, Geschäftsreisen nach Italien, Angeltouren nach Norwegen. Jedes Mal wusste Tigerlilly, dass das Telefon Freitag nachts um Punkt zwölf Uhr Mitternacht klingeln würde. Manchmal auch schon um elf. Freitagabend-Katastrophen nannte sie das. Sie fuhr jedes Mal in das Marmorschloss mitten in Berlin. Beste Lage. Mutti lag kreidebleich, schwer weinend und kaum Luft bekommend auf dem Sofa in der frisch renovierten einhundertachtzig Quadratmeter grossen Wohnung, der Notarzt mit der Valiumspritze war meistens schon da, eine Nachbarin hat solange nach dem Baby gesehen. Wo ihr Bruder war, weiss Tigerlilly heute nicht mehr. In ihrer Erinnerung sieht sie einen blassen Jungen mit angstvollem Blick aus der Ecke seines Zimmers hervorschielen. Seine Ecke sah um nichts gemütlicher aus als die von Tigerlilly. Sie hatte irgendwann gehofft, er würde die Verantwortung für das Baby übernehmen, damit sie endlich anfangen konnte zu leben, aber er war einfach nicht da.

Von seinen Reisen brachte Papa tolle Fotos mit, die ihn stolz mit einem dicken Fisch im Arm zeigten. Es gab dann Fotoabende, Mutti kochte etwas Leckeres, und Tigerlilly konnte sich vorstellen, welche Geräusche nachts durch die Wohnung krochen. Sie konnte mittlerweile gehen, in andere vier Wände, die immer noch nicht ihr, sondern Papa gehörten, weil er sie bezahlte. Tigerlilly fühlte sich schuldig, weil sie nicht so dankbar dafür war, wie Papa es von ihr erwartete, aber sie war immerhin weit genug weg, um manche Geräusche nicht mehr hören zu müssen. Tigerlilly war ohnmächtig vor Angst um die, die bleiben mussten. Das, was sie in ihrer Ohnmacht konnte, war, trotzig Türen zu knallen und sich dahinter in einer sicheren Ecke eines viel zu engen Zimmers kauernd zu verbergen, in der Hoffnung, dass man sie nicht sieht. Nicht sieht, wie sehr sie schuld ist. Sie sah mit ihrer Freundin Mimi eines Abends einen Film mit Paul Newman an, in dem er sagt: „*Some people can make love without noises.*" Liebe machen ohne Geräusche? Sie sah Mimi an. „Weisst Du, wie das geht?" Mimi schüttelte den Kopf, aber plötzlich lag Mimi in ihrem Arm in dieser leblosen Wohnung im jungen Osten, wo man drei Jahre auf ein Telefon warten musste, hat sie mit begehrenden eisblauen Augen angesehen und um sie geworben. Mimi wusste, was sie suchte. Sie hatte ein Buch gelesen, in dem eine Frau eine Frau liebt. Mimis Vergangenheit hatte mehr mit Fröschen zu tun als mit Mäusen. Sie hat die Frösche nicht über die Strasse getragen, sondern sie hat es nur mit einem einzigen versucht. Und den einen hat sie schlicht und ergreifend in ihre Hosentasche gesteckt. Dann hat sie ihn ein paar Stunden später wieder herausgenommen, um ihn stolz herumzuzeigen. Als er nicht mehr hüpfen wollte, tippte sie ihn an und ermutigte ihn mit: „Los, hüpf!", aber der Frosch war tot. Mimi war traurig. Sie hatte es doch nur gut gemeint. Tigerlilly verstand sie und fand, sie habe keine Wahl gehabt. „Etwas anderes wird es für mich nicht geben", dachte Tigerlilly. Sie schlüpfte in die Rolle der Liebhaberin von Mimi und liess Mimi hinein in ihre Welt aus Tätern und Opfern. In diese Welt führte nur eine Eingangstür hinein, es gab keine Ausgangstür. Diese Welt war selbstgeschaffen aus Angst und Überforderung, aber Mimi war real. Ihre Hände auf Tigerlillys Körper waren hinter der Tür mit Lebenselixier gefüllte Weinkelche, und Tigerlilly konnte nicht genug davon bekommen, so viel sie auch daraus trank. Ihr Durst nach Berührung und Nähe war so unbändig, ihre Lust auf diese warme, weiche Decke, die sie vor der bösen Welt schützt, so gross wie Mimis. Sie verbrachten die Wochenenden im Bett, verschliefen ganze Tage, wachten auf, liebten sich, verloren alle Freundschaften und gingen sich irgendwann auf die Nerven. Als Mimi sich ein paar Tage zurückzog, sich einen ganzen langen Samstag lang nicht meldete, wurde Tigerlilly nervös. Was hatte das zu bedeuten? Hatte sie etwas falsch gemacht? Würde Mimi jemals wiederkommen, zurück zu ihr? Sie fing an, Mimi zu kontrollieren. Mimi sollte nicht gehen, sie nicht alleine lassen. Tigerlilly dachte, sie würde nicht überleben ohne Mimi. Sie kontrollierte, wo Mimi war, machte sie unselbständig, band sie an sich, um sie noch besser kontrollieren zu können. Manipulieren, erpressen, drohen, ein Drama folgte dem anderen, und über allem schwebte das scharfe Schwert der Schuld an einem seidenen Faden. Eine verkehrte Bewegung reichte aus, und das Schwert sauste herab und mähte alles an Nähe nieder, was bis dahin gewachsen war im Garten der Liebe. Mimi machte mit, sie legte ihr Leben in Tigerlillys Hände, und Tigerlilly kümmerte sich so fürsorglich darum, wie sie nur konnte. Dafür liebte Mimi sie, sie war für sie da, wenn Tigerlillys Familie gemein zu ihr war, sie wehrte Anrufe ab, tröstete sie, wie nur Mimis trösten können, und zog die Decke über ihren Köpfen noch enger zusammen, wenn es draussen zu laut wurde. Sie beschenkte Tigerlilly mit kleinen Aufmerksamkeiten, die Tigerlilly irgendwann nicht mehr reichten. Tigerlilly wollte goldene Ringe, sie wollte Sex jeden Tag, sie wollte immer nur noch mehr. Sie war ein bodenloses Fass von Bedürftigkeit, und Mimi war die Quelle, auf die Tigerlilly glaubte einen Anspruch zu haben. Schliesslich hatte sie all die Jahre so sehr gelitten.

Mimi konnte sehr gut tanzen. Überhaupt war sie so schön, wie Tigerlilly selbst gerne gewesen wäre. Sie war eine kleine, blonde Frau. Und Berlin war eine Stadt der Frauen. Es gab irgendwo in einem versteckten, dunklen Ort eine Disko, wo Frauen unter sich sein und miteinander tanzen konnten. Keine Männer, die einen angrabschten. Ein sicheres Paradies. Mimi sagte, Tigerlilly kann ganz gut tanzen. Sie soll einfach mal die Augen dabei auflassen. Tigerlilly wachte langsam aus ihrem Dornröschenschlaf auf. Wenn sie die Augen aufliess, war die Welt zwar eine andere als die, die sie immer haben wollte, aber diese neue Welt war aufregend anders. Sie erwachte in einem feuchten Dschungel aus Weiblichkeit. Frauenbuchläden waren ihr neues Territorium und lösten die netten Frauen in der Bibliothek ab. Geschichten, in denen die Frauen aus ihrer Opferrolle flüchten und sich in den Armen einer weichen Frau neu gebären liessen, bestimmten von jetzt an Tigerlillys Leben. Mit erhobenem Kopf und dem Bauch voller Wut auf die Männer schritt Tigerlilly von jetzt an durchs Leben. Eine Emanze. Eine Feministin. In Männerklamotten. Lederwesten, Holzfällerhemden. Alles Weibliche, Schwäche vermeidend. Nie wieder Röcke, nur Hosen. Keine Rüschenblusen mehr. Lackierte Fingernägel, igitt. Make-up verstellt nur ihre Stärke, denn alle sollten sehen, dass sie stark war. Sie, Tigerlilly brauchte keinen Mann, für nichts. Sie war nicht wie Mutti. Jetzt war es klar, sie war nämlich eine Lesbe, die nichts mehr verachtete als die Männer und diejenigen Frauen, die sich zum Opfer von Männern wie Papa machten. Männer sind Schweine. Weil sie Tigerlilly nicht wollen. Papa. Der Matrose. Bobby. Und all die Männer, die sich einfach umgebracht haben. Und noch dazu all die Männer, die sie nicht schön genug fanden, um mit ihr zu tanzen, und immer nur die anderen wählten. Und ganz oben drauf die Männer, die eh nur das Eine wollten. Kurz, alle die, die das Schlimmste getan hatten und sie allein gelassen hatten. Tigerlilly ist ein Opfer. Opfer darf man nicht alleine lassen. Niemals. Um die muss man sich kümmern. Immer. Obwohl Tigerlilly ein gutes Abitur gemacht hatte. Obwohl sie ein gutes Studium absolviert und etwas gelernt hatte. Obwohl ihre Beine bis zum Boden reichten. Obwohl sich an jeder ihrer Hände fünf Finger befanden. Obwohl sie einen Kopf auf den Schultern trug, in dem sich mehr als ein Zettel mit der Aufschrift „Gehirn" befand, ging sie weiterhin zu Papa und liess sich ihr Gehalt auszahlen. Ihr Lohn dafür, dass sie nichts weiter tat, als Papas Tochter zu sein. Es ist schliesslich seine Pflicht, sie hatte ein Anrecht auf Papas Geld, aber sie verachtete Papa. Und mit ihm all die Prinzen, die auf ihren weissen Pferden an ihr vorbeiritten und auf den Zetteln der anderen Mädchen „ja" ankreuzten, auf ihrem aber höchstens ein „vielleicht". Hand in Hand mit Mimi ging sie in den Frauensportverein. Dort durften Mütter, die einen Jungen geboren hatten, diesen nicht mit in die Turnhalle bringen, wenn sie niemanden fanden, der während des Trainings auf das Kind aufpasste. Nicht mal männliche Hunde durften vor der Halle angebunden werden. Weil Jungen wie Rüden kleine Männer und Männer immer Täter sind. Frauen sind immer Opfer. Frauen müssen sich schützen vor den bösen Männern. Nur deswegen gibt es den Feminismus, glaubt Tigerlilly. Weil Frauen immer gut, immer unschuldig, immer die Opfer sind. Und der Feminismus nimmt sie alle wie eine grosse Arche in sich auf. Die Tigerlillys dieser Welt, die noch nie die Liebe eines Mannes erfahren haben und sich von den anderen Frauen über den Schmerz darüber hinwegtrösten lassen. Diese Arche nimmt nie Kurs in Richtung Verantwortung. Wer auf den Wegen des Feminismus wandelt, umgeht ganz gekonnt die Anstrengung, sich mit den Männern, mit dem Fremden, Unverständlichen und deswegen vermeintlich Schlechten auseinandersetzen zu müssen. Und vor allem geht es einem, Entschuldigung, natürlich einer nie an die eigene Haut in dieser Arche. Und damit sich die Frauen immer daran erinnern, wie sicher sie hier vor Selbstverantwortung sind, werden sie von den anderen Frauen darauf hingewiesen, die männliche Sprache zu verachten und eine weibliche Form zu verwenden, sich nicht aufreizend anzuziehen, um sich nie wieder selbst zum Opfer zu machen und mit erhobener Faust gegen alles Männliche in dieser Welt zu kämpfen. Und ganz ohne, dass sie es merken, machen sie sich so mehr zu Opfern, als sie es je gewesen sind, zu Opfern ihrer selbst. Und je mehr die Frauen darüber jammern und klagen, unterlegen zu sein, desto grösser werden die Männer in dem von den Frauen selbst gebastelten Feindbild. Die Frauen stellen sich böse blickend vor den Spiegel mit erhobener Faust, und anstatt, dass die Männer, die weibliche Faust fürchtend, darin kleiner werden, erscheinen sie neben den Frauen breit grinsend in doppelter Grösse. Riesengross, stark und mächtig. Das gefällt ihnen, den Männern. Mit all ihrer Vermessenheit versuchen die Frauen, an die Kraft der Täter, der Tuenden heranzureichen, und streicheln doch nur mit jeder ihrer Ohrfeigen die männliche Grösse. Gott ist übrigens auch nicht mehr männlich. Gott ist jetzt „die Göttin". Und Macht? Macht macht den armen Frauen Angst. Die Frauen, die Tigerlilly auf der Arche trifft, sagen, dass Macht zu den Machern gehört, zu den Tätern und schon allein deswegen männlich ist. Macht muss weg. Nieder mit den Mächtigen. Teamsitzungen im Sportverein dauern ewig, und selten gibt es eine Lösung, weil zwar jede etwas sagen will, alle zu Wort kommen und Recht haben, aber keine entscheiden darf, denn Entscheidung wäre ja Macht und Bevormundung. Igitt. Das wäre ja so, als ob man, Entschuldigung, frau den Täter an den gedeckten Tisch bittet und ihm auch noch das Messer reicht, mit dem sie erstochen werden möchte. Alles wird also ausdiskutiert. Partizipativ nennen die Frauen es. Die Zeiten, in denen Frauen ihre Gleichstellung, ihr Wahlrecht und ihr Recht auf Abtreibung einfordern mussten, sind schon lange vorbei, als Tigerlilly auf der Strasse des siebzehnten

Junis mit den anderen Lesben und Schwulen so tut, als ob sie für ihre Rechte kämpft. Niemand antwortet mit dem Satz, dass zu gleichen Rechten auch gleiche Pflichten gehören. Niemand antwortet, dass diejenigen Frauen missverstanden werden, die ihr eigenes Leben für diesen Kampf riskiert haben, als er wirklich nötig war. Missverstanden dadurch, dass Frauen wie Tigerlilly es freiwillig lieber sein lassen, Chancen und Rechte zu ergreifen, die ihr, gut ausgebildet und in Sicherheit lebend, wie jedem anderen Menschen auch zustehen. Tigerlilly suhlt sich im Feminismus, mit all den anderen geschundenen, verlorenen Seelen, denen es genauso geht wie Tigerlilly. Sie haben alles. Wohlstand, Bildung, Sicherheit, Selbstbestimmung. Und sie sitzen da in ihren Fässern ohne Boden wie verwöhnte, trotzige Kinder, die immer noch mehr wollen, die nie genug haben, denen nichts recht gemacht werden kann. Perfekt für Tigerlilly. Sie ging in dem Klima auf wie ein Hefeteig und machte sich das Leben leicht und sich selbst in der Frauenszene breit. Wir befinden uns also im Jahre 1992 nach Christus. Ganz Berlin ist von den Feministinnen besetzt. Ganz Berlin? Nein! Eine von unbeugsamen Frauen bevölkerte Gruppe hört nicht auf, Widerstand zu leisten. Und das Leben ist nicht leicht für unbeugsame Frauen. Es gibt in Berlin nämlich eine kleine Gruppe von Frauen, die sich jeden Mittwoch trifft. Frauen, die nicht nur mit Frauen, sondern auch mit Männern in Liebesbeziehungen leben. Die alt und jung sind. Die ihren Mund nutzen, um wahre Worte zu sagen, denen immer beherzte Taten folgen, die ihre Kraft nutzen, um ihr eigenes Leben aufzubauen und nicht, um darüber zu jammern, wie schwer sie es haben. Sie erheben ihre Stimme mutig, wenn Unrecht geschieht, egal wem. Sie reden von sich selbst mit offenem Herzen. Sie sprechen liebevoll über ihre Kinder, egal ob Mädchen oder Junge, und versuchen ihnen die Möglichkeit zu geben, sich zu entfalten und zu entwickeln. Sie hegen und pflegen sie wie Pflanzen in einem Garten, im Wissen darum, dass alles seine Zeit hat. Die Geschichten, die Tigerlilly hier erzählt bekommt, sind keine Märchen. Es sind ganz normale Geschichten, wie sie das Leben schreibt, aber sie gehen irgendwie trotzdem alle gut aus, weil die Protagonistinnen sich den leidvollen Herausforderungen, die ihnen das Leben zumutet, ganz anders stellen als viele der Frauen, die Tigerlilly auf der Arche getroffen hat. Die Mittwochsfrauen sind einfach nur Frauen, die ihre Aufgabe im Leben kennen und sie anpacken, die das Steuer über ihr Leben fest in der eigenen Hand halten, jede in einem eigenen Boot sitzend, sich des Konvois aber wohl bewusst, in dem sie gemeinsam mit den anderen unterwegs sind. Mutig, tapfer und kraftvoll. In dieser Gruppe lassen sich auf zauberhafte Weise alle Schmerzen teilen, und sie sind dadurch nur noch halb so schlimm. Und auch das Glück lässt sich dort teilen, wodurch es um ein Vielfaches mehr wird. „Das ist Magie!“, denkt Tigerlilly. Tigerlilly will sofort Mutti mit hierhernehmen. Und Mimi auch. Damit doch noch alles gut wird, aber als sie erkennt, dass man andere Menschen zu nichts zwingen kann, niemand anderen retten kann, nur sich selbst, fängt Tigerlilly ganz leise an über sich zu reden, in ihrem eigenen Boot sitzend, das immer noch an der Kette festgemacht ist und in trübem Wasser ungepflegt vor sich hin dümpelt. Sie bekommt dort zum ersten Mal seit langer Zeit Mitgefühl, Trost und Kraft. Wie an einer Tankstelle tankt sie sich mittwochs auf. Wenn sie mit den Frauen zusammen ist, wird es ruhig in ihr. Diese Frauen sind einfach nur sie selbst. Und sonst nichts, denn sie alle sagen, damit hätten sie genug zu tun. Jede hat ihre eigene Geschichte hinter der Geschichte. Diese Frauen behaupten von sich auch, Feministinnen zu sein, achten nicht nur auf ihre Worte, beginnen bei ihren Gedanken und schreiten, sich ihrer Würde bewusst, aufrecht durch ihre eigene Geschichte hindurch. Tigerlilly wundert sich. Wie kann eine Frau Feministin sein, wenn sie Männer liebt? Aber so lange, wie mittwochs auch Platz für sie war, alle sie trösteten und die bösen, bösen Männer weit weg waren, machte sie sich keine Sorgen und tankte, so viel es ging, von der Urkraft in sich auf, die ein Mädchen so nötig braucht, um eine Frau zu werden, wie eine Pflanze Wasser, Licht und Wärme braucht, um zu blühen. Mimi wollte nicht mit Tigerlilly zur Frauengruppe, obwohl auch sie eine Geschichte zu erzählen gehabt hätte. Auch in Mimis Familie war der Krieg spazieren gegangen, hatte sich seine Blumen gepflückt und blinde Flecken hinterlassen, aber Mimi durfte noch viel weniger darüber reden als Tigerlilly. Mimi ging lieber mit Tigerlilly zur Frauen-Tanzschule, denn Mimi durfte im Gegensatz zu Tigerlilly tanzen. Tigerlilly lernte also, wie man Frauen führt. Sie machte ihre Sache gut. Wer führt, ist mächtig. Wer geführt wird, ist ohnmächtig. Alles in der Welt ist eine Frage der Macht. Tigerlilly mag Kraft, weil sie sich nicht ohnmächtig fühlen will. Sie mag Ohnmacht nicht. Dann hat man keine Kontrolle über das, was um einen herum und mit einem selbst geschieht. Deswegen mag Tigerlilly die Macht und das Führen, aber das darf sie ja nicht, weil sie eine Lesbe ist. Deswegen unterdrückte sie die Macht gleich wieder in sich. Nur beim Tanzen nicht. Da darf sie führen. Und sie führt gut. Zum Glück gab es viele Orte in Berlin, an denen Mimi und Tigerlilly tanzen konnten. Eins, zwei, Cha-Cha-Cha. Dreh'n, dreh'n, dreh'n. Vor, vor, tep, rück, rück, tep. Dreh'n, dreh'n, dreh'n.

Nach den ersten paar Monaten, in denen Tigerlilly sich in diese warme, weiche Decke aus Gefühlen gelegt hat und nicht mehr daraus aufstehen wollte, hat Mutti etwas gemerkt. Sie meinte zuerst nur, Tigerlilly unternehme etwas zu viel mit Mimi. Mimi sei nicht gut für Tigerlilly. Tigerlilly hat daraufhin nichts gesagt und ist weiter unter der Decke liegen geblieben, nichts sehen, hören, sagen. Wie die drei Affen. Keine Fragen, keine Antworten. Zwei Jahre hat es gedauert, bis Mutti nicht mehr wegsehen konnte, weil Tigerlillys kleine, vierjährige Schwester in die Stille des gemeinsamen Mittagessens hinein laut und deutlich fragte: „Mutti, wieso magst Du Mimi eigentlich nicht?" Muttis Hand schnellte auf den Küchentisch, wo sie mit einem lauten „Rums!" liegen blieb. Wie die erste Schaufel Sand auf dem Sarg bei einem Begräbnis. Wie der Hammer eines Richters bei einer Verhandlung. Die Stille danach war die Ruhe vor dem Sturm.

Zwei Abende später am Kamin brachte Mutti ihre Abscheu über homosexuelle Beziehungen im Beisein von Papa zum Ausdruck. Mutti sagte: „Diese Homos, das sind alles verantwortungslose Menschen. Nur wer hydrosexuell ist wie wir, ist normal, und alles andere ist Dreck. Abschaum!" Papa nickte. Ein verantwortungsvolles Leben sei einzig und allein ein hydrosexuelles, so wie das seinige mit Mutti. Tigerlilly dachte an Sex mit Mimi im Wasser. Sonst dachte sie nicht mehr viel.

An diesem Abend widersprach Tigerlilly, sie trat zu ihrer eigenen Verteidigung an, das erste Mal mit erhobenem Kopf, sich des Risikos bewusst, dass das Schlimmste geschehen könnte, wenn sie weitermachte. Sie machte weiter. Sie blickte Muttis Angst in die Augen. Sie blickte Papas Wut in die Augen. Der Bruder war irgendwo. Die Schwester schlief.

Tigerlilly sagte ruhig: „Ich will vor allem eines: Ich will es anders machen als ihr!“

Dann drehte sich Tigerlilly um und ging. Nicht weg von Mutti. Nur in ihr Zimmer. Weil die Gräben zwischen ihnen zu tief waren, mit all dem alten Müll der letzten zweiundzwanzig Jahre vollgestopft. Unüberwindbar, weil jedes zusätzliche Wort nur noch mehr Müll in den Gräben bedeutete und sich bereits so grosse Müllberge aufgetürmt hatten, dass man einander vor lauter Müll nicht mehr sehen konnte. Es stank entsetzlich. Weil Worte wie Verantwortung und Liebe und Eltern und Kinder mit immer gegensätzlicheren Inhalten ausgemalt worden waren und nur noch ein riesiger, dunkler Farbklecks auf der verbalen Leinwand zu sehen war. Weil eben alles gesagt war. Weil Tigerlilly keine Lust mehr hatte. Keine Energie. Weil ihr eh alles egal war.

Auf dem Gipfel dieses Abends war Papa besoffen. Mutti kam im regelmässigen Abstand von zehn Minuten und über eine Zeitdauer von zwei Stunden in Tigerlillys Zimmer gerannt. Fliegeralarm. Flakscheinwerfer an. Sie schrie: „Du wirst nie wissen, wie es ist, Kinder zu haben! Du wirst es nie wissen. Lass Dir sofort Deine Gebärmutter entfernen. Auf der Stelle. Du wirst sie eh nie brauchen. Weg damit! Dann habe ich endlich Ruhe!“ Dann rannte sie wieder raus. Flakscheinwerfer aus. Zehn Minuten später kam sie wieder rein. Flakscheinwerfer an. Schreien. Flakscheinwerfer aus. An. Schreien. Aus. Und kein rettender Bunker in Sicht.

„Also, entweder einen Mann und sieben Kinder oder einfach die Gebärmutter rausoperieren lassen? Dann hätte ich endlich Ruhe?“, dachte Tigerlilly. „Und dazwischen gibt es nichts, was das Leben einer Frau an Ruhe zu bieten hat?“

Obwohl zwanzig Minuten nur gespenstische Stille geherrscht hatte, stellte sich bei Tigerlilly innerlich dennoch keine Ruhe ein. Als ob jemand sie gerufen hätte, stand sie auf, ging aufs Klo und schlich beinahe suchend durch die offenen Türen des Hauses. Mutti stand splitterfasernackt im Vorgarten. Der Rotwein, den sie vorher getrunken hatte, lief ihr aus dem Mund, Menstruationsblut rann an ihren Beinen entlang. Tigerlilly sagte:„Mutti, komm wieder rein!“ Aber Mutti war irgendwo anders. Sie hörte sie nicht.

Als Tigerlilly sich fassungslos umdrehte, stand ihr Vater schwankend an den Türrahmen gelehnt und sah dem Treiben mit einem mitleidigen Schmunzeln auf dem Gesicht zu.
„Na? Habt ihr Probleme?"
„Nee, Papa. Alles normal."

Am nächsten Tag stieg sie wortlos auf ihr Motorrad und fuhr weg. Weg von Mutti. Hin zu Mimi.

Tigerlilly wurde nach sechs langen Jahren Quälerei Ingenieurin für Energie- und Versorgungstechnik. Mit Unterbrechungen für einen Dienst im freiwilligen sozialen Jahr auf Amrum (was zur Folge hatte, dass Papa jedes Mal den Raum verliess, wenn Tigerlilly ihn betrat), einer darauf folgenden, immerhin bezahlten Anstellung in Papas Büro, der Wiederaufnahme des Studiums, ständiger Begleitung einer Psychologin und einer sehr guten Diplomarbeit am Ende, deren Note vor allem der Grosszügigkeit zweier sehr engagierter, kluger Professoren zu verdanken war. Nach dem Studium verfügte Tigerlilly über Fähigkeiten wie Heizungsrohrelöten und Waschbeckenmontieren. Sie konnte Weinflaschen selbst öffnen und ihre Bilder selbst an der Wand anbringen, weil sie mit Korkenziehern und Bohrhämmern umging, von deren Schlagkraft Männer nur träumen. Es gab eigentlich fast nichts, wozu sie jemand anderen brauchte. Und schon gar keinen Mann. Sie hat als beste Frau in ihrem Jahrgang abgeschlossen und wurde vorgeschlagen für ein Förderprogramm „Frauen in Führungspositionen". Bei dem Vorstellungsgespräch machte sie es wie Mutti. Sie wusste alles besser. Die Frauen, die das Interview führten, fanden Tigerlilly ganz nett, aber sie nahmen sie nicht in das Programm auf. Sie stellten eine Diskrepanz zwischen ihrer Selbsteinschätzung und ihrem Handeln fest, vor allem bei dem Thema Durchsetzungsfähigkeit. Das Leben ist eben kein Zuckerschlecken. Andere entschieden über Tigerlillys Gelingen oder ihr Scheitern. Wie immer. Tigerlilly fand, sie war ein Opfer, schluckte den Misserfolg hinunter und wurde immer fetter. Sie bekam permanente Bauchschmerzen. Sie hat ernsthaft versucht, als Ingenieurin zu arbeiten, und weinte über sechs Monate ununterbrochen. Mutti sagte: „Du weinst zu viel!" An all ihre anderen Fähigkeiten ausser Traurig- oder Trotzigsein konnte Tigerlilly sich nicht mehr erinnern. Überall in ihr war jetzt die Depression. Dieser schwarze, klebrige, schwere Mantel, der sich über sie legte, sie runterdrückte, ihr den Atem raubte und ihr ins Ohr flüsterte: „Nichts wird gut, wehr Dich nicht, gib Dich hinein, in mein schwarzes, schlammiges Wasser, lass Dich hinabziehen in meine Tiefen. Wenn Du Dich wehrst, wird es nur noch schlimmer. Stirb, Tigerlilly, stirb." Und mit jeder Welle sang die Stimme in ihr, dass Glück nur etwas für Menschen ist, die ihre Aufgabe besser machen, dass das alles ihre eigene Schuld war, dass es nur dann ansatzweise gut wird, wenn sie sich noch besser um all die anderen kümmerte. Vor allem um Mutti. Denn Mutti darf nie allein sein. Der Teufelskreis begann von vorn. Wie Sisyphus rollte Tigerlilly ihren schweren Stein den Berg hinauf. Und scheiterte immer. Wie Tantalus setzte sie sich an die voll beladene und schön gedeckte Tafel des Lebens, aber jedes Mal, wenn sie zugriff, hatte sie einen dreckigen Blechnapf vor sich stehen, und der war leer. Zugreifen konnten nur die anderen. Jeder ihrer kleinen, miesen Siege wurde so übermässig laut und bunt gefeiert, um all ihre Niederlagen zu verbergen. Und so war es auch mit ihrem Lachen, es wurde immer lauter, um all das Weinen zu übertönen, das in ihrer Kehle schwelte.

Zu Hause spitzte sich die Lage zu. Da ja kaum mehr Kinder zum Kontrollieren und Schlagen da waren, mussten die Grossen auf sich selber zurückgreifen. Es flogen venezianische Gläser, gefüllt mit teurem Rotwein, durch die Luft (woraufhin neu gestrichen werden musste), und Finger wurden gebrochen, weil Stühle umgekippt werden mussten, auf denen die Gewichte der Standuhr lagen, deren Big-Ben-Gong schon lange nicht mehr ertönte. Die Zeit war eben um. Mit den Gewichten lag da auch die ganze Schwere der vergangenen Jahre. Der Bruder war irgendwo, und die Schwester von Tigerlilly hatte sich mit fünf kleinen Jahren ihre eigene Ecke in der Wohnung gesucht, in der sie, ein kleines, blondes, niedliches Mädchen, ihre ganz eigene Angst kennenlernte. Mutti gelang es zum ersten Mal Papa auszuschliessen und Papa zog in die letzte Festung, die ihm noch geblieben war, ins Büro.

Er tat Tigerlilly so leid. Das hatte er doch nicht verdient. Die Regeln der Mutter lauteten, dass Tigerlilly keinen Kontakt zu ihrem Vater haben darf, wenn sie weiter mit ihrer Schwester zu tun haben möchte, aber Papa hat das Geld, und Tigerlilly brauchte Geld, um die Dinge zu kaufen, die man eben zum Leben braucht. Bei

Papa liegt die Kraft. Tigerlilly brauchte ihren Vater, der ihr über den Kopf streichelte und ihr sagte, was für eine tolle Frau sie ist, sie will es ihm jeden Tag aufs Neue beweisen. Er fragte sie, ob sie mit ihm verreisen möchte, in der Transsibirischen Eisenbahn. Tigerlilly war noch nie alleine mit ihrem Vater verreist, und ein kindlicher Wunsch erwachte zu neuem Leben, aber einen Tag vor der Abreise entschloss sich Mutti doch noch, ihrem Ex-Mann in spe zu vergeben, ihm eine weitere Chance einzuräumen und ihn zwecks eines Neuanfangs lieber selbst zu begleiten. Der Vater zog nach der Reise zurück in die ehemalige Wohnung, es wurden drei neue Autos gekauft, und Mutti und Papa ritten anschliessend noch gemeinsam auf einem Elefanten durch Thailand. Tigerlillys Rolle war plötzlich wieder die andere, sie war plötzlich nichts mehr. Papa sah nicht mehr sie an, sondern wieder nur ihre Notenausdrucke. Er redete kaum noch mit ihr und händigte ihr mürrisch den Scheck am Monatsende aus. Tigerlilly litt. Sie wollte ein Wochenende mit dem Vater alleine verbringen, um sich mal richtig auszusprechen, wegen des Studiums und so. Er willigte ein. In dem Moment, wo sich Tigerlilly und Papa ins Auto setzten, kam Mutti mit einer bereits gepackten Tasche aus dem Nichts und setzte sich, ohne ein Wort zu sagen, ebenfalls ins Auto. Das wäre ja noch schöner, dass Tigerlilly ihr jetzt auch noch versucht den Mann wegzunehmen. Tigerlilly bekam keine Luft in dem Wagen, kurz vor der Autobahn sprang sie während der Fahrt aus dem Auto raus, lief fünfzehn Kilometer zu Fuss zu dem Zimmer zurück, in dem sie untergekommen war, und besoff sich mit einer Flasche Sekt, um den Schmerz in ihrer Brust nicht mehr zu spüren. Den Schmerz, den Menschen eben spüren, wenn ihr Herz bricht, wenn sie feststellen, dass nichts so ist, wie sie bisher immer dachten, dass das Paradies, in dem sie bis jetzt zu leben glaubten, plötzlich die Hölle ist.

„Auf Mutti! Prost!"

Trotz ihres Perfektionismus in kriminalistischen Angelegenheiten konnte Mutti Papas Tätigkeiten ausserhalb der gemeinsamen Wohnung nicht mehr kontrollieren. Papa war clever und trickste sie andauernd aus. Das machte Mutti wütend. Die Zeit der mehrfach eingetretenen Glastüren begann, der Glasspezialist für Tiffanyfenster und die Polizei waren regelmässige Besucher im Haus der Familie, um Verantwortung zu übernehmen, wofür die Protagonisten, in ihren Abhängigkeiten miteinander verstrickt, keine Verantwortung übernehmen wollten. Die Freunde und Helfer schauten nach dem Rechten, niemand war verletzt, keiner hatte ein Messer in der Hand, niemand wollte den anderen umbringen. Dann gingen sie eben wieder. Mutti glaubte, Papa habe eine Affäre mit einer seiner Angestellten, aber sosehr sie sich auch bemühte, ihm nachstellte, ihn verfolgte, sein Portemonnaie durchsuchte und Detektive auf ihn ansetzte, sie konnte es ihm einfach nicht beweisen. Und er gab nichts zu. Er wurde wütend, wenn sie schon wieder davon anfing. Die Angelegenheit geriet aus den Fugen. Eines Abends schmiss sie diejenigen seiner Sachen, die sie nicht gebrauchen konnte, vom Balkon (die Wäsche natürlich erst, als sie sie zur Untermauerung ihres eigenen Opferseins noch frisch gebügelt hatte) und schloss ihn aus der Wohnung aus, nachdem sie ihn noch dazu gebracht hatte, endlich das grosse Bild im Wohnzimmer über dem Sofa anzubringen. Das konnte sie ja nicht alleine. Diesmal meinte sie es ernst. Sein Geld behielt sie. Es stand ihr zu. Sie hatte sich jahrelang für ihn aufgeopfert, und er hatte sich ihr gegenüber im Gegenzug immer nur unmoralisch verhalten, keine ihrer Regeln befolgt. Mutti ging zum Gericht und machte nachträglich eine Aussage im Vergewaltigungsprozess, dass er sie auch versucht habe zu vergewaltigen. Dann rief sie Papas damalige Auszubildende an und stellte sich neben sie auf die Klägerseite, die Hand erhoben, ihn von nun an schuldig sprechend, weil er das Schlimmste getan hatte. Er hatte nicht getan, was sie wollte, er hatte sie allein gelassen. Dass sie ihn rausgeworfen hatte, spielte dabei keine Rolle. Ab jetzt wurde darüber gestritten, wem welche Wohnungen gehörten, wer was zu zahlen hatte und wer wie viel trank. Papa trank so viel, dass er Tigerlillys kleine Schwester laut Gerichtsbeschluss an Besuchswochenenden nicht mit dem Auto abholen darf. Eigentlich darf er das kleine Mädchen auch nur sehen, wenn Tigerlilly dabei ist. Damit nichts passiert. Du weisst schon, aber Tigerlilly fühlt sich dabei nicht wohl. Papa fragte nicht, er setzte voraus, Papa bat nicht, er befahl. Papa wollte nichts in seinem Verhalten ändern, er wollte einfach eine Frau da haben, die kocht, putzt und das Kind versorgt, damit alles so bleibt, wie es ist, damit er weiter Rotwein trinken und Western im Fernsehen gucken kann. Als er sich zusätzlich von heute auf morgen weigerte, Tigerlilly ihren Scheck am Ende des Monats auszuhändigen, obwohl er versprochen hatte, sie zu unterstützen, bis sie nach dem Studium eine feste Anstellung hat, ging sie als Verkäuferin arbeiten. Sie schrieb der Richterin einen Brief, dass sie lieber ein eigenes Umgangsrecht haben will, um ihre Schwester regelmässig zu sehen, ganz ohne Papa. Es wurde ihr zugesprochen. Ohne sich dessen bewusst zu sein, wählte sie ein weiteres, seltenes Mal in ihrem Leben nur für sich selbst und für ihre Schwester.

Der Rosenkrieg

Papa konnte nicht mit der S-Bahn fahren. Er wusste auch nicht, was er mit einem sechsjährigen Mädchen machen soll, das alle drei Wochen am Samstag sehnsüchtig und vergebens auf ihn wartete, aber er kämpfte wie ein Besessener darum, sie sehen zu dürfen. Es ging ihm um sein Recht, um seinen Stolz, darum, nicht als Alkoholiker dargestellt zu werden. Er verstand Tigerlilly nicht, wenn sie fragte: „Geht es Dir eigentlich auch um das Kind?“ Darum ging es doch gar nicht. Eines Tages rief er Tigerlilly an, er war eine Stunde mit dem Kind Eis essen. Mutti war nicht da. Sie hatte ihm den ganzen Abend mit Tigerlillys Schwester geschenkt, wahrscheinlich hatte es ihr gut in den Kram gepasst, denn solche Geschenke machte sie sonst nie. Tigerlilly sollte vorbeikommen und das Kind nehmen. Tigerlilly sagte: „Aber Du wolltest sie doch unbedingt sehen!“ Papa brüllte durch das Telefon: „Mann, ich habe heute Abend noch Skat, wenn Du jetzt nicht gleich kommst, kannst Du Dein blaues Wunder erleben!“ Tigerlilly ging nicht. Papa brachte das Kind nach Hause in die grosse Wohnung und ging Skat spielen und saufen. Er hatte eben seine Prioritäten. Das kleine Mädchen hatte jedes seiner Worte mitbekommen. Es tat ihr leid, dass er ihretwegen Angst hatte, nicht zum Skat gehen zu können, sie wollte ja, dass er glücklich ist. Es ist so viel schöner, einen glücklichen Vater zu haben. Dafür kann man schon mal zurückstecken. Manchmal kam er sie mit dem Auto abholen, aber das Kind hatte Angst einzusteigen. „Mutti hat gesagt, ich darf nicht mit Dir Auto fahren, weil Du so viel trinkst!“ Dann brüllte er sie vor allen Passanten an, liess sie auf der Strasse stehen und verschwand wieder. Er konnte immer noch nicht S-Bahn fahren, als er betrunken einen Unfall baute und seinen Führerschein abgeben musste. Er fuhr dann eben Fahrrad, wie früher, als kleiner Junge. Mutti konnte immer noch nicht alleine sein, aber Tigerlillys Schwester war ja noch bei ihr, einfach nur ein Kind. Eigentlich war ein fünfjähriges Kind ja zu klein zum Kontrollieren, weil sie von Natur aus als Kind unselbständig war und man sich noch nicht vor dem Schlimmsten fürchten musste, aber da es dem Kind durch den bösen Papa gar nicht gut ging, durfte sie jetzt schon jede Nacht an der Seite von Mutti im grossen Bett schlafen. Und sie durfte mit Mutti in den Urlaub fahren. An Muttis Regeln hat sich sonst aber nichts geändert, sie musste Mutti abends zu trinken holen oder mit ihr Hand in Hand am Strand spazieren gehen. Wenn sie aber mit Freundinnen fünf Minuten länger als genehmigt ausblieb oder keine Lust zum Trinkenholen hatte, schimpfte Mutti: „Kind, ich weiss gar nicht, ob ich Dir noch vertrauen kann!" Mutti sperrte das Kind aus, und es musste über fremde Balkone und offene Balkontüren leise zurück in ihr Bett klettern. Manchmal sperrte Mutti das Kind auch in der Wohnung mitten in Berlin ein, und es traute sich nicht, die Polizei zu rufen. Was soll sie der Polizei sagen? Es ist ja normal, und das alles ist ja auch nur ihre Schuld, weil Mutti ihr nicht vertrauen kann. Manchmal wird das Kind von Mutti rausgeschmissen. Dann läuft es zu Tigerlillys Wohnung, quer durch Berlin, ihrer Erinnerung an die seltenen zusammen verbrachten Stunden folgend, aber ausgerechnet in diesen Momenten ist Tigerlilly nicht da. Anfangs hat das Kind noch im Chor gesungen, aber Mutti kann nicht singen. Wie soll man etwas kontrollieren, was man selbst nicht kann? Deswegen darf das Kind nicht mehr mit den anderen Kindern singen. Das Kind war in einem Schwimmclub, aber Mutti kann ja nicht schwimmen. Die Trainer wollen, dass das Kind mehr trainiert. Es hat Talent. Die anderen Mütter sprechen Mutti auf das Übergewicht des Kindes an. Das ist unangenehm, die anderen Mütter haben ja keine Ahnung. Das sind eh alles nur miese Schlampen. Also darf Tigerlillys Schwester nicht mehr schwimmen gehen mit den anderen Kindern. Es ist nicht gut für sie. Die anderen Menschen sind eben alle schlecht. Tigerlillys Schwester darf dafür Schokolade bis zum Umfallen vor dem Fernseher essen, während Mutti mit Magersucht und lebensbedrohlichem Untergewicht in eine Klinik eingeliefert wird. Muttis Regeln haben sich auch dann noch nicht geändert. Das Kind darf Tigerlilly nicht anrufen, um sie um Hilfe zu bitten, es gibt mittlerweile eine Rufnummernaufzeichnung und irgendeinen Apparat in der Wohnung, der jedes Telefongespräch aufzeichnet. Also bleibt die Kleine alleine und wartet zwei Nächte, ohne zu wissen, ob Mutti je wiederkommen wird. Tigerlilly darf ihre Schwester nicht sehen. Zu dem Zeitpunkt ist ihre Schwester neun Jahre alt. Jedes Mal, wenn Tigerlilly ihr Umgangsrecht wahrnehmen will, wie es gerichtlich vereinbart ist, alle drei Wochen samstags um zwölf Uhr mittags, ist ihre Schwester nicht zu Hause. Mutti geht mit Tigerlillys Schwester einfach immer vorher weg. An anderen Wochenenden wiederum wartet Tigerlillys kleine Schwester, weil Mutti

zwar sagt, dass sie Tigerlilly heute sehen darf, aber gar keines der gerichtlich verabredeten Wochenenden ist.
Jeder Kontakt zwischen Mutti und Tigerlilly endet in einer Katastrophe. Jetzt ändern sich Muttis Regeln stündlich, es ist unmöglich, sie so einzuhalten, dass Mutti keine Angst bekommt. Tigerlilly kann die Sorge um ihre kleine Schwester kaum aushalten. Ohnmacht und Angst und unsagbare Wut. Auf Mutti. Auf Papa. Auf den lieben Gott. Auf die Geschichte hinter der Geschichte. Tigerlilly kann gar nicht so viel essen, wie sie kotzen möchte. Bei Mutti fiel ihr das Wütendsein leicht, aber ein Leben ohne Papa war für sie unvorstellbar, es war ja nicht seine Schuld. Nachdem die Eltern sich getrennt hatten, besorgte Tigerlilly für Papa eine Wohnung direkt neben Mimis Wohnung. Wenn Tigerlilly und Papa zusammen aus dem Büro nach Hause kamen, hat Papa sich unten von Tigerlilly mit einem „Tschüss" verabschiedet und ist ohne sie nach oben gegangen. Tigerlilly ist dann ein paar Minuten später in genau denselben Stock mit genau demselben Aufzug gefahren, hat die Wohnungstür neben Papas geöffnet und hinter sich wieder geschlossen. Das war eben die Regel. Am Wochenende, wenn Papa verreist war, hat Tigerlilly seine Wohnung geputzt. Tigerlilly hat ein paarmal mit ihm gesprochen, dass da doch noch mehr gehen müsste in ihrer Beziehung, aber er konnte das mit den Frauen einfach nicht verstehen, er konnte Mimi nicht in die Augen sehen. Papa hat immer wieder gesagt, sie solle sich doch einen Mann suchen. Er hat ihr sogar gesagt, welchen Mann sie sich nehmen soll. Papa hat ihr auch gesagt, wann sie ihre Kinder bekommen soll. Er hat ihr einen Zeitplan in Jahren aufgestellt, wie ihr Leben auszusehen hat, wenn es ein gutes Leben sein soll. Tigerlilly wog zu dem Zeitpunkt neunzig Kilo und trug Kleidergrösse achtundvierzig. Sie ging gebeugt, den Blick starr auf den Boden gerichtet, sie hatte einen feisten Ausdruck um den Mund, und der Trotz kroch ihr aus allen Poren. Der Mann, den sich Tigerlilly in Papas Augen schnappen sollte, hatte eine zierliche, kleine, blonde Frau an seiner Seite mit einem freundlichen Lächeln auf den Lippen. Diese Frau wusste, von wem sie sprach, wenn sie „Ich" sagte. Diese Frau ging mit erhobenem Kopf und einem geraden Rückgrat durch ihr eigenes Leben. Während Tigerlilly immer weiter verschwand, versuchte ihr Bruder einen Fuss ins Leben zu setzen, aber er berührte nicht mal den Boden. Er begann eine Ausbildung bei Papa zum technischen Zeichner und brach

sie ab. Dann begann er eine Ausbildung als Klempner auf dem Bau und brach sie ab. Er begann eine Ausbildung in der Gastronomie und schaffte es fast bis zum Abschluss, dann starb sein Chef, und er brach die Lehre ab. Alle ausser Mutti dachten von ihm, er ist ein Dummling. Und was tun Dummlinge im zwanzigsten Jahrhundert so? Sie packen ihre Siebensachen und ziehen durch die Welt. Als Soldat brauchte man ihn im Kosovo, denn Soldaten sind auch ohne Füsse auf dem Boden brauchbar. Das ist dem Krieg doch egal. Mutti schickte Päckchen mit Bettdecken, Zigaretten, sauberer Wäsche und Geld hinterher. Niemand zwang sie dazu. Mutti fand, es war ihre Pflicht. Als er von dort zurückkam, versuchte Tigerlilly es nochmal mit ihm. Sie tranken eine Nacht lang gemeinsam Tequila. Tigerlilly hat sich bei ihm entschuldigt, dass sie ihn damals als kleinen Jungen in ihrer Wohnung alleine gelassen hat. Er sah sie nur an und sagte: „Ach das. Das war doch harmlos!“ Tigerlilly sagte: „Geh nicht so viel zu Mutti! Es ist nicht gut für Dich.“ Er antwortete: „Das kann ich doch nicht machen, nach allem, was sie für mich getan hat!“ Eine Zeit lang ging es gut mit ihm. Dann nahm er Drogen in Unmengen, ging auf den Strich, ohne Füsse auf dem Boden. Wenn man mit dem Kopf in fantastischen Geschichten lebt, die so gut sind, dass sie fast wahr sind, dann braucht man keine Füsse auf dem Boden. Lebensbedrohlich verletzt im Krankenhaus liegend auch nicht, denn Mutti rettete ihn ja jedes Mal. Darauf war Verlass. Der kleine, zweiundzwanzigjährige Junge kann ja nicht alleine leben, ohne Mutti. Das sieht man ja. Niemand kann ohne sie leben. Ohne sie gäbe es ihn gar nicht. Nur sie weiss, wie es geht, das Leben. Alle anderen haben Unrecht. Sie wäscht seine Wäsche. Und er tut ihr den Gefallen und bleibt bei ihr. Damit das Schlimmste nicht passiert. Und so lebten sie bis an ihr Lebensende.

Neun lange Jahre vergingen, und alle waren scheinbar vor dem Leben sicher in ihren Abhängigkeiten von Menschen oder Dingen oder Drogen. Es war zwar keinem richtig wohl, aber es war warm und bequem. Wie bei Dornröschen hat sich einfach niemand bewegt. Tigerlilly wusste, dass Mimi ihr nicht reichte, dass sie das Loch in Tigerlillys Fass nicht stopfen konnte, um es voll werden zu lassen. Es reichte nie, soviel Mimi auch hineingoss. Mimi brauchte dieses Giessen, dieses Kümmern, sie goss und goss, bis sie selbst leer war. An sich zu denken, davon konnte Mimi nicht mal träumen. Auch Mimi hatte keine eigene Lebensberechtigung, denn auch bei ihr gab es eine Mutti, die in einem grossen Haus lebte, das vollgestopft war mit tausend alten Zeitungen, mit Müll, Schrott, Katzenpipi, Hundekot und mit tausend Gläsern selbstgekochter Marmelade „Quitte-Nektarine" aus den letzten fünf Ernten im eigenen Garten. Nichts durfte weggeworfen werden. Zwei alte, kaputte Autos teilten sich seit Jahrzehnten die Garage mit allen Möbeln und allen Kleidern von Mimis Oma, nachdem diese gestorben war. Alles wurde aufgehoben, damit man etwas auf Vorrat hatte. Man weiss ja nie, wann der Krieg wieder kommt und sich mitnimmt, was ihm gefällt. Bei Mimis Oma hatte er den Ehemann mitgenommen und in derselben Person den Vater von Mimis Mutti. Und dann war das Schlimmste passiert. Mimis Oma war ganz allein. Du weisst ja, Mütter dürfen nicht allein gelassen werden, weil sie dann ja nichts mehr sind. Nur deswegen hat der Krieg die Kinder dagelassen. Mimis Mutti war die älteste Tochter, hatte zwei kleine Geschwister, und der einzige Weg, um da rauszukommen, war zu heiraten. Obwohl sie als Lehrerin gut ausgebildet war und zwei Beine hatte, die bis zum Boden reichten, hat sie einen Mann geheiratet, der sie schlug, der vor den Augen seiner Kinder Pornos ansah und Mimi im Alter von acht Jahren beibrachte, mit einer Schrotflinte Ratten totzuschiessen. Oder Mäuse. Denn die andere Strassenseite ist zwar gut, aber wirklich sicher ist man vor den Katzen nur, wenn man tot ist. Niemand durfte Mimis Mutti jemals wieder etwas wegnehmen, nicht der Mann, nicht der Krieg. Damit nichts passiert, durften die Katzen nicht in den Garten raus, der Hund durfte nur an der Leine laufen, und niemand durfte in das Haus von Mimis Mutti hinein. Nur Mimi. Auch deswegen nicht, weil es dort so unordentlich war, aber das durfte man nicht sagen. Keine Fragen. Keine Antworten. Mimis Mutti konnte nichts loslassen. Der Mann kam irgendwann einfach nicht mehr wieder. Und so kümmerte sich Mimi um ihre Mutti, versuchte am Wochenende, nach einer anstrengenden Woche voller Arbeit und Sich-um-Tigerlilly-Kümmern, das Chaos aufzuräumen, das ihre Mutti während der vergangenen Tage angerichtet hatte. Mimis Mutti lachte wie ein kleines, albernes Kind: „Chaos ist doch schön!" Mimi verreiste nie, sie nahm ihren Urlaub, um die Unordnung zu beseitigen, für die Mimis Mutti Jahre gebraucht hatte. Jeder Müllsack, der zum Sperrmüll gebracht werden durfte, war ein Erfolg. Mimi strengte sich sehr an, ihre Mutter in den Griff zu bekommen, und Mimis Mutti gab dafür alles, was sie zu geben hatte. Vor allem Geld, denn Mimi brauchte ganz viele Sachen zum Leben. Outdoor-Kleidung, obwohl sie niemals wandern ging, die besten Farbstifte, obwohl sie niemals malte, Walfischketten und teure Ledertaschen. Sie brauchte das alles, damit die anderen sehen konnten, wer sie war. In Mimis eigener Wohnung durfte es niemals unordentlich sein. Stundenlang hat sie den Rest ihrer Zeit damit verbracht, Dreck wegzuschrubben, der gar nicht da war. Mimi und Tigerlilly haben sich aneinandergekettet, mit Vorwürfen, gutem Essen und schönen Dingen, die immer viel mehr kosteten, als sie hatten. Mimis Mutti hat Mimi immer wieder gerettet, denn die Dinge sollten ja die an allen Ecken fehlende Liebe ersetzen. Tigerlilly hat keiner gerettet, denn Retten war ja Tigerlillys Aufgabe. Und so rettete sie einen Hund aus dem Tierheim, um so stark zu sein wie damals auf dem Bauernhof. Jetzt war der Hund bei ihr. Und Mimi war bei ihr. Mit den beiden an ihrer Seite fühlte sie sich stark. Für den Moment war Tigerlilly anders als Mutti. Sie hatte ihr Leben an der Leine, aber man ist nie wirklich stark mit jemandem an seiner Seite, noch dazu, wenn man ihn an der Leine halten muss. Man ist nur stark aus sich selbst heraus. Und innen drin war Tigerlilly immer noch wie Mutti. Sie konnte nämlich nicht gut allein sein. Irgendwann war es für Mimi viel leichter, Tigerlilly vorzuwerfen, sie denke bei allem nur an sich, als ihre Mutti zu verlassen. Mimi fand, Tigerlilly habe sich noch nie wirklich um andere gekümmert. Nur Mimis wissen, wie man sich kümmert. Wenn man sich nämlich wirklich kümmert, denkt man nicht an sich selbst. Selbstlos ist man dann, so wie sie. Mimi schimpfte, dass alles auf dieser Welt nur dazu diene, für Tigerlilly da zu sein. Und Tigerlilly merkte es nicht mal. Tigerlilly jammerte auch noch. „Niemandem darf es schlechter gehen als Dir", schimpfte Mimi. Tigerlilly fühlte sich ein bisschen schuldig, wenn Mimi so mit ihr schimpfte, aber dann dachte Tigerlilly wieder an sich. „Ist ja auch egal!" Sie fand in Frankfurt Arbeit als Sekretärin, und obwohl Mimi sich nicht vorstellen konnte umzuziehen (denn dann wäre Mutti ja allein), nahm Tigerlilly den Job an. Mimi weinte, als Tigerlilly mit einem Umzugsauto morgens losfuhr. In derselben Nacht kam Tigerlilly wieder zurück. Sie wollte Mimi überraschen, damit sie wieder lachte. Man konnte Mimi herrlich überraschen, weil sie nichts vom Leben wollte, auf nichts einen Anspruch erhob, es war für Mimi viel zu gefährlich, etwas zu wollen. Als Tigerlilly nachts in die gemeinsame Wohnung in Berlin kam, stimmte etwas nicht. Ihr Hund kam ihr schwanzwedelnd aus einem Zimmer entgegen. Alle anderen Türen waren zu. Geschlossene Türen gab es sonst nicht in Tigerlillys Wohnung, die machten ihr Angst. Im Flur standen fremde Schuhe. Mimi kam nackt aus einem der Zimmer und schloss die Tür wieder hinter sich. Da war eine andere Frau in Tigerlillys Bett. Bei ihrer Mimi, die nur ihr allein gehörte. Jetzt war es passiert. Das Schlimmste. Ich erspare Dir die weiteren Einzelheiten. Tigerlilly wird sich ewig daran erinnern. Wie Sterben fühlt es sich an. Als ob das Leben vorbei wäre.

Und die Moral von der Geschicht'?
Ehebrechen sollst Du nicht.

Keine Fragen. Keine Antworten. Schluss.

Es gibt immer eine Geschichte hinter der Geschichte. Auch Mimi hat eine, aber Tigerlilly kennt sie nicht. Sie glaubte, sie zu kennen. Sie war sich sogar ganz sicher. Niemand kannte Mimi so gut, wie Tigerlilly sie kannte. Die andere Frau kann gar nicht gut sein für Mimi. Die wird sich nicht so um sie kümmern wie sie. Nur Tigerlilly weiss, was Mimi braucht. Nur Tigerlilly weiss, wie man eine Mimi liebt.

Neu-Start (Drücke Control-Alt-Delete)

Mitten in der Nacht wachte Tigerlilly auf. Der Dreizehntonner der vergangenen neun Jahre war wieder einmal in einem Affentempo über sie hinweggerast. Tigerlilly hat sich tief in die Kissen gedrückt, damit er sie am Leben lässt. „Puh!", dachte sie, schweissnass. „Gerade nochmal gut gegangen!" Jedes Mal, wenn der Laster nachts über sie hinwegrast, verliert er kleine Päckchen, alle gut verpackt, mit Gewohnheit doppelt umwickelt, verschnürt mit klebriger Nähe und dreifach verknotet mit Resignation. Jedes dieser Päckchen wiegt unendlich schwer. Tigerlilly kann sie kaum heben. Sie wundert sich beim Auspacken. Es sind nur die Erinnerungen an die letzte Zeit mit Mimi darin verpackt. Sie überlegt kurz und denkt dann, dass die anderen Erinnerungen von vorher wahrscheinlich noch auf dem Laster liegen. Sie werden wohl erst in den nächsten Nächten runterfallen. Da sitzt sie nun und packt Päckchen aus. Nicht wie an Weihnachten. Nicht wie bei Kerzenschein unterm Tannenbaum. Ohne Engel. Ohne Lametta. Glocken hört sie trotzdem. Der ganze Kopf dröhnt. Und sie sieht auch Sterne. Wenn sie die Augen zumacht, dreht sich alles. Also macht sie die Augen wieder auf. Hinsehen. Was sie in den Päckchen entdeckt, gefällt ihr gar nicht. Alles trägt die Handschrift von Mutti, obwohl sie es selbst geschrieben hat. Sie würde gerne wegsehen, die Päckchen angewidert wieder zumachen, aber es geht einfach nicht. Hinsehen. Tigerlilly fragt sich, was sie Mimi wohl bedeutet hat. Tigerlilly findet, sie hat versucht, wirklich versucht, Mimis Wünsche von ihren Augen abzulesen. Mimi selbst hat ja nie einen Wunsch geäussert. Wahrscheinlich, denkt Tigerlilly jetzt, waren es gar nicht Mimis Wünsche, die sie ihr erfüllt hat. Tigerlilly dachte eben nur, dass Mimi vielleicht „dieses" oder „jenes" wünschte, und konnte so ganz nebenbei alles im Griff behalten. Herrlich war das. Wie soll man auch echte Wünsche erfüllen, wenn man nicht fragen darf. Es hätte sicher Momente gegeben, um diesem Mechanismus auf die Schliche zu kommen. Manchmal hat Tigerlilly sogar versucht zu fragen, aber es war einfach nie der rechte Moment bei Mimi. Und es durfte ja das Schlimmste nicht passieren. Du weisst schon. Mimi hat immer geweint, wenn Tigerlilly gefragt hat, was Mimi will. Mimi hat das Antworten immer wieder verschoben. Irgendwann hat Tigerlilly nicht mehr gefragt. Keine Fragen. Keine

Antworten, aber jetzt, wo sie Päckchen auspackt, denkt Tigerlilly, dass es ihr selbst recht war, geradezu notwendig war, dass Mimi nicht antworten wollte. Tigerlilly wollte immer mit jemandem leben, der es auch anders machen wollte, wie sie, aber sie hat neun Jahre lang mit Mimi zusammengelebt. Warum hat sie nicht wirklich mit jemandem zusammengelebt, der es anders macht? Und warum vor allem, fragt sich Tigerlilly, hat sie selbst es nicht anders gemacht? Sie macht ein Päckchen nach dem anderen auf und erkennt, dass sie es trotz allen Anderstuns genau so gemacht hat wie Mutti. Sie konnte ihr Ding durchziehen und konnte sich sicher sein, dass Mimi einfach mitkommt, weil sie es nicht besser wusste und weil es sicher für Mimi war. Sie war zwar nicht glücklich, aber sie musste ihre Mutti nicht alleine lassen. Sauelend fühlt Tigerlilly sich. Als ob sie etwas falsch gemacht hat. Sie fühlt sich so, als ob sie jetzt, wo Mimi eine andere hat, plötzlich und auf einmal aus heiterem Himmel mit alldem konfrontiert wird, was für Mimi nicht gestimmt hat in den neun gemeinsamen Jahren. Ohnmächtig fühlt sie sich. Die andere liegt jetzt bei Mimi im Bett, und Tigerlilly lebt sechshundert Kilometer von ihr entfernt. Die andere hatte eine gemeinsame Kindheit und Jugend mit Mimi. Dagegen hat Tigerlilly doch gar keine Chance. Tigerlilly hatte ja nur neun gemeinsame Jahre mit Mimi. Sie hat Mimi zwar reingelassen in ihr Leben, aber nicht wieder raus. Und Mimi ist geblieben. Obwohl die Tür offen war. Weil es warm, sicher und bequem war zu bleiben. Jetzt aber ist sie einfach gegangen, ohne vorher etwas zu sagen, was Tigerlilly hätte hören wollen. Weil sie sich unfrei fühlt mit Tigerlilly, nichtig, wertlos und überflüssig. Tigerlilly würde gerne wissen, ob sie es noch kann, wie in den ersten Tagen, zuhören, streicheln, reden unter der grossen Decke, die einen alles andere vergessen lässt. Sie fragt Mimi, ob sie es nochmal probieren möchte, mit ihr, es anders zu machen. Sie fragt, was ihr gefehlt hat, sie bittet um eine Chance, es mit ihr richtig zu machen. Sie will es mit Mimi gemeinsam versuchen. Miteinander. Ganz abgesehen von den winzig kleinen Problemen, die sie sonst so hat, aber Mimi weint nur. Sie sagt nichts, weil Tigerlilly es eh nicht hätte hören wollen. Und obwohl sie es wirklich anders machen will, macht sie es wie Mutti. Bei diesem letzten Besuch in ihrem alten Leben liest sie in Mimis Tagebuch und Mimis Briefe an die andere, weil sie es nicht aushalten kann, dass sich Mimi ihr entzieht und mit einem Mal ein eigenes Leben hat. Tigerlilly braucht Mimi ganz dringend,

weil es Tigerlilly ohne Mimi gar nicht gibt. Sie ekelt sich vor sich selbst, aber sie weiss nicht, was sie sonst machen soll.
Ein paar Tage später bekommt sie eine Kurznachricht auf ihr ganz neues Handy von Mutti: „Tut es Dir weh, dass Mimi eine andere hat?“ Tigerlillys Magen krampft sich zusammen, sie bekommt einen Schreianfall. Tigerlilly hatte Mutti ihre Handynummer nie gegeben, und sie hatte ihr nicht erzählt, dass Mimi eine andere hat. Sie hat seit Wochen nicht mit ihr geredet. Mutti hat also ein weiteres Mal Detektivin, Superagentin, Hauptkommissarin gespielt und lag vor Mimis Haustür so lange auf der Lauer, bis sie es endlich wusste. Muttis Kontrolle entgeht nichts. Mutti hat immer Recht. Tigerlilly tut das Schlimmste. Sie bricht den Kontakt zu Mutti ab. Sie ist dann zwar schuld, aber Tigerlilly findet, dass es sich mit dieser Schuld besser lebt als mit Mutti. Tigerlilly stellt sich vor, dass Mutti am Ende ihres Lebens vor Gott tritt mit ihrer kleinen Schiefertafel in den Händen, auf der alles steht, was Mutti schreiben kann. Alle Momente, in denen Mutti die Menschen um sich herum kontrolliert hat, all das, was sie an Schlechtem an ihnen beobachtet hat. Niemand kommt gut dabei weg, nur Mutti ist gut. Mutti petzt bei Gott. Tigerlilly ist gespannt, was Gott dazu sagen wird. Sie hofft, dass Gott Mutti ewig leben lassen wird. Mutti sagt ja selbst immer: „Jeder bekommt seine Strafe!“ oder „Wenn die Nase juckt, gibt's noch eins drauf!“ Tigerlilly findet, wenn die Nase juckt, juckt einfach nur die Nase. Vielleicht wird Gott auch ratlos sein, weil er nicht weiss, was er mit Mutti machen soll, mit so vielen Jahren geschenktem Leben und so wenig Buchstaben auf der Schiefertafel, die wirklich Sinn machen? Es heisst ja immer, dass Gott alle Menschen gleich liebt, jeden auf seine Weise, aber ihr kommt nichts in den Sinn, wofür man Mutti lieben könnte. Nichts. Tigerlilly sieht sich mit offenen Augen in ihrem Leben um. Da ist jetzt nur noch sie. Und Gott, aber wenn sie die Augen schliesst, ist in ihr ein Gedränge von Gedanken und Gefühlen. Nachts träumt sie davon, dass all ihre Sachen in Schutt und Asche liegen, verrottet und verfault. Wenn sie etwas anhebt, tauchen darunter Schlangen und Würmer auf, die sich gierig durch den verwesenden Moder ihrer Seele fressen. Nichts ist gut in ihr drin.

Der Gerichtssaal ist gefüllt mit Menschen, es herrscht eine gleichmässige Geräuschkulisse aus Rascheln, Geklapper, Schritten und Getuschel. Vor allem Getuschel. Du, verehrter Leser, verehrte

Leserin, bist Gast bei einer öffentlichen Verhandlung. In der linken Hälfte des Saals ist fast jeder Sitz in den vielen Reihen besetzt. Die rechte Hälfte des Saals ist fast leer. Tigerlilly wartet vor dem Saal. Sie hat schweissnasse Hände, zittrige Knie, ihr Puls geht schnell, zu schnell. Sie hat Angst. Angst um sich. Angst vor sich selbst. Dann geht alles schnell. Die Türen werden aufgestossen. Uniformierte Beamte holen Tigerlilly und führen sie auf die rechte Seite des Saals. Sie spricht für sich selbst. Die Richterin ist eine gesichtslose Person, nüchtern, neutral, wie eine Statue, ohne Regung knallt der Hammer nieder, und die Verhandlung beginnt. Unten auf der Strasse hört Tigerlilly, gedämpft durch die Fenster des Saals, die Scherben ihrer Seele rufen, sie tragen Plakate, auf denen nur ein Wort steht: Gerechtigkeit. „Sehr geehrte Damen und Herren, Mimi, Tigerlilly. Heute wird hier der Fall Tigerlilly gegen Mimi verhandelt. Tigerlilly klagt Mimi an wegen vorsätzlichen Mordes von Liebesgefühlen mit Todesfolge, wegen mit Fürsorglichkeit getarnten Eigennutzes und wegen Wahrheitsverschleierung durch Verdrehen von Tatsachen. Die Klägerin klagt auf Anerkennung ihres Schmerzes, sie klagt auf Rechtgehabthaben in vielen Fragen der gemeinsamen Lebensführung. Sie klagt auf Wiedergutmachung des Schadens, der ihr durch das Verhalten ihrer Lebenspartnerin Mimi zugefügt wurde, indem diese sie im Glauben ihrer Liebe gelassen hat und währenddessen bereits mehrfach weitere Liebesbeziehungen zu anderen Frauen gehabt hat. Tigerlilly klagt auf ein Umgangsrecht für den gemeinsamen Hund einmal im Monat. Tigerlilly, bitte beginnen Sie mit Ihrer Aussage." Tigerlilly steht auf, blickt auf die andere Bank. Sie sieht Mimi gleich. Die Neue, die Rothaarige, die, die angeblich „eine ganz Nette" ist, die, mit der jetzt alles besser klappt, sitzt neben ihr. Die beiden, Mimi und die Neue, lächeln sich zu, sie sehen gut zusammen aus, eine Mauer aus Verständnis, Liebe und gegenseitiger Unterstützung. Mimi hat einen Verteidiger, den besten, den man finden konnte. Mimis Mutter sitzt in der dritten Reihe, ihr Bruder, dessen Lebensgefährte und alle weiteren gemeinsamen Freunde sitzen hinter Mimi, alle auf ihrer Seite des Saals. Tigerlilly tritt vor. Ganz allein. Ihre Beine knicken ein. Sie stolpert vorwärts, sie fängt an zu weinen, die Tränen rinnen über ihr Gesicht, ein ganzer See bildet sich in Sekunden um sie herum, sie weint und weint und weint, ringt mit den Händen um Haltung, wild gestikulierend, Worte wie „bitte", „bitte nicht", „aber" und immer wieder „Gerechtigkeit" kommen gequält zwischen ihren Lippen hervor. Alle schauen bedrückt, peinlich berührt angesichts dieser hysterischen, irgendwie zusammenhanglosen, geschluchzten, mühsam zu verstehenden Worte auf den Boden und schütteln die Köpfe voller Verständnislosigkeit und Verärgerung darüber, dass Tigerlilly es gewagt hat, das junge Glück des schönen Paares derart zu belasten, als ob Mimi es die letzten Jahre nicht schwer genug mit Tigerlilly gehabt hätte. Und jetzt das noch! Tigerlilly stöhnt: „Ich kann nicht mehr!" Aber wer noch sagen kann, er kann nicht mehr, der kann noch lange. Kraftlos dreht sie sich um und schleicht zu ihrer Bank zurück. „War es das, Tigerlilly?", fragt die Richterin mit monotoner Stimme. Tigerlilly nickt schwach. Mimis Verteidiger steht auf. Ruhe kehrt im Saal ein. Er schreitet im Saal auf und ab und bleibt dann vor Tigerlilly stehen. „Tigerlilly, stimmt es, dass Sie am Anfang ihrer Beziehung zu Mimi nicht in der Lage waren, sich dem Einfluss Ihrer Eltern zu entziehen?" Tigerlilly setzt an: „Ja, aber ...!" „Danke. Reicht. Stimmt es, dass Ihre Mutti Mimi in sehr beleidigender Weise behandelt hat, ohne dass Sie Mimi unterstützend zur Seite gestanden hätten?" „Ja, aber ...!" „Danke. Stimmt es, dass Sie die Bedürfnisse Ihrer ehemaligen Liebespartnerin komplett übergangen haben, sowohl auf körperlicher, also sexueller Basis als auch auf emotionaler Ebene? Zum Beispiel beim Autofahren, wo ja immer nur Sie am Steuer sitzen mussten und permanent zu schnell gefahren sind, obwohl Mimi Ihnen mehrmals gesagt hat, dass Sie erstens schneller als erlaubt fahren und sie zweitens Angst hatte?" Tigerlilly fängt an zu weinen. Sie nickt. „Tigerlilly, stimmt es, dass Sie nicht in der Lage waren, gemeinsame Dinge mit Mimi zu tun, also Dinge wirklich gemeinsam zu tun? Dass Sie Mimi immer aggressiv behandelt haben, wenn es darum ging? Aus nur einem einzigen Grund, nämlich aus Ihrer eigenen Minderwertigkeit und Unzulänglichkeit heraus? Stimmt es, dass Sie Mimi überhaupt nie Gelegenheit zum eigenen Handeln gegeben haben, weil Sie es nicht ertragen hätten zu sehen, dass sie viele Dinge vielleicht besser erledigt hätte als Sie selbst?" Auf Tigerlillys Gesicht tritt Wut, Aggression. Sie schreit: „Nein, nein, nein!", steht auf, reisst Utensilien vom Richtertisch herunter, stampft auf dem Boden auf und sinkt erschöpft vor dem Richtertisch zusammen. „Tigerlilly, stimmt es, dass Mimi einhundertfünfzig Prozent ihrer Energie dafür aufgebracht hat, für Sie zu sorgen, damit es Ihnen gut geht, damit es nicht zu depressiven

Verstimmungen kommt, zu denen Sie, gelinde gesagt, ja neigen?" Tigerlillys Augen spielen plötzlich verrückt. Sie schmerzen, Tigerlilly kann sie nicht mehr öffnen, sie sind zugeklebt, das Licht um sie herum ist gleissend hell. „Tigerlilly, stimmt es, dass Sie total ausrasten können, nur weil einmal etwas nicht nach Ihrem Willen läuft, wie zum Beispiel bei einem Besuch in einem Restaurant, in dem Sie unbedingt essen gehen wollten und aber vergessen haben, einen Platz zu reservieren? Sind Sie vielleicht überhaupt etwas empfindlich, wenn es um das Thema Essen geht? Haben Sie nicht immer das Gefühl, zu kurz zu kommen, sich wie die Raupe Nimmersatt durch das Leben zu fressen und nie genug bekommen zu können?" Die Verteidigung holt neuen Atem. „Und, Tigerlilly, stimmt es, dass Mimi Ihnen bei zahlreichen, völlig chaotischen Umzügen helfen musste, ganz allein, weil Sie sich nicht getraut haben, andere Freunde um Hilfe zu bitten? Stimmt es, dass Sie Mimi andauernd eine Szene gemacht haben, wenn es um Ihre eigenen Belange ging, Sie aber dann, wenn Mimi Sie gebraucht hätte, immer etwas Besseres und Wichtigeres zu tun hatten? Stimmt es, dass Sie Mimi aus Überforderung und Unfähigkeit heraus immer das Gefühl gegeben haben, gar kein Recht auf Ihre Unterstützung zu haben? Uuuund, Tigerlilly, stimmt es, dass Sie trotz allem immer noch denken, Sie hätten Anspruch auf Mimis Liebe? Missgönnen Sie dem neuen Paar ihr Glück, trotz allem, was Sie Mimi zugemutet haben? Ist es nicht so, dass Sie überhaupt jedem sein Glück missgönnen, besonders, wenn er es in der Liebe findet? Finden Sie nicht, dass es an der Zeit ist, Mimi in ein glückliches, leichtes, liebevolles und unbeschwertes Leben ziehen zu lassen? Finden Sie nicht, dass Sie erstmal Ihre Hausaufgaben machen sollten, über Ihre eigenen Bücher gehen sollten, bevor Sie anderen sagen, wie sie ihr Leben zu leben hätten? Wollten Sie nicht vor allem eines: es anders machen als Mutti?" Tigerlilly liegt gekrümmt auf dem Boden. Mimi und das Rothaar lächeln sich immer noch zärtlich an, wirklich, ein schönes Paar. Tigerlilly denkt, Mimi ist froh, sie und ihre elendigen Probleme endlich los zu sein, sich von ihr als Last befreit zu haben, Mimi strahlt und hat abgenommen, sie sieht blendend aus. Tigerlilly stirbt vor ihren Augen, aber Mimi ist das total egal. Tigerlilly denkt, man bekommt immer, was man verdient. Das hier ist eben ihr Lohn. Der Hammer der Richterin saust auf den Tisch. „Mimi ist nicht schuldig!", lautet das Urteil. Die Menschen verlassen den Saal, manche drehen sich angewidert ein letztes Mal zu Tigerlilly um. Als der Saal leer ist, erhebt sich Tigerlilly langsam und denkt: „Ich bin hier die Schuldige, die Verliererin, die ihre Last alleine tragen lernen muss. Diejenige, die nie wieder jemanden mit angeblicher Stärke täuschen kann, hinter der eh nichts anderes als Unfähigkeit und Angst steckt. Nie wieder wird jemand diese Show ansehen wollen, die ich Tag für Tag mit mässigem Erfolg auf dem Programm hatte, nie wieder werde ich mich durch geschickte Rhetorik immer und immer wieder in den Vordergrund mogeln können, meine mittelmässigen Ideen durchsetzen, indem ich die brillanten Ideen anderer souverän durch Aggression und falsche Anschuldigungen oder übertriebene Fürsorglichkeit entkräfte. Nie wieder kann ich durch Mimis wunderschöne Art, sich zu bewegen, meine eigenen Hemmungen retuschieren. Ich stehe von heute an alleine da. Es wird die Hölle für mich, das Leben ohne Mimi. Mimi war das Pflaster für meine Seele. Sie geht viel zu früh. Ich bin doch noch nicht heil. Jetzt, wo das Pflaster weg ist, liegen meine Wunden offen, bluten, eitern und stinken zum Himmel. Ich brauche, äh, ich meine, ich liebe Mimi doch, das muss sie doch sehen, wie sehr ich sie brauche, äh, liebe. Ich überlebe das nicht." Tigerlilly stirbt. Der klägliche Rest, der von ihr übrig geblieben ist, versucht aufrecht zu stehen, schleppt sich stöhnend nach draussen und sammelt die Scherben ihrer Seele ein, die mittlerweile verstummt in den dunklen Ecken der Strassen herumliegen. Erschöpft, mutlos und sich unendlich schuldig fühlend, wacht sie aus diesem Traum auf. Sie steht kraftlos auf und macht einen Schritt in Richtung „besserer Mensch". Mit dem Ziel, das Lieben zu lernen.

Und die Moral von der Geschicht'?
Jeder tritt irgendwann vor Gottes Gericht.
Gott ist Liebe. Gott ist Wahrheit. Gott ist Licht.

Am nächsten Tag steht sie auf und geht zum Frisör.
„Was kann ich für Sie tun?", fragt er, als er durch ihre Haare streicht und ihr von hinten aufmunternd im Spiegel zuzwinkert.
„Einmal einen neuen Menschen, bitte!"
Er nickt: „Okay, fangen wir bei den Haaren an!", und legt los.
Danach geht sie in den Lotto-Laden und füllt einen ganzen Schein aus.
Mutti hat immer gesagt: „Pech im Spiel, Glück in der Liebe!"

„Vielleicht klappt das ja auch andersherum", denkt Tigerlilly, als sie den Schein abgibt.

Die Sterntaler

Es war einmal ein kleines Mädchen, dem war Vater und Mutter gestorben, und es war so arm, dass es kein Kämmerchen mehr hatte, darin zu wohnen, und kein Bettchen mehr hatte, darin zu schlafen, und endlich gar nichts mehr hatte als die Kleider auf dem Leib und ein Stückchen Brot in der Hand, das ihm ein mitleidiges Herz geschenkt hatte. Es war aber gut und fromm. Und weil es so von aller Welt verlassen war, ging es im Vertrauen auf den lieben Gott hinaus ins Feld. Da begegnete ihm ein armer Mann, der sprach: „Ach, gib mir etwas zu essen, ich bin so hungrig." Es reichte ihm das ganze Stückchen Brot und sagte: „Gott segne dir's", und ging weiter. Da kam ein Kind, das jammerte und sprach: „Es friert mich so an meinem Kopfe, schenk mir etwas, womit ich ihn bedecken kann." Da tat es seine Mütze ab und gab sie ihm. Als es noch eine Weile gegangen war, kam wieder ein Kind und hatte kein Leibchen an und fror. Da gab es ihm seins. Und noch weiter, da bat eins um ein Röcklein, das gab es auch von sich hin. Endlich gelangte es in einen Wald, und es war schon dunkel geworden. Da kam noch eins und bat um ein Hemdlein. Da dachte das fromme Mädchen bei sich: „Es ist dunkle Nacht, da sieht dich niemand, du kannst wohl dein Hemd weggeben", und zog das Hemd ab und gab es auch noch hin. Und wie es so stand und gar nichts mehr hatte, fielen auf einmal die Sterne vom Himmel und waren lauter blanke Taler. Und obwohl es sein Hemdlein weggegeben hatte, so hatte es ein neues an, und das war vom allerfeinsten Linnen. Da sammelte es sich die Taler hinein und war reich für sein Lebtag.

Der Prozess des Loslassens findet in vier Schritten statt.
Erstens: Akzeptiere, dass es ist, wie es ist!
Zweitens: Lass den Schmerz zu, halte ihn aus!
Drittens: Trauere, weine!
Viertens: Mach neue Erfahrungen!

Alles beginnt mit dem ersten Schritt. Man muss akzeptieren, dass es ist, wie es ist. Es hört sich einfach an, ist es aber nicht. Träume gaukeln einem vor, dass es anders ist, der Körper und die Seele haben ein Eigenleben, das einen immer wieder in die Fantasiewelt von gestern oder morgen schickt, in der man sich bestens auszukennen scheint. Nur im Moment findet man sich irgendwie nicht zurecht. Die Wahrheit ist, dass man eigentlich nichts anderes hat als den Moment, um etwas zu verändern. Das Gestern ist vorbei, das Morgen noch nicht da. Das Leben findet im Hier und Jetzt statt. Es ist, wie es ist. Warum ist das Akzeptieren so schwer? Ganz einfach. Wenn man das nämlich geschafft hat, klopft gleich darauf der Schmerz als Gast an Deine Tür und bittet darum, hereingelassen zu werden. Er gibt sich nicht zufrieden mit einem kurzen „Oh, hallo Schmerz, schön, dass Du da bist!" als Begrüssung. Er ist ein anspruchsvoller Gast. Wenn es ums Loslassen geht, macht man ihm die Tür besser weit auf. Bis er jeden Winkel des Daseins ausfüllt und man denkt, man hält es nicht mehr aus, bis er einem den Atem raubt, sich in jedem Winkel seiner eigenen Behausung breitgemacht hat und wie ein Monster alles Lebendige verschluckt hat, den gesamten Inhalt des Lebenskühlschranks in sich hineingestopft hat und immer noch „Mehr!" schreit. Er geht wieder, wenn Du ihm keine Energie mehr zu geben hast, aber er lässt die Trauer als Erinnerung zurück und öffnet Dir so den Weg zum Tal der Tränen. Erst wenn der Schmerz weg ist, kannst Du so richtig weinen. Weinen ist wichtig, wenn man das staubige Tal der Tränen durchschreiten will, weil sonst nichts wächst. Der Weg hindurch dauert so lange, wie er eben dauert. Hier kannst Du Dich zum ersten Mal umdrehen und sehen, wie weit Du schon gekommen bist. Glaub mir, der Weg lohnt sich. Auf der anderen Seite des Tals liegen ungeahnte Schätze. Da warten die neuen Erfahrungen auf Dich. Wie ungeborene Kinder liegen sie dort, nur darauf wartend, lebendig zu werden durch Dein Handeln, wie frische Früchte hängen sie an den Bäumen, darauf wartend, an den Bäumen zu wachsen, die auf dem Boden stehen, der zuvor mit Deinen Tränen begossen wurde. Sie hängen da und warten darauf, von Dir gepflückt und gegessen zu werden. Bevor Du sie in den Händen hast, weisst Du nicht, was versteckt ist unter der vielversprechenden, wohlriechenden Schale. Süsses oder Saures. Richtig oder falsch. Gleich oder anders. Das macht es irgendwie spannend. Es braucht Deinen ganzen Mut. Nur, wenn Du neugierig genug bist, wagst Du es, von diesen Früchten zu kosten, diese Kinder zu gebären, diese Ideen zu leben. Neues zu lernen, um es anders zu machen. Bei hartnäckigen Erfahrungen müssen die einzelnen Phasen immer und immer wieder durchlaufen werden, bis das Lernen einsetzt. Bis man es wirklich anders machen kann. Anders als Mutti. Veränderung geschieht in kleinen Schritten. Manchmal hat man auf dem Weg den Eindruck, man kommt trotz unmenschlicher Anstrengung keinen einzigen Millimeter vorwärts. Man steht immer wieder vor demselben Problem, dessen eine Hälfte man selbst ist und dessen andere Hälfte man sich immer wieder erfolgreich sucht, denn manche Dinge kann man nur im Miteinander lernen. Beziehung zum Beispiel. Lernen ist überhaupt nicht einfach. Wenn einem der nächste Schritt leicht fällt, wenn man keinen Widerstand, keine Grenze überschreiten muss, liegt die Vermutung nahe, dass man noch nicht durch das Tal der Tränen hindurch ist, dass es eine alte, einem bestens bekannte Erfahrung in neuen Kleidern ist, die man da in seinen Händen hält und nicht wiedererkennt, weil sie so gut geschminkt ist wie Mutti. Ach, der ganze Weg ist alles andere als bequem. Meistens geht das Spiel von vorne los. Mit Mühe akzeptiert man, dass es ist, wie es ist. Man hält den Schmerz aus, man leidet und weint. Man pflückt eine Frucht und schaut, was passiert. Oft passiert nichts von dem, was man erwartet hat. Nichts Grossartiges. Dann versucht man es nochmal von vorne. So geht das mit dem Loslassen. Oder man lässt es irgendwann, weil es sich eh nicht ändern lässt. Man hat es ja versucht, und es hat eben nicht geklappt. Dann macht man es wie vorher, eben wie Mutti. Man lebt in dem Land namens Gleichgültigkeit. Man lacht, aber es ist gelerntes Lachen, nie zu laut. Man weint, aber nur aus Anstand. Man friert nicht, aber warm ist einem auch nicht. Man ist nie hungrig, aber auch nie wirklich satt. Man muss nicht fürchten, von wilden Tieren gefressen zu werden, aber man ist auch nicht frei. Man ist nicht unglücklich, aber auch nicht glücklich. Man ist einfach sicher, in diesem Zimmer mit Pipifleck, in dem goldenen Käfig, dessen Tür offen steht. Man vergisst die Tür.

Was unterscheidet uns Menschen am Ende voneinander? Warum ziehen einige Menschen in den Krieg, bringen andere um, und warum lassen sich einige von uns lieber umbringen, bevor sie das tun? Warum töten einige nur aus Spass Delfine, und warum begeben sich manche von uns lieber selbst in Lebensgefahr, um andere Lebewesen zu schützen? Ist es wichtig, in Sicherheit zu leben, genug zu essen, ein Dach über dem Kopf zu haben und in Frieden leben zu können, um überhaupt zu erkennen, dass man eine Wahl hat? Ist es die Haltung, mit der wir die Dinge tun, die wir tun, die uns voneinander unterscheidet? Sind die Umstände, in denen wir leben, entscheidend für unser Handeln? Und unter welchen Voraussetzungen können wir uns dazu entscheiden, frei sein zu wollen mit allen Konsequenzen? Warum können wir es nicht immer alle gleich, obwohl wir augenscheinlich alle dieselben Voraussetzungen haben? Tigerlilly will es anders machen, wirklich. Sie will aus ganzem Herzen frei und wild sein. Ihr stehen alle Möglichkeiten offen, wie nach dem Abitur, aber sie entscheidet sich für die Abhängigkeit, ohne sich dessen bewusst zu sein, weil es bequem, schmerzlos und sicher ist, weil es das ist, was sie kennt. Uns geschieht das, was wir uns denken. Alles, was uns passiert, entspringt unseren eigenen Gedanken, unserer Fantasie. Warum passiert uns etwas nicht, obwohl wir es aus ganzem Herzen wünschen? Liegt es daran, dass wir uns nicht vorstellen können, dass es uns wirklich passiert? Ist ein anderer Gedanke dann stärker? Tigerlilly denkt, sie macht es anders, aber sie denkt auch, sie kann nichts. Ihr Leben ist verpfuscht. Keiner liebt sie. So, wie sie aussieht, nimmt sie eh keiner. Neun Jahre sind ein halbes Leben. Sie hat nie gelernt, wie man um jemand anderen wirbt, wie man sich richtig verliebt, um das bittet, was man haben möchte, aushält, dass man es nicht bekommt, weil das eben dazugehört. Sie denkt, dass sie schuld ist, weil sie sich aus dem Staub gemacht hat. Mutti alleine gelassen hat. Von ihrer Schwester und dem Bruder ganz zu schweigen. Der Einzige, der sie antreibt, ist Papa. Wie damals beim Schwimmenlernen, beim Fahrradfahren, beim Lernen, damit sie nicht wird wie Mutti. Sie fährt nach Amrum, sieht Sterne auf sich herabfallen, die nur für sie verbrennen, und erinnert sich, dass Wünsche wahr werden, wenn Sterne fallen. Sie wünscht sich, dass es in dieser Welt auch für sie ein mitleidiges Herz gibt, das ihr ein Stück Brot schenkt.

Sie bewirbt sich in einer grossen Unternehmensberatung und darf dort Sekretärin sein, wie Mutti. Sie hat eine Chefin, die eigentlich Schneiderin ist, wie Mutti. Die Chefin will nicht, dass Tigerlilly sich weiterentwickelt, aber Tigerlilly gewöhnt sich an das Gefühl der Schuld und wechselt die Abteilung. Die nächste Chefin kommt mit Chanel-Handtäschchen und -Sonnenbrille im gefärbten Haar zur Arbeit, auch mitten im Winter, aber meistens zu spät. Sie ist immer auf der Suche nach einem Mann, der sie heiratet und aushält, im wahrsten Sinne des Wortes. Tigerlilly stirbt tausend Tode, ihr dabei zuzusehen. Sie will es unbedingt anders machen. Sie wechselt die Abteilung. Sie wird Controllerin. „Vertrauen ist gut, Kontrolle ist besser!", hat Mutti immer gesagt. Tigerlilly weiss gut, wie Kontrolle geht. Sie macht es wie Mutti. Nur, dass sie besser dafür bezahlt wird. Bei der nächsten Chefin lohnte es sich, sich den Namen zu merken. Sie hiess Maja. Maja war zwar etwas wortkarg, aber sie war irgendwie liebevoll. Maja brachte ihr bei, wie Kritik funktioniert. Achtsam, direkt, ehrlich und niemals die ganze Person betreffend. Nur einen Teil ihres Verhaltens. Sie lobte Tigerlilly für ihr Englisch, für ihre freundliche Art. Tigerlilly saugte das Lob auf. Sie brauchte Lob. Sie würde Maja die Stiefel lecken für mehr Lob. Sie wollte alles richtig machen und machte ganz viel davon. Tigerlilly gab alles, was in ihr war, für diese Aufmerksamkeit, für diese Sicherheit, für diese Gemeinschaft, für diese Perspektive, dafür, das erste Mal zu spüren, ihr Leben selbst in die Hand nehmen zu können. Es war überwältigend. Es gab eine Kollegin, mit der Tigerlilly laut lachen konnte, wie mit Lulu in der Schule. Sie durfte nach London reisen, wie Mutti, nur ohne Mann. Weil Männer doof sind und Tigerlilly jetzt alles alleine kann, sogar Geld verdienen. Nur alleine sein konnte sie nicht. Sie spürte sich dann nicht mehr, aber wenn sie arbeitete, spürte sie sich gut, denn für Leistung gibt es Lohn. Vor dem Big Ben hörte sie dem Glockenspiel zu. Dong, dong, dong. Big Ben läutete für sie eine neue Zeit ein. Das fiel auf. Unternehmen finden Mitarbeiterinnen wie Tigerlilly toll. Solange sie artig arbeitete, alle Bäumchen schüttelte und kontrollierte, welche Brote heiss genug waren, um sie aus dem Ofen zu holen, wurde sie befördert und durfte ansonsten tun, was sie wollte. Sie wollte arbeiten, weil sie sich dann spürte. Tigerlilly hatte es immer noch nicht so mit Zahlen, auch nicht mit Englisch, aber niemand merkte es. Tigerlilly gab sich ganz viel Mühe, es gut zu verstecken, hinter ihrem Lachen und ganz viel Anstrengung. Tigerlilly war sehr damit beschäftigt, sich für Lob anzustrengen. Nachts hat ihr eine Flasche namens Martini Gesellschaft geleistet, deren Anwesenheit sie bis zum Umfallen genoss. Aber dann, nach einem weiteren erfolglosen Versuch, Mimi zurückzubekommen, und einem anschliessenden Autounfall, erinnerte sich Tigerlilly daran, wie das mit dem Verlieben ging. Auch in Frankfurt gibt es Feministinnen und einen Frauensportverein. Im gegnerischen Team stand eine kleine, blonde Frau namens Tinka auf dem Feld, die perfekt in die Lücke in Tigerlillys Bild passte. Natürlich musste man hier und da ein bisschen an ihr feilen, aber im Grossen und Ganzen sah sie Mimi ähnlich. Sie verliebte sich in Tinka.

Was uns am Ende voneinander trennt, ist die Wahl, die wir treffen. Wenn wir uns für ein Leben in Freiheit und Unabhängigkeit entscheiden, dafür, es anders machen zu wollen als Mutti, dann hat das zur schmerzhaften Folge, dass wir Menschen zurücklassen müssen, die diese Entscheidung nicht mit uns gemeinsam treffen können, die nicht „Ja" sagen können zu Veränderung und Unsicherheit, die an einem anderen Punkt auf dem gemeinsamen Weg stehen. Wir lassen Menschen wie Mutti und Mimi zurück. Einfach deswegen, weil wir selbst vorwärtsgehen in dem Tempo, das uns unser Leben vorgibt. Wenn diese Wahl einmal getroffen ist, können wir nicht mehr zurück. Man kann nicht damit aufhören, seinen eigenen Weg zu gehen, man kann die Uhr nicht rückwärtsdrehen, kein Fluss fliesst zu seiner Quelle zurück. Man kann die Dinge nicht vergessen, die man bereits weiss. Auch, wenn es manchmal so scheint, als ob man der Einzige ist, der sie weiss. Der Einzige in einer Familie, der Einzige in einer Beziehung, der Einzige in einem Dorf, der Einzige in einer Firma. Alles beginnt mit dem ersten Schritt. Und alles, was es dafür braucht, ist Mut. Und die Kraft, dem Schmerz ins Gesicht zu sehen, ihm die Tür weit aufzumachen und ihn auszuhalten, ohne genau zu wissen, was danach kommt.

Tigerlilly mag keine Schmerzen. Sie setzte stattdessen die rosarote Brille auf und gab sich dem beginnenden Rausch hin. Sie schwelgte in voller Hingabe an den Sog aus wildem Sex mit der weltbesten Küsserin, von der sogar sie noch etwas lernen konnte. Sie vergass alles andere um sich herum, auch den Schmerz draussen vor der Tür. Betäubt war sie von Tinkas Küssen, ihren Händen, ihrem starken Willen, so dass sie es gar nicht gemerkt hat, wie sie rutschte. Immer tiefer rutschte sie in den Strudel der Abhängigkeit, weil der Schmerz an der Oberfläche tobte, den Tigerlilly nicht aushalten wollte. Alles andere war einfacher. Tinka wollte Steuerberaterin werden, aber sie wollte es nicht alleine werden. Sie wollte, dass Tigerlilly sich um sie und um ihr Leben kümmert, während sie in den Hausaufgaben aufgehen konnte. Tigerlilly dachte eigentlich, dass jetzt, in diesem Moment, endlich ihr Leben losgehen würde. Frei und wild, aber sie wollte nicht alleine leben. Sie wollte mit Tinka leben und vor allem ohne Schmerzen. Sie entschied sich und willigte in den Handel ein, gab das Steuer über ihr Boot Tinka in die Hand, kümmerte sich, nahm gelassen hin, was nicht zu ändern war, wurde dicker und trauriger und müder und träger und begann, an Gott und der Welt herumzumotzen. Tinka durfte Stühle vor Wut umwerfen und Bierflaschen nach Tigerlilly schmeissen, Türen knallen und so laut wie Mutti schreien. Tigerlilly fuhr mehrere tausend Kilometer mit dem Auto, hat ihre Waschmaschinen, Geschirrspüler, Kühl- und Gefrierschränke, Sofas und Bücherkisten, eben all ihr Hab und Gut, das sich mit den Jahren so in einem Leben ansammelt, mehrere Male von einem Ort an den anderen umgezogen, aber nirgendwo gab es ein eigenes Zimmer für Tigerlilly. Obwohl sie in Sicherheit lebte und viel Geld verdiente, hatte Tigerlilly kein eigenes Bett, keine eigene Zeit. Kein Zuhause. Es gab keinen Ort, an dem Tigerlilly sein konnte. Und sie nahm die mitleidigen Herzen nicht wahr, die ihr ein Stückchen Brot schenkten. Sie hielt sich die Augen immer noch ganz fest zu, wie ein kleines Kind. Geändert hatte sich nichts, keiner liebte Tigerlilly. So richtig, meine ich. Tinka sagte, sie liebt Tigerlilly, aber nur deswegen, weil sie sie brauchte. Und Tinka durfte sie brauchen, weil Tigerlilly Angst vor dem Schlimmsten hatte. Davor, alleine zu sein. Tinka konnte nicht mit Hunden, Tinka wollte nicht mir ihr zusammen sein, wenn der Hund da war, aber Tigerlilly wollte mit Tinka zusammen sein. Tinka tat so, als würde sie das Schlimmste tun. Tigerlilly allein lassen, weil da jemand war, der wichtiger war als sie. Also hat Tigerlilly den Hund alleine gelassen. Einmal. Der Hund hat geweint, weil Tigerlilly ohne ihn bei Tinka war. Das hat Tigerlillys Vermieter wütend gemacht, und sie haben mit Tigerlilly geschimpft. Tigerlilly dachte, sie bringt mal für vier Wochen ein bisschen Ruhe in ihr Leben und den Hund in der Zeit zu Mimi.

Der Hund blieb bei Mimi und dem Rothaar. Ohne Hund war Tigerlilly schwach. Mimi hat ihr den Hund danach nie wieder gegeben, nicht zum Spazierengehen, nicht zum Verreisen, nicht zum Leben. Es tue dem Hund nicht gut, er sei krank, und sie will ihn nicht noch mehr durcheinanderbringen. Tigerlilly kümmere sich ja nicht um andere, das weiss man ja, Tigerlilly denke ja nur an sich selbst. Nur Mimi kann sich richtig kümmern. Tigerlilly war davon überzeugt, dass der Hund krank war, weil er sie so sehr vermisst hat. So sehr wie sie ihn vermisst hat. Manchmal durfte sie mit Mimi und dem Hund zusammen spazieren gehen, und sie bettelte um diese Treffen mit Mimi, nicht wegen Mimi. Wegen des Hundes. Mimi hatte, was sie immer haben wollte. Auf der einen Seite hatte sie den Hund an der Leine, auf der anderen Seite hatte sie Tigerlilly an der Leine. Und Tigerlilly ging wie der Hund brav bei Fuss. Es dauerte noch ein paar weitere Monate, bis Tigerlilly endlich begriff, dass sie ja jetzt Tinka hatte und Mimi nicht mehr lieben musste. Seitdem hat sie kein Wort mehr mit Mimi gesprochen. Tigerlilly fand, dass es sich nicht gut anfühlte, an einer Leine gehalten zu werden. Nicht an Muttis Leine. Nicht an Mimis Leine. Ganz langsam fing sie an, Grenzen zu setzen. Nur durch die Grenzen bekommt etwas eine eigene Form. Wusstest Du das?

Sie schrieb Mimi: *„Es stand und steht Dir nicht zu, mir meinen Hund vorzuenthalten!"*

Mehr nicht. Das hilft. Auch wenn es nichts ändert. Es bleibt, wie es ist.

Es hat drei Jahre und sehr viele Tränen gedauert, bis sie sich nicht mehr gewünscht hat, Mimi würde zu ihr zurückkommen, bis sie der Tatsache ins Gesicht sehen konnte, dass Mimi ihr nicht gut tut. Den Hund vermisst Tigerlilly heute noch. Sie hat ihn nie wieder gesehen. Tinka legte mit überwältigendem Ergebnis die Prüfung zur Steuerberaterin ab. Danach hat Tinka nicht mehr in den Steuergesetzen, sondern zur Abwechslung in Tigerlillys Tagebuch gelesen, um zu wissen, ob Tigerlilly sie liebte. Schluchzend rief Tinka Tigerlilly auf der Arbeit an und erzählte ihr davon. „Warum fragst Du mich nicht einfach?", fragte Tigerlilly, aber eigentlich war es ihr egal. Alles, auch das, war besser als die Alternative.

Tigerlilly lernte eine Frau kennen, die nach Veilchen, Pferden und Freiheit duftete. Die Pferdefrau erzählte vom Reiten. Tigerlilly wollte früher auch mal reiten. Mutti hat damals gesagt: „Das kannst Du machen, wenn Du gross bist!" Tigerlilly ist noch nicht sehr gross. Pferde sind gross. Tigerlilly kann alles, was gross und stark ist, nicht kontrollieren. Nur Schwäche lässt sich kontrollieren mit Macht. Schwäche, die niemand sehen darf. Für manche Menschen sieht das so aus, als ob man stark ist, wenn man seine Schwäche hinter einer Fassade aus Macht gut verstecken kann, all die schwarzen Flecken in seiner Seele, an denen eigentlich die Liebe leuchten sollte. Aber wenn niemand mit dem bunten

Pinsel der Liebe über die Seele eines Menschen streicht, behält sie eben schwarze Flecken. Und wer hat solche Menschen schon gerne? Die mögen sich so schwarz gefleckt selbst nicht leiden und bleiben lieber apathisch in ihrem goldenen Käfig liegen, in ihrem eigenen Mist, bis ein Prinz auf seinem weissen Pferd dahergeritten kommt und sie rettet. Die Pferdefrau war nicht schwach genug für Tigerlilly. Sie wollte Tigerlilly nicht haben, sie wollte sie nur mal probieren und von einer Frau geküsst werden. Und weil Tigerlilly eine gute Küsserin ist, hat sie sie geküsst. Sie hat ihr einen schönen Kuss aus ihrem Lebensatem geschenkt, einen langsamen, sanften und leidenschaftlichen Kuss. Danach hat sie ihr einige weitere Küsse geschenkt, die auch gut waren, aber es waren nicht mehr viele. Die Pferdefrau wollte nicht mitmachen bei Tigerlillys Spiel „Opfer und Täter". Tigerlilly durfte sich nicht um sie kümmern, sie nicht wie eine Maus vor der Katze retten, die nur Tigerlilly sieht. Sie durfte sie nicht von der Strasse aufheben, um sie auf die andere Strassenseite zu tragen, auf die sichere Seite. Die Pferdefrau konnte selbst gehen und mochte die Unsicherheit der Strasse lieber als die Sicherheit des goldenen Käfigs. Sie liebte es, gejagt zu werden, dem Risiko zu begegnen, und wusste, dass nichts sicher ist ausser dem Tod. Sie ist einfach gegangen und hat Tigerlilly stehen lassen, ganz allein. Tigerlilly sass in dem goldenen Käfig und rüttelte voller Wut an den Gitterstäben, sie schrie und rief und lockte und bestach, sie rief im Radio an und wünschte sich das Lieblingslied der Pferdefrau mit liebesmächtigen Worten, aber die Pferdefrau kam nicht wieder.

Und da war er wieder. Der Moment, in dem Tigerlilly die Zügel über ihr Leben in der Hand hatte, um durch die Tür des goldenen Käfigs zu gehen, die die ganze Zeit offen stand, um aus dem Boot zu springen, das fest angekettet war, hinein in das Wasser, das nicht zu tief und nicht zu kalt war, dessen Wellen nicht zu hoch waren, um mit ihnen ans Ufer zu schwimmen, um ihr Leben zu leben, das da draussen auf sie wartete. Ein winzig kleiner, angstvoller Moment, in dem der Schmerz an die Tür klopfte und Tigerlilly es in Betracht zog, wenigstens einmal auszuprobieren, wie stark sie ist, aber dann kam Tinka nochmal vorbei, die weltbeste Küsserin, verscheuchte den Moment und auch den Schmerz mit einer raschen Handbewegung, machte die Tür wieder zu, rüttelte an der Kette, nahm Tigerlilly die Zügel wieder aus der Hand und

liess sie nicht los. Sie setzte Tigerlilly die rosarote Brille auf die Nase und flüsterte ihr ins Ohr: „Jetzt wird alles anders! Alles wird gut. Glaub mir.“ Und Tigerlilly war ihr dankbar, dafür, dass der Schmerz wieder ging.
Tinka fing auf einmal an von Kindern zu reden, sie hätte gerne einen Sohn, aber sie will ihn nicht selbst bekommen, Tigerlilly soll ihn bekommen, sie wüsste auch schon einen Vater für das Kind und würde dann mit der Bratenspritze nachhelfen. Tigerlilly hörte, was Tinka sagte. Dann hörte sie in sich hinein. Was sie da hörte, fühlte sich an wie Nadeln auf der Haut, wie Feuer, es brannte und stach und war insgesamt sehr unangenehm. Sie hörte ihre innere Stimme flüstern: „Ein Kind, okay, aber nicht mit Tinka. Ein Kind von einem Mann. Mit Sex. So richtig. Im Bett. Und wenn Du schon mit einem Mann im Bett warst, dann kannst Du auch mit ihm zusammenleben. Für immer.“ Tigerlilly versuchte, das zu vergessen, was sie in sich selbst gehört hatte, aber es holte sie jede Nacht in ihren Träumen ein. Sie träumte von Männern ohne Gesicht. Nur von ihrer Männlichkeit in ganz unterschiedlichen Formen, gross wie Gurken, klein wie Finger, jede Nacht träumte sie, dass sie all das hatte, was ihr tagsüber verwehrt blieb. Und tagsüber verging sie vor Neid, wenn sie Liebespaare, also Männer zusammen mit Frauen, sah. Wenn andere in den Arm genommen wurden oder leidenschaftlich geküsst wurden, dann verkroch sich Tigerlilly, verschwand still, leise und heimlich aus dem Geschehen so lange, bis ihr Puls wieder ruhig ging, aber tief in ihr rumorte die Frage, wie sich die anderen ganz ungezwungen von dem etwas nehmen können, was für Tigerlilly völlig unmöglich schien? Wie machen die das? Sie versuchte, den unbequemen Gedanken zu verdrängen, und antwortete Tinka: „Ich weiss gar nicht, was ein Junge von mir bräuchte, wenn ich ihn erziehen soll. Jungen sind doch kleine Männer, die dürfen nicht mal in die Turnhalle, wenn die Feministinnen dort spielen. Männer sind doch blöd, oder?“ Tigerlilly dachte, sicher träumen alle Lesben nachts ab und zu von Männern. Das ist ja normal. Verhalten und sehr leise fragte sie ein paar Frauen, die ebenfalls mit Frauen lebten, nach ihren Träumen und ob manchmal Männer darin vorkämen. Alle schüttelten den Kopf.

Etwas, das man einmal weiss, kann man nicht mehr vergessen. Eine Frage, die einmal im Raum steht, verschwindet nicht einfach ohne eine passende Antwort. Es ist nie, wie es sein sollte. Es ist nicht, wie es war. Es ist, wie es ist, und es dauert so lange, wie es eben dauert.

Und die Moral von der Geschicht'?
Nimm die Hände vom Gesicht.

Denn der Moment ist hartnäckig. Er kommt immer wieder, und mit ihm kommt der Schmerz. Komm, sag schön „Hallo" zum Schmerz.

Tigerlilly fängt an, Verstecken mit dem Schmerz zu spielen. Er findet sie jedes Mal. Und jedes Mal, wenn er sie gefunden hat, spielen sie Fangen. Tigerlilly mag das Weglaufen am liebsten, das Unterwegssein. Sie setzt sich in ihren geliebten alten Volvo 440, in dem sie sich stark und sicher fühlt, weil Papa auch immer Volvo fuhr, weil Volvos immer machen, was man will, weil Volvos viel Platz für viele Sachen haben und trotzdem schneller fahren können, als es erlaubt ist, weil Volvos eine dicke Schale haben, in der man selbst weich sein kann und trotzdem geschützt ist, weil Volvos Ecken und Kanten haben, Grenzen, eine Form, in der man nichts zu befürchten hat von all den Menschen, die nur auf die Oberfläche schauen. Weil man mit Volvos seiner Anarchie freien Lauf lassen kann und gegen all die Maseratis und Mercedesse dieser Welt fahren kann, die danach zwar kaputt sind, aber man selbst hat nicht einen einzigen winzigen Kratzer an der Stossstange. Weil der Volvo erst schön wird durch das Innere, durch einen selbst. Sie drehte das Radio laut auf und vergass die Welt um sich herum. Und plötzlich, einfach so während der Fahrt, fing sie an zu weinen. Hemmungslos. Und danach immer wieder. Von da an lebte sie in ihrem Auto. Ihr Zuhause war der Weg. Sie fühlte sich gut, wenn sie unterwegs war. Dort konnte sie sein. Immer in Bewegung. Immer irgendwie in Eile. In ihrem Auto sitzend hatte sie das Gefühl, alles unter Kontrolle, alles im Griff zu haben. Sie hatte das Lenkrad in den Händen, den Fuss hart auf dem Gaspedal, und die Richtung, in die sie fuhr, war immer nach vorne.

Das Schlaraffenland

Tigerlilly hat gelesen, dass die meisten Menschen, die von sich sagen, sie seien glücklich, in der Schweiz leben. Und sie fragt sich, was das Leben wohl noch für sie bereithält, wann sie aufgehört hat, mutig zu sein und nach der Liebe zu fragen. Sie fragt sich vor allem, wo Gott eigentlich ist. Gott fragt zurück: „Ich war die ganze Zeit hier, aber wo bist Du, Tigerlilly?" Tigerlilly sieht sich verwundert um. „Hier!", sagt sie. „An wie vielen von den Tagen, die ich Dir für Dein Leben geschenkt habe, hast Du erkannt, wie kostbar Deine Zeit ist? Hast Du Deine Träume gelebt? Wenn Du die Augen endlich mal wieder aufmachst und in den Spiegel siehst, der vor Dir steht, was siehst Du dann?" „Mutti", sagt Tigerlilly und will Gottes unbequeme Fragen lieber nicht hören. Tigerlilly setzte sich in ihr Auto und fuhr schnell weg, sie wollte ins Schlaraffenland, wo einem die gebratenen Tauben in den Mund fliegen. Irgendwann legte sie sich schlafen und wachte am nächsten Tag in der Schweiz wieder auf. Sie stellte sich auf ein Paar Bretter und fuhr auf der Flucht vor dem Schmerz im Schneepflug einen Idiotenhügel hinunter. Der Skilehrer sah Tigerlilly dabei zu und sagte, sie habe Talent. Obwohl sie keine Männer mochte, mochte sie das, was der Skilehrer sagte. Und Tigerlilly mochte Frankfurt nicht mehr. Tigerlilly brauchte mehr. Von allem. Mehr Geld, mehr Draussenspielen und mehr Sicherheit. Sie besass im Moment nichts weiter als ihr Auto. Es war beinahe zu einfach, um wahr zu sein. Sie bleibt also bei dem kleinen, zänkischen Bergvolk, das sich damit rühmt, neutral zu sein. Dort war der Krieg noch nicht und hat niemandem etwas weggenommen. Die Schweiz hat Juden versteckt und ihre Goldzähne nach ihrer Ermordung in den Schliessfächern der Nazis verwahrt. In der Schweiz gibt es nur heile Häuser, und trotzdem wurde dort die Munition hergestellt, mit denen die deutschen Häuser ein paar Kilometer entfernt zerbombt wurden. Die Schweiz ist sicher. Der Krieg ist vorbei. Ihre Mutter hat keine Adresse von ihr. Hier ist sie im Exil. Immun. Geschützt. Frei. Die Tür ist offen. Sie will auf die andere Seite der Strasse, auf der sie zwar Ausländerin ist, sich aber viel sicherer fühlt als in Frankfurt oder Berlin, wo alle sie kennen und umgekehrt. Sie will weg von dort, wo alle wissen, wer sie eigentlich ist. Und sie will noch viel weiter weg von Mutti.

Unterwegs zu sein, findet Tigerlilly toll, aber das Ankommen fällt ihr schwer.
Maja lebte vorübergehend in der Schweiz. Sie machte Tigerlilly ohne viele Worte die Tür und ihre Arme auf, und Tigerlilly warf sich hinein. Maja half ihr bei den ersten Schritten auf Schweizer Boden und ging dann wieder. Und dann war Tigerlilly zum ersten Mal ganz allein.

Mutterseelenallein.

Und die Moral von der Geschicht'?
Vor sich selbst weglaufen kann man nicht.

Egal, wie weit man wegläuft, wenn man in den Spiegel schaut, steht man immer wieder sich selbst gegenüber. Oder Mutti.

Das Telefon klingelt. Tigerlillys Schwester ist am anderen Ende der Leitung, so nah, also ob sie auf der anderen Strassenseite stünde, gejagt wie eine Maus. Von Mutti. Sie ist fünfzehn und will weg. Sie will zu Tigerlilly. Sie weiss sonst nicht, wohin. Tigerlilly geht hin, hebt sie behutsam auf, wie eine Feder aus Glas, die der Wind vor ihre Füsse geweht hat, und nimmt sie mit zu sich. Sie legt sie auf die weichsten Kissen, deckt sie zu mit den schönsten Decken aus den kostbarsten Stoffen. Dann taucht sie ihren Pinsel tief in die bunte Liebe und fängt ganz langsam an zu streichen.

Das Jugendamt in Berlin kennt plötzlich den Namen von Tigerlillys Schwester, weil Mutti dort erschienen ist und auf ihr Recht besteht. Kinder dürfen nicht einfach weglaufen, sie gehören Mutti. Sofort soll ihr Kind zu ihr zurückkommen. Sofort. So weit kommt es noch. Jetzt reicht es aber. Das alles hat sich bestimmt Tigerlilly ausgedacht, um sie fertig zu machen, das sieht ihr ähnlich. Aber da hat sie sich in Mutti getäuscht. Mutti lässt sich nicht fertig machen. Nicht von Papa. Nicht von Tigerlilly. Nicht vom Leben. Sie will jetzt sofort Recht haben. Während Mutti auf dem Jugendamt in Berlin vor sich hin kreischt, schreiben Tigerlilly und ihre Schwester in der Schweiz gemeinsam einen Brief an das Jugendamt:

Schweiz, 5. Oktober 2004

Meine Schwester ist bei mir und hat mich gebeten, ihr beim Aufschreiben der Situation, in der sie während der letzten Wochen gelebt hat, behilflich zu sein. Sie möchte nie wieder zu ihrer Mutter zurück.

Was ist passiert?
Am Donnerstag ist meine Schwester mit dem Zug von Berlin nach Frankfurt gefahren, um mich für die Herbstferien zu besuchen, es war einen Tag früher als ursprünglich geplant. In dieser Art war das auch so gut wie eben möglich mit der Mutter als Plan für die Herbstferien besprochen. Sie hat es zu Hause nicht mehr ausgehalten. Zuvor gab es zwischen meiner Schwester und mir nach fünf Jahren ohne Kontakt zueinander einen dreiwöchigen Telefonaustausch, der die Eskalation des Konfliktes zwischen meiner Schwester und ihrer Mutter zum Grund hatte. Zu Beginn des regelmässigen Telefonkontaktes stand meine Schwester bereits sehr unter Druck, sich die enorme Belastung von der Seele reden zu wollen.

Sie hat mir folgende Situationen unter Tränen geschildert:
Es ist für meine Schwester nicht möglich, sich in der von ihrer Mutter und ihr gemeinsam bewohnten Wohnung räumlich zurückzuziehen. Geschlossene Türen werden mit Aggression geöffnet. Worte wie „In meiner Wohnung lasse ich mir nicht verbieten, irgendwelche Türen zu öffnen" werden benutzt, um Angst und Schrecken zu verbreiten.

Es ist für meine Schwester nicht möglich, sich seelisch zurückzuziehen. Meine Schwester weiss, dass ihre Mutter in ihrem Tagebuch liest, ihr Zimmer regelmässig „durchwühlt" und nach dem Motto lebt: „Vertrauen ist gut, Kontrolle ist besser!" Ihre Mutter liest ebenfalls die Kurznachrichten, die von Freundinnen auf ihr Handy gesendet werden. Diese Tatsache führte zu einer fast nicht zu ertragenden Situation. Mit drei Freundinnen war für den folgenden Samstag ein Videoabend bei einer der Freundinnen geplant zum Thema „Schindlers Liste» (freigegeben ab 16). Ihre Mutter hat sich bereit erklärt, den Film für die fünfzehnjährigen Jugendlichen auszuleihen, obwohl sie Kritik an dem geplanten Videoabend vorzubringen hatte. Nach „Schindlers Liste" planten die Mädchen dann, noch zwei weitere Filme zur Freude und Belustigung zu sehen, die der Bruder einer der Freundinnen zur Verfügung stellen wollte. Eine der Freundinnen schrieb eine Kurznachricht, die von der Mutter gelesen wurde und nicht von meiner Schwester. Sie hat aber offenbar den Inhalt der Kurznachricht nicht in allen Details verstanden. Daraufhin stürmte sie in das Zimmer meiner Schwester, schrie sie an, dass sie sich eine gute Ausrede für den geplanten Filmabend einfallen lassen solle, er werde nicht stattfinden. Sie schmiss das Handy meiner Schwester auf den Boden und schrie, sie liesse sich nicht von ein paar minderwertigen Jugendlichen hinters Licht führen, sie sei ja schliesslich nicht blöd. Daraufhin verliess sie das Zimmer meiner Schwester. Diese ging ihr nach, fragte, was eigentlich los sei, und beharrte darauf, dass die Mutter kein Recht hätte, ihre Kurznachrichten zu lesen. Die Mutter schrie mit hochrotem Kopf völlig ausser sich (so laut, dass selbst Nachbarn sich Sorgen machten und am Tag darauf wegen des Lärms nachfragten), dass sie ihr nicht vertrauen könne, beleidigte ihre Freundinnen und liess sie einfach stehen. Während der darauf folgenden Woche kam es zu keinem Gespräch über diese Situation, meine Schwester schleppte sich mit einem schlechten Gewissen gegenüber ihren Freundinnen und ihrer Mutter herum. Auf den Rat ihrer Psychotherapeutin hin fasste sie eine Woche danach all ihren Mut zusammen und sprach die Mutter auf diese Situation in der vergangenen Woche an. Sie sagte, sie komme nicht damit klar, wie sie von der Mutter behandelt werde (nicht vertrauenswürdig, hinterlistig, ohne die Mutter nicht in der Lage, die Schlechtigkeit ihrer Freundinnen zu erkennen). Meine Schwester sagt, ihre Mutter war für ihre vorgebrachten Argumente nicht erreichbar, sie fühlte sich keiner Schuld bewusst, bezüglich der Grenzüberschreitungen wie Tagebuchlesen, Kurznachrichten, Post und behauptete, sie habe sehr wohl ein Recht dazu und überhaupt lasse sie sich von ihr nicht sagen, was sie zu tun und zu lassen hätte. Die Mutter tat in den kommenden Tagen so, als ob nichts gewesen wäre, und meine Schwester wurde daraufhin immer unsicherer. Sie traute sich in den nächsten Tagen kaum aus ihrem Zimmer heraus. Nach einem Stromausfall hin hatte sie sich Gedanken gemacht, dass die Mutter ihr jetzt auch noch den Strom abgestellt habe, und rief daraufhin bei einer Freundin an, die ihr vorschlug, die nächste Zeit bei ihr zu verbringen. Meine Schwester trat an ihre Mutter heran mit diesem Vorschlag, woraufhin die Mutter abweisend aufstand und sagte: „Das trifft mich überhaupt nicht!», sie liess sie stehen und ging in ihr Büro. Sie konnte auf dem Weg zur Toilette hören, wie sich die Mutter hinter für meine Schwester verschlossenen Türen aufregte, und traute sich nicht an der Tür vorbei. Diese Situation eskalierte innerhalb einer Stunde derart, dass die Mutter ausser sich durch die Wohnung rannte, am laufenden Band schrie „Das kann nicht wahr sein!» und unablässig über mehrere Stunden laut und hysterisch weinte. Die Mutter nahm meine Schwester nicht mehr wahr, diese war in grosser Sorge um die Mutter („Mutti, was soll ich tun, wer kann Dir helfen, wen soll ich anrufen?"). Die Mutter rannte, ohne sie zu bemerken, in der Wohnung auf und ab, warf sich in die Kissen der Couch und bekam durch das heftige Weinen keine Luft mehr. Meine Schwester sass während dieser Zeit in einem Sessel, war ausser sich vor Sorge um sich und die Mutter und kann bis heute kaum über diese Situation sprechen, sie empfindet grosse Übelkeit beim Anblick des Sessels, in dem sie sass.

Meine Schwester schildert ebenfalls folgende Situationen: Die Mutter läuft nackt durch die Wohnung und verhält sich der fünfzehnjährigen Schwester gegenüber distanzlos bei der Intimpflege (Toilettengänge etc.). Auf die Bitte meiner Schwester, dieses zu unterlassen, weil es ihr unangenehm sei, reagierte sie abweisend und hart mit den Worten „Das ist meine Wohnung, niemand darf mir hier etwas verbieten.»

Der Kontakt zu den Freundinnen meiner Schwester und Freizeitaktivitäten wie Teilnahme an der Volleyball-AG wurden ihr untersagt von Seiten der Mutter. Es wurde ein Vertrag geschlossen zwischen meiner Schwester und ihrer Mutter, eine Aufstellung von schwachsinnigen Regeln, den meine Schwester nicht unterzeichnen wollte. Eine Kopie davon wurde an die Zimmertür meiner Schwester gehängt. Kontakt nach aussen unterlag der Willkür meiner Mutter, immer argumentierte sie ablehnend mit der Nichterfüllung der Vertragsbestandteile seitens meiner Schwester. Die Freundinnen wurden als schlecht betitelt, meine Schwester sei ja nicht die Gesellschafterin für die anderen Mädchen, es sei wichtiger, nach der Schule erst nach Hause zu kommen, als die Zeit mit irgendwelchen Rumtreibern zu verbringen, die die Mutter nicht interessieren würden.

Meine Schwester geht seit ca. zwei Jahren zu einer Jugendtherapeutin. Sie fühlt sich dort in ihrer Not wahrgenommen und schildert in letzter Zeit vorrangig die Situationen zwischen der Mutter und ihr. Auf die Bitte der Psychotherapeutin hin wurde die Mutter zu einem Einzelgespräch eingeladen. Die Therapeutin hatte meiner Schwester von diesem Termin erzählt. Am Nachmittag nach diesem Gespräch kam es zu besagtem Vertrag. Ansonsten war der Kommentar der Mutter zu diesem Gespräch lediglich, dass sie immer noch nicht wisse, warum sie da eigentlich hinsolle. Sonst nichts. Meine Schwester war sprachlos. In der darauf folgenden Zeit begleitete die Mutter meine Schwester gegen deren Willen zu der Therapeutin, ohne von meiner Schwester oder der Therapeutin dazu eingeladen worden zu sein. Sie hielt es für nötig, fünf Minuten mit meiner Schwester dort gemeinsam zu verbringen. Die Therapeutin reagierte verwundert, und die Mutter fiel der Therapeutin ins Wort. Meine Schwester solle sich ihr öffnen, ruhiger werden und nicht kaputtmachen, was sie sich in den letzten Jahren aufgebaut hätten, die Schuld an der derzeitigen Situation liege ganz allein bei meiner Schwester. Diese musste daraufhin bei diesen Worten aus der Praxis rennen und ist weinend vor der Praxis zusammengebrochen. Die Mutter ist trotz des Zustandes meiner Schwester, ohne eine Regung von Fürsorge, erhaben an ihr vorbeigegangen, hat ihr auf die Schulter geklopft und gesagt, sie werde unten auf sie warten.

Auf den Rat der Therapeutin hin hat meine Schwester sich letzten Montag mit ihrem Vater in Verbindung gesetzt, von den bedrückenden, verletzenden und beängstigenden Situationen erzählt. Ihr Vater versprach ihr, am darauf folgenden Dienstag mit ihr zum Jugendamt zu gehen und sie dort zu unterstützen. Am Mittwoch letzter Woche wurde meine Schwester auf dem Weg zur Volleyball-AG von der Mutter aufgehalten und gezwungen, mit ihr am Mittagstisch zu sitzen, meine Schwester war dadurch zu spät dran und packte eilig ihre Sachen zusammen, während die Mutter ihr drohte, dass dies ein Nachspiel habe, sie lasse sich schliesslich nicht von ihrer Tochter „verarschen“. Meine Schwester verliess die Wohnung trotz der Drohungen. Bei der Rückkehr in die Wohnung stellte sie fest, dass ihr Handy weg war und das Bürozimmer der Mutter abgeschlossen war. Auf Nachfrage sagte die Mutter, dass sie das Handy erst wiederbekomme, wenn das alles geklärt sei, sie sei zurzeit etwas zickig, aber dass das solche Ausmasse annehme, hätte sie nie erwartet. Meine Schwester nahm sich ihren Hund und verliess die Wohnung, sie hatte vierzig Euro eingesteckt und hatte den festen Vorsatz, nicht wieder zurückzukehren. Der Vater nahm sie auf, und sie wurde von der Polizei nachts wieder zurückgebracht. Sie ging daraufhin unter Polizeischutz in ihr Zimmer und weinte stark. Die Mutter betrat unaufgefordert ihr Zimmer, fragte Belanglosigkeiten wie ob der Hund schon draussen gewesen sei oder ob er schon Fressen bekommen habe. Sie nahm zum wiederholten Male die Verzweiflung meiner Schwester nicht wahr. Am darauf folgenden Morgen ging meine Schwester zur Schule, wo sie auf ihren schlechten Zustand angesprochen wurde. Nach einer Englischarbeit suchte sie den Vater auf, bat ihn, ihr ein Zugticket zu besorgen, um zu meiner Lebensgefährtin nach Frankfurt zu fahren, wo ich sie am Freitag abholen würde. Ich lebe zurzeit in der Schweiz, wollte mich aber an diesem Wochenende an meinem ehemaligen Wohnort aufhalten. Vom Zug aus rief sie mich an und unterrichtete mich davon, dass sie auf dem Weg sei.

Diese Ausführungen sind so notiert worden, wie meine Schwester sie mir diktiert hat. Ich selbst habe meine Mutter regelmässig in diesen Angstzuständen erlebt, sie ist völlig unerreichbar in ihrer Angst, als ob sie tot ist, leblos. Ich musste als junge Erwachsene oft den Notarzt rufen, wenn meine Mutter einen dieser Zusammenbrüche hatte. Meine Mutter in diesem Zustand zu sehen, hat mich schwer getroffen und beschäftigt mich oft heute noch. Ich bezeichne meine Mutter als grausame und gewalttätige Frau. Auch ich kenne die Grenzüberschreitungen und die Distanzlosigkeit mir gegenüber von Seiten meiner Mutter gut. Ich habe Schreckliches erlebt und weiss, dass meine Schwester auch sehr viel mehr Angst in früheren Jahren erlebt hat, als sie hier schildert. Ich habe seit mehreren Jahren keinen Kontakt mehr zu meiner Mutter. Die Gespräche mit meiner Schwester in der letzten Zeit haben mich davon überzeugt, dass sich an dem Verhalten meiner Mutter nichts geändert hat, ich denke, es handelt sich um eine Art von Krankheit, sie muss Symbiosen eingehen und unter allen Umständen eigenständiges Handeln anderer im Zusammenleben mit ihr verhindern. Es ist fast unmöglich, sich als Kind aus diesen krankhaften Symbiosen zu lösen. Meine Mutter ist eine herrschsüchtige Frau, die all ihr Tun hinter Überbesorgtheit versteckt. Nur, damit man sie nicht alleine lässt. Wenn sie nicht bekommt, was sie will, dann droht sie, wie ihre Mutter auch, damit, sich umzubringen, und man fühlt sich als Kind in dieser Umgebung andauernd nur schuldig. Ein Partner hat schon schwer an der Verantwortung zu tragen, die sie einem da für sich selbst aufbürdet. Ein Kind zerbricht daran. Man bleibt bei ihr nur aus falscher religiöser Moral, aus Angst, Mitleid und Schuldgefühlen oder wie mein Bruder aus totaler Abhängigkeit heraus. Jeder Versuch der Befreiung aus ihrer Macht wird von ihr mit Vertrauensbruch verurteilt und mit Liebesentzug bestraft. Ich selber habe darunter extrem gelitten und bestimmte Entwicklungsschritte wie zum Beispiel eine altersgemässe Partnersuche und gesunde Ablösung von meinem Elternhaus nicht vollziehen können, um diesen sehr belastenden Situationen aus dem Weg zu gehen. Meine Schwester ist ein ungewolltes Kind. Sie ist zwischen grosser Verwöhnung und diesen niedermachenden Beschuldigungen aufgewachsen, dass sie für etwas dankbar zu sein hat, was ihr gar nicht aus freiem Herzen und mit gutem Gewissen gegeben wurde. Ich denke, dass meine Mutter damit nur ihre eigene Unfähigkeit zu lieben und ihr schlechtes Gewissen darüber, nicht so eine gute Mutter zu sein, wie sie es eigentlich sein wollte, kaschiert, dass es ihr nicht gelungen ist, anders zu sein als ihre eigene Mutter.

Diese Aktion hat meine kleine Schwester viel Kraft gekostet. Sie ist in ihrer Verhaltensweise schwer verunsichert und versucht jetzt permanent alles richtig zu machen, es mir recht zu machen. Sie ist sehr unruhig und isst andauernd zur Beruhigung. Sie weiss mit Bestimmtheit, dass sie ihren Hund haben will, den sie bei der Mutter gelassen hat. Sie will ihre Sachen aus der gemeinsamen Wohnung haben, aber ein Zusammenleben mit der Mutter ist ihr in der Zukunft unvorstellbar, sie will sie nie wiedersehen. Sie hat oft ein grosses Ekelgefühl beim Denken an die Mutter. Sie geniesst die Ruhe, die sie jetzt hat. Ihr fällt auf, dass sie endlich mal ruhig schlafen kann.

Sollten weitere Schilderungen meinerseits notwendig sein, um das krankhafte und realitätsferne Verhalten meiner Mutter zu verdeutlichen, reiche ich das nach. Anmerken möchte ich noch, dass meine Schwester bis zu ihrem vierzehnten Lebensjahr auf Verlangen ihrer Mutter regelmässig neben meiner Mutter in dem Ehebett meiner Eltern geschlafen hat (sie ekelt sich heute sehr davor, wenn man sie darauf anspricht). Besuche meiner Schwester bei mir in Frankfurt wurden immer kurzfristig seitens meiner Mutter abgesagt. Auch der jetzige Besuch war trotz der Zusage der Mutter nicht sicher, weil eine angebliche Zahnoperation nach Einschätzung der Mutter wichtiger ist. Meine Schwester plant, ihre Therapeutin um ein Gutachten zu ihrer Verfassung und der Situation zu Hause zu bitten und dies zu Ihrer Information nachzureichen.

Mit freundlichen Grüssen
Tigerlilly

Wenn Tigerlilly ihre Schwester ansieht, beschleicht sie ein komisches Gefühl. Eine Ahnung macht sich breit. Tigerlilly glaubt, dass ihre Schwester wirklich jemanden an ihrer Seite braucht. Nicht so, wie eine Maus, die von einer Katze gejagt wird, weil das die Natur der Dinge ist. Nicht so wie Mimi oder Tinka, sondern so richtig, weil sie ein junger Mensch ist, dessen Seele sehr viele, zu viele schwarze Flecken hat. Einfach nur ein Kind, das jemanden braucht, der mit einem bunten Pinsel darüberstreicht, so oft, bis die Flecken weg sind. Bis alles wieder gut ist. Ihre Schwester schaut sie mit ihren grossen, blauen Augen erwartungsvoll an und fragt immer noch: „Werde ich überleben in dieser Welt ohne Liebe?“

Tigerlilly wollte ihr so gerne Hoffnung machen. Es muss doch auch aus dem dichtesten Wald einen Weg heraus geben. Was sagen all die Märchen, all die Geschichten in so einem Fall? Was sagt Gott in diesem Fall? Es bleibt still um sie herum.

Tigerlilly schaute in den Spiegel und fragte: „Spieglein, Spieglein an der Wand, sag, welchen Wunsch hast Du in mir erkannt?“ Sie schaute in Muttis Gesicht. Sie bekam Angst. Die Wahrheit war: Sie kann es nur so, wie Mutti es konnte. Sie wollte es mal anders machen, aber in echt machte sie es immer noch genau wie Mutti. Sie lebte zwar mit Frauen, aber das machte keinen Unterschied, sie war immer in Abhängigkeit, weil sie wie Mutti Angst vor dem Alleinsein hatte, vor dem Verlassenwerden. Sie wusste nicht viel mehr über die Liebe als zu dem Zeitpunkt, wo sie von zu Hause fortgegangen war. Ihre Suche nach der Liebe verlief im grossen Nichts dessen, was sie von Kindesbeinen an gelernt hat. Nichts. Ausser Schuld und Anpassung an ein Geflecht aus völlig irren Regeln. Tigerlilly fand, dass man es ja mal erlebt haben muss, geliebt zu werden, um selber lieben zu können. Tigerlilly hatte es bisher nicht erlebt. Es musste also irgendwie an ihr liegen, dachte sie. Die Angst, die Tigerlilly jetzt spürte, lähmte sie. Sie hatte das Gefühl, sie könne sich nicht bewegen, sie bekomme keine Luft, ihre Kehle sei zugeschnürt. Was sollte sie jetzt tun? Sie wand sich in ihrer Angst, das Schlimmste zu tun, denn nichts war getan, bevor man es nicht wirklich tat. Sie hatte zwar keinen Kontakt mehr zu Mutti, aber verlassen hatte sie sie noch lange nicht. Sie machte es immer noch genau wie sie. Zwischen Mimi und ihr hat es zwar keine Liebe gegeben, aber vermeintliche Sicherheiten. Mimi hat Tigerlilly gebraucht und war dafür ewig hilflos geblieben. Und Tigerlilly hat Mimi gebraucht. Sie hat sie für immer und ewig zum Kind gemacht. Das war eine Garantie für das Nichtverlassenwerden gewesen. Neun lange Jahre war diese Rechnung aufgegangen. Mit Tinka war es ähnlich gelaufen. Tinka war ebenso ein ewiges Kind geblieben, und Tigerlilly hat sich um sie kümmern können.
Ihr Leben kotzte sie an. Sie fand sich hässlich, zu fett, sie mochte sich nicht ansehen. Sie wollte so gerne lernen zu lieben. Doch da,

wo die Angst vor dem Verlassenwerden gross ist, kann keine Liebe sein. Und Angst davor, allein zu sein, war das alles beherrschende Gefühl in Tigerlillys Welt. Es gab nur Opfer und Täter, keine Helden. Beim Täter lag die Kraft, beim Opfer die Macht. Das Spiel ist gefährlich. Wenn einer den anderen für alles verantwortlich macht, dann ist Krieg. Der andere antwortet meist nur mit Gegenvorwürfen. Rettungsanker wie Alkohol, Menschen, Affären halten einen nicht auf Dauer. Bisher hat Tigerlilly immer wieder darauf zurückgegriffen und es damit gerechtfertigt, dass sie ja schliesslich Opfer ist. Eigentlich ist es so, dass niemals nur einer schuld ist. Egal, was Tigerlilly am 27. Februar 1999 um 16:00 Uhr gemacht, gesagt, geschrieben oder eben nicht gesagt hat. Egal, was Mutti geantwortet hat. Es sind immer zwei, auch wenn einer immer nur mitmacht. Schuld oder Verantwortung. Macht oder Ohnmacht. Liebe oder Hass. Wut oder Freude. Glück oder Unglück. Frieden oder Krieg. Die Dinge liegen nah beieinander.

Jetzt lag da ein Mensch vor Tigerlilly, der noch so jung ist und doch schon so kraftlos wie ein erschöpftes, gejagtes Tier, das mutig mit den wilden Monstern gekämpft hat, geflohen ist und sich selbst zu ihr, Tigerlilly, in die Höhle gerettet hat, sie von sich aus gesucht hat. Für ihre Schwester gab es jetzt keinen anderen Menschen auf der Welt, dem sie zutraute, dass er es für sie richtig machen würde. Tigerlilly wusste, wenn sie sich jetzt nicht traute, ein eigenständiger Mensch, sie selbst zu sein, frei und wild, dann wird ihre Schwester es auch nicht lernen. Oder, was noch schlimmer wäre, sie wird es lernen, aber bevor Tigerlilly es selbst gelernt hat, ohne sie, obwohl Tigerlilly achtzehn Jahre älter ist. Beides schien möglich. Beides fühlte sich unangenehm an. Beides warf viele unbequeme Fragen auf, die an allen Ecken und Enden drückten, zwackten, piksten, juckten und höllisch schmerzten. Und wenn die Fragen erstmal im Raum stehen, bleiben sie so lange, bis es Antworten gibt. Vorher gehen sie nicht. Und der Schmerz hört nicht auf.

Also sah Tigerlilly wieder in den Spiegel, ein bisschen mutiger als zuvor. Sie sah ihrer Mutter direkt ins Gesicht und sagte: „Es ist an der Zeit, dass ich mich auf meinen Weg mache. Ich muss es lernen, damit ich es ihr beibringen kann. Da ist sonst niemand. Es liegt an mir. Ich geh jetzt los.“ In dem Moment entschied sich Tigerlilly. Sie entschied sich dafür, es anders zu machen als Mutti.

Sie wusste, sie schafft es nicht allein. Sie brauchte eine weise Frau an ihrer Seite, eine, von der sie lernen kann, wie es geht. Eine, die wirklich immer alles besser weiss, aber nicht so wie Mutti.

Sie bat Gott um seinen Segen und ging immer tiefer in den Wald hinein. Irgendwann tief in der Nacht sah sie ein Licht. Als sie an ein Haus kam, konnte sie durchs Fenster die Wärme spüren, die das Feuer drinnen verbreitete. An der Tür blieb sie stehen und klopfte. Hier wohnte Caroline. Caroline sah nett aus, normal. Sie trug ein Zebrakostüm. Zebras werden von Tigern gejagt, aber diese Frau sah nicht gejagt aus, sie sah wild und frei aus. Caroline öffnete ihr die Tür, bat sie herein, sie durfte sich am Feuer wärmen und Caroline ihre Geschichte erzählen.

Caroline nickte und schrieb und nickte und schrieb und nickte und schrieb. Dann blickte sie auf die Uhr und sagte: „Die Zeit ist um."
Tigerlilly fragte: „Was können Sie mir mitgeben auf meinen Weg?"
Caroline sagte: „Sie sind nicht die Mutter Ihrer Schwester. Ihre Schwester hat eine Mutter!"
„Aber meine Mutter ist grausam und gewalttätig!"
„Es ist, wie es ist! Sie sind die Schwester, nicht die Mutter!"
Es gab da offenbar einen Unterschied. Und es tat ein bisschen weh.
Tigerlilly sagte: „Ich weiss nicht, wer ich bin."
Caroline sagte: „Na, dann machen wir uns mal auf die Suche!"

Der Name „Caroline" bedeutet „die Freie". Wusstest Du das?

Tigerlillys Schwester zog zu Papa, der sich anfangs rührend um sie kümmerte, es ging hier schliesslich darum, vor Gott und der Welt seinen Ruf als Alkoholiker zu verlieren. Dass er dafür hätte aufhören müssen zu trinken, war ihm nicht klar. Als er eines Abends wieder einmal sehr besoffen war, es war gerade zur Faschingszeit, kam er in die kleine Wohnung, Du weisst schon, die neben Mimi, wo die beiden jetzt zusammenlebten, fiel Tigerlillys Schwester besoffen um den Hals und stammelte: „Du, isch mag Disch!"

Tigerlillys Schwester versuchte es noch ein paarmal, mit ihm zu leben. Dann ging sie zum Jugendnotdienst. Ihre Situation war schlimm genug, sie musste nicht mehr zurückgehen, weil sie immer wieder sagte: „Ich gehe nicht mehr zurück!“ Sie lebte daraufhin eine geraume Zeit im Heim. Und wenn Du glaubst, das habe irgendetwas mit der Romantik von *„Hanni und Nanni“* gemeinsam, dann irrst Du Dich gewaltig.

Der Pechvogel

Es war einmal ein Mann, der hatte immer Pech. Kannst du dir das vorstellen? Wenn er morgens aufstand, dann war garantiert das Wasser unter der Dusche eiskalt, sowie er einen Fuss vor die Tür setzte, begann es zu regnen. Wenn die Sonne schien, was wirklich selten genug vorkam, dann rutschte er garantiert auf einem Haufen Hundescheisse aus oder auf einer Bananenschale, je nachdem. Und wenn all das nicht passierte, dann schiss ihm auf dem Weg zur Arbeit garantiert ein Vogel auf das Jackett, erst recht dann, wenn er es gerade frisch gereinigt hatte. Er hatte sein Leben satt. Und so beschloss er eines Tages, einfach nicht mehr aufzustehen. Jawohl, er wollte sterben, in seinem Bett. Wie er nun so da lag, bekam er mit einem Mal ganz schrecklichen Durst. „Auch das noch!", dachte der Mann bei sich, und als sich kurze Zeit darauf auch noch der Hunger meldete, versuchte er erst, beides zu vergessen, um sich nicht vom Sterben abbringen zu lassen, aber es gelang ihm nicht. Was für ein Pech! So stand er auf und machte sich auf den Weg ins Wirtshaus, denn wenn er selbst kochte, brannte ihm eh immer alles an. Als er gerade ins Wirtshaus hineingehen wollte, da hörte er durch ein offenes Fenster zwei Männer miteinander reden, die von einer alten, weisen Frau sprachen, die irgendwo weit, weit im Wald wohnen soll und auf jede Frage eine Antwort habe. Wirklich auf jede Frage. Da dachte der Mann bei sich: „Wenn ich diese Frau finden könnte, dann könnte ich sie fragen, warum ich immer so viel Pech habe, viel mehr Pech als alle anderen." Und er machte sich kurz entschlossen auf den Weg. Als er in den Wald kam, begegnete ihm nach kurzer Zeit ein Wolf, der fragte: „Woher kommst du und wohin willst du?" Und der Mann erzählte dem Wolf, der übrigens so dünn wie ein Strich war, alles. „Ach", sagte der Wolf, „sag, wärst du so gut, die alte Frau auch von mir etwas zu fragen, wenn du sie findest?" Der Mann nickte. „Bitte frag sie, warum ich essen kann, so viel ich will und einfach nie satt werde." „Das will ich gerne tun!", versprach der Mann und setzte seinen Weg fort. Nach einiger Zeit kam er an einen Fluss und hörte ein Jammern, er sah sich um und konnte erst nichts Ungewöhnliches erkennen, bis er plötzlich einen kleinen Baum sah, ganz verkümmert unter all den anderen grossen Bäumen. „Woher kommst du und wohin willst du?", fragte der Baum den Mann. Und der Mann erzählte dem Bäumchen seine Geschichte „Ach", sagte der Baum, „sag, wärst du so gut, die alte Frau auch von mir etwas zu fragen, wenn du sie findest?" Der Mann willigte ein. „Bitte frag sie, warum ich so klein und verkrüppelt bin und die anderen Bäume neben mir alle so gross und schön sind." „Das will ich gerne tun!", versprach der Mann auch dem Bäumchen und setzte seinen Weg fort. Es dauerte nicht lange, da kam er an ein Häuschen, und er konnte schon von weitem sehen, dass es wunderschön und gepflegt war, ein blühender Garten rankte sich um das Haus, und alle Pflanzen standen in voller Blüte. Da trat eine hübsche Frau vor das Haus, und als sie den Mann sah, huschte ein Lächeln über ihr Gesicht. Sie bat ihn herein. Der Mann wäre am liebsten davongerannt, denn mit Frauen hatte er das allermeiste Pech. Wenn sie nicht an ihm vorbeisahen, dann lachten sie über ihn und hatten selten ein gutes Wort für ihn übrig, aber es gab einfach keinen Weg an dem Blick der Frau vorbei, und als diese ihre Einladung wiederholte, schlich der Mann zu ihr auf die Gartenbank. Die beiden hatten es richtig gut miteinander. Sie redeten erst, assen zusammen, und dann schmusten sie die ganze Nacht miteinander, das hatte der Mann noch nie erlebt. Irgendwann fragte die Frau ihn: „Woher kommst du und wohin willst du?" Und der Mann erzählte der Frau von seinem Pech, dass er sein Leben so einfach nicht mehr ertragen könne und auf dem Weg zu der Frau sei, die auf jede Frage eine Antwort hat. „Ach", sagte die Frau „sag, wärst du so gut, die alte Frau auch von mir etwas zu fragen, wenn du sie findest?" Der Mann sagte: „Natürlich, was willst du von ihr wissen?" „Bitte frag sie, warum ich immer so traurig bin, obwohl mein Leben doch so schön ist, ich genug zu essen und ein Dach über meinem Kopf habe?", sagte die Frau „Das will ich gerne tun!", versprach der Mann und verliess diesen schönen Ort. Er lief und lief und lief durch den Wald und tatsächlich, irgendwann fand er ein altes Mütterchen auf einem grossen Stein sitzend, ihr Gesicht von Falten gezeichnet, die sie aussehen liessen, als ob sie jeden einzelnen Tag ihres Lebens gelacht hätte. Sie schien den Mann schon zu erwarten und fragte zur Begrüssung: „Woher kommst du, Mann, und wohin willst du?" Der Mann sagte entschlossen: „Ich suche dich!", und er erzählte, warum er gekommen war. Die Frau wiegte lange ihren Kopf hin und her, und dann bekam er seine Antwort. „Dein Glück liegt auf dem Weg!", sagte die Alte zu ihm. Er war überglücklich. Sein Glück liegt auf dem Weg. Stell dir das mal vor. Er, der Pechvogel, sollte wirklich auch einmal Glück in seinem Leben haben. Schnell stellte er der Alten noch die Fragen der anderen drei und machte sich dann auf den Rückweg. Bald schon kam er an das Haus der netten Frau, und, du glaubst es nicht, aber die beiden hatten es noch viel schöner zusammen als bei dem Treffen davor. Als am nächsten Morgen die Zeit des Abschieds kam, fragte die Frau: „Sag, was hat die Alte dir für mich mitgegeben als

Antwort auf meine Frage?" „Ja", sagte der Mann, „die Alte hat gesagt, du bist so traurig, weil du allein bist, du sollst dir jemanden suchen, der bei dir bleibt, einen Mann oder so!" „Hm", sagte die Frau, sah den Mann an und sagte dann „du, wir beide haben es doch so gut miteinander, willst du nicht bei mir bleiben?" Der Mann erschrak und sagte: „Nein, ich kann nicht, ich muss weiter." „Warum?", fragte die Frau. „Na, die Alte hat gesagt, mein Glück liegt auf dem Weg. Ich muss es doch suchen!" Und er rannte davon, so schnell er konnte. Nach einiger Zeit kam er zu dem Fluss, an dem das jammernde Bäumchen stand. Das Bäumchen freute sich, den Mann zu sehen und fragte: „Sag schon, was hat die Alte dir gesagt? Warum bin ich so klein und krüppelig und die anderen um mich herum sind so gross und schön?" Der Mann antwortete: „Ja, weisst du, die Alte hat gesagt, unter deinen Wurzeln ist ein Schatz vergraben, und sie können deswegen nicht ans Wasser. Deswegen bist du so klein. Jemand müsste den Schatz einfach ausgraben und dann würdest auch du wachsen." „Ach", sagte das Bäumchen, „das ist ja toll. Sag, wärst du nicht so gut, und würdest eben den Schatz ausgraben?" „Oh, nein", sagte der Mann, „ich kann leider nicht!" „Warum nicht?", fragte das Bäumchen. „Ja sieh, zu mir hat sie gesagt, mein Glück liegt auf dem Weg, ich muss sofort weiter und es suchen!" Und er rannte davon. Als er zu dem Wolf kam, der so dünn wie ein Strich war, wartete der schon ganz ungeduldig auf ihn und knurrte: „Sag schon, was hat die Alte gesagt? Warum bin ich immer so hungrig und werde nie satt?" „Ja", sagte der Mann „Bei dir hat sie etwas ganz Komisches gesagt!" „Was?", fragte der Wolf. Und der Pechvogel sagte: „Sie hat gesagt, wenn er es bis zu dir geschafft hat, dann schluck ihn einfach runter!"
Und so ist es geschehen.

Tigerlilly träumte von einer Plakataktion. In ganz Berlin sollten auf jeder Litfass-Säule rote Plakate hängen mit der dicken, knalligen Aufschrift: „Mutti, hör auf, Deine Kinder zu quälen!" „Papa, lass die Finger von Deinen Kindern!" Sie träumte von einer Wurfsendung in die Briefkästen von Mutti und Papa. Erst einen Brief. Den werden sie unbeachtet wegwerfen. Dann noch einen. Den werden sie wieder wegwerfen. Dann zwei Briefe. Dann sieben Briefe. Dann hundert Briefe. Dann tausend Briefe. Und immer mehr, bis der Briefkasten überquillt, so viele, bis der ganze Hausflur mitten in Berlin voll von Briefen ist, die keiner mehr übersehen kann, bis die Strasse überflutet wird und alle sehen können, dass hier nichts normal ist.

„Mutti, hör auf, Deine Kinder zu quälen!"
„Papa, lass die Finger von Deinen Kindern!"

Es gibt die Studien[3], die besagen, dass es keine grössere Garantie für Glück in unserem Leben gibt als erfüllende Beziehungen zu anderen Menschen. Damit Beziehungen als erfüllend erlebt werden können, müssen die Protagonisten sich beziehungsvoll verhalten, und das am besten wechselseitig. Denn Beziehungen sind nie Einbahnstrassen. Auf dem zweispurigen Weg befinden sich immer zwei Menschen, man selbst und der andere, man behält die Gegenspur im Auge und seine eigene, man muss dem anderen sagen können, was man braucht, das setzt voraus, dass man weiss, was man braucht. Beide sind verantwortlich für das Führen ihres eigenen Fahrzeugs, aber auch für ihr Verhalten gegenüber dem anderen Verkehrsteilnehmer. Verantwortung ist eine Form der Bindung, eine Verpflichtung auf etwas oder jemanden zu antworten, zu reagieren[4]. Man ist sich jederzeit des damit einhergehenden Beziehungsrisikos bewusst. Alle Aufmerksamkeit der Protagonisten gilt dem, nachdem sie sich aus freien Stücken für diesen Weg entschieden haben, den Kontakt zu dem anderen nicht zu verlieren, keinen Unfall absichtlich zu verursachen und mit seinem Verhalten keinen Schaden anzurichten. Man muss sehr wach sein in Beziehungen, ein Moment Unaufmerksamkeit oder Ungeduld kann viel kaputtmachen. Zu viele Menschen sind immer nur mit der Gegenspur beschäftigt, wie Tigerlilly, um die Strassenlöcher früher zu erspähen als der andere und sich hineinzulegen, um sie mit dem eigenen Sein zu füllen. Sie denken, das ist Liebe, und verstehen nicht, wenn der andere sie einfach überfährt. Dann bleiben sie vorwurfsvoll zurück. Die anderen sehen nur den eigenen Weg, wie Mutti, aus Angst, vor unangenehmen Gefühlen brettern sie mit rasender Geschwindigkeit, ohne nach rechts und links zu blicken, über ihre Strasse und enden nicht selten mit einem Totalschaden an einer Wand, weil sie viel zu schnell in eine Kurve gegangen sind und hochmütig gedacht haben, sie wissen, was sie tun, sie lassen sich sowieso von niemand anderem sagen, wie sie sich zu verhalten haben. Egal in welcher Form von Beziehung, ob in Freundschaft, Beruf oder in der Liebe, es müssen immer beide Spuren von beiden Beteiligten in Gebrauch sein. Ansonsten endet es immer in einer Sackgasse. Wie bei Tigerlilly und Mutti.

Tigerlilly denkt über die Scheidungsraten nach, fast jedes zweite Paar wird nach durchschnittlich vierzehn Jahren Ehe wieder geschieden. Sie liest, dass es in kaum einer Familie gesunde emotionale Bindungen gibt. Wir konzentrieren uns auf Studium, Arbeit, Beruf, stecken meist all unsere Energie in Karriere und Ansehen, aber wir nehmen uns in den seltensten Fällen Zeit zu lernen, wie man Beziehungen führt und gewaltfrei lebt. Die Gesellschaft, in der wir leben, richtet sich auch nach der Schulzeit an Mangel und Schwächen aus. Immer wird nur darauf geachtet, was fehlt in dem starken Bestreben, den Mangel zu beheben, zu optimieren und alles perfekt sein zu lassen. Niemand schaut auf das, was da ist, auf die Stärken. Niemand schaut auf das, was wesentlich ist. Es wundert Tigerlilly nicht, dass die meisten Menschen nach etwas suchen, das perfekt ist. Weil sie es selbst nicht sind, trotz aller ehrgeiziger Versuche, erwarten sie es wenigstens von dem Menschen, den sie an ihrer Seite sehen wollen. Sie suchen nach Abhängigkeit. Nach einem anderen Menschen und seiner Geschichte hinter der Geschichte suchen die wenigsten, nach Beziehung sucht kaum jemand. Kaum jemand hat Lust auf Risiko. Die wenigsten Menschen öffnen ihr Herz und stehen zu ihren Schwächen, alle verbergen, vertuschen, verstecken einen Teil von sich selbst, um besser dazustehen, um perfekt zu sein für den anderen. Was soll der andere denn von mir denken, wenn er sieht, dass ich schwach bin und Fehler habe?

Caroline sagt: „Perfektionismus ist ein Anzeichen für einen schwachen Selbstwert. Nur wer sich Fehler erlaubt, kann überhaupt etwas dazulernen. Es sind unsere Fehler, die uns dazu ermutigen, neue Wege zu entdecken und zu gehen. Wer perfekt sein will, wird sich unmenschlich für nichts und wieder nichts anstrengen. Und noch dazu wird er immer scheitern. Entspannen Sie sich, Tigerlilly, entspannen Sie sich."

Viele Menschen sagen, sie suchen nach Liebe, meinen aber Abhängigkeit. Oder Sex. Sie suchen alle nach Liebe, die nicht vergeht. Manche sind sogar bereit, sich dafür ein bisschen anzustrengen (eher wenige, zugegeben). Viele meinen, sie schaffen es, wenn sie genug dafür leiden. Allen gemeinsam ist die Sehnsucht nach Erfüllung.

Caroline sagt: „Es gibt keine grössere Sehnsucht als die nach sich selbst.“

Irgendwann zog Tigerlillys Schwester auf einen Reiterhof und lebte von da an dort. Wild und frei. Ohne Rettungsleine. Mit offenen Türen. Tigerlilly sah ihr staunend zu. Tigerlillys Schwester war zwar jung, aber sie war wirklich stark.

Tigerlilly blieb bei Caroline, die stark genug war, mit ihr gemeinsam in den Spiegel zu schauen, die Schmerzen über das, was der Spiegel zeigte, auszuhalten, und immer wieder wie ein grosser, lieber Drache unnachgiebig mitten in ihr Feuer blies, womit all der Sand verschwand, weggepustet von Caroline, der Grossen. Und sie tat das ungeachtet dessen, wie sehr Tigerlilly sich fürchtete und vor Schmerzen schrie, weil es plötzlich in ihr brannte und so schrecklich ungewohnt heiss war. Besonders im Unterleib. Unkontrollierbar.

An einem schönen Tag hört Caroline in einem Nebensatz von Tigerlilly das Wort „Mann“. Caroline hat ein gutes Gespür für Wörter in Nebensätzen.
„Mann?“, fragt Caroline.
„Ach“, sagt Tigerlilly „das brauchen wir gar nicht zu versuchen!“
„Warum nicht?“, fragt Caroline.
„Na, so wie ich aussehe, nimmt mich doch eh keiner!“

Caroline war einen Moment lang still, dann sagt sie: „Ich kann mir sehr gut vorstellen, dass es Männer gibt, die in Ihnen eine gute Partnerin finden und sich für Sie interessieren! Sie müssten es einfach mal versuchen.“

Tigerlilly schluckt.

„Frösche?“, denkt Tigerlilly laut, „ich soll es also mit den Fröschen versuchen? Ob die sich besser als die Mäuse über die Strasse tragen lassen, auf die sichere Seite?“
Caroline sagt: „Vergessen Sie's. Frösche, äh, Männer sind nicht kontrollierbar! Sicher ist nur der Tod. Und die stetige Veränderung.“

Tigerlilly versucht es trotzdem. Denn man weiss nie, was einem alles passiert, wenn man es nicht ausprobiert, wenn man nicht immer wieder neu über die Grenze des Landes schreitet, das man kennt, in dem man sich sicher fühlt. Tigerlilly fängt da an, wo sie irgendwann einmal, bevor sie ihre tausend Tode gestorben ist, aufgehört hat, über ihre Grenzen zu gehen, weil es immer genug andere gab, die über ihre Grenzen hinweggingen. Sie gibt bei Google den Namen vom Matrosen ein, und Google findet ihn. Tigerlilly fragt, was endlich mal gefragt werden muss.

Lieber Matrose,

Ich versuch's einfach mal. Ich stehe unter Druck, weil ich denke, ich hab jetzt nur einmal die Möglichkeit zu fragen, und dann bist Du wieder weg. Wenn die E-Mail also vollgestopft wirkt, dann liegt es daran.

Also, ich versuche mich kurz zu fassen, hätte aber gerne Antworten, so ausführlich, wie es Dir eben möglich ist:

Wir haben uns ja eine sehr lange Zeit Briefe geschrieben, an dieser Beziehung lag mir sehr viel, es waren so schöne Briefe. Ich hatte zu der Zeit wirklich schwarze Tage, und Du warst einer der wenigen Lichtblicke in dieser Zeit, dafür aber ein so grosser, dass ich wohl sehr vieles übersehen habe. Ich habe im Nachhinein das Gefühl, dass ich eigentlich gar nichts über Dich wusste, als ich dann zu Dir gefahren bin.

Ich möchte jetzt gerne wissen
1) wie es Dir damals eigentlich ging.

2) ob ich mich getäuscht habe in der Annahme, dass Du mich auch lieb gehabt hast, attraktiv gefunden hast (damit meine ich jetzt nicht körperlich, sondern generell) und Dir an mir lag. Was hat Dich dazu bewogen, mir so viele fantasievolle Briefe zu schreiben (ich denke besonders gerne an den Funkspruch), und was war der Auslöser dafür, dass nach meinem Besuch bei Dir plötzlich absolute Funkstille herrschte? Ich kann mir denken, dass Dir vieles zu schnell ging, wie gesagt, was bei meinem Verhalten ja sehr verständlich wäre, aber hat Dir nach so vielen Briefen das Schreiben an mich nicht gefehlt, hast Du nie daran gedacht, vielleicht mal mit mir darüber zu sprechen oder so?

Ich möchte Dir gerne sagen, warum das jetzt so wichtig für mich ist. Ich war sehr enttäuscht damals, ich konnte die Stille kaum aushalten. Ich bin in der vollen Erwartung zu Dir gefahren, dass Du ähnlich wie ich empfindest, und ich habe es nie verarbeitet, dass dem wohl nicht so war. Tu ich jetzt! Aber um das damals aushalten zu können, habe ich mich in eine Ecke zurückgezogen und mir ein Drehbuch geschrieben, das da heisst: „Keiner liebt mich, und schon gar kein Mann" (das liegt sicher nicht nur an der Geschichte mit Dir, keine Angst, ich bürde es nicht Dir alleine auf den Buckel). Ich bin nicht glücklich damit und finde diesen Film ganz furchtbar und nehme einfach mal an, dass es ja vielleicht auch nicht stimmt, aber ich habe es nach Dir nie wieder darauf ankommen lassen. Jetzt muss ich all meinen Mut zusammenkratzen, weil es einfach so furchtbar unbequem in dieser Ecke ist, ich mir aber über die Jahre selbst eingeredet habe, dass es ja ganz bequem so ist. Ich versuche eben, jeden Tag einen Schritt hinaus zu machen.

3) Und das ist wohl die schwierigste aller Fragen, weil fürchte, dass Du wenig mit alldem zu tun haben willst: Was, glaubst Du, ist der Grund dafür, dass unsere Mütter so ausrasten? Wenn ich mich an unser Treffen damals erinnere, dann erinnere ich mich vor allem an Deine Mutter, die alle paar Minuten in Deinem Zimmer stand. Alles war so gezwungen, und Du warst plötzlich so unfrei und gequält. Es sah übrigens bei mir zu Hause nicht ein bisschen anders aus. Da wir ja Grossmütter aus einer Familie haben und Du sehr viel näher an der „Ursprungsfamilie" dran warst, einfach weil Du und Deine Oma (lebt sie eigentlich noch?) und unsere Urgrosseltern ja örtlich ganz nah beieinander gewohnt haben, erhoffe ich mir vielleicht eine Ahnung von dem, was der Grund dafür sein könnte, dass die Töchter unserer Grossmütter irgendwie einen Schuss haben und man gut daran tut, sich so weit wie möglich von ihnen entfernt aufzuhalten. Zumindest in meinem Fall!

So, das war›s. Jetzt hoffe ich, dass Du Dir Zeit nimmst, auf meine Fragen zu antworten. Danach lockere ich den Biss in Deine Waden ein bisschen, und Du kannst von mir aus wieder verschwinden. Wenn Du keine Lust hast, mir weiterhin von Dir zu erzählen.

Ich träume manchmal von Dir, in diesen Träumen kann ich einfach nur mit Dir reden, bei Dir sein, Du kommst von irgendwo her, bist eine Zeit lang da, und ich mag dann immer nicht aufwachen, weil es in meinen Träumen sehr nett ist, mit Dir zu plaudern, und so schön ist, Dich da zu haben. Ich denke, es ist so schade, Menschen, die einen früher mal begleitet haben, nicht mehr um sich zu haben, obwohl sie einfach nur in einer anderen Stadt leben. Sie tragen ein so grosses Stück von einem mit sich rum. Das Stück, was Du von mir mit Dir trägst, fehlt mir sehr. Könntest Du es mir irgendwie zurückgeben, bitte?

Lass es Dir gut gehen.
Herzlich,
Tigerlilly

Der Matrose antwortet.

Hallo Tigerlilly,

na also, es geht doch, eine vollgestopft wirkende E-Mail finde ich längst nicht so dramatisch oder nervig wie den Umstand, dass ich mich viel (zu viel) in Dich hineindenken müsste. Was nach so vielen Jahren und ohne die Infos aus der Zeit dazwischen nahezu komplett unmöglich sein dürfte.

Nein, vollgestopfte E-Mail heisst, dass ich viel Futter zum Schreiben habe. Das tue ich nämlich immer noch gerne, weil ich dann den Verlauf eines Gesprächs (und meine Bemerkungen darin) viel besser steuern kann.

Du hast Dein letztes Schreiben so schön in drei Fragen gegliedert, ich werde nicht so strukturiert antworten, weil ich denke, dass die Fragen, und somit auch die Antworten, ineinandergehen.

Jedenfalls sehe ich Deine Last keineswegs einzig auf meinen Schultern. Und damit bin ich schon mitten beim Antworten:
Ja, ich hatte damals sehr warme, sehr konfus machende Gefühle Dir gegenüber, einem möglichen Uns gegenüber und immer, wenn wir uns schrieben. Ohne es kleiner zu machen, Liebe oder Verliebtheit kann es nicht gewesen sein, denn dafür fehlte mir die Fähigkeit zur Liebe.
Ganz sicher war es Zuneigung, vielleicht war es auch für mich ein Lichtstreif am ansonsten echt düsteren Horizont fehlender Hoffnungen: die für mich allererste Möglichkeit, mal zu erahnen, dass ich aus meiner Familie eventuell rauskomme. Verbunden mit der Tatsache, dass ich durch die Marine ja auch erstmalig länger von zu Hause weg sein konnte (ein Geschenk des Himmels), ist es vielleicht nachvollziehbar, dass ich mich stellenweise wie auf Wolke 7 gefühlt habe.

Okay, hatte alles nichts genützt, weil mir noch etliche weitere Fähigkeiten fehlten als nur die zu lieben. Bin die nächsten paar Jahre auch immer wieder und richtig fett gescheitert, zwei abgebrochene Ausbildungen, ein unfertiges BWL-Studium, zeitweise Obdachlosigkeit, ein paar Suizidversuche, eine gescheiterte Ehe und die grandiose Alkoholabhängigkeit.

Letztlich half mir nur, die Stadt und den Wirkungskreis meiner Mutter komplett zu verlassen. Vor etwa fünf Jahren habe ich dann sämtliche Kontakte nach Hause gecancelt. Mein Vater ist letztes Jahr Weihnachten verstorben, das tat mir noch richtig weh, aber seitdem bin ich innerlich frei und denke, meine Mutter kann nun ihr Süppchen weiter kochen, wie sie lustig ist. Ich muss es ja nicht essen.

Über diese Zeit und Wende bin ich gedanklich allerdings davon abgekommen, die Schuld nur bei den anderen (den Müttern) zu suchen. Ich glaube, und damit wäre ich bei Deiner nächsten Frage, auch nicht, dass das ein familienspezifisches Problem ist.
Unsere gemeinsamen Urgrosseltern habe ich ja noch sehr lange miterlebt, und zwar beide als sehr liebevolle Menschen, aber sie waren Kinder ihrer Zeit, demzufolge der Uropa preussisch streng und eisern darin, sich und seine Entscheidungen als Familienoberhaupt nicht in Frage stellen zu lassen. Da wäre niemals jemand auf die Idee gekommen, ihn anzuzweifeln, insbesondere unsere Grossmütter nicht. Dazu der Krieg, zumindest auf meiner Seite der Mann meiner Oma, mein Opa, der gnadenloser Kommisskopp und unter den Nazis immerhin Feldwebel war. Schon wieder Zucht und Ordnung, für die Oma ebenso wie später für meine Mutter. Die ist dann auch irgendwann durchgeknallt, als ihr Vater starb (am Alkohol) und der Uropa schon ganz alt und schwach war.

Da hatte sie kein Gerüst mehr, und vorher hatte sie versäumt, sich ein eigenes zu basteln.

Uropa, ein Kind seiner Zeit.
Oma, ein Kind ihrer Zeit.
Mutti, ein Kind ihrer Zeit.
Du und ich, Kinder unserer Zeit.

Eigentlich hätten unsere Omas schon aufmucken müssen, spätestens unsere Eltern. Meine Mutter hat es vorgezogen, die alten Kriegsschemata aufrechtzuerhalten. Jetzt bin ich bei der eigenen Verantwortung,

von der ich für mich sehr spät erst erkannte, dass ich sie übernehmen müsse. Uns haben sie Scheisse präsentiert mit ihren Lebensmustern und Regularien. Wären wir nicht ganz so helle, würden wir die auch wieder für uns annehmen, weil wir ja nichts anderes haben und kennen, aber wir sind helle genug zu merken, dass diese Scheisse kein Gold und auch kein Fundament für unser eigenes Lebenshaus ist.
Und wir sind helle genug, die alten Ordnungen zu durchbrechen. Wie gut!

Wie gesagt, ich denke nicht, dass es familienspezifisch ist. Das trifft offenbar viel mehr Leute aus unserer Generation, als es gerne öffentlich gemacht wird. Die zunehmende Beziehungsunfähigkeit oder Scheidungsrate oder das Sichnichtselbstgenügen sind einige Indizien dafür, dass es nicht erquickend ist, hinter die Fassaden der anderen Leute unseres Alters zu blicken.

Das soll aber kein Aufruf zur Schwarzseherei sein, denn jeder kann ja für sich, und dann später auch mal zu zweit, den Bogen kriegen und etwas besser machen. Und wir können das, weil wir helle sind und wir als Kinder unserer Zeit dafür auch die absolute Legitimation haben.

Weisst Du, ich arbeite ganz bewusst als Erzieher im Heim (ich bin keineswegs Kindergärtner, sondern Jugend- und Freizeitpädagoge). Dort versuche ich zu reparieren, was durchgeknallte und unreflektierte Eltern bisher an ihren Kindern verbockt haben. Da sind unsere unangenehmen Erfahrungen noch harmlos gegen.

Du hattest gefragt, ob ich das Schreiben nicht vermisst habe? Das Schreiben war für mich, und ist es noch immer, ein guter Zuhörer. In den letzten Jahren habe ich zwei Bücher verfasst, ein drittes ist in Arbeit. Alles voll mit soziologischen, psychologischen und mittlerweile auch mit psychosomatischen Erscheinungsformen, die ich an mir und meiner Umwelt beobachtete. Das hat mir echt gut geholfen, mich nicht unerhört und hilflos zu fühlen, sondern meine Schwierigkeiten mit mir, aber auch mit meinen Eltern und diesen angeblichen Gesellschaftsnormen zu beheben.

Inzwischen bin ich weg aus dem Mist früherer Zeiten. Manchmal kommt noch was hoch, was ja auch kein Wunder ist, wenn man die ersten dreissig Jahre seines Lebens auf „verkorkst" dressiert wird, aber die Sache norma-

lisiert sich, je mehr ich erkenne, was ich selbst eigentlich möchte und auch durchsetzen kann. Das klappt nicht immer, manche Gesetze sind auch für mich gültig, aber die meisten sind doch verhandelbar mit den Leuten, die es betrifft. Mit meiner Freundin klappt das super, im Job, im neuen Freundeskreis in Kölle, in der Nachbarschaft etc.

„Keiner liebt mich" kenne ich nur zu gut, irgendwann habe ich begonnen, mich einfach anderswo nach den Leuten umzusehen, die mich lieben sollen, und ich habe ihnen auch die Chance gegeben, das zu tun. Dazu musste ich aus meinem Loch herauskommen, Risiken eingehen, doch mal verletzt zu werden, und alle meine Sinne aufsperren, um die zugeneigten Signale auch richtig zu deuten. Denn die Sprache aller Leute ist immer anders als die Kommunikation mit der Mutter. Zum Glück.

So, Tigerlilly, jetzt lässt meine Konzentration merklich nach, mehr geht nicht. Hoffentlich konnte ich Deine Fragen ansatzweise beantworten. Ob ich Dir was wieder geben konnte, weiss ich nicht, weil ich damals nicht mal wusste, dass ich Dir offenbar was weggenommen hatte.

Ich wünsch Dir viele gute Gedanken und Mut und auch etwas Glück, damit Du bald Deine Ecke verlassen kannst!

Liebe Grüsse
Dein Matrose

Tigerlilly schaut in den Himmel. Sie schaut zu Gott. Fünfzehn Jahre hat sie geglaubt, dass es ihre Schuld war, dass sie nicht hübsch genug ist, dass sie es nicht gut genug gemacht hat, dass sie eben nicht liebenswert ist und er deswegen nicht ihr Freund werden konnte. Sie hielt das für einen Fehler. Und jetzt? Jetzt fragt sie sich, ob sie stark genug gewesen wäre, diese Geschichte mitzutragen? Was wäre aus ihr geworden an seiner Seite? Das ist eben seine Geschichte gewesen. Und ihre. Und hinter jeder Geschichte steht immer eine Geschichte. Einfach kein Märchen, oder doch? Sie findet, ihr Leben ist ganz okay. Freunde, Arbeit, Geld, Träume. Es ist ein gutes Leben. Auch wenn sie sich schuldig fühlt dafür, dass sie auf der anderen Seite, der sicheren Seite steht. Dafür, dass sie nicht mehr aus den Tagen macht, die Gott ihr gegeben hat. Auch wenn sie Weihnachten alleine feiert.

Sie nimmt nur die Bibel mit und liest die ganze Geschichte hinter den wenigen Worten aus dem einen Satz, der auf ihrer Konfirmations-Urkunde steht:

Rühme, du Unfruchtbare, die du nicht gebierest; freue dich mit Ruhm und jauchze, die du nicht schwanger bist! Denn die Einsame hat mehr Kinder weder die den Mann hat, spricht der Herr. Mache den Raum deiner Hütte weit, und breite aus die Teppiche deiner Wohnung, spare sein nicht, dehne deine Seile lang und stecke deine Nägel fest! Denn du wirst ausbrechen zur Rechten und zur Linken, und dein Same wird die Heiden erben und in den verwüsteten Städten wohnen. Fürchte dich nicht, denn du sollst nicht zuschanden werden, werde nicht blöde, denn du sollst nicht zu Spott werden, sondern du wirst der Schande deiner Jungfrauschaft vergessen und der Schmach deiner Witwenschaft nicht mehr gedenken. Denn der dich gemacht hat, ist dein Mann. Herr Zebaoth heisst sein Name, und dein Erlöser, der Heilige in Israel, der aller Welt Gott genannt wird. Denn der Herr hat dich lassen im Geschrei sein, dass du seiest wie ein verlassen und von Herzen betrübt Weib und wie ein junges Weib, das verstossen ist, spricht dein Gott. Ich habe dich einen kleinen Augenblick verlassen, aber mit grosser Barmherzigkeit will ich dich sammeln. Ich habe mein Angesicht im Augenblick des Zorns ein wenig von dir verborgen, aber mit ewiger Gnade will ich mich dein erbarmen, spricht der Herr, dein Erlöser. Denn solches soll mir sein wie das Wasser Noahs, da ich schwur, dass die Wasser Noahs sollten nicht mehr über den Erdboden gehen. Also habe ich geschworen, dass ich nicht über dich zürnen noch dich schelten will. Denn es sollen wohl Berge weichen und Hügel hinfallen, aber meine Gnade soll nicht von dir weichen, und der Bund meines Friedens soll nicht hinfallen, spricht der Herr, dein Erbarmer. Du Elende, über die alle Wetter gehen, und du Trostlose! Siehe, ich will deine Steine wie einen Schmuck legen und will deinen Grund mit Saphiren legen und deine Fenster aus Kristallen machen und deine Tore von Rubinen und alle deine Grenzen von erwählten Steinen.

Und die Moral von der Geschicht'?
Caroline sagt: „Moral ist nur eine Erfindung der Kirche, um Menschen unmündig zu machen. So wie Schuld. Werden Sie sich Ihrer Verantwortung bewusst. Schuld und Moral helfen Ihnen dabei nicht. Nehmen Sie mal den erhobenen Zeigefinger aus Ihren Gedanken, Tigerlilly!" Tigerlilly versucht es. Es gelingt nicht. Da ist immer wieder Mutti am Ende der Strasse, und immer ist es

eine Einbahnstrasse und dazu noch eine Sackgasse. Also wieder zurück auf „Los“, alle Regeln des geordneten Verkehrs brechend und nochmal von vorne. Veränderung passiert in kleinen Schritten und nur dann, wenn man Grenzen überschreitet. Seine eigenen.

Tigerlilly findet, Beziehungen sind wie dieses Hüpfspiel, das sie mit den anderen Kindern früher auf dem Pausenhof gespielt hat. Man malt mit Kreide ein Gebilde auf den Boden aus verschiedenen Rechtecken und hüpft von einem zum anderen, indem man einen Stein in das Gebilde wirft. Man darf dorthin hüpfen, wo der Stein liegen geblieben ist. Man darf unter keinen Umständen auf die Linien hüpfen, nur in das Feld. Und wenn man dort angekommen ist, hebt man seinen Stein auf und muss wieder zurück auf seinen Ausgangsort hüpfen, durch alle anderen Felder zurück, ohne die Linien zu betreten. Die Menschen haben ihre Grenzen, man darf kurz mal rein, in ihr Leben, einige liegen nah am Ausgangsort, man darf länger bleiben, andere liegen weiter weg. Man muss immer auf ihre Grenzen achten, nicht darauf treten. Schön achtsam hüpfen. Fröhlich sein. Tigerlilly wünscht sich, das Ganze mehr als Spiel zu sehen. Dann würde es mehr Spass machen und leichter sein. Leicht sein. Tigerlilly hätte es gerne leicht. Tigerlilly vermutet, dass es nicht ihre Entscheidung ist, in welchem Feld der Stein liegen bleibt, er wird geführt, es stand schon fest, wo der Stein liegen bleibt, bevor sie ihn geworfen hat. Unsere Herzen sind so verletzlich. Ein Tritt daneben, ein Mal nicht auf seinen Schritt geachtet, ein Wort gesagt oder eben eines, dass es gebraucht hätte, nicht gesagt. Man kann gar nicht so viel lernen, wie es bräuchte, um nicht verletzend zu sein, um friedlich zu sein. Ohne Gewalt. Vor allem mit sich selbst.

Caroline sagt: „Früher haben die Frauen es genauso gehalten wie die Männer, sie haben geschlafen, mit wem sie wollten, haben alle Kinder gemeinsam in einer Gruppe aufgezogen. Irgendwann wollten die Männer sich aber sicher sein, welche Kinder ihre eigenen sind, um ihren Besitz nur an ihre eigenen Gene weiterzuvererben. Von da an wurde die Sexualität und Lust der Frau von den Männern kontrolliert, bis hin zu Keuschheitsgürteln, Hexenverbrennung, Steinigung und diesen abartigen Verstümmelungen von kleinen Mädchen, die ja furchtbarerweise heute noch Anwendung finden. Und Frauen suchen reiche Männer, damit ihre Nachkommenschaft sicher ist, dafür bezahlen sie mit ihrem Körper. Heute immer noch. Darin ist der weibliche Wunsch nach Abhängigkeit begründet!"

Tigerlilly sagt: „Und jetzt sind ganze Heerscharen damit beschäftigt, das wieder auszumerzen. Mann, Mann, Mann. Und alles nur, weil die Männer Angst vor der Stärke ihrer Konkurrenz hatten! Dabei belebt Konkurrenz doch das Geschäft."

Caroline sagt: „Die Zeit ist vorbei!"

Tigerlilly will gar nicht gleich mit jedem Mann ins Bett hüpfen, sie will auf ein Märchenfeld hüpfen. Dort soll ihr Stein liegen bleiben. Sie will tanzen gehen wie Aschenputtel. In einem Kleid aus der Vitrine am U-Bahnhof Kurfürstendamm, an der sie sich früher die Nase plattgedrückt hat. Sie will Spass haben und lachen, weil sie ein schönes Lachen hat. Sie will küssen, weil sie es gut kann. Wozu kann man etwas gut, wenn man es nicht anwendet, das ist doch Verschwendung. Sie fühlt sich so ungeküsst. Gewollt werden will sie.
Sie ist ein bisschen in einen Arbeitskollegen verliebt. Er heisst Kalle und ist schön wie der Mond. Aber Kalle will kein Mädchen, er will eine Frau. Er ist nett. Das macht es schwieriger. Er ist ein Prinz auf dem weissen Pferd. Unerreichbar, magisch. Er ist die Lösung. Dafür lohnt es sich, sich anzustrengen, zu leiden, aber Tigerlilly ist das Problem. Macht Platz, Leute, macht Platz, ein Drama für den schönen Prinzen. Das alte Karussell mit den verstaubten Überzeugungen dreht sich zu der dudelnden Musik im Mondschein, und nach einer Runde ist allen Beteiligten schlecht.

Caroline sagt: „Tigerlilly, Sie sind in Wahrheit eine starke Frau!"

Als Tigerlilly das hört, bekommt sie es mit der Angst zu tun. Sie bekommt Angst vor sich selber, vor dem, was alles möglich ist, wenn es stimmt, was Caroline sagt. Was ist, wenn sie stärker ist als Mutti? Passiert dann nicht das Schlimmste?

Caroline sagt: „Eine Drama-Queen sind Sie übrigens auch!"
„Na, Bravo!", denkt Tigerlilly.
Caroline sagt: „Wir haben immer eine Wahl."

Tigerlilly sagt: „Ich will es sicher haben! Ich wähle die Sicherheit!"
Caroline sagt: „Nichts ist sicher, nur der Tod!"
Tigerlilly sagt: „Ich will Liebe. Liebe. Liebe!"
Caroline sagt: „Alles hat seine Zeit, auch die Liebe."
Tigerlilly hält sich die Ohren zu und stampft mit den Füssen auf! Das hört sich an wie Muttis „Bis Du heiratest, ist alles wieder gut!". Sie fragt: „Was ist, wenn ich keinen finde?"
Caroline sagt: „Tigerlilly, achten Sie auf die Blumen am Wegrand!"
Tigerlilly sagt: „Die Männer wollen mich nicht. Keiner liebt mich."
Caroline sagt: „Körbe gehören dazu, wenn frau jagt. Sie dürfen keine Angst vor einem „Nein" haben! Gehen Sie raus, und fragen Sie nach dem, was Sie wollen."
Und ganz sanft bläst sie einmal in Tigerlillys Flamme, pustet den Sand weg, bis das Feuer wieder flackert.

Tigerlilly muss ganz oft raus, frische Luft schnappen, wenn sie bei Caroline ist.
Caroline sagt: „Entspannung ist wichtig! Entspannen Sie sich täglich, Tigerlilly. Wir Frauen entspannen uns viel zu wenig."
Tigerlilly sagt: „Die Männer, die ich kenne, sind alle doof."
Caroline sagt: „Männer sind einfach Männer. Keine Täter. Und Männer haben auch Recht. Eben auf ihre Weise. Das macht sie ja so spannend, oder?" Tigerlilly nickt.
Caroline fragt: „Was für einen Mann wollen Sie denn, Tigerlilly?"
Tigerlilly sagt: „Einen echten Prinzen, der auf seinem weissen Pferd dahergeritten kommt, seinen Finger auf mich legt und sagt ‚Baby, Du bist es!'. Wie im Märchen eben!"
Caroline sagt: „Es gibt nicht genug weisse Pferde auf der Welt, um all die Frauen zu retten! Wie wär's mit einem Mann anstatt einem Prinzen? Die sind auch gut!"
Tigerlilly sagt: „Männer wollen immer nur das Eine. Alles Schweine."
Caroline sagt: „Regelmässiger Sex ist wichtig, weil alles Energie ist und wir an diese Form von Energie nicht selbst herankommen. Wenn wir Frauen mit dem Sex aufhören, ihn uns versagen, dann ist das ungefähr so, wie wenn wir aufhören würden zu essen oder zu trinken. Es geht eine Zeit lang, aber auf Dauer ist es wirklich ungesund. Achten Sie darauf, regelmässig Sex zu haben, Tigerlilly!"
Tigerlilly weiss nicht, wie sie das machen soll. Sie hatte noch nie Sex mit einem Mann. Und der mit Frauen ist auch schon lange

her. Sie ist schon vierunddreissig Jahre alt. Und sie will keinen Sex ohne Liebe.
Sie fragt: „Wie lernt man Lieben?"
Caroline sagt: „Die Liebe lernen wir nur durchs Leben. Das ist die beste Schule!"
„Geht das ein bisschen konkreter? Ich lebe ja schon vierunddreissig Jahre ohne Liebe!"
Caroline sagt: „Lieben heisst Loslassen!"
Tigerlilly klammert sich ein bisschen fester an die Gitterstäbe ihres Käfigs, an die Türklinke der offenen Tür, an den Rand des Bootes und hofft, es geht auch so, das mit dem Lieben.
Caroline sagt: „Tigerlilly, schreien Sie mal laut! Am Meer, im Auto, auf einem Konzert. Raus damit!"
Es gibt nichts Gutes, ausser man tut es. Tigerlilly schreit. Im Auto. Danach weint sie. Sie schreit auf Amrum ins Meer. Das Meer antwortet mit einer sanften Welle, an den Strand geworfen, und streichelt damit ihre Füsse. Tigerlilly weint.

Tigerlilly sagt: „Die Männer wollen Sex nicht mit mir. Sie schauen mich ja nicht mal an."
Caroline sagt: „Tigerlilly, wie wäre es denn mal mit einem Frisörbesuch und einer Farb- und Stilberatung?"
Tigerlilly schreit: „Das wird doch nicht besser, wenn ich mir Farbe ins Gesicht schmiere!"
Caroline sagt trocken: „Fake it till you make it!"

Tigerlilly lernt sich zu schminken. Dann kauft sie sich bunte Sachen, hohe Schuhe und ihre ersten beiden Handtaschen. Alles, was schwarz ist, wirft sie weg. Als sie an der Tankstelle steht und den Ölstand ihres alten Volvos kontrolliert, spricht sie ein Mann an und sagt: „Uhhh, ist das kalt heute, hm?" Tigerlilly blickt verwundert auf. Er schaut in Richtung Ölstab und fragt: „Kommen Sie damit klar?" Tigerlilly nickt nur. Sie ist verwirrt. Dann schaut sie an sich runter. Sie trägt einen kurzen Rock und hohe schwarze Stiefel. Sie muss lachen. Es klappt also. Caroline hat Recht.

Caroline sagt: „Machen Sie mal einen Selbstverteidigungskurs!"
Tigerlilly zerhaut ein Brett. Weil sie sich auf den Zettel konzentriert, der unter dem Brett liegt, da will ihre Hand hin. Als sie an dem Abend heimgeht und am Bahnhof auf ihren Zug wartet, steigt

ein junges Mädchen aufs Gleis und rennt in die Richtung, aus der die Züge im Abstand von fünf Minuten in den Bahnhof einfahren. Zwei mutige Männer holen das Mädchen wieder vom Gleis weg, aber sie springt ein weiteres Mal. Die Männer springen, ohne zu überlegen hinterher und holen sie noch einmal auf den Bahnsteig. Sie hat sich verletzt und liegt auf dem Boden, alle anderen Menschen stehen drum herum und reden aufgeregt durcheinander. Tigerlilly hockt sich neben das Mädchen, hält es ganz fest, streichelt ihr übers Haar und sagt: „Das wird wieder! Alles wird gut!" Sie spürt ein Zittern wie von einem verletzten Tier, kaum mehr Hoffnung ist in dem Menschen, und Tigerlilly hält sie fest, bis die Polizisten kommen, die sich einfach mit zu den Schaulustigen gestellt haben. Und wenn Tigerlilly nicht irgendwann gesagt hätte: „Entschuldigung, würde einer von Ihnen jetzt übernehmen?", würde sie wahrscheinlich heute noch dort sitzen, magische Worte murmeln und die verletzte Seele streicheln. „Hoffentlich hat die eine Caroline", denkt Tigerlilly. Jeder Mensch sollte eine Caroline haben.

Caroline sagt: „Ich bin stolz auf Sie!"
Tigerlilly sagt: „Gut, dass die mich hatte."
Caroline sagt: „Gut, dass Sie das Mädchen hatten!"
Tigerlilly sagt: „?"

Tigerlilly versteht, dass das Glück nicht in den kleinen Münzen auf der Strasse liegt, nicht an einem Pfennig hängt, sondern in den Augen der Menschen, die Dir auf Deinem Weg begegnen. Um das zu erfahren, muss man aufrecht durchs Leben gehen, den Blick in die Augen der anderen wagen und Vertrauen haben. Um vertrauen zu können, muss man erfahren, was man selbst kann und was die anderen Menschen können. Dafür muss man es immer wieder neu mit ihnen ausprobieren und immer auf das schauen, was geht, nicht auf das, was alles nicht geht. Es gibt keinen anderen Weg, das herauszufinden. Man tut gut daran, wenn man es langsam ausprobiert. Tigerlilly kennt das Wort „langsam" nicht. In ihr brennt jetzt das Feuer, das Caroline mit ihren Worten entzündet hat. Und sie hat so viel Angst, dass es morgen wieder aus ist. Wie auf dem Rummelplatz steigt sie mit flauem Gefühl im Bauch in einen Wagen der Achterbahn und kann es nicht erwarten, dass die Fahrt endlich beginnt.

Die Seele wecken

Tigerlilly redet mit einer Freundin über die Männer.
Die sagt: „Du spinnst. Von denen wirst Du nur enttäuscht. Das brauchst Du gar nicht erst zu versuchen."
„Aber ich bin doch so nicht glücklich."
„Lass es", sagt die Freundin und erzählt ihr eine ihrer traurigen Geschichten.
Sogar Maja sagt: „Das wird nichts. Männer sind anders."
Ihre schwulen Freunde sagen: „Männer brauchen Sex, sonst nichts."

Caroline sagt: „Regelmässiger Sex ist wichtig!"

Sex hatte Tigerlilly immer noch nicht, aber Tigerlilly hat Lust. Seit Tagen baut es sich in ihr auf. Wie ein Gewitter, drückende schwüle Luft, aber es kann sich nicht entladen. Manchmal geht sie aufs Damenklo und masturbiert. Das verschafft ihr einen Moment lang Erleichterung, ein Tropfen auf den heissen Stein, sie könnte jedes Mal heulen. Am besten ist es im Auto bei einhundertvierzig Stundenkilometern, wie ein Rausch. Sie hat solche Sehnsucht, nach der Verwirklichung ihrer Fantasien. Immer noch träumt sie jede Nacht von den fremden Geschöpfen. Wenn sie morgens aufwacht, ist sie müde und mutlos. Hoffnungslos. Sie wird wütend. Sie hat das Gefühl, sie ist nicht normal. Irgendetwas an ihr stimmt nicht, ein Makel klebt an ihr, und sie wird ihn nicht los. Unfrei. Gefangen. Gefesselt an das, was sie kennt. Ein Fluch liegt über ihr, und sie kennt den Zauberspruch nicht, um ihn zu bannen.

Caroline sagt: „Was ist mit dem Arbeitskollegen Kalle?"
Tigerlilly sagt: „Er hat mich zum Wandern nach Norwegen eingeladen!"
Caroline fragt: „Wann geht Ihr Flug?"
Tigerlilly schluckt.

Sie fährt nach Norwegen, zu Kalle. Es ist schön, Kalle ist schön. Eine Sauna, ein See ganz für sich allein, bis spät in die Nacht ist es hell. Alles ganz easy. Nur Tigerlilly ist verkrampft. Kalle redet die ganze Zeit von sich und schläft dann ein. Tigerlilly geht allein schwimmen. Allein in die Sauna. Allein schläft sie unter dem Sternenhimmel. Sie weiss nicht, wie das geht, sich einen Mann zu angeln. Sie versucht es. Unbeholfen legt sie eine Hand auf sein Knie und hofft, dass er es nicht merkt. Er merkt es, aber er sagt nichts. Er lächelt nur. Er weiss, dass sie eigentlich mit Frauen lebt. Ob er ahnt, dass sie nicht glücklich ist? Ob er weiss, wie besonders dieser Moment ist? Er geht diesen einen kleinen Schritt mit Tigerlilly mit. Er ist für einen seltenen Moment in seinem Leben still und schaut Tigerlilly einfach nur an. Da sind so viele Wünsche in ihrem Körper, in ihrer Seele. Ein Mann, der tanzen geht, mit Frauen. Der lächelt und versteht. Er verspricht Normalität. Er ist ein Prinz. Tigerlilly denkt, es liegt an ihr, dass er sie nicht will. Sie ist zu viel, sie will zu viel. Sie ist nicht hübsch genug, sie sieht zu alt und zu jung gleichzeitig aus, und es wird nie etwas. Männer interessieren sich nicht für sie. Das war eben schon immer so. Und so wird es bleiben. Punkt. Aus. Ende. Aber da ist Caroline, die wie ein Wadenbeisser an ihr hängt und nicht loslässt, bevor sie etwas tut.

Caroline fragt: „Wann sehen Sie ihn wieder?"
„Ich weiss nicht."
„Warum fragen Sie nicht?"
„Was soll ich denn fragen?"
Caroline sagt: „Sagen Sie ihm, was Sie wollen! Nur Mut."

Also schreibt Tigerlilly ihm. Caroline lässt eh nicht vorher locker.
Lieber Kalle,
*Räusper ... also, ich hab in der Zwischenzeit, die vergangen ist, seitdem ich wieder Schweizer Boden unter den Füssen habe, Deinen Namen aus meinen MSN-Kontakten gelöscht (*gegen die Stirn schlag*) und wieder hinzugefügt und auch die durchschnittlich angemessene Wartezeit von sieben langen Tagen gewartet. Ich finde, es spricht jetzt irgendwie nichts mehr dagegen, Dir zu schreiben, dass ich Dich total nett finde und gerne wieder sehen würde. Nach langwierigen Diskussionen mit Männern und Frauen in meinem sozialen Umfeld (firmeninterne selbstverständlich ausgeschlossen) fände ich einen Opern-Konzert-oder-so-Besuch klasse. Vielleicht würdest Du mich ja gerne begleiten?*
Ansonsten hoffe ich, dass Dir der Arbeitsstress nicht allzu sehr zusetzt, gebe Dir einen halben Mitleidspunkt, falls doch, und grüsse Dich ganz herzlich.
Tigerlilly

Dann geht das Warten los. Tigerlilly beisst nervös auf ihren Fingernägeln herum.

Kalle schreibt:
Sei mal ein bisschen grosszügiger mit den Mitleidspunkten, Tigerlilly. Ein Wiedersehen auf dem Boden des Schlaraffenlandes würde ich ebenso ganz nett finden. Mein Problem zurzeit ist nur, dass ich nicht ganz genau weiss, wo ich beruflich ab Mitte September bin. Ich werde nächste Woche meinen „Einsatzplan" mit meinem Chef besprechen, danach weiss ich mehr. Ich melde mich wieder, versprochen.
Grüsse
Kalle

Sechs Monate lang passiert nichts.
Caroline fragt: „Was macht Ihre Pipeline?"
„Welche Pipeline? Sie meinen, es gibt mehr als einen?"

Tigerlilly muss wieder ein neues Problem lösen, von dem sie vorher nicht einmal wusste, dass sie es hat. Manchmal denkt Tigerlilly: „Es ist Schwachsinn, zu Caroline zu gehen. Ich geh da immer mit mehr Problemen wieder raus, als ich gekommen bin."

Sie erzählt Maja von ihrem Kalle-Männer-Experiment.
Maja kennt Kalle und schreit: „Den??? Der ist total blöd! Du brauchst ordentliche Männer." Sie erzählt ihr von einer Internet-Plattform namens Parship. Tigerlilly sieht es sich an und findet, Parship erinnert irgendwie an Dosensuppen. Tolle Verpackung, aber innen drin schmeckt alles gleich.

Sie fährt zum ersten Mal allein in den Urlaub nach Kreta. Ihr ist langweilig. Sie mietet ein Motorrad und fährt zweihundertfünfzig Kilometer an einem Tag über die Insel. Ihr ist immer noch langweilig. Sie beobachtet die Paare in dem Club, die sich entweder anschweigen oder abwechselnd ihren Partner und ihre Kinder anmeckern und ansonsten essen, trinken und nichts tun. Sie sieht kein einziges glückliches Paar, keine einzige glückliche Frau, keinen glücklichen Mann, kein glückliches Kind.
„Siehste", denkt Tigerlilly bei sich. „Wozu soll ich all die Mühen auf mich nehmen, es endet ja doch immer gleich." Sie geht schlafen und träumt von Schwänzen.

Am nächsten Tag geht sie in ein Internetcafé, meldet sich bei Parship an und löst ein Sechs-Monats-Abo für zweihundertachtzig Euro.

Ändern

Chiffre	CH9C2AD5
Alter	34
Größe	175 cm
Land	Schweiz
Region	Zürich (84...)
Zivilstand	ledig
Kinder	keine
Raucher	nein
Haustiere	keine
Beruf	Controllerin
Freizeit	Lesen, ins Kino/Theater gehen und Hobbys nachgehen
Hobbys, Interessen	Kunst, Theater, Literatur, Tanz, Musik und Sport
Sportliche Aktivitäten	Volleyball, Skifahren und Wandern/Trekking
Musikgeschmack	Opern, Schlager, Jazz und Rock/Pop
CH9C2AD5 spielt ein Instrument, und zwar ...	Querflöte

Ein Tag ist für mich perfekt, wenn ...

... ich mir nach einer rauschenden Nacht morgens die Zeit nehme zu frühstücken (viel zu selten!), ich humorvoll und mit Schwung meine Arbeit meistere, ich abends etwas Schönes vorhabe und geborgen in deinem Arm und mit mir selbst im Reinen einschlafen kann.

Text verbergen

Drei Dinge, die für mich wichtig sind:

Erstens: Freiraum, um mich immer wieder selbst zu finden und Distanz zu schaffen, um Nähe wieder neu zu erleben.
Zweitens: Eine gemeinsame Basis mit einem Partner zu haben, auf die man sich auch in schwierigen Situationen zurückbegeben kann.
Drittens: Pläne zu haben

Text verbergen

Fünf Worte, um mein Äußeres zu beschreiben:

Von aussen unverstellt, selten geschminkt, kräftig und gross, etwas unsichere Erscheinung. Ich habe dunkelblond-braune, kurze Haare, grüne Augen und kleide mich gerne sportlich.

Text verbergen

Ein Ort, an dem ich mich besonders wohlfühle:

Amrum, am Meer. Ansonsten immer da, wo ein Traum von mir liegt und in Erfüllung gehen könnte. Berlin ist der Ort, wo viele meiner Freunde leben, Radio 1 die beste Musik der Welt spielt und ich wohl am meisten zu Hause bin, wenn überhaupt irgendwo.

Text verbergen

Zwei Sachen, von denen ich mich nie trennen könnte:

Von mir ... ansonsten liegt mir noch sehr an meinem Auto und meinem iPod.

Text verbergen

Wenn ich nichts zu tun habe, mache ich Folgendes:

Nichts zu tun zu haben macht mich unruhig ... aber bei umformulierter Frage, was ich tue, wenn ich nicht arbeite, dann findet man mich sicher draussen beim Wandern, Skifahren, Inlinern, im Theater, mit Freunden im Gespräch, lachend, in einem Buch oder Film versunken oder auf dem Weg irgendwohin (im Zweifelsfall läuft ein Hörspiel im Hintergrund).

Text verbergen

Ich reagiere allergisch auf ...

meine Mutter.

Text verbergen

Ich wünschte, ich könnte ...

mehr Ruhe in mir finden ... ein Teil einer stabilen Beziehung sein, die viel Platz für jeden lässt und in der das Interesse am anderen nicht im Alltagslärm verloren geht ... morgens eine Tasse Kaffee ans Bett gebracht bekommen.

Text verbergen

Was mein Partner über mich wissen sollte:

Ich bin eine näheschеue Seele, die sich mutig aus ihrer Ecke rauskämpft, um sie zu finden, die Liebe ... weil sie nur eins am Ende bereuen wird: nicht genug geliebt zu haben.

Text verbergen

Während sie auf Antworten aus ihren zweitausendfünfhundertsiebenundfünfzig Kontaktvorschlägen wartet, isst sie Unmengen von Joghurt mit Nüssen und Honig und kaut auf ihren Nägeln herum. Als sie sich zwei Stunden später wieder einloggt, hat sie sechs neue Nachrichten. Alle Männer fragen nach einem Bild.
„Na, das läuft ja besser als gedacht", denkt sie und verschickt ihr Bild. Auf dem Bild sitzt sie unscheinbar in einer Ecke und hat einen Teelöffel im Mund, auf dem Tiramisu war. Das sieht man aber nicht.

Ein Mann schreibt zurück: *Sorry, ich steh eher auf die zierliche Variante!*

Die anderen schreiben nichts mehr. Nie wieder.

Tigerlilly heult, löscht den Account und trinkt eine Flasche Retsina. Sie geht schlafen und träumt von Schwänzen. Als sie am nächsten Morgen mit einem Kater aufwacht, denkt sie: „Mist. Das hat was gekostet. Da muss was bei rumkommen!"

Sie meldet sich wieder an, nimmt die ersten einhundert Kontakte und schreibt:
„Hallo, ich bin Tigerlilly. Hast Du Lust, einen Kaffee mit mir trinken zu gehen?"
Als sie sich wieder einloggt, haben zwanzig Männer mit ‚Ja' geantwortet. Sie schickt keinem ein Bild. Als sie wieder zu Hause ist, kommt sie zum ersten Date zu spät. Der Mann ist nicht mehr da, wo sie sich miteinander verabredet hatten. Tigerlilly heult und ruft Maja an. Die tröstet sie: „Das kann doch vorkommen." „Das war mein Prinz. Ganz bestimmt. Und ich habe es vermasselt." Tigerlilly ist untröstlich.
Aber in den Tagen darauf schreibt und schreibt und schreibt sie. Die Männer schreiben ihr über ihre vorherigen Erfahrungen, sexuellen Vorlieben und über ihre Träume und Wünsche. Und all das, bevor man sich einmal in die Augen gesehen hat oder seinen Namen kennt, denn viele Männer geben keine Namen an. Tigerlilly hat eh ein schlechtes Namensgedächtnis, und um sich in dem Dschungel aus gesichtslosen Männern zurechtzufinden, die alle das haben, was sie sich sehnlichst wünscht, einen Schwanz nämlich, vergibt sie selbst Namen, die sie sich gut merken kann. Zauberer, McDoc, Lehrer Hampel, Hasenfuss, Sokrates. Ihrer Fantasie sind keine Grenzen gesetzt. Sie hat in den nächsten sechs Monaten dreiundfünfzig Dates mit wildfremden Männern. Sie wird alle nur ein einziges Mal sehen. Keiner wird sie wiedersehen wollen.

Keiner liebt sie.

Das Ausmass ihres Dramas wird Tigerlilly immer wieder bewusst, wenn sie sieht, wie wenig sie von dem kann, was sie für so wichtig erachtet und mit hocherhobenem Zeigefinger vom Rest der Welt erwartet. Sie hat heute einen schwarzweiss karierten Rock an, einen bordeauxroten Rollkragenpulli, eine schwarze Strickjacke darüber, die die Folgen der Farb- und Stilberatung in einer Ecke ihres Schrankes überlebt hat, und eine Strumpfhose in derselben Farbe wie der Pulli. Schwarze, hohe Stiefel mit einer kleinen, silbernen Schnalle runden das Kleidungsbild ab. Sie hat Kleidergrösse vierundvierzig, sie ist gross und kräftig, wie eine Bäuerin, rund. Sie war beim Frisör. Dauerwelle. Braun-blondes Haar. Sie hat ein Doppelkinn, das hasst sie am meisten. Und ihren Po. Sie hofft, dass es diesmal ausreicht. Tigerlilly trifft sich heute Abend mit Nick. Nick ist auch ein Eckenkämpfer, wie Tigerlilly. Nick ist das zehnte Date, das Tigerlilly wahrnimmt. Keiner der Männer wollte Tigerlilly bisher wiedersehen. Sie ist hochgradig frustriert. Beim letzten Date hat sie angefangen zu weinen. Nick hat kein Foto geschickt. Tigerlilly hat Angst, dass er potthässlich ist. Sie selbst schickt generell kein Foto mehr von sich. So dick ist Tigerlilly gar nicht, sie sieht nur sehr kindlich aus, und sehr wenig weiblich, sie hat keinen Sex-Appeal. Wenn sie sich versucht sexy anzuziehen, sieht sie aus, als ob sie sich verkleidet hätte. Sie kriegt den Vergleich ihrer ehemaligen Schulkameraden mit Miss Piggy nicht aus ihrem Kopf heraus. Reife will sie haben, erwachsen will sie sein, aber sie weiss nicht, wie man das wird.

Caroline sagt: „Reif wird man durch Erfahrung."

Tigerlilly versteht, was sie sagt, sieht den langen Weg vor sich, gepflastert mit all den „Neins", die sie hören wird. Sie will lieber wieder umdrehen. Ihr ist übel, aber der Blick zurück ist kein bisschen einladender. Nur bekannter, gewohnter, sicherer.
Noch zwei Stunden bis zu ihrem Date mit Nick. Nick will sie treffen, weil sie endlich mal eine Frau ist, bei der man keinen Ärger mit der Schwiegermutter hat. Nick ist vierzig Jahre alt, lebt gerade in der Scheidung und hat eine Tochter, die vier Jahre alt ist. Die Schwiegermutter ist an allem schuld. Seine Ex-Frau kann ja gar nichts alleine entscheiden. Die tut nur das, was die Schwiegermutter sagt. Die macht alles wie Mutti. Und jetzt will sie ihm partout das Kind nicht geben. Nick ist ein Opfer. Klarer Fall.
Tigerlilly fragt: „Warum willst Du denn das Kind sehen? Warum kämpfst Du?" Er sagt etwas von Stolz, von Überzeugung, dass Mutti schlecht für das Kind sei, von schlechtem Gewissen, von Verantwortung. Er sagt nichts von Liebe. Tigerlilly langweilt sich. Nick redet und redet und redet. Er hat sich bei Tigerlilly ausgekotzt, sie hat ihm den Eimer gehalten, und er hat dankbar seine stinkend langweilige Brühe von sich gegeben, bis Tigerlilly laut gefragt hat: „Was hat das alles mit mir zu tun? Das hier ist unser erster gemeinsamer Abend. Hast Du mir sonst noch etwas zu sagen?" Nick sagt nichts mehr.
Einen Tag später kommt eine E-Mail von Nick: *Es war schön sich mal aussprechen zu können. Können wir Freunde sein?*

Alles in Tigerlilly schreit „NEIN!“. Sie hat ihm nicht geantwortet. Die Welt ist voll von Nicks. Beim nächsten Date, das sie hat, fängt der Mann an zu weinen, weil es mit den Frauen so schrecklich schwierig für ihn ist. Tigerlilly versteht, warum der Mann, bei dem sie angefangen hat zu weinen, sie nicht wiedersehen wollte. Ein Mann, dem sie den Namen „Zauberer“ gegeben hat, schickt ihr jeden Tag eine Kurznachricht auf ihr Handy, er weckt sie mit zauberzarten Worten auf und schickt sie mit sternengiltzernden Worten in den Schlaf. An dem Tag, an dem sie sich treffen, schreibt sie ihm: *Ich weiss nicht, was ich anziehen soll. Er schreibt: Komm, wie Du bist!*
Sie zieht ihren schwarzweiss karierten Rock an, einen schwarzen Rollkragenpullover, der aus einer anderen Ecke ihres Schrankes hervorgekrochen kam, die anderen schwarzen Stiefel, in denen sie der Mann an der Tankstelle angequatscht hat und einen Umhang, der aussieht, als hätte Miss Marple ihn ihr vererbt. Sie reden lange und viel und trinken Wein und lachen. Er küsst sie zum Abschied auf die Wange, rechts, links, rechts und sagt beseelt hoffnungsvoll: „Das war ein ganz schöner Abend für mich. Ich möchte Dich unbedingt wiedersehen.“ Tigerlilly sitzt in der Bahn und weint. „Der ist es“, denkt sie. Tigerlilly hat das Gefühl, die Worte, die sie an diesem Abend gesagt hat, waren die ganze Zeit nur deswegen in ihr, um sie ihm zu sagen. So besonders war das Treffen. Gleich am nächsten Tag schreibt sie ihm zurück.

Lieber Zauberer,
das war ein superschöner Abend. Wann sehe ich Dich wieder?
Herzlich,
Tigerlilly

Sie bekommt keine Antwort. Einen Tag nicht. Zwei Tage nicht. Drei Tage nicht.
Caroline sagt: „Ungeduld zerstört die Liebe.“
Nach einer Woche fragt Tigerlilly nach, warum er nicht antwortet.

Er schreibt:
Hallo, Tigerlilly,
ich habe viel zu tun. Wie wäre es mit einem gemeinsamen Mittagessen?
Gruss,
Zauberer

Sie treffen sich, er zahlt ihr Essen und sagt zum Schluss: „Schau, Tigerlilly, ich wollte Dich nur nochmal sehen, um mir sicher zu sein. Mein Bauch sagt mir, dass ich nichts für Dich empfinde. Und auf meinen Bauch kann ich mich immer verlassen."
Tigerlilly fragt sich, ob Männer überhaupt einen Bauch haben.
„Wir können Freunde sein, wenn Du willst."
Tigerlilly nickt. Seitdem hat sie ihn nicht wieder gesehen.

Das war eine Variante einer Verabschiedung. Es gibt im Parship einen Button, der heisst „Für immer verabschieden". Man kann aus vorgegebenen Varianten wählen, welchen Grund man für die Verabschiedung angeben möchte:
Ich habe den Eindruck gewonnen, wir passen nicht zueinander.
Ich möchte derzeit keine weiteren Kontakte.
Ich verfolge gerade einen anderen Kontakt.
Die Entfernung ist mir zu gross.
Man kann sich auch ganz ohne Grund verabschieden. Einfach so. Man kann sehen, wann wer eingeloggt war, ob er das eigene Profil besucht hat und wie viele Tage die Mitglieder schon dabei sind. Wenn man will, kann man kontrollieren, welche Gewohnheiten die Männer haben, denen man schreibt. Ob sie sich einloggen, ohne zu schreiben, zum Beispiel. Warum wohl schreiben sie einem nicht, wenn sie doch eingeloggt waren? Man kann seine Partnervorschläge nach diversen Auswahlkriterien sortieren. Man kann nach Gehaltsklassen suchen, nach Kinderwunsch oder nicht, nach Alter, Wohnort und vielen anderen Möglichkeiten, die die leidigen Irrtümer minimieren sollen. Und das alles bietet Parship an, um die Menschen glücklich zu machen, denn Liebe muss kein Zufall sein. Tigerlilly will sich nicht mehr treffen. Die Monate sind vergangen. Wieder ist es kurz vor Weihnachten. Und wieder sieht es so aus, als würde sie alleine feiern. Einer ist da noch, den hat sie noch nicht getroffen. Der Maler der schönen Worte. Sie weiss gar nicht, ob sie ihn treffen will. Im Internet ist alles so schön einfach. Es gaukelt einem vor, dass man einander nah ist, aber die frustrierende Wahrheit ist, dass man in der Virtualität eine unter vielen ist. Und es gibt immer eine Bessere. Für echte Nähe braucht es ein Gegenüber, jemanden, der einen sieht, einen als Menschen in seiner Einzigartigkeit wahrnimmt. Es braucht Menschen, die sich öffnen, sich zeigen und zu sich stehen. Im Internet stellen die Frauen Bilder ein, die nicht sie selbst zeigen, sondern schöne,

schlanke, sportliche Oberflächen. Die Männer tendieren dazu, ein Alter einzustellen, das um einige Jahre nach unten von der Realität abweicht. Und sie haben oftmals mehrere Anzeigen im Internet, eine, um eine Domina zu finden, eine andere, in der sie eine Freizeitbekanntschaft suchen. In beiden Fällen suchen sie dasselbe, Abwechslung, weil sie nicht dazu gemacht sind, jahrelang auf ein und denselben Menschen Lust zu haben. In beiden Fällen sind sie nämlich verheiratet und haben zwei ganz entzückende Kinder, auf die sie sehr stolz sind. Trennen wollen sie sich nicht. Sie wollen doch das Schlimmste nicht tun, denn dann wären sie ja schuld. Einige Männer finden, dass sie ja nicht damit aufhören, Mann zu sein, nur weil sie in einer festen Beziehung leben, und sie wollen nicht darauf verzichten, spannende Frauen kennenzulernen. Es dauert, bis Tigerlilly den Wert dieser Männer erkennt, denn diese suchen wenigstens immer den echten Menschen im anderen und wenden ihre Aufmerksamkeit dem zu, wofür sich Tigerlilly interessiert. Dann entsteht Nähe. Für echte Nähe braucht es eine Form von Rückmeldung, so, wie wenn man in eine Flasche bläst und ein Ton erklingt. Erst dann weiss man, dass man den richtigen Ansatz hat. Tigerlilly zweifelt daran, ob es überhaupt schon Zeit für sie ist, den letzten Mann ihres Lebens zu finden. Sie sitzt in ihrem Lieblingsrestaurant in Zürich, im Turm, direkt unter den Sternen, und überlegt, ob es nicht einfacher wäre, erstmal gemeinsam etwas mit einem Mann zu unternehmen und dann mit einem anderen Mann etwas anderes, und wenn es schön war, sich gemeinsam in eine Richtung bewegt zu haben, es gegebenenfalls zu wiederholen. Das wäre ein echter Fortschritt. Nur, wie kriegt sie einen Mann dazu, sich mit ihr in eine Richtung zu bewegen, wenn man ihn nicht dazu zwingen kann? Das Internet ist zwar schnell, aber wenig fortschrittlich, findet Tigerlilly. Es hilft einem dabei, das, was man glaubt haben zu wollen, zu suchen, und nicht dabei, das kennenzulernen, was einem tatsächlich begegnet. Ein Gespräch, in dem man von dem anderen etwas erfährt, findet fast nie statt, ein Date ist eigentlich immer eine Fleischbeschau. Die Bauern und Bäuerinnen gehen auf den Markt, machen hier mal den Mund des Gegenübers auf, schauen dort die Zähne an, streichen an anderer Stelle durchs Fell und heben mal den Fuss, dann beurteilen sie nach ihren bisherigen Erfahrungen. Und fast immer urteilen sie schlecht, zumindest in Tigerlillys Fall. Niemand fragt nach der Geschichte hinter der Geschichte. Fast niemand. Nur die Ausnahmen.

10.10.2005 18:49

Kontaktanfrage

Hallo, hier bin ich, Tigerlilly. Neunundachtzig Matching-Punkte, das ist doch mal ein Anfang. Ich wüsste nämlich sonst nicht, wie ich bei zweitausendfünfhundertsiebenundfünfzig Kontakten, die irgendwie auf mein Profil mehr oder weniger gut passen, beginnen soll. Du bist der Einzige mit neunundachtzig Punkten. Und zusätzlich der mit den meisten Matching-Punkten zu meinem Profil.

Ich habe gerade eine Woche auf Kreta hinter mir und sitze jetzt auf der Arbeit, habe mich durch meine dreihundert geschäftlichen E-Mails gekämpft und treffe mich später noch mit einer Freundin zum Sushi-Essen. Ich war das erste Mal in meinem Leben alleine verreist und habe ausserordentlich Gefallen daran gefunden. Man ist um so vieles aufmerksamer für die Seltsamkeiten des Lebens, und ich habe die Zeit „mit mir" sehr genossen. Ich habe mir an einem Tag spontan ein Motorrad ausgeliehen und bin zweihundertfünfzig Kilometer über die Insel gebrettert, nach einem Jahr Motorrad-Abstinenz vielleicht etwas viel, but I did it. Ich hab immer ein bisschen Angst, aber mit Angst bezahlt man die Abenteuer eben. Zwei Tage habe ich mich mit einem Auto auf die Spur der Götter gemacht und Erinnerungen an meinen siebenjährigen Altgriechischunterricht reanimiert (allein die Fähigkeit, die Schrift zu lesen, hat mir einen klaren Vorteil verschafft, würde ich sagen), die heilige Maria habe ich mir auch erwandert, ganz grosse Klasse war besonders das Bad danach im Libyschen Meer, in dem sich die schmerzenden Enden meiner Beine bald wieder wie Füsse angefühlt haben. Ich mag es sehr, einfach drauflloszufahren, ich kann einfach nie die Zeit finden, mich so richtig auf eine Reise vorzubereiten, und lasse mich gerne vom Moment überraschen. Am Freitag bin ich dann zurückgekommen, habe meine Sachen in die Ecke geschmissen und bin am Samstag nach Berlin geflogen, um mit meinem besten Freund in ein Konzert zu gehen, Tim Fischer. Ein Chansonnier, der leider in der Schweiz recht unbekannt ist. Mich rührt seine Erscheinung, und ich geniesse seine Konzerte sehr.

Eigentlich mag ich es, wenn so viel los ist, aber ich bin eben auch immer ein bisschen auf der Flucht und habe so eine Ahnung davon, dass es noch schöner sein könnte. Diese spontanen gemeinsamen Momente haben mich gerührt in Deinem „Du über Dich".

Tja, was schreibt man denn nun einem Schweizer Arzt, damit er zurückschreibt. Ach, ich bin so eine elende Anfängerin. Hm, wie wär's mit einem mutigen „Bitte schreib zurück, wenn Du magst".

Ich würde mich sehr freuen.
Liebe Grüsse
Tigerlilly

05.11.2005 21:44
gnoti seauton

Liebe Tigerlilly,

was soll der Schweizer Arzt denn antworten, er, der selbst mühsam sich durch den Altgriechischunterricht gekämpft hat, diesen aber dann doch auch anregender fand als das trockene Latein, der mit seiner Arbeit als Hausarzt voll im Leben seiner „Gemeinde" steht (fändest Du einen Pfarrer auch noch attraktiv? eben) und momentan gerade von der Grippehysterie, mit und ohne Vögel, aufgefressen wird. Und doch das Arbeiten, den Flow, diese Energie ebenso geniesst wie Du, die Du ja auch stets auf der Flucht bist.
Wir haben sicher gemeinsame Eigenschaften, könnten uns gut miteinander unterhalten. Wahrscheinlich. Doch müssten wir Fluchtmenschen zuerst mal den Fluchtpunkt in einen Ruhepunkt umwandeln, wenigstens temporär.

Herzliche Grüsse
P.

07.11.2005 10:02
Panta rhei!

Guten Tag nach Basel,

ja, ich würde auch einen Pfarrer attraktiv finden, sogar fast noch mehr als einen Arzt. Ich trage mich mit dem Gedanken, Theologie zu studieren, da ich, was Studium und bisherigen Beruf angeht, zwar Erwartungen erfüllt, mich durchgebissen habe und auch erfolgreich war, aber zur Abwechslung würde ich gerne mal etwas machen, was mich interessiert :-))) und so richtig auf dem Hocker festnagelt, etwas, in dem ich versinken kann und vor dreiundzwanzig Uhr nicht wieder auftauche, und wenn doch, dann erst, nachdem ich einen Kuss auf meinen heissen Kopf und ein Glas Wein in meine mit schlechter Lernluft aufgefüllte Höhle gebracht bekommen habe. Der Anfang zu alldem wäre sicher, mit einem Pfarrer Kaffee zu trinken, auch der Arzt, der sich selbst erkennt, wäre ein Anfang, nur sieht es bei Dir ja eher schlecht aus. Wo Du gerade aufgefressen wirst. Ich erkenne natürlich an, dass Du Deine Arme und etwas Zeit irgendwie vor dem Dich auffressenden Monster gerettet hast, um mir zu schreiben. Danke!

Falls Du dieses Monster bezwingst, dem heldenhaften Odysseus gleich, oder zumindest ein bisschen Zeit rausschinden kannst für ein Date mit Artemis, dann opfere mir doch nochmal zwei Minuten für eine E-Mail, ich hab wahrscheinlich mehr temporäre Ruhepunkte im Moment zur Verfügung und würde Dir mit göttlicher Energie entgegenfliessen. Irgendwie.

Liebe Grüße
Tigerlilly

07.11.2005 22:02
RE: Panta rhei!

Liebe Tigerlilly,

Odysseus hat wieder mal zwei Minuten, um hinter dem Rücken von Kirke in die wunderbare Welt des Internets zu glotzen und, wie er es ja immer macht, dieser Antikenheld, einer weiteren Frau zu schreiben. Odysseus ist ein Schlitzohr, ein gerissenes. Kann mich mit ihm nur teilweise identifizieren.

Was soll ich aber sagen, wenn die göttliche Tigerlilly selbst mit ihrer Olymp-Power aus dem Controller-Mief mir entgegenschweben möchte? Was für eine Götterdämmerung! Könnte ich im Alltag der einfach schuftenden „douloi" durchaus ertragen, wo es nur nach Blut, Exkrementen und Schweiss riecht. So, stopp, ganz so arg und dramatisch ist's nun in meinem Berufsalltag auch wieder nicht, aber auch Odysseus musste neben dem Kämpfen, Lieben, Herumalbern, Singen, Spielen und Segeln sicher auch ein banales Bedürfnis decken, auch ihm wurden im Alter, doch darüber schweigt sich der blinde Sänger weise aus, die Windeln gewechselt und der Topf hingestellt.

Deshalb lieber zauberhaft romantische, geruchsfreie Götterstimmung ins Wohnzimmer beamen.

Übrigens: Theologie hätte ich auch gerne studiert, aus Interesse am Menschen, nicht an der Kirche.

Schönen Abend!
P.

08.11.2005 10:17
Das Drama mit den Helden ...

... ist eben, dass sie alle eine tragische und unzuverlässige Seite haben, Odysseus, Paris, Agamemnon, Achill ... alle miteinander ... und trotzdem möchte man als Göttin doch einmal in ihren Armen liegen und sich für einen Moment von der Sinnlosigkeit des alltäglichen Treibens erholen, anlehnen und die Schönheit ihrer Welt durch die eigenen Augen sehen, auch wenn man dafür tief in die Trickkiste greifen muss, intrigieren, manipulieren, ja, sogar vor dem Tod würde man nicht zurückscheuen. Ich wäre am 8.12. eh in Basel, wegen einer Weihnachtsfeier meiner Firma. Möchtest Du dem Anlass vielleicht etwas mehr Sinn geben und Dich mit mir treffen? Du dürftest die Göttin für eine Stunde entführen, in Dein Lieblingscafé, Restaurant, whatever, wenn Du auch dort für zauberhaft romantische, geruchsfreie Heldenstimmung sorgen kannst.
Kannst Du?

Gruss
Tigerlilly

PS: Auch mein Interesse sind die Menschen und dieses Buch der Bücher, ich könnte mir auch vorstellen, eine Gemeinde zu leiten und

Segen zu sprechen. Das aber wäre nicht vorderstes Ziel des Studiums. Der Weg ist das Ziel :-).

08.11.2005 22:00

Der Weihnachtsheld

Liebe Tigerlilly

Also ob die Stimmung geruchsfrei wird, diese Aufgabe aus dem Olymp müsste ein zu Höherem Berufener lösen. Da müsste ich doch wohl glatt Dir einen göttlichen Nasenklemmer überziehen, was das schöne Näschen wohl nicht leiden wird. Rauchfrei jedoch ist ein MUSS.

Der 8.12. könnte gehen, welche Stunde gewährt denn die der Ewigkeit verschriebene Göttin? Vor oder nach dem Weihnachtspunsch? Womit wir mit einem grossen Bruch von der Antike in die kirchlichen Frühzeiten gerissen werden. Wenigstens dürfte Alkohol und Weihnacht älter sein als Männer und Weihnacht. Und das Ganze sowieso aus den Saturnalien der Römer, dem Dionysoskult und so weiter entstammen. Und damit wieder zurück zur Antike. Schrecklich, dieser frühmittelalterliche Bruch. Ich kann mir gar nicht vorstellen, wie die Leute damals fast 1000 Jahre gelebt haben, bis wieder etwas mehr Kultur entstanden ist. Brrr!

Herzliche Grüsse
P.

09.11.2005 17:24

Das Orakel ...

... habe ich wegen einer Uhrzeit und generell wegen der Aussichten unseres gemeinsamen Vorhabens befragt. Wie Orakel eben so sind, nebulös bis völlig überflüssig, weil sich am Ende das bewahrheitet, was man vorher nicht verstanden hat, habe ich keine klare Ansage bekommen, wann und wo genau diese Feier jetzt stattfindet. Ich würde mich allerdings gerne vorher mit Dir treffen. Ab wann könntest Du denn?

Und an Weihnachten denke ich noch gar nicht. Brrr.

Liebe Grüße
Tigerlilly

12.11.2005 19:38
RE: Das Orakel ...

Liebe Tigerlilly

Die Dämpfe der Orakelspalte waren mir etwas gnädiger. Orakel sind aber immer so mehrdeutig, dass ich einfach mal in meinem Zeitplan 16.30 bis 17.30 freigemacht habe. An Donnerstagnachmittagen ist Besuchszeit angesagt, die Tour durch die Altersheime und Hausbesuche ist daher in etwa planbar.

Wie Orakel so sind, hat es bei mir am Abend des 8.12. ebenfalls ein Weihnachtsessen mit Medizinkollegen hineingeschneit. Happy-X-mas-Stimmung also, gut, vorher noch etwas Vernünftiges zu schwatzen.
Herzliche Grüsse
P.

14.11.2005 16:02
Abgemacht!

Ich bin dabei.
Lass mich wissen, wo ich hinkommen soll und wie ich Dich erkenne.
Bitte kein Foto :-).

Liebe Grüsse
Tigerlilly

17.11.2005 21:25

RE: Abgemacht!

Liebe Tigerlilly

Okay, wir werden uns in BS sehen am 8.12. als Apéroüberraschung unserer Weihnachtsevents. Ich werde mich melden mit wo, wann etc. Bist Du per SBB da oder im Auto?

Herzliche Grüße
P.

18.11.2005 09:24

RE: RE: Abgemacht!

Das weiss ich doch jetzt noch nicht. Im Zweifelsfall eher mit der Bahn, aber sicher ist bei mir bis zur letzten Sekunde nichts :-))).

Meld Du Dich mit Ortsangaben, dann schultere ich meinen Bogen und sag Dir Bescheid, ob ich es allein finde oder eine Spur von fluoreszierenden Leuchtkäfern vom Bahnhof bis dorthin brauche :-))).

Liebe Grüsse und schönes Wochenende
Tigerlilly

21.11.2005 00:59

RE: RE: RE: Abgemacht!

Leuchtkäfer? Du meinst wohl Pheromone. Tigerlilly pirscht sich doch mit einer unglaublichen Tigernase auf dem Schweiss des Wildes durch die Grossstadt, denkt man heutzutage.
Wahrscheinlich würde die Göttin dank verbrutzelten Fettmolekülen heute sofort im nächsten McDonald's landen, d. h. im Bahnhof Basel bleiben.
Ich werde mich melden, mit oder ohne Käfer.

Herzliche Grüsse und guten Wochenstart!
P.

22.11.2005 14:48
Tigernase

... wusstest Du, dass Tiger vierzehnmal besser riechen können als Menschen? Ebenso wie Hunde, ich frag mich immer, wie so ein Hund leiden muss, wenn er Grillhähnchen riecht.

Die Göttin ist anscheinend nicht sehr göttlich. Die Männer, die sie mutig bisher aus dem Parship getroffen hat, konnten nichts bei ihr finden, was man lieben könnte, einer immerhin kann sich vorstellen, freundschaftlich mit mir zu verkehren, das ist viel wert. Vielleicht sind meine Pheromone zu schwach! Könnte frau eine Tablette gegen zu wenig Pheromone oder zu hohe Erwartungen nehmen, ich würde sie schlucken, jeweils in der Menge der Ladung eines ganzen LKW. Doc, Du wirst für dieses Jahr mein letztes Date sein. Es hat mir einfach Spass gemacht, mit Dir zu mailen, und da sind immer noch die neunundachtzig Matching-Punkte. Ein nettes Date kriegen wir allemal hin. Ich werde das böse Wort Vogelgrippe nicht erwähnen und natürlich drei Tage vorher darauf achten, keinen gerontologischen Kontakt zu haben, damit Du Dich nicht von vornherein auf dem Absatz umdrehst.

Erwarte nähere Angaben von Deiner Seite und werde nochmal „Das Parfum" lesen. In der Hoffnung, dass etwas von den Seiten des Buches auf mich überspringt und Dir über die Atmungswege unter die Haut direkt ins Hirn kriecht.

Bis dann
Tigerlilly

22.11.2005 22:10
RE: Tigernase

Liebe Tigerlilly

Nur vierzehnmal? Ich dachte Hunde riechen hundertmal besser als Männer und siebenmal besser als Frauen.

Keine Angst, die Pheromone sind nicht so entscheidend. Jedenfalls nicht nur und nicht immer bei unserer Rasse. Noch einer aus der Tierwelt:

Hast Du gewusst, dass Singvögel nur dank ihren Östrogenen so schön singen können? Ein Vogel in der Menopause wird stumm.

Was ist ein gutes Date? Was für Erwartungen hast Du? Ich versuche sie alle zu übertreffen. Und was heisst gerontologischer Kontakt? Sex mit Mumien?

Wir werden (uns) ja sehen.

Herzliche Grüsse
P.

PS: Die neunundachtzig Punkte sagen überhaupt nichts aus, nur dass wir ein paar Fragen im richtigen Ausmass konträr beantwortet haben.

23.11.2005 14:11
Prinz auf Pferd

... so ähnlich sind meine Erwartungen. Völlig realitätsfern, zumal ich wohl sehr wenig Prinzessin bin (ich kann alleine Weinflaschen öffnen, Waschbecken montieren, Heizungsrohre löten, Löcher in die Wand bohren ...) und doch gerettet werden will von den vergangenen dreiunddreissig Jahren, die ich grösstenteils ohne Männer verbracht habe. Ich TROTTEL. Und jetzt steh ich da, fast vierzig (kennst Du den Film „Harry & Sally" ?), und stelle fest, dass mir etwas fehlt im Leben.

Also, Doc: Du hast alle Chancen der Welt, meine Erwartungen zu übertreffen, würde ich sagen ;-).

Ich weiss natürlich, weil ich ja schon ein grosses Mädchen bin, dass unglaublich viel Glück dazu gehört und die Götter an zig Rädern drehen müssen, damit man einem Menschen begegnet, der irgendwie zu einem passt, und selbst wenn man ihm begegnet, weiss ich, dass nochmal mehr Glück dazugehört, um ihn als einen solchen Menschen zu erkennen, und dann kommt harte Arbeit auf einen zu, weil man zu zweit Herausforderungen bestehen muss, die man alleine nie gehabt hätte. Und neunundachtzig Matching-Punkte haben mit alldem nichts, nichts und nochmal nichts zu tun. Und es gibt nicht annähernd genug

Pferde, um all die Frauen dieser Welt zu retten. Und dreiunddreisig Jahre ohne Männer machen selbst den stärksten Helden mutlos. Weiss ich alles.

Ein gutes Date nach Relativierung all dieser realitätsfernen und überladenen Vorstellungen und nach Zusammennahme allen Mutes, mich mit dem, was übrig bleibt, trotzdem/gerade aus meiner Ecke zu trauen, ist für mich also eine Gelegenheit, einen schönen Abend zu haben, ein Glas Prosecco zu trinken, ein bisschen von mir zu erzählen und zu sehen, ob Du damit etwas anfangen kannst, ein bisschen von Deiner Geschichte zu hören und zu sehen, ob ich damit etwas anfangen kann. Eben für ein paar Minuten in eine besondere Atmosphäre abzutauchen, in der wir uns begegnen. Es wäre doch mal schön, wenn an diesem Abend nichts entschieden werden muss, auch am nächsten Tag nicht und man sich sympathisch genug ist, danach mal spontan zusammen in die Oper zu gehen, ein paar Tanzschritte gemeinsam zu wagen oder so und zu sehen, wer der andere so ist. Das wäre schön. Und wenn nicht, geht die Welt auch nicht unter, ich werde weiter mit offenen Augen durch die Welt gehen, das Leben weiterhin in vollen Zügen geniessen und üben, üben, üben. Ich bin in der beneidenswerten Lage, dass ich nichts zu verlieren habe.

Hört sich das kompliziert an? (Das war eine rhetorische Frage, die keine Antwort impliziert, weil ich die Antwort bereits kenne. Die anderen Männer haben gesagt, sie hätten alle einen netten Abend gehabt, ich sei lustig, humorvoll, tiefgründig, sensibel und könnte mich im Gegensatz zu mancher meiner Geschlechtsgenossinnen recht gut artikulieren. Reicht Dir das?!)

Was ist denn für Dich ein gutes Date? Was sind Deine Erwartungen (kann ich diese ansatzweise erfüllen)?
Und nochmal das Tierreich: Wusstest Du, dass Delfine im Team eine Flutwelle am Ufer erzeugen können, indem sie zu mehreren im Halbkreis aufgestellt alle auf einmal mit Schwung an Land schwimmen? Damit befördern sie einen Schwarm Fische an Land, die sie im Wasser nicht fangen können. Man kann sie dadurch sehen, dass die Möwen irgendwie vorher mitkriegen, wo genau am Ufer sie auftauchen, und auf genau diese Welle warten, um zwei oder drei Fische pro Welle abzukriegen.

Gute Kommunikation, findest Du nicht?
Liebe Grüsse
Tigerlilly
Brrr! Sex mit Mumien. Dann doch lieber ganz normal am Strand, im Schnee, während der Fahrt im Auto!

24.11.2005 00:25
RE: Prinz auf Pferd

Liebe Tigerlilly

Wenn Du Deine Wortpfeile nur halb so gut abschiesst wie die Schriftpfeile, werde ich mit den anderen Männern wohl in ein Loblied der unterhaltsamen Kommunikation einstimmen können. Ich amüsiere mich an Deinem Ideengang stets, frage mich aber auch, was da zwischen den Zeilen dahinter vorblinkt. Der Wunsch, verstanden und geliebt zu werden und vom „Ritter" trotz glänzender Wortrüstung erobert zu werden? Nun, ich senke mal das Scharnier und wetze die Lanze.

Gehen die Delfine an Land zum Futtern? Was machen sie mit den angespülten Fischen? Da lob ich mir doch die Möwen: abwarten, die anderen die Arbeit machen lassen und den Gewinn abschröpfen. Möwen sind echt smart, suggeriert das Beispiel aus dem Tierreich, aber Kommunikation, das muss ich zugeben, ist bei den Delfinen sicher sehr gut entwickelt für solch eine Teamarbeit.

An was erkenne ich Dich eigentlich beim Treffen? Wollen wir den Nelkentrick versuchen?

Herzliche Grüsse
P.

25.11.2005 08:43
Oh, schön ...

... Du bist ein mutiger Mann.
Ja, es hört sich ganz einfach an, hm? Mein Wunsch, verstanden und geliebt zu werden, ist nicht weniger gross als der, aus ganzem

Herzen zu lieben, leidenschaftlich, mutig, frei. Jetzt schauen wir mal, was Du hinter meiner Rüstung aus Worten entdeckst. Spannend. Ist irgendwie wie bei einem Buch, das man aufschlägt. Ich versuche Dir eine fesselnde erste Seite zu liefern.

Und was ist mit Dir? Nimmst Du die Schrift ebenfalls als Fassade, Du bist ja kein schlechter Partner, was den Ideenreichtum, die Fantasie und die „Verpackungskunst" angeht. Was suchst Du, wenn Du Dich mit mir triffst? Oder bist Du gar Ritter durch und durch, und die Eroberung ist Dein einziges Ziel? In dem Fall: Auch erobert zu werden, finde ich spannend. Deine Gegner sind in meinem Fall jedoch nicht zig andere Ritter, denen Du mich aus den Händen reissen musst, um mich als Trophäe nach Hause zu tragen!

Ich wünsche mir, dass es Dir weiterhin Spass macht, mich zu entdecken.

Wir werden uns finden, ganz sicher, ganz ohne Nelke. Willst Du meine Telefonnummer haben? Nur zur Sicherheit?

Du musst mir natürlich immer noch sagen, wo ich hinkommen soll, oder mir eine aussagekräftige Spur vom Bahnhof zu Dir legen, der ich folgen kann.

Ich tauch jetzt mal fürs WE ab. Ich sitze gerade in unserem Büro, es ist sch... früh am Morgen. Ich kalkuliere gerade Millionen Inder in die Schweiz und wieder zurück. Was für ein Blödsinn!

Liebe Grüsse, hab ein schönes Wochenende im ersten Schnee.
Tigerlilly

PS: Das müssen ganz besondere Fische sein, derentwegen die Delfine diesen Aufwand betreiben. Sie befördern die Fische an Land, schnappen die, die sie kriegen und die die Möwen nicht klauen, und lassen sich vom Ufer ganz langsam wieder ins Wasser rutschen. Vielleicht macht ihnen das auch einfach nur Spass. Hab letztens eine Reportage auf BBC darüber gesehen.

01.12.2005 00:14

Was ist los?

Lieber P.,
bist Du bis über beide Ohren in eine andere Frau verliebt oder von einer Planierraupe überrollt worden? Welchen anderen Grund könnte es haben, dass ein anfangs anscheinend so mutiger Mann nicht mehr zurückschreibt?

Ich bin einfach immer so ein bisschen in Wartehaltung, das tut mir nicht gut. Ich fahre jetzt bis Dienstag nach London und würde mich über eine Nachricht von Dir freuen, besonders, wenn Du unser Treffen absagen willst, damit ich es an einen der anderen Männer in meiner Pipeline vergeben kann :-).
Liebe Grüsse
Tigerlilly

04.12.2005 21:24

Götter im Anmarsch

Liebe Tigerlilly

Das E-Mail-(Fege-)Feuer darf ruhig auch mal vor sich hin glimmen. Nix ist los, alles scheint klar, wir werden uns am Donnerstag in Basel sehen.

Kannst Du Stille ertragen? Hältst Du Ruhe aus? Wo musst Du den anderen spüren, um Dir seiner ganz sicher zu sein? Ich sehe schon, Nähe und Grenzen und Zeit und Raum, die ewigen Themen, kommen da wieder mal ganz knallhart auf uns zu.

Hatte heute gemütlich mal wieder im Beilagenteil der „Basler Zeitung" gelesen, der ja identisch ist mit „TagiMagi", „Berner Zeitung" und vielleicht noch einem anderen Druckprodukt und damit vielleicht auch Dir in den Briefkasten flattert. Was steht da nicht alles gut zusammengeschrieben über die kinderlosen Frauen gegen vierzig zu mit Panik oder der späten Erkenntnis, dass das Kinderkriegen recht schwierig werden kann. Jedoch: Das sind alles Paare mit zum Teil schon jahrelanger gemeinsamer Vergangenheit. Trotzdem klappt es nicht, trotzdem leiden die Paare und brechen fast auseinander oder doch schon ganz. Was entscheidet über Glück oder Unglück? Zeit ist nicht der einzige Faktor, der zählt, auch nicht die menschliche Biologie, die Existenz einer Partnerschaft und nicht einmal die Erfüllung oder Nichterfüllung eines Wunsches, hier mal Kinderkriegen als Beispiel. Vielleicht entscheidet nur unser eigenes ideelles Korsett, das wir unserer Wirklichkeit anziehen, über unser ebenfalls individuell empfundenes Glück oder Unglück. Angst und Sorgen sind in diesem Korsett mit eingeschlossen.

Ich darf Dich daher beruhigen: Wenn ich mich mal ein paar Tage nicht melde, so ist das kein Todesurteil für unser Date, keine Aufforderung, die Pipeline zu spülen (bevor all die Männer darin zur Wandererosion beitragen), sondern einzig eine Pause im Gespräch.

Ich möchte Dich gerne diesen Donnerstag 16:30 in Basel sehen im Eingang des Tinguely-Museums. Da die Göttin live zu mir kommt, kann ich mir die Antikensammlung schenken. Jedoch möchte ich gerne in einen anderen alten Mythos abtauchen. Warum nicht mit Dir? Ich lege Dir eine Beschreibung bei.

Und hey, wenn wir nicht gerade das Traumpaar werden oder gemeinsam ein Tantrastudio gründen, dann haben wir doch etwas für unsere archaischen Wurzeln getan. Und wieder mal gelernt, dass Zeit nur in unserer Kultur so ernst genommen wird. Gemeinsam über sich selber lachen ist auch schon eine wunderbare Perle.

Ich freue mich auf Donnerstag. Du erkennst mich übrigens leicht an meiner Grösse, Haare glatt auf den Kopf geklatscht, Gesicht Typ Pferd, länglich, Brillenträger, bart- und schnurrbartlos, unwiderstehliches Lächeln (soll meine Unsicherheit überspielen), schlank, wahrscheinlich eher sportlich-businesslike mit Jackett/Krawatte daherkommend von der Arbeit. Das Stethoskop könnte ich mir umhängen, wenn es Dir hilft.
Ich freu mich: Enjoy London.

P.

PS: Ein Auszug aus der Webseite: John Mawurndjul lässt uns in seinen Tafeln ein vielen unbekanntes Land und eine faszinierende Kultur entdecken, die durch das Fehlen einer Schriftsprache eine reiche Bildtradition hervorbrachte.

Im Zentrum der Ausstellung stehen circa 75 ausgewählte Werke des 1952 in Western Arnhem Land (Nordaustralien) geborenen Rindenmalers. Sie zeigen seine aussergewöhnliche persönliche Entwicklung von den 1970er Jahren bis heute. Damit wird eine reife zeitgenössische Künstlerpersönlichkeit vorgestellt, deren Wirken in geografischer Distanz zu den Zentren des Kunstbetriebs eine fruchtbare Spannung erzeugt. Die visuell attraktiven Werke Mawurndjuls stellen westlich geprägte Arbeits- und Sehweisen genauso in Frage, wie sie den kultureigenen Überlieferungen der Aborigines ein ganz neues Gesicht geben. Der Künstler verändert das Bildgeschehen in einem kontinuierlichen Prozess der Transformation: Abbilder figurativer Wirklichkeit werden in einen bis an die Grenzen des Abbildbaren reichenden Raster (rarrk in Kuninjku) eingebunden, formal verdichtet und verschlüsselt.

06.12.2005 22:18
Tigerlilly kommt

Lieber P.,

es liegt mir sehr an den Feuern in meinem Leben. Gerade bei neuen Feuern bin ich anfangs besonders besorgt. Wenn ich das Holz kenne, mit dem ein Feuer brennt, entspanne ich mich schnell. Das Loslassen habe ich brav gelernt, das Hoffen jedoch noch nicht verlernt. In der Phase der Ungewissheit ist meine Hoffnung mindestens so gross wie meine Angst, eine Woche Warten macht da für mich etwas aus, es ist eine Zeit, in der alles möglich ist! Ich habe mich über Deine schöne Antwort sehr gefreut, vielen Dank, keine Entschuldigungen, keine Ausflüchte, keine Enge, Du bist einfach da. Warm fühlt sich das an.

Ja, ich kann Stille aushalten, mich schmerzt manchmal die Leere in mir, wenn ich mit mir alleine bin, es ist wie bei einem Luftballon, den man nach langen Jahren aufbläst. Ich lerne immer mehr, damit umzugehen. Ruhe finde ich sehr selten in mir, Beständigkeit habe ich bisher wenig erlebt und auch nicht als erstrebenswert angesehen („... nur, wer bereit zu Aufbruch ist und Reise ...", „Die Stufen" von H. Hesse, ich habe es *inhaliert), aber mittlerweile stelle ich es mir auch mal schön vor. Ich würde es gerne besser aushalten können, vielleicht sogar mal geniessen können. Auf Amrum kann ich beides sehr gut. Dort werde ich Weihnachten hinfahren, und ich freue mich sehr darauf. Ich glaube, es geht weniger darum, wo ich den anderen spüre, oder darum, mir seiner ganz sicher zu sein. Wenn ich mir eines anderen Menschen in meiner Nähe nicht sicher bin, dann hat das massgeblich damit zu tun, dass ich mir meiner selbst nicht sicher bin. Es wäre ungerecht, einem Menschen, der für mich etwas empfindet, da etwas vorzuwerfen. Er kann diese Lücke niemals im Leben schliessen. Ich habe zum Beispiel ganz wundervolle Freunde, und trotzdem kurz vor meinem Geburtstag manchmal Angst, dass keiner an mich denkt. Das ist eine Aufgabe in meinem Rätsel, nur ich kann sie lösen. Ich brauche die Zeit mit mir allein dafür ganz dringend, nehme sie für mich in Anspruch und nutze sie mal weise, mal weniger weise. Das würde ja die These in dem von Dir erwähnten Artikel bestätigen, ich finde, Glück, besonders das, welches einem selbst widerfährt, ist harte Arbeit! *philosophierphilosophier**

Ich sehe mir nichts vorher an, von der Ausstellung meine ich, ich liebe es, unvorbereitet in neue Sphären einzutauchen. Nordaustralien und Rindenmalerei reicht, um mein Interesse zu wecken. Nicht nur Du wirst unsicher sein, normalerweise erkennt man mich in solchen Situationen daran, dass ich entweder die Treppen hochfalle, in ganzen Polizeipräsidien den Alarm auslöse, alle dortigen Türen verriegele und den Paternoster anhalte oder einfach nur stocksteif dastehe und kein Wort herausbekomme, manchmal auch alles in Kombination. Ich bin tatsächlich gross und kräftig und werde versuchen, halbwegs ordentlich angezogen dort aufzukreuzen (da ist ja eine Weihnachtsfeier im Anschluss).

Du hast meine Nummer, sollte ich nicht da sein und Du willst nicht mehr länger warten, melde Dich, bevor Du gehst :-), dann kann ich Dir sagen, wo ich stecke und warum ich nicht da bin. Kommt aber selten vor.
Ich freu mich auch! Ich bin gespannt, wer Du bist.

Gruss
Tigerlilly

PS: EIN TANTRASTUDIO?!?

06.12.2005 23:25

RE: Tigerlilly kommt

Liebe Göttin

Die Phase der Ungewissheit und damit der zauberhaft hingeschmeichelten E-Mails wird sich bald in Gewissheit beenden. Wir werden ja dann, wenn alles gut geht, gemeinsam ein paar Stunden im geschlossenen Paternoster uns über alle Dinge der Welt austauschen können. Bin ja gespannt, was für ein Desaster-Girl da herumwütet in der Kulturschickeria.

Schön hast Du das gesagt über die Unsicherheit und das Bedürfnis, wahrgenommen zu werden. Nur: Wo zum Kuckuck liegt Amrum? An der Nordsee? Wie Du siehst, ist Reisen nicht gerade meine Stärke.

See you soon,
P.

07.12.2005 17:40

Amrum

www.amrum-wetter.de

*Heisst das, wenn ich Dich morgen treffe, werde ich danach keine dahingeschmeichelten E-Mails mehr von Dir bekommen? Und auch keine solchen mehr an Dich schreiben, weil wir Gewissheit, worüber auch immer, haben? *misstrauischhintermeinerrüstungvorguck**

Naja, egal. Zu weit in einem Paternoster eingeschlossen zu sein, löst jedenfalls angenehme Fantasien bei mir aus. Ich freu mich also immer noch.

Bis morgen!
Tigerlilly

10.12.2005 20:13

Rarrrrrk

Liebe Tigerlilly,

Das war der erste Strich in einer Symphonie von Ocker, Rot, Schwarz, Weiss. Es könnte auch ein Tonfragment bleiben, wer weiss, was von diesen Sphärenklängen einer Begegnung noch hörbar wird.
Die Eindrücke setzen sich noch bei mir. Aus dem digitalen Wörteruniversum entsteigt, mit oder aus dem Schaum, meinetwegen eine Göttin in die Realität. Entsteigst Du, liebe Controllerin, Deiner Mailmuschel. Was löst das bei mir aus? Als Kleinstädter (o ja, ich habe gespürt, was meine Antipathie für kalte Grossstädte bei Dir ausgelöst hat) sehe ich die Welt wohl manchmal etwas eng. Das Zusammentreffen von einem so lebendigen und quirligen Geist wie Deinem mit der physischen Realität ist für die Sinne schwer zu integrieren, finde ich. Der Geist spricht immer klarer, als die Sinne etwas aufnehmen. Ich habe mich jedenfalls sehr gefreut, mit Dir durch diese schlussendlich auch fokussierte, „kleinexistenzielle" Ausstellung zu laufen und meine Beobachtungen auszutauschen. Ich hatte das Gefühl, dass wir im Denken viel Gemeinsames haben. Dass sich auch Ähnlichkeiten der Interessen finden, hat mich überrascht. Der Jakobsweg als Beispiel dafür.
Ein Blitzgeist ist jedenfalls nicht in mich gefahren, das grosse erleuchtende „Ah ja, genau DIE ist es" fand nicht statt. Eine Mimih-Gestalt habe ich in Dir aber auch nicht angetroffen. Soweit ist der Weg frei für weiteres Kennenlernen.
Soviel ich jetzt nach einer ersten Begegnung mitnehme, lebt unsere „Beziehung" von der geistigen Ebene, vom Wort, von den Gedanken. Das Rarrk einer Beziehung auf mehreren Ebenen muss sich langsam, Strich für Strich, herausarbeiten. Bis zur fertigen Dimension 1,2 mal 0,8 m und 1500 AUS-Dollar wert. Hier ist für mich der weitere Ansatz, wenn Du mit mir in Kontakt bleiben möchtest. Weiterstricheln und mal sehen, was für ein Muster entsteht.

Herzliche Grüsse
P.

12.12.2005 12:13
Zarte Striche

Lieber P.,
Deine Mail freut mich sehr, sehr, sehr. Es freut mich, dass es kein Blitzgeist war, der in Dich gefahren ist. Diese Zustände lösen möglicherweise nur kurze Begeisterung aus und machen mich misstrauisch. Was hat das wirklich mit mir zu tun, wenn Du nach zwei Sekunden verglichen mit dem Rest unseres bisherigen und zukünftigen Lebens glaubst, ich sei die Richtige? Es wäre vielleicht eher eine Fläche für Projektion, die ich Dir irgendwo bieten würde. Und will ich überhaupt „die Richtige" sein? Eine Mimih will ich auch nicht sein, nichts, vor dem Du weglaufen musst, das heisst, ich habe Dich nicht erschreckt. Das beruhigt mich. Ich denke, ich wollte erstmal einfach eine mutige Frau sein, die einen mutigen Mann trifft und hofft, dass er sie wiedersehen mag. Das hat anscheinend irgendwie geklappt. Puh.

Ich für meinen Teil bin noch beeindruckt von Deiner Erscheinung, schwebend irgendwie, ich konnte Dich irgendwie nicht fassen, was sicher auch daran lag, dass ich so aufgeregt war, so unsicher, und ein grosser Teil meiner Kraft und Aufmerksamkeit dafür in Anspruch genommen wurde, den Teil von mir, der weglaufen wollte, und den, der eben bleiben wollte, zusammenzuhalten. Steif und merkwürdig ruhig, das war vielleicht nach aussen sichtbar, aber glaub mir, das schien nur so. Ich habe trotzdem vieles von Dir wahrgenommen, eine Abneigung gegen kalte Grossstädte (die so kalt gar nicht sind, auch nur kleine Dörfer mit Marktplatz und Kirche), Angst vor freier Zeit zum Leben ohne Arbeit (es erstaunt mich also nicht, dass Du die Masse und den Preis unseres möglichen Bildes bereits genau kennst), eine gewisse Bedachtheit im Handeln, Interesse habe ich gespürt und eine Motivation, die von Dir ausgeht, ein Wille dahinter. Ein Buch zu schreiben, ist eine gute Idee, Recht hast Du, ich bleibe da dran!

Ja, ich möchte gerne mit Dir in Kontakt bleiben, zart stricheln lernen, Dich mitnehmen. Und mich von Dir mitnehmen lassen. War eine klasse Idee, das mit dem Museum. Hat mir sehr gut gefallen.

Liebe Grüsse
Tigerlilly

13.01.2006 19:50

Ein gutes Jahr

Das wünsche ich Dir, Maler der schönen Worte.

Was fehlt Dir, um mit dem Malen zu beginnen?

Liebe Grüsse
Tigerlilly

22.01.2006 23:43

Der Pinsel und die Maus

Liebe Tigerlilly

Danke für die Wünsche zum neuen Jahr. Das neue Jahr hat mit einem Gongschlag begonnen, ich glaube, da ist wer aufgewacht.

Was mir fehlt zum Malen, sind ein Pinsel in meiner Hand, eine Leinwand, Farben, der Geruch von Handarbeitsstunden aus einem Malkasten und diese kreative Ruhe, die aus der unbelasteten Zeit zum In-sich-Gehen entsteht. Und jetzt ans Malen und Mailen.

Dies ist das letzte E-Mail, das ich Dir hier senden werde. Mein Abo läuft bald aus, und ich habe nicht vor, es zu erneuern. In Gedanken und auch physisch klickend bin ich meine Mailbox durchgegangen und habe mich von all den Kontakten verabschiedet. So viele Hoffnungen, so viele Projektionen. So viele nette Bekannte, die sich von mir verabschiedet haben. Zum Teil kannte ich die nur vom Hören-Schreiben. So viele, von welchen ich mich verabschiedet habe. Übrig geblieben bist als Letzte Du, und Du hast es verdient, nicht einfach mit einem Delete-Knopf in den digitalen Hades gestossen zu werden.

Du bist eine wunderbare Frau, sinnlich-erdig, rarrrkig, was Dir ein Begriff ist, und auch intellektuell stimulierend, im Leben stehend, selbständig. Der Gongschlag zum Aufwachen hat mich zwischen Weihnachten und Neujahr geweckt. So plötzlich, fast satorigleich, sah ich mich selber im Strudel all der Verstrickungen mit andern Wesen, hilflos, suchend nach Wärme und Geborgenheit, Liebe sicher auch, sicherlich auch. Und in einem kurzen Moment wurde das alles weggewischt, und Klarheit, Einfachheit füllte mich aus. Nein, ein Mönch bin ich nicht geworden, jedoch habe ich aus einer mir unbekannten Quelle eine Dankbarkeit und Zufriedenheit mit mir als Person erhalten, die mich erstaunt hat. In diesem Moment ist auch ein langjähriges gesundheitliches Problem von mir, das chronische „runner's knee", wie weggeblasen gewesen.

Möglich, dass ich, ohne es zu wissen, der erhöhten Staubpartikelemission in Basel-Stadt anheimgefallen bin und LSD-ähnliche Partikel eingeatmet habe. Der Zustand „So wie es ist, ist es gut" erfüllt mich aber noch immer. Und joggen kann ich wieder aufs Neue ohne Ende. Wunderbar, dieser Endorphinkick!

Die Suche nach einer Partnerin ist für mich im Moment nicht mehr relevant, das brennende Verlangen, ein Gegenüber zu haben, ist wie weggeblasen.

Ich verabschiede mich daher mit artiger Verbeugung, nein, nicht so steif: mit einem deftigen Kuss voller überraschender Diesseitserwartung, von Dir, liebe Göttin.

Wer weiss, wo und wann wir uns wieder einmal begegnen. Vielleicht beim Signieren Deines ersten Buches? Ich bin gerne bei Autorenlesungen im Hintergrund anwesend.

Herzliche Grüsse und vielen Dank für eine wunderbare Vorweihnachtsüberraschung,

P.

25.01.2006 09:18
Die Maus und der Pinsel

Lieber P.,
danke für Deine E-Mail. Auch ich habe zwischen den Jahren auf unglaublich intensive Art festgestellt, dass alles, was ich brauche, in mir ist. Seitdem sind meine Bauchschmerzen, die mich seit ein paar Jahren

fast jeden Tag begleitet haben, weg! Aber manchmal ist es schon so schön mit mir, dass ich es alleine kaum aushalte, das sind die Momente, in denen ich mir jemanden an meiner Seite wünsche. Jemanden wie Dich, der nicht urteilt, der hinter die Fassade blickt, mutig und liebevoll, und der tragen kann. P., ich hatte noch nie etwas mit einem Mann, ich war noch nie mit einem Mann tanzen, ich kann nur die Herrenschritte. Und Du kannst nicht mal eine Teetasse alleine erkennen. Da wäre etwas möglich, ich vertraue Dir. Das mag ich nicht einfach so wie Sand durch die Finger rinnen lassen. Sollte es auch irgendwann mit Dir allein so schön sein, dass Du es teilen willst, dann würde ich mich freuen, wenn Du an mich denkst: tigerlilly@gmx.de.

Ein Kanadier hat im Urlaub eine Belgierin kennengelernt, die Sabine heisst.
Er hat sie gehen lassen und nach ein paar Wochen festgestellt, dass er sie liebt. Jetzt sucht er sie, er hat nichts ausser ihrem Namen Sabine und der Tatsache, dass sie Belgierin ist. Er schreibt jetzt ungefähr dreissigtausend Briefe an alle Frauen mit dem Namen Sabine in Belgien.

Ist das nicht schön?

Liebe Grüsse, pass auf Dich auf
Tigerlilly

Er meldet sich nicht mehr. Anscheinend haben die Männer kein einziges Problem mehr damit, das Schlimmste zu tun und eine Frau alleine zu lassen. Tigerlilly findet, dass das Spiel so überhaupt keinen Spass macht. „Ein Scheissspiel ist das!"
Sie hat keine Lust mehr, sich mit Fröschen zu treffen. Es langweilt sie, sie ist entmutigt und müde. Sie will sich in eine schöne Geschichte hineinlegen wie in einen warmen Schoss und sich ausruhen von all der Sinnlosigkeit, mit der sie ihre Tage verbringt. Ihr Leben verstreicht.

Sie macht ihre Augen zu, und vor ihrem inneren Auge beginnt ein neuer Teil der Dauerserie „Tigerlilly in Love". In rosarotes Licht getaucht träumt sie von romantischen Rendezvous, sie sitzt zart und wunderschön gekleidet in einen Hauch von einem Kleid in einem kleinen, verträumten Lokal an einem runden Tisch, überall leuchten Kerzen, im Hintergrund läuft schöne, leise Musik. Ihr gegenüber sitzt ein Mann, der einfach nur ihre Hand hält und streichelt, ihr tief in die Augen sieht und ihr ihre Wünsche von den Lippen abliest. Ohne dass sie ein Wort sagen muss, winkt er dem Kellner zu, bestellt ihren Lieblingswein und gebratene Tauben, pikst das Essen Stück für Stück auf eine Gabel und gibt ihr davon. Danach steht das Paar auf für einen Spaziergang am See, Hand in Hand. Und es ist so schön, dass man nicht auseinandergehen mag, deswegen bleibt man trotz frühlingshafter Kälte lieber auf einer Parkbank sitzen, redet kein Wort und geniesst. Und jeder wünscht für sich: „Augenblick, verweile doch, Du bist so schön!" Dann, viel später, in seiner Wohnung, in die er sie für eine Tasse Kaffee hinaufgebeten hat, nachdem er ihr die Autotür geöffnet hat und ihr galant aus dem Wagen geholfen hat, schiebt er ihr die Träger ihres Kleides von den Schultern, sie trägt nichts darunter, das Kleid gleitet zu Boden, er nimmt ihr Kinn in eine Hand, hält sie fest und küsst sie, sanft und fest gleichzeitig. Während er sie küsst, schiebt er sie rückwärts in Richtung Schlafzimmer, legt sie mit einem sehr männlichen Ruck auf das Bett und liebt sie, langsam mit seiner Zunge ihren Mund küssend, ein Spiel beginnend, bei dem jeder seiner Griffe sitzt und sie sich einfach fallen lassen kann in das süsse Nichts des Momentes. Blicke, tief wie das Meer, wortloses Verstehen, und am Ende liegt sie einfach nur in seinen starken Armen, er streichelt sie, und sie fallen in einen tiefen Schlaf, aus dem keiner aufwachen möchte.

Die Realität sieht irgendwie anders aus, asphaltgrau statt rosarot. Die Männer verabschieden sich höflich von Tigerlilly, nachdem sie sie getroffen haben. Der Finanzplaner war eben der Meinung, dass man äusserlich nicht zusammenpassen würde, sie haben sich getroffen, er hat sie kurz angesehen, hat sich dann umgedreht und ist ohne ein Wort des Abschieds einfach wieder gegangen. Der Ausbildungsmanager hat zwar gesagt, dass er gerne mit ihr tanzen gehen würde, hat sich dann aber nie wieder gemeldet. An den Maler der schönen Worte gar nicht zu denken. Jedes Mal schmerzt es, jedes Mal ist es ein Abschied, den sie kaum aushalten kann. Abgelehnt fühlt sie sich, nicht richtig. So, als ob es irgendetwas gibt, das ihr fehlt und das sie nicht kennt. Sie denkt, sie strahlt nichts davon aus, was man als normaler Mensch hat. Als Mensch, der geliebt wurde und wird, als Mensch, der nicht misshandelt wurde und sich die meiste Zeit seines Lebens wie ein Stück Dreck gefühlt hat. Als Mensch, der nicht unsichtbar wird, wenn die Liebe den Raum betritt. Es braucht mutige Menschen um sie herum, die stark genug sind, mit denen sie üben kann, wie liebevolle Menschen miteinander umgehen, die liebevoller sind als der Rest und weicher und stärker, die verlässlich sind und selbst lieben können, die Tigerlilly lieben können. Tigerlilly und ein Lehrer schreiben einander, ein paar Tage schon, aber sie traut sich kaum, weiterzudenken als bis zur nächsten E-Mail. Sein Foto sieht nett aus. Er schreibt nett. Er will Familie, das will Tigerlilly auch. Kinder. Sie will eine liebevolle Mutter sein. Und wieder beginnt der Traum in Rosarot, eine neue Folge von „Tigerlilly in Love". Plötzlich macht es „Rrrrrrrrrring" in ihrem Kopf, ein Rasseln wie damals im Polizeipräsidium, und alles bleibt stehen, weil irgendein Idiot immer und immer wieder den Stoppknopf drückt und sie wohl oder übel wieder aufwachen muss! „Tigerlilly in Love" zerplatzt wie eine Seifenblase!

Caroline sagt: „Männer wollen keine Prinzessinnen, Männer wollen Frauen. Und Märchen werden nicht wahr, aber glauben Sie mir, das Leben ist trotzdem schön!"
Tigerlilly fragt: „Was ist daran denn bitte schön?"

Tigerlilly stellt fest, dass das, was Menschen tun, einhundertmal wichtiger ist als das, was Menschen sagen oder schreiben. Tigerlilly will lieben, wirklich, aber da, wo Angst ist, kann keine Liebe sein.

Tigerlillys Rechnung ist fatal und geht immer auf.
Nähe = Ohnmacht.
Ohnmacht = Angst.
Angst = Täter.
Weil Täter = Kraft.
Ohne Nähe = allein.
Allein = tot.
Logische Folge:
Nähe = Täter.
Nur, um nicht Opfer zu sein.

Verstehst Du? Und wenn da nicht die Generationen vor ihr wären, die mit ihrem Opfergetue tonnenschwer auf Tigerlillys Schultern lasten, wenn Tigerlilly nicht sich selbst geschworen hätte, alles in ihren Gedanken Mögliche zu tun, um es anders zu machen als Mutti, dann würde sie einsteigen in den ewigen Teufelskreislauf. So wie Oma N., so wie Mutti. Sie schaut in den Spiegel, und bevor sie fragen kann, flüstert Mutti ihr beschwörend zu: „Mein Mäuschen, ich kenne Deinen sehnlichsten Wunsch, aber niemandem darf es besser gehen als mir. Und mir geht es schlecht, immer. Deswegen darfst Du niemals glücklich sein, nur deswegen zerstöre ich Deinen sehnlichsten Wunsch mit aller Macht, die ich habe. Macht hat man nicht, Macht nimmt man sich. Gib mir mehr Macht, Tigerlilly. Bleib bei mir, nur ein bisschen noch!"
Tigerlilly schreit: „Nein! Das alles geht nur so lange, bis mal jemand mit dem Spiel aufhört, bis mal jemand die alles entscheidende Frage stellt, bis endlich mal jemand widerspricht, es besser weiss als Du, stehen bleibt und sich die Mühe macht, es zu lernen, bis endlich jemand liebt!" Und sie macht die Augen zu und sinkt hinein in eine neue Folge von „Tigerlilly in Love".

Out of Parship. Ihr Abo ist abgelaufen, die haben eine automatische Verlängerung drin, man muss aufpassen, sonst hat man glatt ein weiteres Jahr die Chance darauf, zu erfahren, dass man zweitausendfünfhundertsiebenundfünfzig Partnervorschläge haben kann und es trotzdem nicht passt. Tigerlilly wählt eine neue Strategie. Vielleicht ist es eine Nummer zu gross für eine Anfängerin wie sie, gleich den letzten Mann ihres Lebens zu suchen. Wesentliche Erfahrungen einer pubertierenden Siebzehnjährigen sind ihr ja bisher verwehrt geblieben. Tanzen gehen zum Beispiel. In ein Konzert gehen, reden und Bier trinken oder so. Also macht sie die Augen wieder auf, tritt vor den Spiegel und fragt: „Spieglein, Spieglein an der Wand, sag, wen hast Du erkannt?" Ihr blickt ein trotziges Kind entgegen, vorgeschobene Lippen, einen obermoralapostelhaften Ausdruck in den Augen und alles, was mit Spass und Freude zu tun hat, mit erhobenem Zeigefinger schwer verurteilend. Tigerlilly weiss nicht, was man mit trotzigen Kindern macht. Und sie ist sich nicht sicher, ob es nicht besser gewesen wäre, wenn sie wie gewohnt Mutti im Spiegel gesehen hätte. Sie googelt im Internet, was man mit Kindern macht, die trotzen. Man soll Grenzen setzen und sie ab und zu entscheiden lassen. Ganz allein.

Sie startet einen Selbstversuch mit sich. Auf ein Neues. Sie zieht ihr herzlichstes Lachen an und macht weiter. Zurück auf „Los". Tigerlilly denkt über Türen nach. Türen, die sich schliessen, und Türen, die sich öffnen. Türen, die offen sind. Räume, die verlassen werden müssen, und Räume, die man neu betreten muss. Tigerlilly setzt immer einen Fuss raus, aber nichts ist sicher draussen.

Tigerlilly fragt Caroline: „Wer öffnet einem eigentlich die Lebens-Türen?"
Caroline sagt: „Gott gibt die Nüsse, aber er knackt sie nicht!"
Tigerlilly sagt: „Draussen vor der Tür warten die Schmerzen! Schon seit Jahren. Die tun mir weh! Ich geh da nicht raus."
Caroline sagt: „Draussen sind die Schmerzen, aber auch das Glück."
Tigerlilly sieht die Schmerzen schneller als das Glück. Schnell dreht sie um und rennt zurück zu Caroline. Sie hat Angst vor den Monsterschmerzen, und sie hat das eindeutige Gefühl, sie nicht aushalten zu können.
Sie sagt: „Ich bin zu schwach!"
Caroline sagt: „Die Zeit ist um. Raus mit Ihnen, Tigerlilly!" Sie pustet einmal kurz über Tigerlillys Leben und schubst sie dann sanft hinaus.

Es gibt eine Tanzpartnerbörse im Internet. Da trägt Tigerlilly sich ein. Sie schreibt Beat an, der zwei Jahre jünger ist als sie. Sie hat ihn gefragt, ob er mit ihr tanzen möchte, obwohl sie so eine alte Schachtel ist. Er hat gesagt, bisher war es ja immer so, dass der Inhalt mehr zählt als die Verpackung. Sie denkt darüber nach und kommt zu dem Schluss, dass Beat ein kluger Mensch ist. Sie schreiben sich.

Beat:
Hi, Tigerlilly,
also das mit den alleinstehenden Damen ist so eine Sache. Ich bin keiner, der sich mangels Vertrauen in die eigenen Fähigkeiten stundenlang an der Bar festklammern muss, aber ich hätte dann schon gerne ein „Tanzsportgerät" mit ein klitzekleinwenig Talent. Deshalb bring ich die Damen meistens gleich mit, Ausnahmen gibt's natürlich immer ;-).

Tigerlilly kriegt Angst. Tanzsportgerät? Talent? Ausnahmen? Sie ist keine der Ausnahmen, an die Beat denkt. Das wird nichts, das kann sie nicht, da braucht sie gar nicht hingehen. Sie rennt.

Sie schreibt:
*O Gott *schluck*, mit uns wird's nix. Ich bin völlig aus der Übung, kann keine einzige Figur mehr und bin sicher ein ganz eingerostetes Tanzsportgerät. Bleib bloss, wo Du bist, und wir sehen uns aus der Ferne mal zuwinken am Samstag, wenn Du mit schönen, engelhaft schwebenden Damen an mir vorbeirauschst. Ich werde auf der Stelle treten, die Augen fest auf den Boden gehaftet, und bis über beide Ohren rot angelaufen sein und Dir gequält zulächeln, wie Du es sicher schon tausendmal erlebt hast.*

Vielleicht komm ich besser erst gar nicht, aber ich versuche es heute mal mit einem anderen Mann. Vielleicht gibt es ja Männer, die nicht Beat heissen und trotzdem tanzen können?

Es Grüessli
Tigerlilly

Beat schreibt:
Wenn Madame mit dem Gejammer fertig ist, könnte ich dann endlich damit beginnen, mich um das Tanzsportgerät zu kümmern. Was noch nicht durchgerostet ist, lässt sich schliesslich fast immer restaurieren. Setz Dich mal nicht so unter Druck: „Hallo, es soll Spass machen!"

Tigerlilly lacht auch und wundert sich. Sie wundert sich selten auf diese schöne Weise über Menschen. Der hier ist besonders, das erkennt sie sofort.

Tigerlilly schreibt zurück:
Beat,
Du hast eine ganz tolle Art zu schreiben, wenn Du nur halb so gut tanzt und nur ein halb so guter Mensch bist, wie es Deine Art zu schreiben vermuten lässt, dann haben sich diese neun Euro Premium-Bla-Mitgliedschaft wirklich völlig rentiert, ich würd sie glatt nochmal bezahlen.
Hab einen schönen Abend.
Tigerlilly

Beat schreibt:
Liebe Tigerlilly,
ich bin kein Tanzprofi, aber ein Energiebündel, mit viel Freude an der Bewegung. Dein Kompliment macht mich ein wenig sprachlos. Ich hatte eine gute Kinderstube, das ist eines der wertvollsten Güter, die ein Mensch von den Eltern erhalten kann.

Tigerlilly denkt: „Wie wahr!"

Sie trifft ihn und sagt zur Begrüssung: „Hallo, Beat!" Sie sagt es so, wie man auf Englisch „Schlag" sagt, sie sagt „Biit". Es heisst in der Schweiz aber „Be-at". Er lacht sich fast kaputt über Tigerlilly. Dann tanzt er einmal mit ihr und stellt sie am Rand der Tanzfläche wieder ab, verabschiedet sich artig und tanzt alle anderen Tänze mit anderen Frauen, die, wie erwartet, engelsgleich in seinen Armen an ihr vorbeischweben. Tigerlilly geht wieder heim und weint ein weiteres Mal.

Eines Abends kommt ein gut aussehender Mann namens Töff-Tim aus dem staubigen Nichts, holt Tigerlilly von dem roten Sofa ab, auf dem sie weinend sitzt, nimmt ihre Hand und führt sie auf die Tanzfläche. Sie lachen sogar miteinander. Tigerlilly lässt sich führen und überlegt kurz, ihm den noch nie vergebenen Eselbändiger-Orden zu verleihen. Als er ihre Hand nimmt, ist es wie Strom, der durch sie hindurchfliesst. Und plötzlich ist es wieder da. Wie ein Esel stellt sie sich störrisch in den Weg, geht keinen Millimeter mehr vorwärts und sagt nur noch „Iiiiahhh". Dann rennt sie in die andere Richtung davon. Nur, weil Töff-Tim sagt, er hat sich auf dieser Internet-Tanzbörse eingetragen, um Frauen kennenzulernen, die er in den Ausgang mitnehmen kann, ohne sich jedes Mal wie ein Jäger vorzukommen. Und er sagt, er will nur mit Frauen tanzen, an denen er nicht so herumziehen muss.

„Na bravo!", denkt Tigerlilly sarkastisch. Zusätzlich will er nur Salsa tanzen. Tigerlilly sagt: „Jive, Rumba und Samba sind ja auch nette Tänze, die es lohnt zu tanzen. Naja. Da haben wir unterschiedliche Erwartungen. Ist ja keine grosse Sache. So ist es eben!"

Sie gehen auseinander, und Tigerlilly heult, weil es wie alle anderen Male ist. „Der meldet sich nie wieder." Und ein weiteres

Mal kann sie nur ahnen, was sie an diesem Abend wieder alles falsch gemacht hat. Tigerlilly schreibt weiter Männer an und fragt, ob sie mit ihr tanzen gehen wollen. Die Männer antworten: „Heute nicht! Vielleicht ein anderes Mal!“ Wie Tigerlilly dieses „vielleicht ein anderes Mal“ hasst. Sie fragt sich jedes Mal, was sie tun kann. Sie will die Männer wiedersehen, egal welchen, jeder könnte der richtige sein. Sie schafft es dann schon, die Lücke zu erspüren, sich hineinzudrücken und brav zu erfüllen, was von ihr erwartet wird, wie immer. Druck, Druck, Druck, aber kein Futter. Alles in ihr fragt nach der Regel, die man befolgen muss, um wiedergesehen gewollt zu werden, um gefüttert zu werden mit der Speise, von der sich das Leben ernährt, aber sie bekommt auf diese Frage einfach keine Antwort. Sie hat Angst, wenn sie nichts mehr tut, dann wird auch nichts passieren. Sie braucht eindeutig mehr Übung, aber ohne Mann und ohne Treffen keine Übung. Die Nuss, die Gott ihr da gegeben hat, ist hart.

Tigerlilly tritt vor ihren Spiegel und fragt: „Spieglein, Spieglein an der Wand, sag, wen hast Du in mir erkannt?“ Sie sieht eine grosse, wütende Frau, laut und kräftig, die daherkommt wie ein geprügelter Hund. Mit gefletschten Zähnen und einem Bellen, das man zehn Kilometer gegen den Wind hört. Sie kriegt Angst vor sich selbst und macht schnell die Augen zu.

Tigerlilly sagt: „Ich habe Sehnsucht nach einem Mann!“
Caroline sagt: „Es gibt keine grössere Sehnsucht als die nach sich selbst!“
Tigerlilly sagt: „Ich will ein Märchen!“
Caroline sagt: „Ihr Wunsch nach einem Märchen wird sich nicht erfüllen, aber das Leben ist trotzdem schön.“
Tigerlilly sagt: „Als ich das letzte Mal in den Spiegel sah, hat ein Monster mit seinem höhnischen Lachen ‚Grüezi‘ zu mir gesagt. Kein Wunder, dass mich keiner will!“
Caroline sagt: „Haben Sie Ihren Spiegel da richtig befragt? Versuchen Sie es doch bitte noch einmal, während Sie diese alte tibetische Meditation anwenden. Ziehen Sie Ihre Mundwinkel leicht nach oben! Üben Sie das!“
Tigerlilly übt vor dem Spiegel. Gefletschte Zähne weg. Mit dem Bellen aufhören. Keine Angst mehr haben. Mundwinkel nach oben. Das Telefon klingelt. Töff-Tim ruft an. Er fragt sie, ob sie mit ihm

in die Ausstellung eines Künstlers gehen will, die „The Gates" heisst. Tigerlilly sagt „Ja" und legt auf. Sie schreit laut. Diesmal vor Freude.
Tigerlilly beginnt zu ahnen, dass es in der Liebe keine Regeln gibt. Deswegen bekommt sie keine Antwort auf ihre Frage. Weil es keine Antwort gibt.

Morgens, wenn Tigerlilly aufwacht, liegt sie in ihrem Bett, einem echten Prinzessinnen-Himmelbett mit hoher Matratze, vielen weichen Kissen und bringt sich wie jeden Morgen in Märchenstimmung, sonst kann sie nicht aufstehen. Sie schliesst ihre Augen für einen Moment wieder und träumt davon, dass ihr jemand, der Prinz natürlich, in einem knappen Höschen mit gut riechendem, eingeöltem, muskulösem Oberkörper eine Tasse Kaffee ans Bett zaubert, nachdem er die Nacht mit ihr verbracht hat. Er streicht ihr über den Kopf und raunt in ihr Ohr: „Guten Morgen, mein Schatz. Was begehrt Dein Herz? Lass es mich wissen." Und noch bevor sie antworten kann, liegen die schönsten Kleider vor ihr, ein Paar neue Schuhe stehen da, und der neue Tag wartet nur darauf, dass sie auf die Terrasse ihres Schlosses im Schlaraffenland tritt und ihn mit einem Lächeln begrüsst.
Das Aufstehen selbst ist dagegen eher unbequem, auch wenn sich an der Tatsache nichts geändert hat, dass ihre beiden Beine bis zum Boden reichen. Wenn sie, meistens viel später als die anderen, in der Firma angekommen ist, öffnet sie als Erstes Parship und sieht nach, wer über Nacht über ihr Profil gelaufen ist, und verfolgt gespannt die Spuren, aber alle führen ins Nichts. Eine neue Folge von „Tigerlilly in Love" beginnt.

Caroline fragt: „Wer will denn ‚Tigerlilly in Love' eigentlich noch sehen? Wie sind Ihre Einschaltquoten?" Tigerlilly springt wütend auf und stürmt bei Caroline raus. „Blöd ist die!", denkt sie und klickt sich weiter suchend durchs Internet. Sie sucht und sucht und sucht, während ihr Leben verstreicht. Wie sie da so suchend hinter ihrem PC sitzt, hat sie ein schönes Foto gefunden. Töff-Tim hat eine Website, weil er selbst fotografiert. Er sieht also nicht nur gut aus, er kann auch von anderen Menschen schöne Fotos machen, sogar von nackten Frauen. Tigerlilly fühlt sich schlecht. Unnütz. Minderwertig. Immer wieder schaut sie die schönen Bilder der Frauen auf Töff-Tims Website an. Dann tritt sie vor ihren Spiegel und fragt: „Spieglein, Spieglein an der Wand, sag, welchen Grund für meine Tränen hast Du heute erkannt?“ Sie schaut genau hin, was es wohl ist, was nicht mit ihr stimmt. Ihre Haare, ihre Frisur? Sie ist die Alte. Was um Himmels willen ist anders an ihr als an den anderen? Ihr Doppelkinn wallt über den Hals. Ihr Bauch schwabbelt. „Bloss gut“, denkt sie, „dass ich meinen Po nicht alleine sehen kann.“ Ihr Anblick macht ihr nicht viel Mut.

Druck. Druck. Druck.

Der Wunsch, dass ihr Traum sich einfach so erfüllen möge, regt sich. Sie will sich verändern, eine andere sein. Und wie ihrem Papa ist ihr nicht klar, dass sie sich dafür bewegen müsste. Stattdessen denkt sie „Das wird nie etwas!“
Genau in dem Moment, wo Tigerlilly das denkt, kommt eine Kurznachricht von Töff-Tim. Sie kann es kaum glauben und antwortet irgendetwas innerhalb von Sekunden. Dann vergehen vier Tage ohne Kurznachricht, ohne E-Mail von ihm. Sie hält es nicht aus, schliesst die Augen und steigt ein in die nächste Folge von „Tigerlilly in Love“. In Gedanken war sie im Bett mit ihm, sie trägt ein weisses Kleid mit Rüschen aus der Vitrine am U-Bahnhof Kurfürstendamm in Berlin und sucht nach einem Namen für das erste Kind.

Caroline sagt: „Es hat nichts mit Ihnen zu tun. Wenn andere Menschen sich nicht bei Ihnen melden, dann haben sie immer wichtige Gründe! Und Sie haben ja die Wahl.“
Tigerlilly sagt: „Ich wähle das zarte Rosa.“
„Zart?“, fragt Caroline. „Was an dem kitschigen Traum vom weissen Kleid und den Namen der ungeborenen Kinder ist zart? Das ist ein Hammer, der jede Feder in Sekunden zerstört!“

Druck. Druck. Druck. Es ist dieser Druck, schnell etwas von dem mitzunehmen, was da ist, so viel wie möglich, weil es Morgen wieder weg sein wird. Diese Macht, mit der Tigerlilly die Liebe haben will, erstickt jedes noch so kleine Feuer im Keim, und Caroline sagt: „Ich habe alle Hände voll zu tun, Ihr eigenes Feuer wieder anzufachen. Es wäre schön, wenn Sie langsam mal selbst in Ihre Glut pusten. Werden Sie bitte erwachsen, Tigerlilly.“

Caroline hat Gott sei Dank einen langen Atem. Wie Mutti. Sie nutzt ihn nur anders.

Tigerlilly versucht es. Sie tritt vor den Spiegel und sagt zu dem Monster, das ihr böse entgegenblickt: „Schau, der Töff-Tim ist zwar toll, aber er ist schon jetzt Vergangenheit. So, wie der aussieht, wird er sich eh nicht bei uns melden. Wir werden ihn treffen, aber es wird rein gar nichts bedeuten. Kein gemeinsames Wochenende. Kein Sex. Kein Kleid. Kein Kind. Alles nur Fantasie."
Fantasie hat Tigerlilly viel. Sie ist damit allein, wie immer schon. Wie damals beim Matrosen über dem Papier hängt sie heute hinter dem Computer. Allein mit ihrem Traum. Sie will raus aus dem Traum, aber er hat viel Macht, sie fühlt sich sicher in ihm. Reale Nähe zu anderen Menschen ängstigt sie. Man kann ihnen ja nicht trauen, den anderen. Sie sind alle schlecht. So wie Mutti es gesagt hat. Aber vor allem darf keiner sehen, wie schlecht sie selbst ist. Und so wie Mutti wird sie auch zum Monster, wenn einer auch nur ansatzweise versucht, nah zu kommen, weil die Alternative nicht auszuhalten ist. Tigerlillys Feuer fackelt einen kleinen Moment und versteckt sich dann brav wieder unter dem Sand ihrer Angst.
Ein Arbeitskollege kommt vorbei an ihrem Tisch, bleibt stehen und sagt: „Du siehst heute traurig aus, Tigerlilly, darf ich Dir einen Kaffee bringen?"

Tigerlilly motzt zurück: „Nee, mach Dir mal keine Mühe, ich kann mir meinen Kaffee alleine holen. Du weisst eh nicht, wie ich ihn gerne habe."
Der Kollege geht.
„Pfft", denkt Tigerlilly, „der wollte eh nur das Eine. Soll er!"

Caroline pustet wie blöd über Tigerlillys Leben und sagt: „Die Realität lässt sich nicht kontrollieren. Hören Sie auf, es zu versuchen. Und sollte Sie jemals wieder ein Mann fragen, ob er Ihnen einen Kaffee bringen darf, dann kennen Sie ab jetzt nur noch eine einzige Antwort darauf, die lautet ‚Ja, gerne!'."

Tigerlilly nickt unter Tränen. Sie will weinen, weinen, weinen.

Caroline sagt: „Wer etwas ändern will, sucht Wege. Wer nichts ändern will, sucht Gründe. Sie werden kleiner, wenn Sie weinen.

Denken Sie bitte grösser von sich selbst. Schauen Sie mal an sich herunter. Ihre Beine reichen deswegen bis zum Boden, weil Sie selbst darauf laufen sollen, der Weg, den Sie suchen, entsteht beim Gehen."
Tigerlilly sagt: „Das Problem sind nicht die Beine, das Problem sind die Schuhe."
Caroline schaut fragend über den Rand ihrer Brille an Tigerlilly herunter, bis ihr Blick an ihren Schuhen hängen bleibt.
Tigerlilly sagt: „Es sind Schuldschuhe, wissen Sie? Die wiegen Tonnen. Mit denen kann ich nur durchs Leben schleichen, obwohl meine Beine bis zum Boden reichen. Es wäre einfacher, wenn mich jemand trägt."
Caroline sagt: „Aber es hat Sie doch jemand den ganzen Weg bis hierher getragen. Machen Sie mal die Augen auf, und schauen Sie die Blumen am Wegrand an anstatt nur die Steine. Und warum ziehen Sie die Schuhe nicht einfach aus?"
Tigerlilly schaut zurück. Da sind Blumen, wirklich, aber überall da, wo auf dem Weg Blumen wachsen, steht ein Schild mit „Du bist schuld. Gruss, Mutti!" oder „Du hast mich allein gelassen. Gruss, Mutti!" oder „Du bist nichts ohne mich. Gruss, Mutti!".
Tigerlilly will die Augen wieder zumachen.
Caroline sagt: „Hinsehen, Tigerlilly. Hinsehen."

Mit offenen Augen kann man nicht gut schlafen. Am nächsten Morgen überlegt sie, kurz eine neue Folge von „Tigerlilly in Love" aufzulegen, aber dann entscheidet sie sich für die Realität, steht auf und geht zur Arbeit. Sie öffnet Parship und lernt den Bären kennen. Der Bär ist zweiundvierzig Jahre alt. Er hat ein tolles Profil. Ein tolles Foto. Er schreibt gut. Männlich. Sie googelt ihn. Es gibt unter seinem Namen einen, der Jalousien verkauft, und einen, der ein Konkursverfahren am Hals hat. Sie hat dem Zweiten geschrieben. Er hat keinen Job und ist wegen des Konkursverfahrens verurteilt. Er hat einen Bruder, der beim Blutspenden durch einen dummen Zufall eine schwere Behinderung davongetragen hat. Er hat einen doofen Vater. Er hat kein Glück im Leben, und schuld sind immer die anderen, aber er gibt nicht auf. Tigerlilly denkt: „Mit so einem Verlierer kann ich nichts anfangen. Selbst schuld. Er hat eben nicht genug aufgepasst. Er hat nicht genug kontrolliert, was um ihn herum passiert!"

Sie fällt aus allen Wolken und landet wie immer weich bei Caroline.
Caroline sagt: „Kein Weg ist ohne Steine. Wir haben keine Kontrolle über die Steine in unserem Leben. Auch nicht über die Blumen. Wir können nur wählen, mit wem wir unsere Wege gemeinsam gehen und wohin wir unseren Blick lenken. Das Schlimmste wäre, nicht zu laufen, obwohl man doch Beine hat, die bis zum Boden reichen."
„Aber", sagt Tigerlilly, „wenn ich laufe, dann kann es doch sein, dass mir etwas passiert."
„Ja", sagt Caroline, „Sie passen wirklich sehr auf, dass Ihnen nichts passiert, aber so passiert Ihnen eben auch nichts. Wenn Sie berührt werden wollen, müssen Sie in Kauf nehmen, dass Sie verletzt werden. Wir sind alle verletzt, das gehört zum Leben dazu."

Tigerlilly sieht auf ihr Leben und versucht dabei ihren Blick zu lenken, so wie Caroline es ihr gesagt hat. Was sie dabei entdeckt, bedrückt sie. Was ist, wenn sie gar kein Scheissleben hat, wenn sie möglicherweise sogar Glück in ihrem Leben hatte, ohne es zu bemerken? Das wäre ja furchtbar. Sie denkt an all die Tage, an denen sie geweint hat, an all ihre Jammerei. Und wenn es nichts anderes zum Jammern gab, dann konnte sie sogar darüber jammern, dass die Sonne scheint. Wenn sie bei alldem immer und immer und immer auch Glück gehabt hat, dann hat irgendjemand doch auf sie aufgepasst. Dass nicht all das passiert ist, was sie an schlechten Gedanken in ihrem Kopf hatte, grenzt an ein Wunder. Es gibt keine andere Erklärung dafür, als dass jemand seine Hand über sie gehalten hat. Tigerlilly erkennt, dass nichts von dem, was sie an Gutem erlebt, selbstverständlich ist. Sie hat es nur noch nie von dieser Seite angesehen. Sie hat einfach bis jetzt nicht gewusst, dass sie glücklich ist.

Sie macht eine Kiste mit drei Fächern.
„Vergangenheit"
„Zukunft"
„Schwachsinn"

Sie schreibt auf, wortwörtlich, was sie denkt. Das Resultat ist erschreckend. Sie ist mit ihren schlechten Gedanken ständig in der Zukunft. Wie damals in der Fahrschule steht sie mit einem

Fuss auf dem Gas und mit dem anderen voll auf der Bremse. Das Fach „Zukunft" füllt sich viel zu schnell mit Zetteln, auf denen Gedanken wie „Das wird eh nie etwas!" steht.

Sie fragt Caroline: „Wohin soll ich ‚Keiner liebt mich' einsortieren?"
Caroline schaut kurz über ihrer Brille hervor und sagt: „Schwachsinn!"
Tigerlilly sagt: „Aber es ist doch so. Schauen Sie mich an, ich bin kreuzunglücklich, eine ewige Verliererin. Keiner will mich."
Caroline sagt: „Wir sind nur unglücklich, weil wir nicht wissen, dass wir glücklich sind. Das ist alles."
Tigerlilly zweifelt, zieht die Stirn kraus und verbiegt sich in ihrem Stuhl, krümmt sich wie vor Schmerzen und fragt: „Warum ist es schwerer, gute Gedanken zu denken als schlechte?"
Caroline sagt: „Es ist einfacher, an anderen rumzumeckern, als selbst einen Fehler zu riskieren."
Tigerlilly seufzt tief. Sie denkt an Papa: „Wer viel macht, macht auch Fehler?", fragt sie. Caroline nickt.
„Ich will nicht solche Fehler machen wie Mutti und Papa. Ich will perfekt sein!"
„Ja, deswegen sind Sie immer so angestrengt, Tigerlilly. Anstrengung ist das, was einem passiert, wenn einem die Anerkennung im Leben fehlt. Sie müssen beginnen sich anzunehmen, so wie Sie sind, mit Ihren Fehlern, Schwächen und Mängeln. Eine Schwäche ist nur die andere Seite einer Medaille. Drehen Sie die Münze mal um. Sie müssen das Bild, das Sie von sich haben, ändern. Solange Sie selbst schlecht von sich denken, kann kein anderer Mensch gut von Ihnen denken und schon gar kein Mann. So lange werden Sie immer Hemmungen und Angst vor der Ablehnung anderer haben und immer abhängig von den anderen sein, unfrei. So wie Mutti. Wollen Sie das? Erst wenn Sie das Bild von sich selbst ändern, wird Ihnen Ihr Spiegel eine andere Tigerlilly zeigen. Erst dann sind Sie nicht mehr krampfhaft auf der Suche nach Bestätigung von anderen, erst dann haben Sie nichts mehr zu verlieren, und niemand kann Ihnen mehr etwas wegnehmen. Dann sind Sie die Steuerfrau in Ihrem eigenen Boot."
Tigerlilly fragt: „Wenn ich das Recht habe, Fehler zu machen, dann muss ich ja jedem anderen Menschen ebenfalls das Recht zugestehen, sich unangemessen zu verhalten und Fehler zu machen, oder?"

Caroline nickt: „Man nennt das Respekt!"
Tigerlilly denkt: „Was ist mit Mutti? Ich darf sie nicht verurteilen für das, was sie getan hat? Es ist nicht unmoralisch, was sie tut? Ich hab doch Recht, und sie ist doof, oder? Wenn das stimmt, was Caroline sagt, muss ich meiner Mutter vergeben!"
Sie sagt laut: „Niemals." Und sie strengt sich noch mehr an, um perfekt zu werden, um nicht so zu sein wie Mutti oder Papa.
Caroline sagt: „Wer nicht vergeben kann, fühlt sich anderen Menschen moralisch überlegen. Sie sprechen ein Urteil über Ihre Mutter und sprechen sich selbst von aller Verantwortung frei. Tigerlilly, machen Sie es doch einfach anders als Ihre Mutter. Dann wird Mutti kleiner. Irgendwann können Sie sich beim Blick in den Spiegel dann selbst in die Augen sehen."
Tigerlilly jammert: „Versuch ich ja. Es ist schwerer, als ich dachte. Ich hätte wirklich mehr Anerkennung von meiner Familie gebraucht für all das, was ich für sie getan habe!"
Caroline rollt mit den Augen: „Sie immer mit Ihrer Anerkennung. Um anerkennen zu können, muss man sich selbst Anerkennung gönnen. Wenn ich mich selbst nur kritisiere, fällt es mir natürlich schwer, anderen Anerkennung zu geben. Nur wer auch seine eigene Leistung schätzt, kann die Leistung anderer loben. Überlegen Sie sich, wie Sie sich selbst etwas Gutes tun können, und dies nicht nur nach guten Leistungen. Und jetzt raus mit Ihnen. Üben Sie das." Und dann setzt sie nach: „Es gibt übrigens Taten, die nicht vergeben werden müssen. Die sind so schlimm, dass es völlig reicht, wenn man es schafft, hinzunehmen, dass sie passiert sind! Und ich rede nicht davon, dass einer Mutti oder Sie alleine lässt! Ich rede von echten Opfern. Verstehen Sie?"

Tigerlilly nickt und beneidet die echten Opfer. „Die haben wenigstens einen Grund dafür, sich schlecht zu fühlen", denkt sie. Im selben Moment fühlt sie sich schuldig für ihre Gedanken. An diesem Abend blättert sie vor dem Einschlafen noch ein bisschen im „Geo"[5] und liest einen Bericht über die Situation von Frauen in Afghanistan. Die Frauen dort entscheiden sich oft als Akt der ersten Auflehnung oder des letzten Aufschreis dafür, sich selbst mit Petroleum zu übergiessen und anzuzünden. Petroleum ist das einzige Selbsttötungsmittel, das für die Frauen dort frei zugänglich ist. Die Selbstverbrennung ist eine extrem schmerzhafte Suizidmethode. Verbrennungsopfer bleiben während des Brandes sehr lange bei Bewusstsein und erleben dadurch die Schmerzen sehr intensiv. In dem Bericht wird von einer deutschen Frau erzählt, die einen Verein gegründet hat, der sich weltweit dafür einsetzt, dass die Frauen in Kriegs- und Krisengebieten auch eine Caroline haben. Ihnen wird für die Wunden, die der männergemachte Krieg durch jede nur erdenkliche Form von Gewalt atombombenmässig auf ihren Seelen angerichtet hat, rechtliche, politische, psychologische und medizinische Hilfe zuteil. Überall dort, wo Frauen aus dem Leben verstossen werden, weil sie zum Beispiel ein uneheliches Kind haben, über dessen Vater nicht geredet werden darf. Jetzt kann Tigerlilly nicht mehr einschlafen. Sie überlegt die ganze Nacht lang, wie entscheidend der Ort der Geburt für das eigene Schicksal ist. Sie ist in Berlin geboren und hat jahrelang geglaubt, sie ist ein Opfer, die ganze Welt ist gegen sie und Liebe ist nur etwas für andere, aber als sie diesen Artikel über die Wunden der Frauen in Afghanistan liest, beginnt sich eine Ahnung in ihr zu regen. Am nächsten Tag ruft sie in dem Verein an und sagt: „Ich will etwas tun!" Die Frauen im Verein wollen ihre Finanzabteilung von Grund auf neu strukturieren und fragen, ob Tigerlilly ihnen dabei hilft. Sie wird ehrenamtlicher Finanzvorstand des Vereins, dessen Gründerin ein paar Tage später den alternativen Nobelpreis für ihr mutiges Engagement verliehen bekommt. Tigerlilly findet, dass die Frauen am anderen Ende der Welt in ihrem unermesslichen Leid noch etwas für Frauen wie Tigerlilly tun. Dadurch, dass sie ihr Leid mit Tigerlilly teilen, wird Tigerlilly erst bewusst, wie viel Glück sie eigentlich hat und was für ein Verbrechen es den anderen Frauen gegenüber wäre, dieses Glück mit Füssen zu treten. Tigerlilly teilt von jetzt an ihr Glück mit den Frauen am anderen Ende der Welt. Glück wird nur dann noch mehr, wenn man es teilt. Wusstest Du das?

Manchmal fragt sich Tigerlilly, ob der Krieg jemals vorbei sein wird. Sie denkt an Opa K., der damals in ihr Poesiealbum geschrieben hat: *Und wird die Welt auch noch so alt, der Mensch, er bleibt ein Kind. Zerschlägt sein Spielzeug mit Gewalt, wie eben Kinder sind. Wenn alles erst in klein zerstückt und nichts mehr zu verderben, so sucht er wieder, neubeglückt, und spielt dann mit den Scherben.* Genau so kommt es Tigerlilly vor. Ihr wird angst und bange, wenn sie zusieht, wie sich die Welt, in der sie lebt, mit Hunderten von Millionen Euro neu verschuldet. Was ist das für ein Zeichen, wenn nicht mal ein Staat, geleitet von klugen Menschen, es schafft, die Generationen danach von Schuld zu befreien, wenn ein ganzes Land die Schuld tragen muss, die die Menschen vorher verursacht haben? Macht und Gier und Angst regieren die Welt. Oder fängt auch das bei einem selbst an? Niemand fragt nach der Geschichte hinter der Geschichte, niemand übernimmt die Verantwortung für sein eigenes Leben, das er jetzt gerade im Moment lebt, alle wollen immer nur Recht haben und zeigen mit dem Finger auf die anderen. Die wenigsten gehen zu einer Caroline, die ihnen die Wahrheit sagt, liebevoll und achtsam, aber ungnädig ehrlich. Die wenigsten davon schauen in den Spiegel, und wenn sie es tun, schauen sie nicht richtig hinein, sondern haben eine rosarote Brille auf. Kaum einer kann mit seiner Freiheit umgehen, kaum einer will sich festlegen, jeder lässt sich lieber seinen freien Willen abkaufen, und alle rufen nach Führung. Führung aber ist fast nie wirklich Führung, nur dieser eine Impuls, den es braucht, damit die Dinge gut laufen. Führung ist fast immer Ausübung von Macht, von Menschen, die glauben, stärker zu sein als andere. Kann der Krieg so jemals vorbei sein? Wenn einer glaubt, er kennt den Weg, und alle anderen hinterherrennen, kommt es auf die an, die mutig Fragen stellen und auch aus dem dichtesten Wald Wege hinaus finden. Die Ohnmacht aushalten können, die selbst etwas schaffen, die nicht nach Schuld fragen, sondern Verantwortung übernehmen für das, was sie beeinflussen können, für das, was ist. Der Wunsch nach Konsum ist gross, die ganze Welt basiert darauf, dass Menschen glauben, sie brauchen all das, um stärker zu sein als andere, um nicht ohnmächtig und schwach zu sein in dem Haifischbecken des Lebens. Bunte Werbung und laute Unterhaltungsindustrie machen uns glauben, dass wir unser Verlangen nach all dem Zeug schnell befriedigen sollen und nicht viel Rücksicht auf andere nehmen sollen, aber dann ist da auf der anderen Seite die Kirche, die uns mit erhobenem Zeigefinger dazu ermahnt, unser Begehren zu zügeln, unsere Sexualität, unsere Wut zu unterdrücken, weil da ja Gott ist, der sich um alles kümmert.

Gewalt zwischen Frauen und Männern findet immer noch statt, überall, nicht nur im Krieg. Hier bei uns, nebenan, weitgehend unbemerkt. Erstaunlicherweise mehr bei den Frauen, die eine gute Bildung haben und über ein hohes Einkommen verfügen, weil die sich mehr schämen als die anderen. Und niemand redet über die

Gewalt, für die Frauen verantwortlich sind. Die armen Opfer. Wie Mutti. Wie Oma N., weil sie die Verantwortung für ihr eigenes Leben ablehnen, obwohl sie Beine haben, die bis zum Boden reichen, fünf Finger an jeder Hand und einen Kopf auf den Schultern, in dem sich mehr befindet als ein Zettel mit der Aufschrift „Gehirn". Weil sie nicht wissen, dass sie eigentlich glücklich sind und dass jetzt im Moment alles gut ist. Weil sie ihre Männer und Söhne und Töchter terrorisieren mit ihren elendigen Vorwürfen und Erpressungen. Krieg ist in uns.

Tigerlilly geht zu Caroline und sagt: „Wenn der Krieg in uns wohnt, dann muss es mit dem Frieden ja auch so sein!"
Caroline sagt: „Ja, Frieden beginnt in uns selbst. Wenn jeder von uns mit sich und seiner Geschichte im Frieden ist, dann wandert der Frieden aus unseren Herzen mit unserem Sein hinaus in die Welt. Und so ist es auch mit der Liebe. Alles beginnt in uns selbst."
Tigerlilly sagt: „Da wären wir wieder bei den guten Gedanken angekommen, die schwerer zu denken sind als die schlechten! Unser Vertrauen auf Gott muss stark sein, um gute Gedanken denken zu können, egal, was einem passiert, um Frieden schliessen zu können mit sich selbst und nicht zu versuchen, mit den schlechten Gedanken allein die Welt zu steuern, weil man sich von Gott verlassen fühlt."
Caroline sagt: „Stark sind nicht die, die andere kleiner machen. Stark sind die, die andere grösser machen können. Stark sind die, die Ohnmacht besser aushalten können als andere, Vertrauen haben, die Bindungen eingehen im Wissen darum, dass das Scheitern, welches man gelegentlich aushalten muss, nicht das letzte Wort hat, dass im Ende immer wieder ein neuer Anfang steckt[4]. Es gibt nur eine einzige Antwort auf alle diese Fragen."

Liebe.

An diesem Abend lässt Tigerlilly vor dem Schlafengehen ihre Hand gedankenverloren durch die kleinen Zettel im Fach „Schwachsinn" gleiten und denkt: „So schlecht wie ich über mich denke, so schlecht denkt mein ärgster Feind nicht über mich. So schlecht denkt wahrscheinlich nicht mal Mutti über mich. So schlecht denke ich über keinen anderen Menschen. Nicht mal über Mutti. Schluss damit. Auf der Stelle."

Tigerlilly schreibt drei Anerkennungen für sich selbst. Das macht sie jetzt jeden Abend. Tigerlilly findet, sie kann zwar nicht kontrollieren, was ihr passiert, aber sie kann kontrollieren, was sie darüber denkt. Sie ist die Herrin ihres eigenen Urteils. Immer, wenn sie sich dabei erwischt, wie sie schlechte Gedanken hat, schreibt sie sie auf, schwarz auf weiss, und wirft sie ins Fach „Schwachsinn". Das, was sie über das Gestern denkt, ist völlig überflüssig, findet sie, denn Gestern ist vorbei. Alles, was da noch ist, ist das, was in ihrer Fantasie hängen geblieben ist. Das, was morgen sein wird, ist noch nicht da. Auch das ist ja nur ihre Fantasie, ihre Träume. Und wer weiss schon, wie die Männerkraft sich wirklich anfühlt, wahr ist nur der Moment. „Jetzt gerade im Moment ist eigentlich alles gut bei mir!", denkt Tigerlilly. Das schreibt sie auf und überlegt, wo es hingehört.

Tigerlilly legt ein weiteres Fach an.
„Gute Gedanken"

Sie schreibt „Jetzt im Moment ist alles gut" auf einen Zettel wirft ihn in das Fach mit den guten Gedanken. Und sie legt ihre Anerkennungen für sich selbst hinein. Und alle Briefe, Zettel, Lobe und lieben Worte von anderen Menschen. Die Zettel in dem Fach werden ganz schnell mehr.
Am nächsten Tag hat sie kaum Kraft. Sie ist verabredet und traut sich nicht, aus ihrem Auto auszusteigen. Da sitzt sie weinend und hat das Gefühl, sich nicht bewegen zu können. Die Tür ist offen, sie müsste nur loslaufen, aber sie schafft es nicht. Durch ihre Tränen hindurch sieht sie, wie ein Schwarm Meisen versucht, eine Feder vom Boden aufzuheben und durch die Luft zu transportieren. Es gelingt ihnen nicht. Die Feder ist einfach zu schwer. Tigerlilly schaut ihnen zu, wie sie es immer wieder versuchen. Dann steht sie auf und schneidet mit ihrem Taschenmesser die Feder in zwei Teile. Sie geht zurück ins Auto und wartet ab, was passiert. Die Vögel versuchen es erneut, aber eine Hälfte ist immer noch zu schwer. Tigerlilly teilt auch die Hälfte nochmal in zwei Teile. Jetzt klappt es. Zwei Meisen fliegen los, heben die Feder einen Meter in die Luft, lassen sie los, zwei andere kommen angeflogen, fangen sie auf und tragen sie einen Meter höher, und so schaffen die Meisen es im Team, die Feder in ein Nest zu tragen, alle vier Stücke einzeln.

Tigerlilly lacht. Dann steigt sie aus dem Auto, wischt sich die Tränen ab und geht zu ihrem Treffen.
„Gut, dass die Meisen mich hatten!", sagt Tigerlilly.
„Gut, dass Sie die Meisen hatten!", sagt Caroline.
Tigerlilly denkt: „?"

Bald darauf unterläuft Tigerlilly auf der Arbeit ein wirklich grosser Fehler, weil sie ja nicht gut rechnen kann, was bisher aber kaum jemand gemerkt hat. Sie fürchtet sich vor den Folgen. Viele grosse, böse Monster stehen plötzlich vor ihrer Tür, drohen den Kassettenrekorder wegzunehmen und den Gürtel aus der Hose zu ziehen, weil sie faul war und ihre Hausaufgaben nicht ordentlich gemacht hat. Wenn die Menschen nun merken, wie schlecht sie wirklich ist, wird keiner sie mehr mögen. Dessen ist sie sich sicher. So schleicht sie zu Caroline.
Caroline sagt: „Sie sind ein Mensch. Sie machen Fehler. Na und? Sie sind trotzdem okay. Mit ihren Stärken und Schwächen. Keine Stärke ohne Schwäche. Sie werden immer und immer wieder eine neue Chance vom Leben bekommen und Neues lernen. Unser Gehirn lernt bis ins hohe Alter."
Tigerlilly seufzt. Die harte Schale der Muschel bricht auf, und vorsichtig guckt ein kleines, schüchternes Mädchen hervor.
Caroline sagt: „In unserer grössten Verletzung liegt auch unser grösstes Talent. Vergessen Sie das nicht! Nur Mut!"
Tigerlilly denkt über Carolines Worte nach. Dann geht sie zu ihrem Chef und schlägt vor, einen Vortrag mit dem Titel „Stärke Deine Stärken!" zu halten. Ihr Chef findet das gut. Vor einhundert Menschen referiert Tigerlilly darüber, wie man herausfindet, was man gut kann. Man ist auf dem richtigen Weg, wenn man Spass hat, die Zeit und alles andere um sich herum vergisst. Beherzt ermutigt sie ihre Zuhörerinnen und Zuhörer, die eigene Schatzsuche zu beginnen. Sie sagt: „Wenden Sie Ihren Blick auf das, was geht. Verschwenden Sie nicht wertvolle Lebensenergie, indem Sie versuchen, das auszumerzen, was alles nicht funktioniert. Schwächen sind nur dort, wo auch Stärken sind, zwei Seiten einer Medaille."
Sie hat mit ihren Worten sehr viel Erfolg. Die Menschen applaudieren ihr lange, nachdem sie ihren Vortrag beendet hat. Kurz darauf wird in der Firma jemand gesucht, der freiwillig Trainings in Konfliktmanagement geben möchte. Tigerlilly liest die E-Mail als Erste und schreit laut: „Hier! Ich!"

Ich bin okay, Du bist okay. Das Drama Dreieck mit den märchenhaft fatalen Protagonisten Verfolger, Opfer, Retter. Die Transaktionsanalyse zwischen Kind, Erwachsenem und den Eltern. Respekt ist das Recht, dem anderen zuzugestehen, Fehler zu machen, sich unangemessen zu verhalten. Jeder hat Recht. Toleranz ist die Fähigkeit, Enttäuschungen zu verkraften. Und noch bevor Tigerlilly das mit dem Respekt selbst richtig versteht, bringt sie es anderen bei. Die anderen sind begeistert. Alle finden sie toll. Es kommt so rüber, als ob sie versteht, wovon sie redet.
Tigerlilly schmunzelt und denkt: „Fake it till you make it!" Reden konnte sie schon immer gut. Schwupp. Wieder ein Zettel in der Kiste mit den guten Gedanken.

Als Tigerlilly das nächste Mal bei Caroline sitzt und immer noch „Keiner liebt mich!" sagt, antwortet Caroline ihr: „Sie haben noch viel zu viel Zeit dazu, Schwachsinn zu denken. Suchen Sie sich doch bitte ein Hobby."
Tigerlilly gibt im Google „Märchenerzählerin" ein und findet Hasib, der ein paar Orte weiter im Schlaraffenland anderen Menschen beibringt, wie man Märchen erzählt. Das will Tigerlilly lernen, und sie meldet sich sofort an.
Caroline schüttelt lachend den Kopf über Tigerlilly, als sie ihr davon erzählt.
Sie soll aufschreiben, was das Märchen für sie ist. Sie schreibt: „Das Märchen ist unerfüllbar!" Sie lernt, sich den Froschkönig zu ertanzen, und ist froh, jetzt eine weitere Antwort auf die Frage „Was ist Ihnen peinlich?" für die Partnerbörsen im Internet zu haben. „Ich habe mir den Froschkönig ertanzt" konkurriert mit „Ich habe auf einem Behindertenklo statt der Spülung die Alarmanlage betätigt" oder „Ich habe in einem Polizeipräsidium den Stoppknopf am Paternoster gedrückt". Sie lernt, dass die Frösche nicht zu Prinzen werden, wenn man sie küsst, sondern nur dann, wenn man sie gegen die Wand wirft, weil man eigentlich wütend auf sich selbst ist, aber es nicht zugeben kann, und alles wegen der blöden goldenen Kugel. Herrje. Ganze Bücher sind von diesem Frosch-Kuss-Irrtum überzeugt, in jedem Laden lachen einem die Frösche mit Kussmaul entgegen, einschlägige Handgelenk-Psychoratgeber für Frauen sagen, man muss hundert Frösche küssen, damit ein echter Prinz dabei ist, und selbst die Männer versuchen es in der Realität immer wieder mit diesem Trick, aber

die Brüder Grimm schreiben wirklich kein einziges Mal, dass die Prinzessin den Frosch küsst.

Tigerlilly ist vierunddreissig Jahre alt, aber sie malt und singt, als wäre sie fünf. Hasib sagt: „Nur eine entspannte Märchenerzählerin ist eine gute Märchenerzählerin", und zeigt ihnen, wie man meditiert. Sie lernt wieder zu atmen. Und da, an einem Morgen, tut sich in Tigerlilly plötzlich ein Raum auf, in dem nichts ist, durch den sie hindurchzuschweben scheint, in dem Schläge sich in der Leere verlieren, Schreie in der Stille verhallen, in dem es einfach nur weit und leer ist und sie selbst sich beängstigend leicht anfühlt. Sie macht die Augen schnell wieder auf.

Sie erzählt Märchen für Kinder mitten im Wald. Sie erzählt Erwachsenen. Sie erzählt auf Hochzeiten und Geburtstagen. Sie erzählt auf einer Burg. Sie erzählt in einer Kirche. Sie erzählt und erzählt und erzählt. Rosarote Märchen mit Prinzen auf Pferden und Prinzessinnen und Drachen und bösen Müttern. Sie erzählt Märchen von Gott. Schön. Laut. Klar. Sprudelnd. Beseelt. Wenn sie erzählt, ist es so, als ob der Teil von ihr, den sie nicht leiden kann, aufsteht und den Raum verlässt. Es bleibt nur das sitzen, was Tigerlilly richtig gerne mag an sich selbst. Es ist so, als ob man die Firewall, die man immer in sich hat, um nicht verletzt zu werden, einfach runterfährt beim Erzählen. Und dann ist da plötzlich Nähe. Tigerlilly findet, sie klaut sich Nähe, weil die Menschen ja zum Zuhören gekommen sind, nicht um ihr etwas zu schenken, aber es fühlt sich einfach zu gut an, deswegen erzählt sie eben einfach weiter.

Dann feiert Tigerlilly Weihnachten mit Gott. Sie darf auf Amrum in der Heiligen Nacht neben der Pastorin vor dem Altar stehen und ein Märchen erzählen. Das Märchen fragt die Gäste nachts in der dunklen Kirche: „Woran erkennt man, dass die Nacht aufhört und der neue Tag beginnt?", und es antwortet: „Der neue Tag beginnt, wenn ich in die Augen eines Fremden sehe und darin einen Bruder oder Freund erkenne!"
Als sie am nächsten Tag am Strand spazieren geht, seufzt sie und wünscht sich nichts sehnlicher als eine einfache Umarmung. Wusstest Du, wie gross die Sehnsucht nach einer Umarmung sein kann? Riesengross. Kurze Zeit darauf trifft sie am Strand auf Papa und seine Lebensgefährtin. Sie hat ihn über zwei Jahre nicht gesehen

und seitdem nicht mit ihm gesprochen. Seine Lebensgefährtin sieht Tigerlilly zuerst, kommt auf sie zu und nimmt sie wortlos einfach nur ganz fest in die Arme. Tigerlilly wünscht Papa kurz „Frohe Weihnachten!" und dann geht jeder wieder seinen eigenen Weg.

Zu Hause schlägt sie die Bibel auf: *„Des Nachts auf meinem Lager suchte ich, den meine Seele liebt. Ich suchte, aber ich fand ihn nicht. Ich will aufstehen und in der Stadt umgehen auf den Gassen und Strassen und suchen, den meine Seele liebt. Ich suchte, aber ich fand ihn nicht. Es fanden mich die Wächter, die in der Stadt umgehen: „Habt ihr nicht gesehen, den meine Seele liebt?" Da ich ein wenig an ihnen vorüber war, da fand ich, den meine Seele liebt. Ich hielt ihn und liess ihn nicht los, bis ich ihn brachte, in meiner Mutter Haus, in die Kammer der, die mich geboren hat. Ich beschwöre euch, ihr Töchter Jerusalems, bei den Gazellen oder Hunden auf dem Felde, dass ihr die Liebe nicht aufweckt und nicht stört, bis es ihr selbst gefällt."*

Ich erspare Dir die Frösche Nummer sechs bis fünfunddreissig, die zwar alle gerne Kurznachrichten senden und E-Mails schreiben, das Blaue vom Himmel versprechen und sogar behaupten, sie seien in Tigerlilly verliebt, obwohl sie sie noch nie gesehen haben, geschweige denn mit ihr gesprochen haben, und gehe nahtlos zu Töff-Tim über. Tigerlilly ist jetzt schon drei Wochen wieder aus dem Urlaub da. Nach noch einigen weiteren Tagen Warten und einigen Gesprächen mit Männern und Frauen, die alle bestätigen, dass man Männern einfache Fragen stellen soll, die eindeutig mit „Ja" oder „Nein" zu beantworten sind, schickt Tigerlilly ihm eine E-Mail.

Hallo, Töff-Tim,
hast Du Lust, mit mir zwei Kinogutscheine einzulösen, die ich von meinem Chef geschenkt bekommen habe, weil ich etwas ganz toll gemacht habe?
Kreuze an:
▯ *Ja*
▯ *Nein*
▯ *Vielleicht*

Das Warten geht los. Ob er an sie denkt? Wie denken Männer, wenn sie Sehnsucht haben? Hat er überhaupt Sehnsucht? Warum meldet er sich nicht? Wie lange braucht ein Mann, bis er gut ist? Geniessbar. Gar sozusagen. Tigerlilly hebt zwischendurch in Gedanken immer mal wieder den Deckel vom Topf an, in dem Töff-Tim vor sich hin schmort, schaut hinein, pikt ihn einmal mit der Gefühls-Gabel und legt den Deckel dann kopfschüttelnd wieder zurück. „Der ist einfach noch nicht durch!", denkt sie.

Eine Woche später ruft er sie an, lacht und sagt, er hat ihre E-Mail in seinem elektronischen Mülleimer gefunden, konnte nicht gleich antworten, ja, er hätte Lust, mit ihr ins Kino zu gehen. Tigerlilly kann es gar nicht fassen. Sie hat nicht erwartet, dass er wieder anrufen würde, und sie hat das in allen Tagebüchern dieser Welt festgehalten, allen Freundinnen davon erzählt und den Namen Töff-Tim in alter Gewohnheit aus ihrer Liste von Wünschen gestrichen. Diesmal hat sie sich geirrt. Das hat sie aufgerüttelt. Und ganz egal, wie oft Töff-Tim sich in Zukunft bei ihr meldet und ob Tigerlilly jemals mutig genug sein wird, sich im Kino bei ihm anzulehnen, es wohlmöglich sogar schafft, in Betracht zu ziehen, dass er sich bei ihr anlehnen möchte, ist es das erste Mal anders als sonst. Es fühlt sich an wie eine Korrektur.
Es ist wie in einem Buch zu lesen. Eine neue Geschichte. Es gibt Stellen, die ihr sehr bekannt vorkommen, manchmal fühlt sich seine Geschichte auch an wie ein Tor zu einer neuen Welt. So unbekannt und spannend. Sie hat ihn jetzt schon vier Mal getroffen. Als sie ins Kino gehen, sitzen sie vorher eine Stunde zusammen in einem Café und reden kein einziges Wort miteinander. Eine Stunde lang kein einziges Wort. Im Kino möchte sich Tigerlilly anlehnen, aber sie traut sich nicht. Kurz bevor ihre Bahn kommt, berühren sich ihre Finger wie aus Versehen. Er fängt an zu verstehen. Als sie zu Hause ankommt, hat er eine Kurznachricht geschrieben. „Das war ein sehr netter Abend." „Wir haben überhaupt nicht miteinander geredet! Wie kann das ein netter Abend gewesen sein?", fragt sie einen Freund. Der sagt: „Das ist ein gutes Gespräch, so unter Männern!"

Tigerlilly fragt Caroline: „Wie findet man heraus, ob ein Mann will?"
Caroline sagt: „Es ist für gewöhnlich nicht zu übersehen, wenn ein Mann will."

Tigerlilly schaut beim nächsten Mal ganz genau hin, als sie Töff-Tim trifft. Sie sieht nichts. Sie will, dass er mehr will. Sie zieht den Wurm an der Angel ein kurzes Stück von ihm weg. Los!, denkt sie. Beweg Dich! Wie Mimi mit dem toten Frosch: „Hüpf!"

Er sagt: „Ich komme nächsten Sonntag zu Dir. Zum Kochen. Mit Massageöl, Honig und Vanilleeis."
Als sie vor dem Zug stehen, zu dem er sie gebracht hat, hat er sie angesehen und gesagt: „Das versauen wir uns nicht, oder?"
Tigerlilly nickt und schwebt davon. So! So muss sich Liebe anfühlen. Er ist es.

Töff-Tim schreibt an diesem Abend zwanzig Kurznachrichten. Er will sie küssen. Sie fühlt sich gewollt. Sie ist verliebt, er auch. Es geht ihm wie ihr. Sie versteht nicht, wie das passieren konnte. Wie ist das nur geschehen, dass sich die Welt auf einmal für sie gedreht hat? Es kommt ihr vor, als ob alle Frösche, die sie vorher geküsst hat, in diesem Prinzen zusammenfinden. Er ist alle zusammen, er ist es. Der Auserwählte. Der, auf den sie gewartet hat. Er ist süss. Er soll der Erste sein. Der, für den sie sich aufgehoben hat. Sie muss es ihm nur noch sagen. Ihre Geschichte erzählen. Er weiss ja nichts von der Geschichte hinter der Geschichte.

Sie ist eingeladen auf eine Berghütte zu einer Freundin, die viel Sex hat und sich gut auskennt mit den Männern. Tigerlilly ruft Töff-Tim an und fragt, ob er auch kommen möchte.
Er sagt: „Ja!"
Sie sagt: „Du bist ein Wunder!"
Er sagt: „Das hat noch keine Frau zu mir gesagt!"
Sie fragt ihre Freundin, was sie machen soll. „Soll ich ihm das mit den Frauen sagen?"
Ihre Freundin zieht hörbar die Luft ein und meint: „Bloss nicht! Der rennt Dir ja gleich davon!"
Tigerlilly denkt nach. Sie hatte noch nie Sex mit einem Mann.
„Der merkt das doch sofort", sagt sie. Sie ist ratlos.
Er kommt. Sie küssen sich das erste Mal vor der Hütte bei Vollmond, im Hintergrund die Berge, über ihnen die Sterne. „Tigerlilly in Love" geht live. Es ist göttlich. Sie liegen die ganze Nacht ganz eng aneinandergekuschelt und knutschen, fühlen und tasten. Er fragt sie frühmorgens bei Kuhglockengebimmel, ob sie mit aufs

Klo will. Tigerlilly schüttelt den Kopf und denkt: „Was haben die Jungs nur immer mit dem Klo am Hut?“ Als sie draussen bei Sonnenschein auf einer grossen Blumenwiese sitzt, kommt er mit einer Frauenzeitschrift an und schlägt das Horoskop auf. Es gibt eine Sektion mit Gesundheit, eine mit Geld und eine mit Sex, auf die Tage des Monats aufgeteilt. Er zeigt ihr seins, und dann hält er ihr ihres unter die Nase. Es gibt eine frappierende Übereinstimmung zwischen ihren Horoskopen im Bereich Sex. Er freut sich, reibt sich die Hände und strahlt sie an. Sie denkt: „Jetzt!“, und sagt: „Töff-Tim, sei mal kurz still!“
Dann zeigt sie auf seinen Bauchnabel und sagt: „Ich kenne mich an Deinem Körper bis hierhin aus!“ Dann setzt sie an seinen Knien wieder an und sagt: „Und dann ab hier wieder! Alles andere ist Neuland für mich.“
Er schaut sie sprachlos an. „Was heisst das?“, fragt er.
„Ich habe noch nie Sex mit einem Mann gehabt!“
„Und was hast Du vorher gemacht? Mit Frauen oder was?“
Sie nickt.
Er sagt: „Scheisse!“
Tigerlilly lacht: „Egal, was Du jetzt machen wirst, diese eine Nacht in Deinen Armen war es wert. Es ist mehr gewesen, als ich mir je vorstellen konnte. Mehr als ich je geträumt habe. Es kann hier aufhören! Und wenn es weitergeht, dann eben mit meiner Geschichte. Es gibt nur diese, keine andere!“

Er bleibt. Er wohnt noch bei Mutti, und Papa ist doof. Er hat auch noch keine richtige Freundin gehabt. Sex hatte er nur zwei Mal vorher, und das letzte Mal ist lange her.

Tigerlilly setzt sich die rosarote Brille auf, kuschelt sich in seinen Arm und merkt nicht, dass viel zu schnell wieder alles anders aussieht, keine Küsse, kein Schweben.
Töff-Tim sagt: „Ich brauche Zeit, aber ich will über Nacht bei Dir bleiben.“
Tigerlilly hört: „Er will mich.“ Aber er will sie nur mal abtasten nach ihren Speckpölsterchen. Er sagt, seine Ex-Freundin ist sehr dick gewesen und das macht ihm bei ihr Angst. Tigerlilly ist total sauer: „Was hat denn Deine Ex hier bei uns im Bett zu suchen? Hier bin nur ich, und ich habe schon sechs Kilo abgenommen. Wo ist Dein Problem?“

Sie geht zum Spiegel, stellt sich nackt davor und fragt wütend: „Spieglein, Spieglein an der Wand, wie viel Kilo zu viel hast Du an mir erkannt?"
Der Spiegel zeigt ihr ein kleines, trotziges Mädchen, das sich mit Händen und Füssen gegen die Wahrheit wehrt, schreit, spuckt und abweisend in die Gegend schaut mit verschränkten Armen. Keiner kommt an sie ran.

Caroline sagt: „Und das durfte er so zu Ihnen sagen? Dass Sie zu dick sind? Das darf nie wieder ein Mann auf diese Art zu Ihnen sagen. Lassen Sie das nie wieder zu. Männer, die mit ihrer Mutter noch nicht abgeschlossen haben, haben ein Problem mit kräftigen Frauen. Das passiert, wenn Mütter ihre Söhne nicht loslassen, wenn Väter keine Vorbilder sind, wenn keine Ordnung herrscht im System."
Tigerlilly weint. „Na bravo", denkt sie.
Caroline sagt: „Vielleicht ist Töff-Tim nicht der letzte Mann Ihres Lebens, sondern nur Ihre Eingangstür in die Männerwelt. Er braucht einen Therapeuten."
Tigerlilly schaut nicht hin. Sie macht die Augen zu. Meistens wissen wir schnell, wo in einer neuen Beziehung die Schwachstellen liegen werden, aber wir wollen sie nicht sehen, und noch weniger wollen wir sie ansprechen. Wir wollen ja glücklich sein, nichts hören, nichts sehen, nichts sagen, wie die drei Affen. Wenn dann Jahre vergangen sind, hören wir sie nicht mehr, die ratlose Stimme in uns, die energisch fragt: „Wie komme ich da wieder raus?"
Tigerlilly hat Töff-Tim ein paar Tage nicht gesehen. Die Angst, dass sie sich geirrt hat, dass morgen wieder alles anders ist, ist gross. Es sind Hochs und Tiefs, die sie mit sich alleine erlebt. Die Antworten auf „Wo stehe ich gerade? Wie heisse ich nochmal? Welcher Tag ist heute?" hat sie alle schon vergessen. Er wird sie nicht mehr lieben. Er wird sagen, er habe es sich anders überlegt, wird sich umdrehen und gehen. Sie hat die Kuschel-Loge im Kino gebucht. Sie unterdrückt tapfer Gedanken wie „Es wird sicher regnen!", auch „Es wird ihm nicht gefallen!" lässt sich verscheuchen. Sie will ihm um alles in der Welt gefallen. Sie verliert sich und findet sich bei Caroline wieder.
Caroline sagt: „Dieser unbändige Wunsch zu gefallen geht immer auf Ihre Kosten! Geliebt wird man nur um seiner selbst willen,

nicht, weil man etwas besonders gut macht, nicht, weil man Erwartungen erfüllt, sondern weil man so ist, wie man ist."
Tigerlilly sagt: „Ich weiss nicht, wer ich bin."
Caroline sagt: „Na, wir sind doch schon auf dem besten Weg, es herauszufinden. Schauen Sie sich mal um!"
Tigerlilly schaut sich um: „Warum konnte meine Mutter mich dann nicht lieben?"
Caroline sagt: „Weil sie nicht weiss, was Liebe ist. Es ist nicht Ihre Schuld, Tigerlilly." Jetzt endlich betritt Tigerlilly das Tal der Tränen.

Als Töff-Tim wieder da ist, nimmt sie ihn an die Hand, verbindet ihm die Augen, legt ihn auf ihr Bett. Küsst ihn mit Honig, mit Sahne auf den Lippen, lässt ihn Wodka aus ihrem Mund trinken, verführt ihn. Streichelt ihm den Nacken, die Stellen, die er gerne hat, lässt ihn seine Geschenke ertasten, führt ihn an ihre Brüste, lässt ihn spielen, schmecken, berühren, erfahren. Sie will ihn, sonst nichts. Im Kino raunt Töff-Tim ihr ins Ohr: „Ich hab Dich gern! Das war der schönste Geburtstag meines Lebens!" Tigerlilly ist mit sich zufrieden. Alles läuft nach Plan. Sie hat den Frosch in der Hand. Und sie wird ihn über die Strasse tragen. Auf die sichere Seite.
Sie hat zwei Wochen Urlaub mit Töff-Tim in Schweden gebucht. Eine einsame Hütte, aber sie kann sich das gar nicht vorstellen. Alles ist bis jetzt, wie sie es sich erträumt hat, wie es immer in ihrer Vorstellung gewesen ist. Und jetzt, wo es zum Greifen nah ist, ist alles plötzlich so weit weg. In Schweden schläft er mit ihr das erste Mal. Viele Frauen haben ihr vorher gesagt, wie es sein wird. Sie hat Hörbücher gehört und Ratgeber gelesen und Filme angeschaut, aber niemand hat Tigerlilly gesagt, dass es nur drei Minuten dauert. In den rosaroten Folgen von „Tigerlilly in Love" dauerte es ewig lange, Stunden, rein, raus, hoch, runter, fliessend, wie Seide. Sie wundert sich und denkt: „Und das war es jetzt?" Sie ist ein bisschen enttäuscht.
Sie sagt: „Du warst toll!"
Er schläft.

Beim Abendessen fragt sie ihn: „Wolltest Du gerne mal ‚der Erste' sein?"
Er nickt und sagt: „Ja. Ich dachte nur immer, die Frau würde jünger sein!"

Tigerlilly nennt ihn „Dr. Tim, der Arzt, den Frauen lieben". Er steht selbstverliebt im Bad vor dem Spiegel und sagt es immer wieder zu sich selbst: „Dr. Tim, der Arzt, den Frauen lieben!" Tigerlilly lacht, als sie es durch die geschlossene Badezimmertür hört, und fragt sich, was genau der Spiegel ihm wohl zeigt.

Tigerlilly braucht den Sex mit ihm. Sie liebt es, wenn seine Kraft sie in ihrem Innern berührt, die Momente sind nur immer viel zu kurz. Sie ist enttäuscht von den kurzen explosionsartigen Entladungen von sexueller Energie ins Universum, die vor allem seine Momente sind. Sie will mehr und denkt, der einzige Weg ist, es öfter zu tun.
Töff-Tim sagt: „Nicht öfter als zwei Mal am Tag!" Tigerlilly hat mal gehört, dass die Männer sich beschweren, dass ihre Frauen nicht so oft mit ihnen schlafen wollen, wie sie wollen. Sie fragt sich, ob hier alles mit rechten Dingen zugeht. „Bin ich normal?", fragt sie sich, als sie in den Spiegel schaut. Dann schaut sie sich um in ihrer Welt und findet genau das, was sie erlebt. Egal, wo sie hinsieht, Kino, Fernsehen, Werbung, Freunde, alle machen es so. „Hm", denkt Tigerlilly, „muss wohl so sein", und robbt weiter auf Töff-Tim herum, weil der sich wünscht, von ihr geritten zu werden, aber irgendwie klappt es nicht.
Töff-Tim schaut einen Film mit ihr an, in dem eine ganz dünne Frau auf einem sehr muskulösen Mann sitzt, und sagt zu ihr: „So muss es aussehen!" Und Tigerlilly passt ihre Träume der Realität an, nackt, kalt, ein bisschen technisch und schnell vorbei. So muss es dann wohl sein.

Töff-Tim erzählt Tigerlilly von einer Internet-Partnerbörse namens www.singles.ch. Er hat schon ganz lange eine Anzeige da drin, aber es hat sich noch keine Frau daraufhin bei ihm gemeldet. Er tut Tigerlilly leid. Sie meldet sich auf Singles an und findet ihn unter „Kerze sucht Flamme", schreibt ihren Töff-Tim inkognito an und macht an ihrem Jahrestag ein Blind Date mit ihm aus. Er erkennt sie nicht und erzählt Tigerlilly ratlos eines Abends davon, dass ihn eine andere Frau angeschrieben hat und sich mit ihm treffen will. Tigerlilly sagt: „Geh doch hin! Du hast ja nichts zu verlieren!" Er geht hin und trifft Tigerlilly. Sie hat Kopfweh und eine rote Rose für ihn dabei. Er freut sich.

Später schreibt er:
Danke für den Abend und die Überraschung. Die Rose ist schön. So wie Du.

Tigerlilly fragt ihn, warum er die Anzeige jetzt nach einem Jahr nicht löscht. Er hat doch sie. Töff-Tim weicht aus und sagt: „Ich brauche mehr Zeit. Ich kann Dir kein Commitment geben. Es ist ja erst unser Anfang."

Tigerlily denkt, Töff-Tim wird sie ganz bestimmt irgendwann lieben, vielleicht morgen schon, wenn sie sich noch ein bisschen mehr anstrengt, sich noch etwas mehr Mühe gibt, noch mehr Geduld hat. Und wirklich, er kauft sich ein Motorrad und nimmt sie mit. Sie haben viel Spass zusammen. Sie machen gemeinsam Touren zu Orten, wo man zum Beispiel mit Badewannen auf den Balkon fährt und Champagner trinkt oder Sex in Familienumkleiden auf dem Wickeltisch hat. Tigerlilly kümmert sich um Töff-Tim und er schläft dafür mit ihr. Fucked by Töff-Tim. „Rums". Sein Stempel ist in ihre Seele gedrückt. Für immer. Er ist der Schönste von allen. Er ist es.

Er zieht von zu Hause aus, weg von Mutti, zu Tigerlilly.
Caroline sagt: „Nein!"
Tigerlilly sagt: „Nur übergangsweise!"
Sie denkt: „Für immer!"
Caroline sagt: „Die Ratten in dem Käfig drücken auf den Hebel, weil sie so konditioniert sind. Man nennt das operante Konditionierung[6]. Dieses Prinzip wirkt auch bei uns Menschen. Deswegen übersehen wir manchmal, was tatsächlich geschieht, weil das, was wir uns wünschen, sich theoretisch jeden Moment einstellen könnte. Schauen Sie genau hin, Tigerlilly!"

Töff-Tim findet einen tollen neuen Job. Er geht zu einem Therapeuten. Er geht in einen Männertreff. Er hat schreckliche Angst, dass sie schwanger wird. Sie verhüten bombensicher, da geht nichts durch, er zelebriert seinen Kontrollwahn geradezu, wenn er sich den Gummi überzieht. Tigerlilly findet das furchtbar. Sie überlegt, ob sie Kinder will. Sie weiss es nicht. Tigerlilly denkt, Kinder kommen nicht, weil man sie will. Sie kommen, weil sie kommen wollen und weil es etwas für sie zu tun gibt. Kinder bekommt man geschenkt. Sie will davon träumen dürfen. Töff-Tim kriegt Panik, jedes Mal, wenn sie davon anfängt.

Tigerlilly sagt: „Ich habe nicht ewig Zeit."
Caroline sagt: „Sie haben Zeit genug. Ein ganzes Leben lang."

Einen Monat später sagt Töff-Tim zu Tigerlilly: „Es ekelt mich an, wenn Du schwitzt. Hör auf, Kaffee zu trinken!"
Tigerlilly schluckt. Dann sagt sie trocken: „Fang Du lieber an, welchen zu trinken, damit Du endlich auch mal ins Schwitzen kommst!"
Töff-Tim sagt: „Dein Bauch ist zu dick und stört beim Sex!"
Sie darf nur noch mit ihm schlafen, wenn sie ein Wickelkleid trägt.
Er will sie beim Sex schlagen und versucht es.
Tigerlilly sagt: „Das geht mit mir nicht!"
Es ist das Einzige, was mit ihr nicht geht. Sie fühlt sich ein bisschen schlecht, weil sie da nicht mitmachen kann, aber es geht einfach nicht. Später liest Tigerlilly[7], dass Männer, die sich nicht beizeiten von ihrer Mutter gelöst haben, der festen Überzeugung sind, dass Frauen sich Schmerzen wünschen, deswegen wollen sie sie schlagen. Männer wollen die Frauen glücklich machen. Erst kommt Mutti, und dann kommen die anderen.

Ein paar Abende später geht Töff-Tim mit einem Freund in die Disko, kommt nach Hause und sagt zur Begrüssung zu Tigerlilly: „Es waren sehr hübsche Frauen heute da!"
Tigerlilly schaut kurz auf und antwortet: „Schön, dass Du trotzdem wiedergekommen bist."
Er sagt: „Weisst Du, wenn ich die wirklich hübschen Frauen sehe, dann frage ich mich schon, wie es ist, mit ihnen zu schlafen."
Tigerlilly ist einen Moment still, sie sieht genau hin. Dann sagt sie: „Da gibt es nur einen Weg, um das herauszufinden: Probier es aus! In der Zeit schläfst Du einfach nicht in meinem Bett."
Sie schmeisst ihn aus ihrem Zimmer.
Töff-Tim jault: „Das ist nicht fair! Ich will wieder in Dein Bett!"
Tigerlilly sagt: „Geh erst die wirklich hübschen Frauen fragen, ob sie Dich in ihrem Bett schlafen lassen. Und dann komm wieder, und frag mich nochmal, ob Du in meinem Bett schlafen darfst!"
Töff-Tim geht ins Zimmer nebenan.

Tigerlilly heult.
Maja sagt: „Was wunderst Du Dich? Du hast Dir einen Jungstier herangezüchtet. Der will jetzt raus, sich die Hörner abstossen!"
Töff-Tim fragt ihre beste Freundin, ob er in ihrem Bett schlafen darf. Tigerlilly heult noch mehr und ernennt Maja zum Orakel von Berlin.

Caroline fragt: „Haben Sie keine Lust, andere Männer zu küssen?"
Tigerlilly sagt: „Schon, aber das macht man doch nicht. Man muss doch treu sein und leiden als Frau."

„Quatsch! Grosser Quatsch!", sagt Caroline. „Was macht Ihre Pipeline?"

Tigerlilly hat aus Frust über Töff-Tim mit Ernst auf Friendscout geschrieben: „Ernst schreibt nette Sachen, und seine Eltern haben ein Segelboot auf Amrum!"
Caroline sagt: „Action, Tigerlilly! Bitte schreiben Sie mir eine Kurznachricht, wenn Ernst geküsst ist."

Tigerlilly kauft sich hohe, schwarze Nuttenstiefel und geht allein tanzen. Als ein schöner Mann sich an sie herantanzt und fragt, ob sie ein Bier trinken will, sagt sie brav, was sie bei Caroline gelernt hat: „Ja, gerne!" Er muss ja nicht wissen, dass das ihr erstes in einer Disko spendiertes Bier ist. Kurze Zeit darauf steht sie knutschend mit ihm auf der Tanzfläche. Er lässt sie nicht los, aber sie muss wirklich gehen. Sie ist nämlich mit Ernst morgens um sieben Uhr am Zürichsee verabredet.
Als sie nach dem Schwimmen mit Ernst am Ufer sitzt, hört sie ihr Herz bis zum Hals schlagen und sich selbst sagen: „Ich bin gekommen, weil ich Dich küssen möchte! Darf ich?" Ernst ist überrascht. Er nickt nur. Tigerlilly küsst ihn. Tigerlilly kann gut küssen. Dann geht sie heim und schläft mit Töff-Tim, ohne Gummi. Es ist wild, anders als sonst, es ist gut.

Tigerlilly sagt: „Etwas ist anders. Was ist passiert?"
Töff-Tim sagt: „Mir gefallen Deine neuen Stiefel! Und ich habe Dich vermisst!"
Tigerlilly sagt: „Ich kann mir ja nicht jedes Mal neue Stiefel kaufen, wenn ich guten Sex haben will!"

Sie verlässt Töff-Tim. Sie hatten vierhundertzweiundzwanzig tolle Tage zusammen.
Und bevor eine neue Folge von „Tigerlilly in Love“ beginnen kann, fragt Caroline: „Was macht Ihre Pipeline?“

Tigerlilly fehlt der Sex, deswegen setzt sie ins Singles eine Annonce: *Anspruchsvolle, mutige, erwachsene und freie Frau sucht – zur Überbrückung gewisser Engpässe – fantasievolle, unkomplizierte und aufregende Affäre mit einem ungebundenen Mann (das macht es zeitlich einfacher), der weiss, wie man Frauen liebt.*

Als Erstes geht sie mit dem Igelbändiger ins Bett, freitags in seiner Mittagspause. Er hat schon eine Frau, aber er kann ihr nicht treu sein. Unsicher fragt Tigerlilly vorher Maja: „Machen erwachsene Frauen so etwas?“
„Ja“, sagt Maja.
„Ja“, sagt Caroline, „Regelmässiger Sex ist wichtig!“

Papa brüllt ihre Schwester an. Die ruft einmal mehr heulend Tigerlilly an.
Tigerlilly liest[6], dass Eltern ihren Kindern zwei emotionale Hilfestellungen geben sollen: Autorität und Liebe.
Die Autorität sagt: „Tu es so und nicht anders, sei freundlich und ehrlich, übernimm Verantwortung für das, was Du tust, sieh nach links und rechts, bevor Du über die Strasse gehst!“ und so weiter.
Die Liebe sagt: „Es ist schön, dass es Dich gibt, was auch immer Du tust. Wir möchten Dich bei uns haben und sind für Dich da!“
Liebe achtet einen Menschen allein wegen seiner Existenz, weil sein Leben an sich schön und wertvoll ist. Liebe hat nichts mit Autorität zu tun. Wer wahrhaft liebt, hat intelligentere Menschen nicht lieber als weniger intelligente. Wer wahrhaft liebt, hört nicht einfach damit auf, nur weil der andere Mensch vielleicht nicht genau das tut, was er von ihm will. Diese Botschaft wird deutlicher verstanden, je mehr sie durch Selbstsein und Selbsthandeln erfolgt, nicht bloss durch Worte. Kinder, die genug Liebe empfangen, wissen, dass sie etwas wert sind, auch wenn sie ganz schlimme Fehler machen.

Caroline sagt: „Stellen Sie sich vor, Sie machen den schlimmsten Fehler, den ein Mensch begehen kann. Und jetzt stellen Sie sich vor,

Sie sind abgesehen von dem sicher zu verurteilenden Verhalten immer noch okay, genauso wertvoll wie jeder andere Mensch auf dem Planeten, Ihr Kern ist golden. Was auch immer geschehen mag. Sie wissen, was Sie wert sind."

Tigerlilly reicht's. Sie schreibt Papa einen Brief:

Lieber Papa,
ich verabschiede mich von Dir. Ich möchte keinen Menschen wie Dich in meiner Nähe haben. Deine Art, mit uns, Deinen Kindern, umzugehen, verletzt mich, und ich finde, ich habe genug Verletzungen hingenommen für den Rest meines Lebens. Auch von Dir, einem starken, grossen Mann, der seine Macht über seine Kinder missbraucht hat, der sie mit Händen und Gürteln geschlagen hat und der sie immer noch anbrüllt, nur weil sie etwas nicht so tun, wie er es gerne hätte. Es gibt bessere Wege als Deinen. Mir reicht's. Ich weiss, dass unser Leben nicht ewig dauert. Es ist viel zu kurz, um es mit Menschen zu verbringen, die nicht respektvoll und liebevoll sein können. Wenn sich einer meiner Freunde mir gegenüber so verhalten würde wie Du, dann wäre er die längste Zeit mein Freund gewesen. Wenn ich über Dich nachdenke, dann kann ich nur verständnislos den Kopf schütteln. Ich frage mich: Was ist mit Dir los? Unser Leben dauert nicht ewig. Irgendwann sterben wir, und am Ende werden wir nur eines bereuen: nicht genug geliebt zu haben.

Leb wohl,
Tigerlilly

Tigerlilly plant, für den Verein, in dem sie ehrenamtlicher Finanzvorstand ist, nach Kabul zu reisen.
Töff-Tim flippt aus, als sie es ihm erzählt: „Da ist Krieg!"
Tigerlilly sagt: „Ach, echt? Hab ich gar nicht gewusst!"
In ihrer Firma kann man ehrenamtliche Projekte finanzieren lassen. Sie macht eine Präsentation für ihren obersten Chef und stellt ihm die drei Wochen Finanztraining für eine Afghanin in Kabul als Projekt vor.
Der Chef sagt: „Wenn ich es nicht finanziere, dann nimmst Du Urlaub und gehst trotzdem? Richtig?"
Tigerlilly nickt.
„Dann kann ich es auch finanzieren! Wenn Dir etwas passiert, muss ich diese Nachricht so oder so schreiben."

Tigerlilly kann es nicht fassen. Sie hätte sich selbst dafür entlassen, wenn sie Chef gewesen wäre, aber so plant sie dankbar ihre Reise. Sie schreibt ihr Testament, sie macht eine Liste mit Namen, die benachrichtigt werden müssen, wenn sie stirbt, und muss jemanden angeben, der das übernimmt. Weil sie ja mit Papa gerade nicht spricht, bittet sie Maja darum. Sie lernt, wie man aus Krisengebieten heraus kommuniziert, sie lernt, wie man sich an illegalen Strassensperren verhält und wie man sich aus einem Auto unter Beschuss rettet. Es macht ihr zum ersten Mal deutlich, wie gefährlich ihre Reise ist. Aber dann denkt sie: „Diese Fähigkeiten hätte ich früher im Krisengebiet unter Muttis Herrschaft auch wirklich gut gebrauchen können!"
Zehn Tage vor Abflug wird in Kabul eine Frau entführt, und die Sicherheitslage verändert sich dramatisch. „Du fliegst nicht!", sagt der Verein. Drei Monate Planung im Eimer, jeden Tag Spiessrutenlaufen in der Firma umsonst. Das Leben ist nicht planbar. Man geht los, in der festen Überzeugung, etwas zu suchen, das man unbedingt haben will, und findet sich immer irgendwo wieder, wo man gar nie hinwollte, aber genau das findet, was man braucht. Sie hat jetzt auf einmal völlig ungeplant ganz lange Ferien und bucht kurzentschlossen einen Flug nach Neuseeland. Sie hat dort eine Freundin. Auf dem Hinflug sitzt neben ihr ein Mann, der ihr gefällt. In vierzehn Stunden Flugzeit gelingt es sogar Tigerlilly, mit ihm ins Gespräch zu kommen. Weil er Bäcker ist, nennt Tigerlilly ihn Bakerman. Der Bakerman verbringt die ersten zwei Wochen mit ihr bei ihrer Freundin. Während sie an einem Lagerfeuer am Strand sitzen, erzählt er ihr von seiner letzten Beziehung.
„Ein Jahr lang hatte ich keinen Sex mit meiner Freundin. Sie wollte nicht. Was soll ein Mann da machen?", fragt er.
Tigerlilly fragt: „Warum hast Du sie nicht verlassen?"
Er sagt: „Ich hab sie geliebt."
„Und dann?"
„Dann bin ich eben fremdgegangen!"
Tigerlilly sagt: „Männer sind oft grottenschlechte Liebhaber, und Frauen sind so oft viel zu verklemmt." Sie fängt an, männliche Untreue als Realität hinzunehmen, als etwas Unabänderliches. „Vielleicht ist es eine Illusion, alle Träume in einen einzigen Korb zu legen und Luftschlösser auf deren Erfüllung zu bauen?" Und in ihrer Erinnerung hört sie ihre beste Freundin damals sagen: „Lass das mit den Männern, Du wirst eh nur von denen enttäuscht!"

Dann steigt Tigerlilly am nächsten Tag auf ihr Motorrad und fährt in die weite Welt hinaus, mit Gott an ihrer Seite gegen sich selbst und gegen die Geschichte hinter der Geschichte kämpfend.

Als Gott einmal auf der Welt spazieren ging, begegnete ihm ein Bauer. Der sagte zu Gott: „Also, Gott, die Welt, die hast du echt klasse hinbekommen, vielen Dank dafür, aber eines muss ich dir sagen, ein guter Bauer, das bist du nicht!" Gott war erstaunt, er fragte den Bauern: „Welchen Rat gibst du mir?" Da sagte der Bauer: „Gib mir ein Jahr Zeit, und erfülle mir in diesem Jahr jeden Wunsch, dann wirst du sehen, am Ende des Jahres wird es keinen Hunger mehr auf dieser Welt geben." Gott willigte in den Handel ein. Ein Jahr lang bestellte der Bauer bei Gott immer genau das Wetter, welches er für richtig hielt, es gab in diesem Jahr keine Unwetter, keine Stürme, keine Erdbeben, keine Schädlinge. Sonne, wenn der Bauer es für richtig hielt, Regen, aber nur so viel, wie es der Bauer wollte, Wind, aber nie zu stark. Zufrieden strich der Bauer durch seine golden leuchtenden Weizenfelder und lächelte Gott zu: „Siehst du, es wird alles gut. Die Felder stehen in vollem Korn, keiner wird mehr hungern." Als es dazu kam, dass das Korn gedroschen wurde, musste der Bauer aber feststellen, dass alle Ähren leer waren. Kein Weizenkorn befand sich darin. Fassungslos lief der Bauer zu Gott: „Das kann doch nicht sein, ich habe doch alles richtig gemacht, ich habe die besten Bedingungen bei dir bestellt. Was ist denn bloss passiert?" Gott sagte: „Ja, lieber Bauer, du hast alles richtig gemacht, aber du hast etwas sehr Wichtiges vergessen. Damit die Saat aufgeht, braucht es den Sturm, das Unwetter, den Regen und Blitz und Donner. Du hast nur das Gute ausgewählt und alles, was den Weizen stark macht, weggelassen, und deine Ähren sind leer. Es braucht den Widerstand im Leben, um die Seele zu wecken."

Dafür also ist der Sturm gut und mit ihm der Schmerz. Tigerlillys Seele ist wach. Ihre Saat geht auf. Sie ist mit den Delfinen geschwommen. Dreissig Tiere um sie herum, immer wieder neugierig darauf, was ihnen zum Entertainment geboten wird. Tigerlilly hat durch den Schnorchel „Freude, schöner Götterfunken" gesungen, das hat den Delfinen anscheinend gefallen. Sie hat fünf Wale gesehen, mit Schwanzflosse. Der Erste hiess Mimi. In dem Moment erkennt Tigerlilly den Unterschied zwischen „davon gelesen" und „es selbst erfahren" haben. In einem Park hat sie Blumen gefunden, die Tigerlilly heissen, orchideenartig, grosse, orangefarbene Blüten mit schwarzen Tupfen. Sie werden erfolgreich als homöopathisches Mittel gegen Beschwerden im Unterleibsbereich bei Frauen angewandt. Sie hat auch auf ihrem Motorrad gesessen, geheult und es fast nicht ausgehalten vor Kälte, mit bis zu drei Zentimetern Wasser in ihren Stiefeln, klitschnassen Handschuhen, in strömendem Regen, fünfunddreissig Knoten Windgeschwindigkeit, die nächste menschliche Behausung zwei Stunden entfernt. Sie hat alleine unter dem Sternenhimmel auf dem Boden geschlafen, weil man vom Bett aus die Sterne nicht sehen konnte. Als die Sterne fallen, tritt sie vor den Spiegel und fragt: „Spieglein, Spieglein an der Wand, sag, welchen Wunsch hast Du in meinem Herzen erkannt?“ Der Spiegel zeigt ihr das Schlachtfeld ihrer Seele und antwortet: „Frieden mit mir selbst!“ Gott hört ihren Wunsch und denkt: „Das ist der erste vernünftige Wunsch, den ich von der Püppi höre!“, und schickt seine Engel los. Zum Schluss geht sie in ein Tattoo-Studio und lässt sich einen Delfin auf ihren Fussknöchel tätowieren. Der Schmerz ist auszuhalten, fast schön. Und der Mann, der sie tätowiert, ist es auch.

Auf dem Rückflug hat sie viel zu viel Gepäck. Zwei Taschen. In jeder Hand eine, einen grossen Travel-Rucksack auf dem Rücken und noch einen Koffer. Als sie zum Check-in geht, schliesst sie den Rucksack vorher in einem Schliessfach ein. Die Stewardess meckert mit ihr, weil ihr Koffer zu schwer ist. Also packt sie vor den Augen der Stewardess um und zieht fast alle Klamotten aus ihrem Koffer an. Motorradstiefel, Motorradhose, Motorradjacke, Strickjacke drüber, Sonnenbrille auf. Sie kommt unter den missbilligenden Blicken der Stewardess durch den Check-in durch und geht dann heimlich den Rucksack holen. Trotz des aufsehenerregenden Outfits kommt sie mit dem Rucksack sogar durch die Sicherheitskontrolle hindurch, aber als sie auf den Einstieg ins Flugzeug wartet, sieht sie, dass am Eingang zum Flugzeug dieselbe Stewardess Dienst hat, die schon ihren Koffer beim Check In zu schwer fand. Die hatte ja aber den grossen Rucksack gar nicht gesehen. „Das gibt Ärger!“, denkt Tigerlilly bei sich. Ihr gegenüber in der Wartehalle sitzen zwei junge Männer, die Deutsch reden. Einer davon gefällt ihr. Den fragt sie, ob er ihre beiden grossen Taschen nehmen kann, damit sie selbst nur mit dem Rucksack in das Flugzeug steigt, ohne aufzufliegen. Er guckt zwar komisch, aber er hat kein eigenes Handgepäck, es klappt. Ebendieser

Mann sitzt ganz zufällig im Flugzeug neben ihr. Ganz zufällig laufen im Flugzeug alle Filmbildschirme, nur ihre beiden funktionieren nicht. So bittet er sie, ihm alle Märchen zu erzählen, die sie erzählen kann. Also erzählt sie. Nach zwei Stunden kennt sie keine Märchen mehr. Er sagt: „Dann erzähl mir etwas anderes aus Deinem Leben." Tigerlilly schluckt. Ob er das ein bisschen eingrenzen kann? Er sagt: „Erzähl mir etwas über die Liebe!" „Na bravo. Da hast Du ja die Expertin gefunden!", denkt Tigerlilly. Sie erzählt, was sie weiss. „Also", sagt sie zögernd, „für mich fängt Liebe immer bei mir selbst an, ein Kribbeln im Bauch, und wenn es dann da ist, das Gefühl, dann ist es, als ob ich die ganze Welt umarmen möchte, verbunden mit allem, was da ist. Mit Trauer und Freude zugleich, der Ort, an dem alles gut ist, wie es ist. Es ist dieses Gefühl, jemand anderen wichtiger zu nehmen als sich selbst. Gut zu denken, eine ungeheure Kraft, die auch ein bisschen Angst machen kann, weil man nichts mehr unter Kontrolle hat." Er schluckt. Sie hören auf ihrem iPod zusammen ein Hörspiel, weil ja ihre Bildschirme kaputt sind. Sie fragt, ob sie ihren Kopf an seine Schulter legen darf, und er sagt: „Ja!"
„Jetzt im Moment ist alles gut", denkt Tigerlilly, als sie einschläft. Von Schwänzen träumt sie schon lange nicht mehr. Da, wo früher die Schwänze waren, schwimmen jetzt Delfine mit ihr.

Sie liebt Töff-Tim. Von ganzem Herzen wollte sie, dass er sie braucht und sie nie verlässt, aber niemand wird ihr mehr sagen, was alles an ihr nicht stimmt, dass sie abnehmen soll, dass ihr Bauch oder Hintern beim Sex stört, dass sie nicht hübsch genug ist. Niemand mehr. Als sie nach Hause kommt, hat sie zweihundert neue Nachrichten in ihrer Mailbox auf www.singles.ch und beginnt mit der Arbeit. Die Guten ins Töpfchen, die Schlechten ins Kröpfchen.
Sie fährt nach Bremen zum Bremer.
Klein, knackig, verdammt verliebt, verdammt nicht verliebt. Verdammt. In eine andere verliebt, gleichzeitig. Das ist Tigerlilly zu verwirrend. Dann kommt die Hotelbar-Nummer mit „Ach, wie hiess er noch?". Es fällt Tigerlilly heute nicht mehr ein.
Ach ja, richtig, und da war ja noch der Coach.
Sie schreibt vor dem Treffen: „Willst Du ein aussergewöhnliches Date mit mir haben oder *ein langweiliges ‚wieimmeressengehenunddannniewiedersehen'?"*

Er wählt: „*Aussergewöhnlich.*"
Sie hinterlegt einen Umschlag mit Stadtplan am Bahnschalter, in den sie fünf Stationen zu ihren Lieblingsorten in Zürich eingezeichnet hat, und schickt ihn wie bei einer Schnitzeljagd los zur ersten Station. Als er den Umschlag in den Händen hält und begreift, was sie vorhat, schreibt er eine Kurznachricht: „*Miststück!*"

Die erste Station ist die Condomeria in Zürich. Er soll sich erklären lassen, was ein PVibe ist. Weisst Du, was ein PVibe ist? Nicht? Die Frauen in der Condomeria in Zürich erklären es Dir sicher gerne. Er kauft sich einen und bekommt an der Kasse einen weiteren Umschlag mit der nächsten Station und Tigerlillys iPod. Liebeslieder, der Soundtrack von „Tigerlilly in Love". Dann muss er weiter zu Tigerlillys Lieblings-Bratwurststand am Bellevue. Die ersten zwei Stationen geht sie hinter ihm her. Dann setzt sie sich in einen hohen Turm in Zürich, trinkt Champagner, dreht ihr glattes Haar durch ihre Finger und wartet. Er schafft es bis Station drei. Dann gibt er auf. Tigerlilly sitzt im Turm und wartet. Und wartet. Und wartet. Bereit, ihr Haar herabzulassen. Er kommt nicht. Er schreibt eine Kurznachricht: „Ich finde Dich nicht, und ich mag es nicht, kontrolliert zu werden!"

Als sie am Tag darauf mit Maja telefoniert, fragt die: „Warum hat er nicht einfach in den Plan geschaut?"
Tigerlilly fragt den Coach: „Warum hast Du nicht einfach in den Stadtplan geschaut?"
Er sagt: „Ich kann keine Stadtpläne lesen!"
Sie holt sich ihren iPod bei ihm ab. Es dauert genau zwei Minuten, und sie liegen miteinander im Bett. Der PVibe macht seinen Job, gut wie immer.
Er sagt: „Du darfst Dich nicht in mich verlieben!"
Sie sieht ihn nicht wieder.

Tigerlilly jammert: „Ich bin so alleine, keiner liebt mich."
Maja fragt: „Warum nimmst Du denn den Coach nicht?"
Tigerlilly antwortet: „Der macht komische Geräusche beim Sex!"
Maja lacht.
Caroline sagt: „Achten Sie auf die Blumen am Wegrand. Alles hat seine Zeit!"

Tigerlilly mault.

„Klopf, klopf!“ Einen hätte sie fast übersehen. Er startet auf einem der hintersten Ränge, dreht in einer Sekunde von 0 auf 100 auf und hält die Poleposition in Tigerlillys Pipeline für die nächsten drei Jahre. Wie er das gemacht hat? Er beherrscht das Spiel.
Wenn Tigerlilly jetzt die Augen schliesst, erscheint auf dem Bildschirm vor Tigerlillys innerem Auge folgende Meldung:

Meine sehr verehrten Damen und Herren, auf vielfachen Wunsch haben wir entschieden, „Tigerlilly in Love“ abzusetzen. Ihr Wunsch ist uns Befehl. Sie sehen in Zukunft zur gewohnten Sendezeit unsere neue Serie „Der Porsche“ in unendlich vielen Folgen.
Wir wünschen Ihnen dabei viel Vergnügen.

Der Porsche, Folge 1

Sex. Motto: Reitstunde.

Mitten in der Nacht kommt er zu ihr. Sie haben sich nur einmal vorher dreissig Minuten in einem Café gegenübergesessen. Tigerlilly fand, er hat ein nettes Lachen und er kann gut erzählen. Er ist müde und abgearbeitet. Er arbeitet sehr viel. Tigerlilly fragt, in einem dünnen, schwarzen Etwas an ihre Schlafzimmertür gelehnt: „Willst Du erst ein Glas Wasser im Wohnzimmer?" Er ist unsicher. Tigerlilly nimmt ihn an die Hand und führt ihn zum Bett. Als er liegt, fragt Tigerlilly: „Warum bist Du denn auf dem freien Markt zu haben?"
„Na, um so Beziehungen zu haben wie all die anderen?"
Tigerlilly denkt, er tickt so wie sie, und nickt. Sie sagt: „Die meisten Männer wissen ja eh nichts mit ihrer Freiheit anzufangen!" Er schaut auf und fragt: „Was gibt Dir das Recht, so zu denken?" Er sieht so aus, als ob er gleich wieder gehen möchte. Tigerlilly wird hochrot im Gesicht und stammelt dann: „Jetzt fällt mir als Antwort nur Rosa Luxemburg ein, die sagt: ‚Freiheit ist immer die Freiheit des Andersdenkenden!'" Zufrieden nickt er und bleibt liegen. Tigerlilly sagt: „Ich will wissen, wie Deine Küsse schmecken!" Das Spiel beginnt. Am Ende reitet sie ihn, wie Töff-Tim ihr das beigebracht hat. Nur, dass dieses Mal rein gar nichts stört, obwohl sie immer noch die Alte ist.

5 Stunden nach dem Aufwachen:
SMS: *Mehr!*
SMS: *Interessanter Ansatz. Wird zeitlich bei mir etwas schwierig!*
SMS: *Du bist für mich ein Porsche unter den Männern!*
SMS: *Danke für die Blumen.*

Zwei Monate später:

Der Porsche, Folge 2

Stell Dir vor, Du ziehst Dich mitten in Zürich auf der Strasse nackt aus, Deine alte Lederjacke drüber und läufst alle Treppen in einem Wohnhaus hoch in den obersten Stock. Stell Dir vor, Du sitzt ewig in seinem Wohnzimmer bei einem Glas Wasser, nackt in einer Lederjacke, bis Du kalte Füsse bekommst. Stell Dir weiter vor, Du stehst auf, gehst zu Deinem Traummann und sagst: „Schaff mich ins Bett, bevor ich kalte Füsse bekomme!" Er fasst Dich genau so an, wie Du es Dir immer erträumt hast, schiebt Dir sanft und sehr langsam die Jacke von den Schultern, genau so, wie Du es niemals zu träumen gewagt hättest. Er, gut aussehend, muskulös, mit kräftigem Oberkörper und einem engen Stück Stoff auf den Hüften, durch das sich seine männliche Kraft deutlich in die Höhe gestreckt abzeichnet, küsst Dich so, wie Du es brauchst, sanft und fest, zart und bitter. Er führt Dich rückwärts ins Schlafzimmer, verführt, entführt Dich, weg aus dieser Welt in eine andere. Es riecht zart nach Lavendel. Er nimmt Deinen Hintern so in die Hände, dass sein kleiner Schwanz Dir grosse Freude bereitet. Du liegst auf ihm, Dein Körper, Deine Öffnung findet seine Kraft, und Du fickst ihn. Alles ist ganz leicht. Ihr redet kein Wort miteinander, bis er sagt: „Du weisst, was Du tust?

Du sagst: „Es ist auch für Frauen ohne Gummi besser. Hoffen wir, dass Du bisher artig warst und dass die Firma Schering hält, was sie verspricht!"

In Gedanken streckt Tigerlilly allen Töff-Tims dieser Welt die Zunge raus.

Der Porsche streicht über Deine Stirn, links oben, sanft, langsam, zart, schaut in Deine Augen und sagt: „Du bist scharf!"

Und alles, was Du noch sagen kannst, ist: „Du hast mich scharfgemacht!"

Perfekt! Wer kann das schon sagen, er habe perfekten Sex gehabt. Tigerlilly kann. Und es geht nicht um die Anzahl der Höhepunkte pro Nacht. Es geht um die Nähe zwischen einem Mann und einer Frau, um den einen Moment, wo eben alles ruhig ist, wo es kein Wort braucht. Sonst geht es um nichts. Das ist der Höhepunkt.

Caroline flippt aus. „Sie haben sich nicht geschützt?"
„Regelmässiger Sex ist wichtig!", sagt Tigerlilly.
Caroline schimpft: „Nur mit Gummi."

Tigerlilly schämt sich. Sie fragt die anderen Frauen. Sie findet es furchtbar schwierig, gerade in dem Moment kompliziert zu sein und auf einem Gummi zu bestehen. Die anderen Frauen können es nicht glauben. Tigerlilly weiss so etwas nicht? Nein, weiss sie nicht. Die Männer sagen, eigentlich haben sie nur wirklich Respekt vor einer Frau, die auf sich achtet und auf einem Gummi besteht. Nur beim Blasen, da ist Schluss. Das geht gar nicht mit Gummi. Und sie selber bestehen nie darauf, das ist Sache der Frau, finden die Männer, ausser Töff-Tim natürlich. Tigerlilly will den Porsche. Ohne Gummi. Für immer.

Caroline sagt: „Etwas, das so perfekt ist, ist nicht in die Realität übertragbar, es ist nicht lebbar, existiert nur im Moment. Geniessen Sie den Moment."
Tigerlilly bestellt beim Universum, dass Caroline sich irrt. Nur dieses eine Mal.
In den Momenten, wenn sie den Porsche trifft und mit ihm im Bett ist, ist sie unverletzbar. So fühlt sich Nähe an. Das will sie nie wieder hergeben.

1 Tag später:

Der Porsche, Folge 3

Tigerlilly an Porsche
Du bist ein Porsche, lass Dir von niemandem etwas anderes einreden.

Porsche an Tigerlilly
Wenn nie jemand anderes da ist, kann auch keiner etwas anderes sagen.

Tigerlilly an Porsche
Jöööö!
PS: Ich habe mich in Dich verliebt.

Porsche an Tigerlilly
Du bist eine gute Frau, aber für eine Beziehung reicht es bei mir nicht.

Tigerlilly an Porsche
Und jetzt?

Porsche an Tigerlilly
Ich habe Dir offen gesagt, wo ich stehe. Wenn Dir das nicht gefällt, bedaure ich das, kann es aber nicht ändern. Du kannst meine Nummer gerne an andere Frauen weitergeben. Eine einfache Frau mit gutem Charakter wäre mein Traum.

Tigerlilly an Porsche
Hast Du mal etwas von Wertschätzung und Respekt gehört, Du Trottel? Du verletzt mich mit dem, was Du schreibst. Warum kann ich mich nicht mit Dir verabreden, wie das normale Menschen miteinander tun?

Porsche an Tigerlilly
Ich kann Dich in dem Punkt verstehen, da bin ich wirklich keine einfache Gesellschaft. Ich bin beruflich sehr eingespannt und kann froh sein, wenn ich ausser Dir noch die Kassiererin im Lebensmittelladen regelmässig sehe. Ich setze klare Prioritäten, was ich machen möchte in der Zeit, die mir die Arbeit lässt. Ich lege mich nie fest und entscheide immer ganz spontan aus dem Moment heraus. Das ist die Freiheit, die ich mir einfach nehme.

Tigerlilly an Porsche
Ich halte es da wie der kleine Prinz: Das ist amüsant, aber es ist nicht ganz ernst zu nehmen.

Porsche an Tigerlilly:
„Der kleine Prinz" ist eine ausgezeichnete Lektüre für die Manager-Stufe.

Tigerlilly an Porsche
War's das jetzt, Porsche?

Porsche an Tigerlilly
Ich will kein Porsche sein. Ich fahre einen VW Golf, fertig. Der Porsche ist zum Geniessen da und steht in der Garage. Ich hab auch keine Liste mit Frauen, und die Frauennamen, die ich kenne, reichen gerade, um eine halbe Seite zu füllen. Das hilft Dir jetzt auch nicht viel, aber mehr bin ich nicht bereit zu geben.

Tigerlilly heult auf der Arbeit. Eine Kollegin sieht das und bringt ihr wortlos mit einem Lächeln ein bisschen Schokolade an den Tisch.

Tigerlilly fragt Caroline: „Was meint er damit, er hat keine Liste und kennt nicht genug Frauennamen, um eine halbe Seite zu füllen?"
Caroline sagt: „Sie sind auch für ihn etwas Besonderes."
Tigerlilly sagt: „Ich bin verliebt."
Caroline sagt: „Sie müssen lernen, guten Sex zu haben, ohne sich zu verlieben. Oder Sie haben keinen Sex, und suchen erst nach einem, in den Sie sich verlieben."
Tigerlilly entscheidet sich. Sie will lernen, sich nicht zu verlieben.
„Oder ich lass das mit dem Sex, richtig?"
Caroline nickt.
„Soll ich den Porsche sein lassen?"
Caroline nickt und schüttelt den Kopf gleichzeitig.
Tigerlilly ist verzweifelt: „Also das ist doch alles total widersprüchlich. Was stimmt denn jetzt? Wo bitte geht's hier lang?"
Caroline sagt: „Wenn es um die Liebe geht, ist alles paradox. Die Liebe ist nicht logisch."

In all die anderen verliebt sie sich nicht mehr, wenn sie mit ihnen ins Bett geht. Beim Porsche ist es zu spät. Für immer. Aber Tigerlilly sucht keinen Sex, obwohl der wichtig ist. Sie sucht die Liebe. Sie sucht sie in Liebesfilmen. Sie sucht sie in Liebesliedern. Sie sucht sie in der Kirche.

„Alles Schrott!", seufzt sie.

Sie findet Dogmatismus. Autorität. Leute, die einem sagen, was man tun soll, noch dazu ohne es selbst zu können. Sie findet Leiden, Sehnsucht, Gier, Vorwürfe, Minderwertigkeitskomplexe, Hass, Enttäuschung, Opfer, Rechtfertigung und Fehler. Sie findet keine Liebe. Eines Morgens bei einer neuen Folge von „Tigerlilly in Love" singt jemand im Radio: „Das ist keine Liebe. Liebe fühlt sich nicht so schlecht an. Ich weiss nicht, was es ist, aber Liebe ist es nicht."

Sie stellt sich selbst einen neuen Soundtrack von „Tigerlilly in Love" zusammen. Echte Liebeslieder. Liebe wird nicht, Liebe ist. Liebe liegt nicht in der Luft, Liebe kommt von ganz allein. Das Leben war niemals besser als jetzt. Sei wie der Fluss, der eisern ins Meer fliesst. Got to be a lover. You just have to wait, just trust in the good time. Du wirst immer nur noch kleiner, wenn Du weinst. Das hat die Welt noch nicht geseh'n. Wen siehst Du, wenn Du Dir im Spiegel gegenüberstehst? Meditate. Ich will nur wissen, ob Du mit mir in der Mitte des Feuers stehst und nicht zurückschreckst. Wir können Helden sein.

Mutti hat immer gesagt: „Bis Du heiratest, ist alles wieder gut." Tigerlilly findet, dass nichts gut ist, und es ist ja nicht abzusehen, dass sie jemals heiraten wird. „Wann wird endlich alles gut für mich?", fragt sie Caroline.
Caroline sagt: „Es wird erst dann alles gut, wenn jemand, der sagt ‚Ich liebe Dich!', mit seinem Handeln dafür sorgt, dass alles gut wird. Gute Männer erkennt man an dem, was sie tun, nicht an dem, was sie sagen. Und wahre Liebe erkennt man daran, dass man den anderen nicht verändern will. Wie wäre es, wenn Sie mal versuchen ‚Ich liebe Dich!' zu sich selbst zu sagen?" Tigerlilly überhört den letzten Teil und fragt: „Wie finde ich so einen, der schon so gut ist, dass ich ihn nicht mehr verändern muss?"

Caroline sagt: „Zuerst kommen Sie. Es muss Ihnen gut gehen, damit sie andere wichtig nehmen können. Erst wenn sie selbst reich sind, können Sie von Ihrem Reichtum abgeben."
„Aber was ist mit Sterntaler?", denkt Tigerlilly.
Sie sucht auf www.singles.ch nach Männern, die etwas tun wollen und die schon gut sind, wie sie sind. Aber es fehlt bei allen etwas. Und keiner fragt nach der Geschichte hinter der Geschichte. In keiner der Anzeigen steht etwas von Beziehung. Es ist wie mit der Liebe in den Liebesliedern. Sie findet viel Schrott, auf dem Beziehung draufsteht, aber nirgendwo ist Beziehung drin. Als Tigerlilly darüber bei Caroline jammert, sagt Caroline: „Gute Beziehungen zeichnen sich nicht dadurch aus, dass sie harmonisch sind, sondern dadurch, dass gemeinsam Spannungszustände erfolgreich gemeistert werden, ohne dass etwas zu Bruch geht." Tigerlilly findet: „Nach der Definition haben der Porsche und ich eine wirklich gute Beziehung. Wir könnten uns ein bisschen öfter treffen!"

Sie schreibt ihm.
Wann sehe ich Dich wieder?

Er schreibt:
Wenn meine Arbeit es zulässt.

Es sieht also nicht so aus, als ob sie sich öfter treffen würden als alle neun Monate für dreissig Minuten. Tigerlilly schreibt: *Gibt es irgendetwas, das ich tun kann, ausser dem Gras beim Wachsen zuzusehen?*

Er schreibt: *Mach mir Lust!*

Wie?

Der Porsche schreibt:
Es ist ein Geben und Nehmen, Deine Fantasie für meine Zeit.

Tigerlilly wird blass: *Du meinst, ich soll hier schreiben, was ich mit Dir tun will? Vergiss es. Ich mach mich nicht nochmal nackig für Dich. Ich sitze gerade sehr kontrolliert kontrollierend über einem sehr wichtigen Excel-Sheet, und auf meinem Stuhl ist eine Pfütze, und Du hast eh nie Zeit.*

Er:
Aber Tigerlilly, einfach Worte in die Tasten tippen, komm schon. Deine Gedanken sind eh nicht bei dem Excel-Shit. Habt ihr in dem Laden keine Stoffstühle?

Tigerlilly hat Fantasie genug. Sie schreibt:
Ich stehe auf dem Zürcher Hausberg, an der untersten Treppenstufe des Turmes. Es ist dunkle Nacht und kühl, man sieht unten die Lichter glitzern und oben am Himmel die Sterne. Ich bin nicht sicher, was mich oben erwartet, aber wir beide haben uns verabredet, so gut das eben mit Dir geht. Und so wie immer weiss ich nicht, ob Du da sein wirst. Ich ziehe mich noch einmal für Dich aus, wie Sterntaler lege ich Schicht für Schicht meiner Hülle, die meine Weiblichkeit im Alltag verbirgt, ab, um Dir meine Wahrheit zu schenken, meine Nacktheit und Verletzlichkeit, so, wie wenn ein Reh dem Jäger die Kehle hinhält. „Es ist dunkle Nacht, niemand wird Dich sehen!", denke ich bei mir und jage die Stufen des Turmes hoch. Nicht zu wissen, ob Du oben auf mich wartest, lässt mich zur Marathonläuferin werden. Und wäre es das Empire State Building, ich wäre die Erste, die oben ankommt. Die Aussicht, Dich nach so langer Zeit wieder spüren zu dürfen, hat mich gejagt bis hierher. Ich bin ausser Atem, als ich oben ankomme. Da stehst Du. Mein Adam, aus dessen Rippe ich gemacht bin. Ich kann Dich nicht ansehen, weil Du so schön bist, und drehe mich um, den Blick zu den Sternen erhoben, einer fällt und zieht einen glühenden Schweif hinter sich her, als ich spüre, wie Du von hinten an mich herantrittst. Ich drehe meinen Kopf zu Dir, Du küsst mich sanft und gibst mir Champagner aus Deinem Mund zu trinken. Gibt es Dich für mich, Porsche? Gibt es Zeit?

Er schreibt: *Du bist gar kein bisschen kontrolliert. Du bist ja richtig romantisch.*

Ludos incipite! Die Spiele sind eröffnet.

Sie ist besessen, gierig, angefixt. Sie will haben, nur ihn. Sie gibt alles, ihr Bestes. Er spielt grandios. Er ist der Beste. Er gibt nichts, aber wenn er da ist, ist er alles, und er weiss das. Tigerlilly hat die Wahl: Opfer sein oder kämpfen. Sie entscheidet sich fürs Kämpfen. Sie malt, schreibt, wirbt, schreibt, wünscht, bestellt beim Universum. Sie verliert die Hoffnung, gibt auf. Sie nimmt es sportlich und versucht es immer wieder neu mit ihm.

Ohne ihn geht es nicht länger als zwei Tage. Wenn er sich nicht meldet, dann provoziert sie ihn.

Er schreibt: *Provokation? Wem nützt das?*
Tigerlilly schreibt: *Gibt es etwas, das mehr nützt?*
Er antwortet nicht.

Tigerlillys Freunde rollen die Augen. Maja sagt, sie schaltet sich in Folge 500 wieder dazu. Tigerlilly sieht ihn erst neun Monate später wieder.

Der Porsche, Folge 68

SMS: *Alles Gute zum vierzigsten Geburtstag. Ich begehre Dich und bin dankbar für die schönen Momente mit Dir. Schön, dass es Dich gibt.*
SMS: *Danke. Vielleicht passt es ja mal wieder spontan.*
SMS: *7.8. / 13.8. / 20.8.*
SMS: *13. oder 20.*
SMS: *Beides. Und nimm den 7. mit dazu, dann ergibt es 40.*
SMS: *Ich gehe am 7.8. Golf spielen.*
SMS: *Stell Dir vor, ich hocke mich auf den Ball und er ist, schwupp, weg. Du kannst ihn Dir gerne wieder holen.*

An einem Tag ist er ohne Ankündigung da. Er steht in ihrer Wohnung. Ihr stockt der Atem. Er zieht sie aus und macht sich ein bisschen lustig über sie. Dann ist er still. Sie zieht ihn aus, sie weiss jetzt beim dritten Treffen, wie kostbar Zeit mit ihm ist. Und sie geniesst jede Sekunde. Er hat eine Jeans zum Knöpfen an. Tigerlilly liebt Jeans zum Knöpfen, mit jedem Knopf spürt sie die Kraft, die sich unter ihren Händen langsam entfaltet und nur dazu da ist, um ihr Freude zu bereiten. Er ist einfach der Beste. Er weiss, wie es funktioniert, das Spiel mit dem Feuer, er lässt sie wortlos spielen und beobachtet sie dabei mit einem Schmunzeln in den Mundwinkeln. Bevor er sie anfasst, wartet er einen kleinen Moment, wie ein Dirigent, der den Taktstock hebt. In diesem einen Moment kann man die Musik schon hören, der Raum ist voll davon, obwohl noch kein Ton erklungen ist, die Spannung ist zu keinem anderen Zeitpunkt grösser als jetzt. Er ist ihr Solist, sie ist sein Instrument, er ein Virtuose, er spielt auf ihr und nutzt das ganze Spektrum dessen, was sie zu bieten hat. Sie duschen zusammen. Neun Monate hat sie auf ihn gewartet, er nimmt sie im Sturm, von hinten, schmeisst sie aufs Bett und geniesst sie, liebkost sie, trinkt sie, er hat alles im Griff, sie lässt sich fallen und er hebt sie zwei Stunden auf Wolke Nummer 7. Sie reitet ihn. Nach dem Sturm sagt sie atemlos in die Stille: „Thanks for the ride!" Er antwortet schläfrig in die lustvolle Stille: „Da fällt mir ein, ich muss meinen Porsche mal wieder bewegen! Die alte Rappelkiste."
Tigerlilly denkt, sie hört nicht richtig. „Du HAST einen Porsche?"
Er lacht: „Ja, einen alten 911er. Steht in meiner Garage. Ich dachte, ich sag mal nichts!"

Tigerlilly muss laut lachen.
Dann steht er auf.
Tigerlilly fragt: „Was tust Du da?"
„Ich ziehe mich an, ich geh jetzt!"
Tigerlilly stürzt innerhalb von Sekunden von der Wolke Nummer 7 hinunter auf den Boden ihres Schlafzimmers und flippt aus.
Er sagt: „Du kannst nichts von mir erwarten, ich habe Dir nichts versprochen!"
Ihre Seele liegt am Boden. Sie kann nicht glauben, dass ihr das passiert! Ihr! Der starken, kontrollierten Tigerlilly. Welche Schande, welches Glück. Er hat soeben den Knopf gefunden, mit dem er ihr Hirn ausschalten kann. Das erste Mal im Leben ist sie Frau, sonst nichts. *„Out of Africa"* live und in Farbe in ihrem Schlafzimmer. Sie will ihn quälen, so wie er sie quält, sie will seine Leber bei lebendigem Leibe essen. Sie ist total verknallt. Bis über beide Ohren.
Sie sagt: „Ich will ja gar keine Garantie, kein Datum. Ich will nur wissen, ob Du mich wiedersehen willst."
Er sagt: „Das weiss ich doch jetzt noch nicht. Das Leben wird vorwärts gelebt."
Sie haut sich mit der Hand an die Stirn: „Ich habe neun Monate auf Dich gewartet."
Er sagt: „Das ist typisch Frau. Ihr wisst immer ganz genau, wann was wie lange her ist."
Tigerlilly denkt an Mutti. Sie ist doch anders.
Sie sagt: „Das ist, weil wir einmal im Monat bluten. Wir haben eine innere Uhr eingebaut, die sich nie irrt."
Dann steht sie auf, tut so, als ob sie seine Sachen für ihn aufheben will, rennt auf die Terrasse ihres Schlosses und wirft alles runter. „Wenn schon wie Mutti, dann richtig!", denkt sie, dreht sich um und geht zu ihrer Nachbarin. Dort lässt sie sich trösten. Als sie wiederkommt, ist der Porsche weg. Er ist also wenigstens auch einmal nackt durch ihren Hausflur gerannt.

„Idiot!" Tigerlilly heult.

Sie googelt nach „Ich verliebe mich immer in den Falschen!", und es kommen Tausende von Frauenforen an den Tag, von denen sie die mit dem Titel „Warum meldet er sich nicht?" überspringt. In einem Bericht liest sie, dass das nur Frauen passiert, die früher als Kind ihren nicht anwesenden Vater vermisst haben. Diese Sehnsucht ist so schön, dass sie sie in ihrem Erwachsenenleben immer wieder wiederholen und das mit Liebe verwechseln.

Tigerlilly greift zum Telefon und ruft ihren Vater an. Sie denkt: „Wenn der mir das eingebrockt hat, soll er es auch auslöffeln." Sie heult. Ihr Vater lacht. „Ach, Mäuschen", sagt er tröstend, „wein doch nicht wegen dem. Wisch die Tränen weg, und schau mal um die nächste Ecke. Manchmal wartet der Richtige genau da. Gib nicht auf."

Tigerlilly fragt verwundert: „Papa, bist Du's?"
Papa ist still am anderen Ende. Dann sagt sie: „Ich kann verstehen, warum das damals mit der Frau passiert ist. Es war sehr schwer für mich und hat mich vor eine schwere Aufgabe in meinem Leben gestellt, aber ich glaub, ich hab's überwunden. Ich verstehe auch, warum Du trinkst. Es ist eben, wie es ist. Man muss die anderen Menschen nehmen, wie sie sind. Stellen wir unsere Uhr auf Null?"
Papa weint.

Im nächsten Jahr feiert Tigerlilly Weihnachten mit Papa, seiner Lebensgefährtin und natürlich mit ihrer Schwester. Sie hat den Eindruck, sie ist die Einzige in ihrem Freundeskreis, die sich darauf freut, an Weihnachten zu den Eltern zu fahren. Vom Porsche hat sie sich nach dem Telefonat mit Papa zum sechsten Mal verabschiedet. Für immer.

Lieber Porsche, es hat keinen Sinn. Mach's gut. Ich bin dankbar für die schönen Momente mit Dir!

Caroline sagt: „Männer erleben Sex genauso nah wie Frauen, aber Männer können nach dem Sex aufstehen und die Steuererklärung machen. Die wollen kein schlechtes Gewissen, die wollen Sex. Sie haben da einen Wildkater. Hören Sie auf, den zähmen zu wollen."

Tigerlilly will den Porsche aber zähmen. Als sie das letzte Mal vor dem Spiegel stand und ihn nach ihrem sehnlichsten Wunsch befragte, hat der Spiegel geantwortet: „Du willst die Männer beherrschen!" Wie bei Mutti. Obwohl sie sich vom Porsche verabschiedet hat, kann sie nicht konsequent sein. Ohne den Porsche zu sein, ist ja nicht das, was sie will. Sie will kämpfen. Und sie will gewinnen. Sie ist doch kein Opfer von so einem Kerl. Sie doch nicht. Sie ist doch nicht wie Mutti. Sie kleidet sich in verschiedene Kostüme, das des schüchternen Mädchens, das des Vamps, das der Domina, das der weinenden, unglücklichen Frau, sie probiert es sogar mit Muttis Tigerkostüm, alle testet sie am Porsche aus. Und der Porsche nimmt sie alle, spielt mit ihnen, prüft sie und stellt sie schmunzelnd wieder zurück. Er ist klug, kratzt einmal an der Schale und stellt fest, dass es nur eine Verkleidung ist. Tigerlilly versucht es trügerisch, sie manipuliert und schreibt weiter, sie zeichnet und erklärt, sie hampelt herum, macht sich zum Narren und provoziert. Wie immer hat sie ihr Schwert lange schon gezogen, bevor ihr jemand nahekommt. Bevor sie Opfer ist, ist sie Täterin. Macht und Ohnmacht, das ewige Spiel. Sie hat es gut gelernt. Sie holt die Menschen so nahe zu sich heran, dass es ihnen wohl ist. Es wird mit Tigerlilly schnell nah. Und dann, weil sie selbst es nicht aushalten kann, haut sie ihnen eine runter, sticht mitten in ihr Herz hinein und sagt dann anklagend: „Jetzt bist Du schuld, weil ich unglücklich bin!" Und all das verkleidet sie mit Fürsorge und nennt es Liebe. Es ist Dreck. Mist. Sondermüll, das kann man nicht mal einfach so entsorgen, das muss in seine Einzelteile zerlegt werden und gehört auf die Sondermülldeponie. Es stinkt. Der Porsche hat eine gute Nase. Zum Glück. Manchmal ist es gut, wenn die eigenen Wünsche nicht in Erfüllung gehen.

Caroline fragt: „Und wie lange geht das schon?"
„Eineinhalb Jahre!"
Caroline lacht: „08/15 ist für andere! Da haben Sie wohl Ihren Meister gefunden! Was sagt Ihr Spiegel, was wünschen Sie sich?"
Tigerlilly sagt: „Ich will die Männer beherrschen!"
Caroline saugt hörbar die Luft ein: „Warum wünschen Sie sich nicht, was sich andere erfolgreiche Frauen wünschen?"
„Was wünschen die sich denn?", fragt Tigerlilly.
„Selbst über ihr Leben zu bestimmen!" antwortet Caroline.
Jetzt saugt Tigerlilly hörbar die Luft ein: „Sie meinen, ich soll mir wünschen, für alles in meinem Leben allein verantwortlich zu sein, auch für das Schlechte?"
Caroline nickt.
Tigerlilly fragt: „Aber wem gebe ich dann die Schuld? Woher soll ich das Vertrauen nehmen, dass alles gelingt?"
Caroline sagt: „Dieses Vertrauen finden Sie nur bei sich selbst."

Sie liest einen Artikel. Der Mann ist wie ein Sportwagen. Ein Mann muss lernen, mit dem Testosteron unter der Haube umzugehen, um glückliche Beziehungen zu haben. Sie schickt es dem Porsche.

Schau mal, da steht was in der Zeitung über Dich.

Caroline fragt: „Was hat er geantwortet?"
Tigerlilly sagt: „Nichts. Wie immer. Er meldet sich nur, wenn er will!"
Caroline lächelt: „Er spielt gut."
Tigerlilly sagt: „Ich weiss!"

Er antwortet immer noch nicht.

Sie bestellt den Porsche beim Universum. Einatmen, mit dem Universum verbinden, bestellen, empfangen. Einer soll ihm eine Tonne Liebe ins Hirn schiessen. Amor muss seine Waffenkraft verstärken. Believing is receiving.
Am nächsten Tag ruft er sie an. Einfach so, aus heiterem Himmel. Er kommt mit dem Porsche, der alten Rappelkiste, an ihrem Schloss vorgefahren, so laut, dass alle Nachbarn es hören, er öffnet ihr die Tür und fährt mit ihr im Schlaraffenland herum. Sie fragt, geniesst, lacht.
Thanks for the ride. Es liegt eindeutig am Fahrer, klarer Fall.
Der Porsche braucht jeden Tag eine Tonne Liebe ins Hirn geschossen.

Im „Spiegel" steht, dass ein Porsche 911 seinem Besitzer etwas bietet, das vielleicht noch kostbarer ist als der „Wer hat, der hat"-Effekt. Der Wagen vermittelt das Gefühl, man könne Auto fahren. Vor allem der aktuelle 911 fährt dank hervorragender Technik fast von selbst. Sogar schlechte Piloten können so das Rennwagengefühl erleben, ohne dass es sie in der Kurve in den Acker haut.

Ach, so ist das also.

Als Tigerlilly ein Vorstellungsgespräch in Barcelona hat, fragt sie den Porsche, ob er sie begleitet. Der Porsche sagt, nach Barcelona würde er sofort gehen, aber er geht nicht mit ihr. Sie will hin, weil der Porsche hinwill, aber sie will nicht allein hin. Es wäre so schön, wenn ein Mann sie begleiten würde. So ein richtiger Mann. Einer wie der Porsche. Nur besser.

Sie setzt eine Annonce ins Singles.
Ich suche einen Mann, der mehr Zeit mit sich selbst verbringt als mit mir, dem schnelle Autos wichtiger sind als ich und der trotzdem alltagstauglich ist und Lust auf eine aussergewöhnliche Zeit mit einer erwachsenen, mutigen und freien Frau hat.

Der Rennfahrer meldet sich. Er erzählt, dass er eine Autowerkstatt hat. Tigerlilly langweilt sich. Dann erzählt er, dass er in einem Männerclub ist und sie dort einmal pro Woche ein Galadinner kochen, immer ist ein anderer Mann dran. Das findet sie cool. Er sagt, er hat sich darauf spezialisiert, alte Rennwagen zu tunen und richtige Flitzer daraus zu machen. „Viel besser als ein Porsche, den man nicht haben kann, ist doch ein Mechaniker, der aus meinem alten Volvo vielleicht einen Rennwagen machen kann", denkt sie und fragt dann: „Kannst Du mein Auto klonen?" Er sagt: „Ich kann es ja mal versuchen." Das gefällt ihr. Er sagt: „Ich bin in Dich verliebt." Sie merkt nichts. Er kriegt sie im Bett. Immer. Er hat den Trick raus. Er fährt am Wochenende immer nach Arosa. Skifahren. Tigerlilly sagt: „Ich habe Silvester noch nichts vor!" Er sagt nichts. Sie fragt: „Darf ich Dich in Arosa besuchen kommen?"
„Nein, das geht nicht!"
„Warum nicht?"
„Dann müsste ich Dich ja meinen Freunden vorstellen!"
Tigerlilly sagt: „Tschüss!"
Der Hannoveraner meldet sich. Er schickt ein Bild, auf dem er in einem Porsche sitzt. Das ist auch gut. Er will sie treffen. Das ist ein entscheidender Vorteil. Sie schickt ihm die Zeiten ihrer Flüge nach Barcelona. Er schreibt, er kommt mit, wenn sie ihm garantiert, dass sie dort mit ihm schläft. Er will ein schriftliches „Ja!". Sie hat ihn noch nie gesehen. Sie schreibt: *„Du spinnst! Ich gebe doch keine Garantien. Ich kaufe doch keine Katze im Sack."*
Er schreibt: *„Dann komm ich nicht mit. Du hättest es in der Hand gehabt."*
Als sie zurückkommt, schreibt sie ihm wieder.
Er sagt: „Wir können uns auf ein Bier treffen."
„Nein", sagt Tigerlilly. Sie macht mit ihm für kommenden Dienstag ein Date in London aus, weil sie keinen anderen Termin in Zürich

finden. Am Freitag vorher legt sie ihre venezianische Maske an und zieht einen eleganten, schwarzen Mantel sowie ihre hohen Nuttenstiefel an. Sonst nichts. Sie kauft zwei Buchstaben-Wunderkerzen, ein „J" und ein „A". Sie hat die Augen verbunden. In ihre rechte Hand schreibt sie mit Kajal „Ja", in die Linke „Nein". Sie geht zu ihm nach Hause, klingelt und zündet im Hausflur ihr „JA" in Form der Wunderkerzen an. Er nimmt sie in seine Wohnung, er küsst sie. Er bringt sie in sein Bett. Es kracht zusammen. Egal. Sie redet kein Wort. Alles, was sie sagt, ist „Ja" oder „Nein", mit ihren Händen. Das gefällt ihm. Sie geht wieder. Das erste Mal, dass sie ihn sieht, ist am Dienstag darauf in London. Sie schlendern Hand in Hand über Covent Garden und gehen in ein Restaurant, in dem alles golden glitzert und bunt wie im Märchen ist. Sie duschen zusammen. Er kriegt sie spielend. Sie wechseln ins Bett, und während er kommt, schaut sie die Tower Bridge an, auf die man vom Bett aus einen fantastischen Blick hat. Am nächsten Morgen bedankt sie sich bei ihm. Er bedankt sich auch bei ihr. Tigerlilly glaubt, sie bedanken sich nicht für dieselben Dinge. Er bedankt sich für den Sex. Sie bedankt sich für Schlendern, Glitzern und die Tower Bridge. Tigerlilly denkt: „Männer und Frauen wollen eigentlich das Gleiche: Sex, Liebe und Sicherheit. Sie wollen es bloss in unterschiedlicher Reihenfolge."

Tigerlilly an Porsche
Barcelona hat abgesagt. Ob sie gemerkt haben, dass ich nicht rechnen kann? Kommst Du raus spielen? Ist doch so schönes Wetter.

Porsche an Tigerlilly
Bewege jetzt gleich meinen Porsche ein wenig. Der muss ja auch gefahren werden ;-).

Tigerlilly an Porsche
Ohne mich. Ich fliege gleich nach London, aber sonst kommst Du mich schon mal abholen, gell? Die Show will ich vor unserem Office mal haben. GEIL!
Ich geniesse bis dahin die Fantasie.

Porsche an Tigerlilly
Wer will denn einen alten Porsche bei euch sehen? Wo Jungs mit Maseratis, neuen Porsches, Ferraris und so rumfahren?

Tigerlilly an Porsche
Hast Recht. Ausser mir wohl niemand, denn ausser mir weiss ja niemand, dass bei ausgerechnet diesem Porsche nicht nur Porsche draufsteht, sondern auch einer drinsitzt. Und wahrscheinlich schaut eh wieder kein Schwein hin.

Porsche an Tigerlilly
Wir können sonst mal um die Ecke flitzen mit dem alten Ding

Tigerlilly an Porsche
Wäre toll, dann kann ich mal wieder zu Dir sagen: „Thanks for the ride."

Porsche an Tigerlilly
Deine Gedanken ;-))) schlummern tieeeeeef in Dir.

Tigerlilly versucht stark zu sein und die Enttäuschung runterzuschlucken. Niemand darf merken, wie sehr sie den Porsche will und wie sehr er sie in der Hand hat. Niemand darf sehen, dass sie dem die Stiefel lecken würde. Das macht man ja nicht, als Frau. Aber nachts träumt sie kurz vor dem Einschlafen davon, wie er endlich einsieht, dass sie die Richtige für ihn ist, dass er in seinem Porsche vor ihr Schloss reitet und in ihr Zimmer kommt, sich neben sie in ihr Prinzessinnenbett legt und sie einfach nur hält, ihre Hand streichelt, ihr tief in die Augen sieht und sagt ‚Baby, Du bist es!' Der Wunsch, in den Arm genommen zu werden, sich auch mal anlehnen zu dürfen, ist übermächtig.

Tigerlilly geht zu Caroline und sagt: „Schauen Sie mich an, ich bin ein schwaches Weib! Immer und immer will ich mich bei einem Mann anlehnen. Das muss aufhören. Ich will stark sein und alles alleine können. Diese verdammte Sehnsucht soll weg. Ich will nicht schwach sein."
Caroline sagt: „Sie dürfen schwach sein!"
Ab und zu trifft Tigerlilly Kalle. Kalle erzählt ihr von seinen verflossenen Liebschaften und davon, dass er eine Frau getroffen hat, die ihn fasziniert. Er hat sie nur zweimal gesehen, aber sie lässt ihn nicht mehr los in seinen Gedanken. Tigerlilly denkt: „Ach, das vergeht wieder, nur eine Träumerei. In Wirklichkeit will er mich. Er weiss es nur noch nicht!" Sie zerreden die Nächte gemeinsam, und Tigerlilly strengt sich zwar immer noch sehr an, damit er sie

liebt, aber sie ist vorsichtig mit dem, was dazwischen ist. Sie fragt nie: „Was ist da zwischen uns?", und geniesst das unbeschwerte Zusammensein mit einem tollen Mann. Sie gehen zusammen zum Picknicken mit anderen Freunden, und sie gehen sogar zusammen tanzen, auf einen richtigen Ball. Tigerlilly hat Engelsflügel an und ein rauschendes, weisses Kleid. Andere Frauen bleiben mit offenem Mund stehen, als sie engelsgleich an ihnen vorbeischwebt. Eine will sie sogar fotografieren und sagt: „Ich habe meiner Tochter versprochen, alle schönen Frauen zu fotografieren!" Und ein Fotograf fotografiert an dem Abend keine Frau so oft wie Tigerlilly. Sie lehnt sich bei Kalle versuchsweise an, und er nimmt sie einfach in den Arm. Tigerlilly denkt: „Ob das jetzt Liebe ist?", und versucht nochmal ein bisschen verliebt in Kalle zu sein. Ihre beste Freundin ist auch auf dem Ball und findet Kalle auch sehr nett, was ja kein Wunder ist, weil er ein toller Mann ist, aber sie weiss, dass Tigerlilly ein bisschen in Kalle verliebt ist, und hält sich freundlicherweise von ihm fern. Eines Tages lädt Kalle Tigerlilly zu einem Candle-Light-Dinner zu sich nach Hause ein. Tigerlillys Herz klopft laut. Ein paar Tage vorher treffen sie sich auf ein Bier, und er fragt: „Willst Du Deine beste Freundin nicht mitbringen zum Candle-Light-Dinner?"

Tigerlilly schüttelt den Kopf und sagt schnell: „Die will sicher nicht!"

Er sagt: „Ich hatte Dir doch mal von der Frau erzählt, die ich nur zweimal gesehen habe und die mich in meinen Gedanken nicht mehr loslässt ..."

Tigerlilly sagt: „Du musst jetzt nicht weiterreden!"

Er sagt: „Es ist Deine beste Freundin!"

Tigerlilly steht auf, knickt auf ihren Stöckelschuhen um, lässt sich von Kalle heimfahren, weil sie selbst nur noch humpeln kann. Sie versteht die Welt nicht mehr.

Sie fragt: „Wenn sich mein Wunsch nach einem Märchen nicht erfüllt, wieso erfüllt er sich für meine beste Freundin? Und das auch noch so, dass ich aus allernächster Nähe dabei zusehen darf? Wo liegt da der Sinn?"

Caroline sagt: „Seien Sie grosszügig, Tigerlilly! Gönnen Sie den anderen Menschen doch auch einmal etwas Glück. Ihre beste Freundin war noch nie im Leben verliebt!"

Tigerlilly krümmt sich vor Schmerzen. „Eine Scheissaufgabe ist das, die ich da zu lösen habe! Ich habe keine Lust mehr."

Caroline fragt: „Wollen Sie sterben?“ Tigerlilly schluckt ihre Tränen herunter und schüttelt den Kopf.

Kalle legt seinen Finger auf ihre beste Freundin und sagt: „Baby, Du bist es!“ Er hält die ganze Nacht ihre Hand, streichelt sie, und ihre beste Freundin schwebt. Er schaut ihr tief in die Augen, liest jeden Wunsch daraus ab und hebt sie direkt vor Tigerlillys Augen auf sein weisses Pferd. Dann reitet er mit ihr gemeinsam in fremde Länder, mit nur einem einzigen Ziel vor seinen Augen: Er will sie glücklich machen.
Tigerlilly will nicht hinsehen. Nichts davon will sie sehen. Es zerreisst ihr das Herz. Sie will eigentlich nicht mehr jammern, aber das ist zu viel. Sie jammert laut: „Keiner liebt mich!“ Ihre beste Freundin seufzt ihr am Telefon ins Ohr: „Er ist so toll! Stell Dir vor ...“, und dann erzählt sie, was er alles für sie macht, wo er sie überallhin mitnimmt, wie schön er ist, dass er sie auf Händen trägt. Sie sagt: „Tigerlilly. Er ist es! Es fühlt sich so richtig an. So! So muss Liebe sein!“

Tigerlilly denkt: „Das dachte ich bei Töff-Tim auch“, aber sie sagt nichts.

Irgendwann traut Tigerlilly sich nachzugeben, legt sich in die Kurve, auf die sie mit einhundert Sachen zugesteuert ist, und kriegt sie, ohne dass sie sich selbst, Kalle oder ihre beste Freundin dabei verletzt. Sie hofft, dass es bei ihrer besten Freundin anders endet als bei Töff-Tim und ihr. Als sie die beiden ein paar Monate später in der Ferne besucht, ist ihre Freundin nicht mehr da. Tigerlilly findet nur noch ein Abziehbild von ihr. Und das, was Kalle in der Zwischenzeit aus ihr gemacht hat. Eine Aufziehpuppe, die alles macht, was er sagt, und nur das sagt, was er hören will. Die beiden reden kein einziges Wort miteinander, das sie verbindet. Nur Alltag. Nur Oberfläche. Nur Konsum. Damit das Schlimmste nicht passiert. Ihre beste Freundin ist hinter alldem fast verschwunden, und das, was von ihr noch übrig ist, ist nur am Meckern.
Tigerlilly sagt: „Du meckerst nur. Ein bisschen mehr Freude würde Dir ganz gut stehen. Du hast all das, was ich mir wünsche! Warum bist Du nicht glücklich?“
Sie sagt: „Ich freu mich eben leise! Es kann ja nicht jeder so laut sein wie Du!“

Tigerlilly sagt: „Meckern kannst Du ja auch laut!"
Kalle sucht seiner Prinzessin eine rosarote Brille aus, setzt sie ihr auf die Nase und fragt Tigerlilly: „Wie findest Du die Brille? Steht sie ihr? Was denkst Du?"
Tigerlilly flippt aus: „Hier stimmt doch etwas nicht!"

Alle werden plötzlich böse auf sie. Die Menschen mögen die Wahrheit nicht. Sie können es nicht gut leiden, wenn man ihren Kopf nimmt und ihn in die stinkende Brühe taucht, die sie sich selbst angerührt haben. Tigerlilly jedenfalls mag das nicht trinken, was die beiden ihr einschenken. Sie dreht sich um und geht. Ein Jahr später kommt ihre ehemals beste Freundin aus der Ferne ins Schlaraffenland zurück, alleine, weil er nicht mir ihr redet, und er will auch nicht mir ihr zu einer Paartherapie gehen. Er findet, sie sind kein Paar mehr und was soll das schon bringen. „Pure Geldverschwendung. Warum soll denn die Liebe wiederkommen, nur weil man lange genug darüber redet? Ich bin eben nicht dafür gemacht, jahrelang auf ein und denselben Menschen Lust zu haben. Und Beziehung sollte sowieso gelingen, ohne dass man sich dafür anstrengen muss, dann kann man seine wertvolle Zeit nämlich in viele andere Dinge stecken."
Sie nimmt sich eine eigene Wohnung. Kalle wundert sich.
Ein paar Wochen später trennt er sich von ihr, weil sie zu unterschiedlich sind. Er sagt: „Sie hat keinen Zugang zu Religion, wie soll man dann gemeinsam Kinder erziehen? Sie weint immer nur, und ich kann mit ihr nicht von gemeinsamen Kindern träumen. Und was ist das überhaupt für eine Beziehung, wenn man nicht zusammenwohnt."
Tigerlilly denkt: „Es ist offenbar unbequem, wenn man eine Frau an seiner Seite hat, die eigene Wege geht." Und in Gedanken hält sie es plötzlich für sehr realistisch, dass sie nie einen Mann an ihrer Seite haben wird.

Ihre beste Freundin weint. Sie steht da und sagt: „Ich hab mal alles gehabt. Und jetzt hab ich alles verloren." Und dann fängt sie an, zwischen all den Dingen, die an das gemeinsame Leben mit Kalle erinnern, sich selbst zu suchen. Jedes Stück Erinnerung muss sie in die Hand nehmen, umdrehen und schauen, ob ihr Name draufsteht. Und dann trennt sie ihren Teil davon ab und legt den Teil, der ihm gehört, in eine weiche Decke, damit ihm kein Leid

geschieht, damit etwas bleibt von der gemeinsamen Zeit. Tigerlilly schaut hoch zu Gott und fragt: „Deswegen also durfte ich zusehen?"
Gott malt einen Regenbogen für Tigerlilly an den Himmel.

Tigerlilly denkt nach. Möglicherweise ist es ja gar nicht das Wesen der Liebe, uns zu erfüllen. Irgendwie kommt und geht die Liebe, wie es ihr gefällt, weil sie wild und frei ist. Und wir Menschen sind andauernd auf der Suche nach ihr, aber erfüllend ist sie nur ansatzweise, niemals auf Dauer und nie macht sie uns ganz. Vielmehr zeigt sie uns immer auf, wo noch ein bisschen fehlt, damit wir weiter nach ihr suchen. Wie Schatzsucher auf der Suche nach uns selbst. Und selbst, wenn wir sie gefunden haben, die Liebe in einem anderen Menschen, ist das irgendwie nicht das Ziel, kann man sich nicht sich in Sicherheit wiegend zurücklehnen und denken: „So, geschafft!" Tigerlilly hat eine Freundin. Tashi. Tashi hat eine tragische Geschichte, findet Tigerlilly. Ihre Mutter starb, als sie fünf Jahre alt war. Ihr Vater nahm sich das Leben, als Tashi zwölf Jahre alt war. Sie lebte von nun an mutterseelenallein bei fremden Menschen, aber niemand hörte Tashi je klagen. Eines Tages ging sie mit einem Mann spazieren, und ganz am Anfang reichte der ihr sehr galant seinen Arm zum Unterhaken. Von diesem Tag an lebten sie zusammen, glücklich und zufrieden, mit allem, was ist. Sie bekommen keine Kinder, aber Tashi klagt nicht. Tashi wurde herzkrank. Sie klagt nicht. Niemals. Sie nimmt, was das Leben gibt, und schöpft ihre Reichweite aus, sie geht eben langsamer, beginnt mit Ballettunterricht und geht in einen Chor, weil alles andere einen schnelleren Gang erfordert hätte, aber klagen? Klagen hört man sie nie. Wirklich nie. Dann wird sie unerwartet schwanger. Eigentlich wäre das nicht möglich wegen ihrer Medikamente, aber es ist, wie es ist. Tashi heiratet den Mann, den sie von ganzem Herzen liebt. Sie feiern ein grosses Fest, er trägt sie auf Händen, seine Augen streicheln den Weg, auf den sie ihre Füsse setzt, dann fällt sie ins Koma, wird zum wer weiss wievielten Mal wiederbelebt und muss tagelang liegen. Sie verliert das Kind im sechsten Monat. Es war ein Mädchen. Ganz leise, fast nicht hörbar, beginnt Tashi ein Klagelied zu singen. Tigerlilly steht neben ihr, hält ihre Hand und stimmt in das Lied mit ein. Sie versteht das Leben nicht. Warum kann es nicht einfach zur Abwechslung mal gut zu Tashi sein? So gut wie Tashi zur Welt ist? Dann stirbt Tashi, in den Armen ihres Mannes. Der Mann bleibt allein zurück. Mit unvorstellbarem Leid. Auf einem ruhigen, stillen Friedhof stehend zwischen dem Grab seiner Tochter und dem seiner geliebten Frau. „Warum? Warum? Warum?", schreit Tigerlilly ins Universum. Eine Feder wird vom Wind vor ihre Füsse geweht und bleibt für einen Moment dort liegen.

Caroline stimmt in das Klagelied mit ein.

Oma K. ruft Tigerlilly weinend an und sagt: „Ich hab mal alles gehabt!"
Tigerlilly antwortet: „Ja, Oma, ein ganzes Leben, neunundachtzig Jahre. Und jetzt geht es zu Ende. Ich bin bei Dir!"
„Komisch", hat Oma geantwortet. „Du bist das Kind von einer anderen und verstehst mich besser als meine eigenen Kinder!"
Tigerlilly und Oma K. haben schon immer miteinander verhandelt. Oma K. hat gesagt: „Ich will sterben!" Tigerlilly hat gesagt: „Nein, ich komme in zwei Wochen wieder und bringe Dir einen Kühlschrank vorbei. Bis dahin darfst Du nicht sterben!"
Oma hat bisher immer eingewilligt in den Handel. Tigerlilly hat sich immer wieder etwas ausgedacht, was sie ihr vorbeibringen konnte. Manchmal waren es einfach nur ein paar Blumen und manchmal in alter Nomadenmanier eine Geschirrspülmaschine.
Jetzt ist Oma K. ins Pflegeheim gekommen: „Ich will sterben!"
Tigerlilly sagt: „Ja, Oma, jetzt darfst Du!"
Drei Monate später ruft Papa Tigerlilly an, viel zu spät. „Es ist so weit!", sagt er.
Tigerlilly wirft sich in ihren alten Volvo und fährt und fährt und fährt eintausend Kilometer durch die Nacht. Hundert Kilometer bevor sie am Krankenhaus ankommt, wird das Licht am Auto schwächer. Tigerlilly denkt, das kommt ihr nur so vor, weil sie müde ist. Vierzig Kilometer vor dem Krankenhaus geht das Licht an ihrem Auto einfach aus. Schwupp. Weg. Ausgeblasen. Der Tod ist ein mächtiger Geselle, sie wäre ihm wahrscheinlich im Weg gewesen bei seiner Arbeit, hätte ihm ihre Oma noch einmal aus den Händen gehandelt. So fährt sie ohne Licht weiter. Mit Warnblinkanlage. Wie in einem Sog irrt sie durch die dunkle Nacht durch Einbahnstrassen, Autobahnen und Sackgassen. Sie findet den Ausgang nicht. Die Polizei hält sie an. Tigerlilly sagt: „Es geht um Leben oder Tod. Was würden Sie an meiner Stelle tun?" Die

Polizei bittet Tigerlilly um zehn Minuten Geduld, sie rufen Verstärkung, um sie zu begleiten, während sie mit dem Tod um die Wette rennt. Hat sie noch zehn Minuten? Wer weiss schon, wie viel Zeit uns bleibt. Eine Polizei-Eskorte nimmt sie mit bis zum Krankenhaus. Als sie ankommt, ist Oma ungefähr zehn Minuten vorher gestorben. Sie betritt den Raum, wo Omas Körper liegt und ihre Seele auf Tigerlilly wartet, um sich zu verabschieden.

„Wo gehst Du jetzt hin?"
„Da, wo wir alle hingehen, wenn unsere Aufgabe gelöst ist."
„Ins Paradies?"
„Nenn es, wie Du willst! Ich gehe an den Ort, wo alle Seelen beisammen sind, um ihre nächste Aufgabe in Empfang zu nehmen."
„Hast Du diese hier gelöst?", und sie nickt mit dem Kopf in Richtung Oma.
„Ja. Wir dürfen erst dann gehen, wenn die Aufgabe gelöst ist."
„Wie fandest Du sie, Deine Aufgabe?"
„Ach, am Ende eines Lebens lässt es sich auf ein paar wenige Entscheidungen reduzieren."
„Welche waren das in Deinem Leben?"

„Schau, als der Krieg kam und Opa weg war, war ich ganz alleine auf mich gestellt. Ich war jung, gerade mal zweiundzwanzig, und hatte nichts anderes als Kochen und Nähen gelernt. Meine Mutter war kurz vorher gestorben. Hochschwanger mitten im November bin ich mit den anderen geflohen, ich durfte nicht mehr als einen Koffer mitnehmen und hatte noch zwei kleine Kinder an der Hand. In einem Schuppen habe ich mitten im Winter Deinen Vater geboren. Als Opa aus dem Krieg zurückkam, kam er als fremder Mann zurück und brachte eine andere Frau mit, mit einem gemeinsamen Kind. Sich zu trennen wie heute, war damals unmöglich, ich war Bäuerin, und er hatte den Hof. Also haben wir alle unter einem Dach gelebt und haben das Beste daraus gemacht. Wir hatten es gut, alle unter einem Dach, es war für jeden gesorgt. Als ich an Tuberkulose erkrankte, habe ich mein gerade geborenes Kind verloren. Das war nicht weniger schmerzhaft, als meine Tochter zu verlieren, Deine Tante, die vor ein paar Jahren starb, aber trotz aller Schmerzen ist es mir immer wieder gelungen, in die Hand zu nehmen, was ich ja nicht ändern konnte. Ich war zäh, obwohl immer alle mitleidig auf meine zarte Gestalt schauend gesagt haben: „Du bist quad[8]!“ Ich habe sehr gerne gelebt!“, sagt Omas Seele mit einem Anflug von Stolz.

„Hast Du genug geliebt?“

„Genug? Ist es je genug? Geht nicht immer mehr? Ich habe meinen Mann geliebt, ich war siebenundfünfzig Jahre mit ihm verheiratet, wir hatten es gut miteinander. Meine Kinder und Enkelkinder habe ich auch geliebt, es sind gute Kinder, auch wenn ich ihnen das wahrscheinlich viel zu wenig zeigen konnte. Und ich habe meine Mutter sehr geliebt. So wie sie mich.“
„Würdest Du etwas anders machen beim nächsten Mal?“
„Ich würde mich trauen, mehr unter andere Menschen zu gehen. Wir Seelen sind sehr verletzlich. Wie Federn im Wind, die immer nur umherfliegen würden, wenn wir nicht den Körper hätten, der uns auf dem Boden hält. Wir sind sanft und brauchen nichts mehr als liebevolle Menschen auf unserem Weg, um einander nah zu sein. Wir müssen gut zusammenhalten. Du warst mir eine wertvolle Begleitung auf meinem Weg. Es war gut für mich, dass Du da warst, Tigerlilly“, sagt Omas Seele. „Hast Du diese Aufgabe hier freiwillig gewählt? Oder hat sie Dir jemand anderes gegeben?“
Tigerlilly denkt an Gott und an das grosse Buch, in dem alles geschrieben stehen soll und so und dass es ja möglich wäre, dass wir keine Wahl haben. Vielleicht hat sich Caroline ja doch einmal geirrt.
„Ach, Tigerlilly, Du ewige Zweiflerin. Wozu wäre das wichtig zu wissen? Sei Dir sicher, Du bist die Beste für die Aufgabe, die Du jetzt hast. Versuch nicht jemand anderes zu sein als die, die Du bist, und die sei nach ganzen Kräften. Wir leben nicht, um etwas zu werden, wir sind es bereits, und wir sind gut genug.“
„Werde ich Dich wiedersehen?“, fragt Tigerlilly.
„Wer weiss? Ich werde ganz bestimmt nach Dir Ausschau halten, aber Du hast noch eine Weile hier zu tun mit Deiner Aufgabe. Geh und such sie, die Liebe. Du wirst sie finden! Ich bin sicher! Nur Mut!“
Ein Luftzug kommt ins Zimmer geweht, gibt Omas Seele Wind unter ihre Flügel, und dann ist sie weg, einfach weg. Nur Omas Körper liegt noch da wie nach einem schweren Kampf. Geschunden. Verletzt. Alt.

Tigerlilly denkt: „Dein Leben ist vorbei, vergangen mit einem Windhauch, kein Atem ist mehr in Dir. Mein Leben ist jetzt und hier.“ Sie schaut an sich herunter und holt einmal tief Luft. „Mein Körper funktioniert prima. Ich habe zwei Beine, die bis zum Boden reichen. Wie schön fühlt es sich an, wenn mich jemand an den Hüften streichelt oder seine Hände einfach nur an diese Stelle kurz über meinem Hintern legt? Wie köstlich schmeckt Vanilleeis mit heissen Himbeeren? Wie wunderbar fühlt es sich an, barfuss über nasses Gras zu laufen, einen Gewitter-Donnerschlag zu hören, unter dem Rasensprenger zu duschen, das Pulsieren der Lebensenergie in meinen Adern zu spüren, die Sterne fallen zu sehen oder einfach nur die frische Abendluft nach einem warmen Sommertag einzuatmen? Ich sollte netter zu meinem Körper sein. Er ist so einmalig. Er hat es besser verdient. Und eigentlich hat Omas Seele Recht, er ist gut genug und der einzige, den ich im Moment habe.“ Sie küsst Omas Hände zum Abschied. Sie sind noch warm, so wie früher, wenn sie ihr die eklige frische Kuhmilch zu trinken gab oder ihr die Haare aus dem Gesicht strich.

Als Tigerlilly wieder nach Hause kommt, blättert sie durch ihr Poesiealbum und erinnert sich daran, wie Oma, eine einfache Bäuerin, damals hineinschrieb: *Es muss Herzen geben, welche die Tiefe unseres Wesens kennen und auf uns schwören, selbst wenn die ganze Welt uns verlässt.* „Ja, genau so warst Du, Oma. Du hast immer auf mich geschworen, ich werde Dich vermissen“, denkt Tigerlilly. Dann stellt sie ihre Ernährung um, isst regelmässig, alle fünf Stunden in ausreichender Menge. Nicht zu viel und nicht zu wenig. Sie nimmt so viel ab, dass man bald ihre Ecken und Kanten sehen kann, ihre schönen Grenzen. Es ist immer genug Nahrung für sie da, und obwohl sie weniger isst, hat sie mehr Energie. Nach ein paar Wochen strenger Disziplin schiebt sie sich einen grossen Löffel Honig in den Mund, das Einzige, was in ihrem Ernährungsplan noch irgendwie vertretbar ist an Süssigkeiten. Die Süsse strömt durch ihren Körper, und sie denkt: „Ich habe gar nicht gewusst, wie köstlich Honig schmeckt. Wenn uns alles im Übermass zur Verfügung steht und wir in unserer Gier immer nur noch mehr haben wollen, gehen uns die Besonderheiten der einfachen Dinge verloren, sie verlieren ihren eigentlichen Wert.“ Wenige Sekunden darauf bekommt sie rasenden Hunger. Sie muss lachen: „So ist es mit den Süssigkeiten im Leben! Es gehört Disziplin dazu, sie in Massen zu geniessen, damit sie besonders bleiben können!", denkt sie und spürt das Verlangen in sich, jetzt auf der Stelle ein ganzes Glas Honig auszulöffeln. Und natürlich denkt sie an den Porsche.

„Wenn ich wüsste, dass ich nur noch einen Tag zu leben hätte, dann würde ich auf jeden Fall zehn Minuten mit dem Porsche haben wollen." Da ist sie sicher. Ein paar Tage später schreibt sie ihm, obwohl sie sich schon tausendmal geschworen hat, es sein zu lassen, obwohl die beiden sich schon mindestens tausendundein Mal voneinander per E-Mail verabschiedet haben, und das für immer.

„Egal! Erich Kästner hat gesagt: Entweder man lebt, oder man ist konsequent", denkt Tigerlilly.

Tigerlilly an Porsche
Oder liegt es doch am Fahrer?

Porsche an Tigerlilly
Tja, das liegt wohl im Auge der Betrachterin ;-).

Tigerlilly an Porsche
Die hat Lust auf Dich. Du tust ihr gut, ohne Blumenstrauss, einfach nur so, und sie will Dich, sie mag Deine entspannte Art und den Schalk in Deinen Augen, sie erkennt sich in der Art, wie Du die Welt siehst, wieder. Und das nicht etwa deswegen, weil es keine anderen geben würde. Was machst Du am Wochenende?

Porsche an Tigerlilly
ManN reist in die Sonnenstube am Wochenende und kommt dann am Dienstag wieder. Und sonst habe ich noch keine Ahnung, was in der Agenda steht. However, im Tessin ist Essen und Trinken, Leben, Geniessen, Freundetreffen angesagt ;-). Und bei Dir?

Tigerlilly an Porsche
Das hört sich gut an. Nach Genuss pur. Kennst Du diese eine Galerie in Ascona? Die wird von jemandem geführt, den ich kenne, und sie haben ganz tolle Statuen da. Eine hat mich besonders beeindruckt. Ein Mann,

fünfzig Zentimeter hoch, auf einem Würfel stehend, einen Fuss nach vorne gesetzt, bereit, einen Schritt ins Nichts zu tun. Ich denke immer, wenn ich ihn sehe, dass er wahrscheinlich fliegt, wenn er den anderen Fuss nachzieht.
Ich habe frei, nur am Sonntag einen Tanzkurs, Dance & Strip. Dienstagnachmittag habe ich ein Vorstellungsgespräch als Trainerin, ich könnte auf dem Rückweg bei Dir vorbeikommen und vielleicht Deine freien Tage genussmässig steigern. Meld Dich, wenn Du magst.
Ein weiteres Interview habe ich nächste Woche noch, weil mich eine andere Firma zum zweiten Mal sehen will. Mein internes Netzwerk läuft, und ich bin irgendwie gelassen.
Geniess die Tage, und vergiss mich nicht.

Porsche an Tigerlilly
Wer schreibt da was von freien Tagen? Bin am Dienstagnachmittag im Büro. Mal schauen, was das Wetter macht. Vielleicht düse ich mit der alten Kiste ins Tessin. Eine kleine Ausfahrt könnte nicht schaden. Genuss gehört bei mir zum Leben, ohne würde mir was fehlen, und so halte ich es mit der Gelassenheit. On verra. Am Dienstag wäre noch eine Golfrunde angesagt. Vielleicht verschiebe ich ja das Geschäft vom Dienstagnachmittag auf den Abend. Ich lasse mich gerne treiben. Liest sich gut bei Dir jobmässig. Da geht was. Guck doch mal im Internet, da hat es immer wieder mal gute Sachen drin, nur für mich nicht. Im Ernst, das Netzwerk im Finanzbereich ist dort ziemlich gut, und es sind auch einige Kopfjäger auf der Suche nach hübschen Mädchen wie Dir. Lass die doch mal ein wenig arbeiten. Du hast ja alle Trümpfe in der Hand.

Tigerlilly an Porsche
Nimm mich mit, mit der alten Kiste ins Tessin für eine Nacht.

Porsche an Tigerlilly
Da ist Programm angesagt, meine Liebe. Fix, mit Ablauf, Besichtigungen, Nachtessen, Degustationen, kleiner Kreis, alte „Bruderschaft", ist nicht nur Vergnügen. Da gelten seit zwanzig Jahren „strenge" Regeln.

Tigerlilly an Porsche
Das verstehe ich gut. Und ich kann es nur befürworten, dass alte Brüder sich regelmässig nach festen Ritualen treffen. Ich will ein anderes Mal einen Ausflug mit Dir machen. Ohne strenges Programm, mit viel Freiheit und Raum für Spontaneität.

Porsche an Tigerlilly
Soooooo! Dann machen wir das mal.

Tigerlilly an Porsche
Übrigens mag ich die Updates, die Du in Deinem Profil gemacht hast, ein sehr gutes Bild von Dir.

Porsche an Tigerlilly
Danke für die Blumen.
Es ist halt eher ein „Freizeitbild" als eines für eine Bewerbung, aber eben. ManN lebt nur einmal.

Tigerlilly an Porsche
Es ist viel besser als so ein steifes Bewerbungsbild. Aus dem Alter, wo Du andere mit einem Bild beeindrucken musst, bist Du raus, Du hast genug sonst zu bieten.

Porsche an Tigerlilly
Aha. Jetzt kommen die Jobangebote nur so rein, und die Frauen stehen eh schon lange an der Strasse oder wie? Vielleicht sollte ich mal zu Fielmann?

Tigerlilly an Porsche
Guter Mann, Du hast den Samen in der Hand. Keine Früchte.

Porsche an Tigerlilly
Hä? ManN begreift wieder mal gar nix. Details bitte. Männertauglich, zum Nachvollziehen.

Tigerlilly an Porsche
Mmmhhhmm, ich hatte es vermutet. Es gibt einen Teil in Deinem Hirn, der es auch so versteht, es dauert einfach fünf Tage, bis es dort ankommt. Also muss ich nicht viel erklären, sondern nur warten.
Und schau mal, hier gibt es einen Kurs, der sich Männerflüstern nennt. Für das, was Du dann immer noch nicht verstanden hast, belege ich dieses Seminar und übe dann, es Dir zu flüstern, okay?
Ich lerne mit Dir sehr viel über mich als Frau und ich danke Dir dafür, Du bist ein spannendes Gegenüber.

Porsche an Tigerlilly
Muss ich jetzt fünf Tage warten und hoffen, es zu begreifen? Wenigstens gäbe es noch ein Frauenflüsterseminar oder so. Sonst bemerke ich diejenigen am Strassenrand und die anderen ja nie, wenn ich so weiterlebe. Du könntest mich ja diesbezüglich aufklären.
Oder hast du Deine gute Tat heute schon getan?

Tigerlilly an Porsche
Ich will Dich für mich, und ich nehme Dich so, wie Du jetzt bist. Du bist toll! Warum soll ich jetzt viel Mühe dafür aufwenden, damit Dich dann eine andere wegschnappt? Das machen nur Mütter. Willst Du das? Eine Mutter?

Porsche an Tigerlilly
So rein biologisch habe ich eine. Wie jeder andere auch. Das wird sich auch nicht ändern lassen.

Tigerlilly an Porsche
Dann brauchst Du doch keine zweite, mit einer hat man ja meistens genug zu tun, gell?

Tigerlilly an Porsche
Sorry, ich muss Dich das mal fragen und bitte um eine Antwort, frei von der Leber weg, ganz ungeniert ohne schlechtes Gewissen: Schläfst Du mit anderen ausser mir? Ungeschützt?
Gruss
Tigerlilly

Porsche an Tigerlilly
Da kann ich dir mit gutem Gewissen nein/nein antworten.

Tigerlilly schüttelt den Kopf. Wenn das stimmt, dann hatte der beste aller Männer im vergangenen Jahr genau drei Mal Sex.

Caroline sagt: „Regelmässiger Sex ist wichtig, damit wir gesund bleiben."

Sie sagt, sie will ihn. Öfter. Schon alleine aus gesundheitlichen Gründen. Sie schämt sich. Gut, dass er nicht zurückgefragt hat. Sie hätte lügen müssen. Und das kann sie immer noch nicht gut.

Tigerlillys Freunde lachen. „Dranbleiben!", sagen sie.
Caroline sagt: „Wir Frauen wünschen uns Männer, die sind wie schwarzer Kaffee, stark und bitter. Dann schütten wir so viel Milch rein, bis nur noch lauwarme Brühe übrig bleibt, und daran meckern wir dann rum."
Tigerlilly sagt: „Die Männer müssen ja einfach ihre Tasse nicht rüberschieben, dann können wir auch keine Milch reinschütten."
Caroline sagt: „Die Männer wollen uns eben glücklich machen."
Tigerlilly schreit: „Hierher, Männer, hierher!!!"

Ein stolzer Ritter hört es. Er kommt dahergeritten und küsst sie unumwunden, unkompliziert und wundervoll, weich, sanft und stark. Er schreibt später, er sei anders als die anderen, eine Ausnahme.

Da ich beruflich, wie Du ja auch, sehr engagiert bin, wünsche ich mir von meinem Visavis Verständnis, und es darf nicht böse sein, wenn auf eine Nachricht in den nächsten zwei Minuten keine Antwort kommt. Da Du auch sehr offen zu mir warst, erlaube ich mir, es auch zu sein. Ja, ich finde die Erotik etwas Wunderschönes, und ich kann und möchte nicht sein ohne. Ich stehe zu meiner bisexuellen Neigung, liebe die Erotik auch zu dritt oder zu viert und geniesse es, dabei auch einmal den Mann mit Hand und Mund zu verwöhnen. Ich liebe das Nacktsein und bin für Neues offen. Zudem besuche ich auch ab und zu einen schönen Swingerclub. Das klingt jetzt, als wäre ich ein Hardcoreerotiker oder notgeil, nein, nein, Stil, Niveau, Respekt und Anstand sind für mich Basics und absolute Bedingungen und zudem wechsle ich die Partner nicht wie die Unterhosen. Vertrauen und Offenheit sind mir sehr wichtig. Mein Motto ist: „Weniger ist mehr!" Ich hoffe, ich habe Dich nicht erschreckt, und wünsche Dir einen schönen Tag. Ich bin gespannt, was ich von Dir lesen darf. Liebste Grüsse und einen sanften Kuss, A.

Tigerlilly antwortet:
Ich stelle keinen Unterschied zu den anderen fest. Mach Dir keine Gedanken. Du bist Durchschnitt. Normal.

Sie sucht die Ausnahmen. Einen, in den sie sich verlieben darf, der an Beziehung interessiert ist, die von gemeinsamen Aktionen auch ausserhalb des Bettes geprägt ist.

Einer schreibt wortwörtlich:
Ich bin 36. Ich suche Frauen mit Zukunft und treu. Wenn du lügst bist du bei mir an falsche Adresse.

Tigerlilly kann in dieser Nacht nicht einschlafen, weil sie immer noch laut lachen muss.

Delete.

Sie trifft den Piloten. Sie gehen tanzen. Ihre beste Freundin kommt mit. „Eine wirklich hübsche Frau“, würde Töff-Tim sagen. Knackige Figur, sportlich bis zum Gehtnichtmehr, immer coole Haare, Make-up und schicke Fingernägel. Demnächst will sie sich die Zwischenlider wegoperieren lassen, und sie lässt sich die Haut im Gesicht abschleifen, damit sie noch glatter ist. Wirklich alle Männer schauen ihr hinterher. Tigerlilly ist gerne mit ihr unterwegs, weil ein paar der Männerblicke zu ihr weiterwandern. Sie hofft immer, dass einer auf ihr liegen bleibt und sich bei ihrem Anblick einen Moment ausruht von all dem Unsinn, den es sonst so zu erblicken gibt.

Als Tigerlilly den Piloten wiedertrifft, kommen sie irgendwie darauf zu sprechen, welche Präferenzen, welchen Anforderungskatalog sie haben, wenn es um die Partnersuche geht.
Er sagt: „Also Deine beste Freundin, die würde mir schon gefallen!“
Tigerlilly fragt: „Warum triffst Du Dich dann nicht mit meiner besten Freundin, sondern mit mir?“
Er sagt: „Na, so wie die aussieht, hab ich doch eh keine Chance bei ihr!“
Tigerlilly kann es nicht fassen.
Sie fragt: „Also triffst Du Dich nur mit Frauen, bei denen Du glaubst eine Chance zu haben, und nicht mit denen, die Du wirklich willst?“
Er nickt.
Tigerlilly flippt aus: „Wir Frauen machen uns nur so schön für euch, damit ihr uns ansprecht! Und ihr Kerle traut Euch nicht, uns anzusprechen, wenn wir zu schön sind? Das ist doch nicht fair!!!“
Er sagt: „Ich weiss nicht mal, ob ich mich emotional bei ihr geborgen fühlen würde!“ Der Pilot fragt ihre beste Freundin, ob sie mit ihm Ski fahren geht. Mit Tigerlilly wäre er ins Bett gegangen, aber als

Tigerlilly von ihm hört, dass er findet, Kinder kosten mehr, als sie nutzen, kippt sie fast aus den Schuhen, mal abgesehen davon, dass diese Aussage wie bei Töff-Tim „Sex mit Gummi für immer und ewig!“ bedeutet. Sie trifft ihn nicht wieder.

Ein Mann hatte eine hässliche Frau. Die beiden lebten zufrieden miteinander, aber der Mann dachte so oft bei sich: „Ich hätte so gerne eine schöne Frau.“ Eines Nachts, als er schlief, erschien ihm im Traum ein Dschinn, der zu ihm sprach: „Du hast drei Wünsche frei. Drei Mal darfst du um etwas bitten, und es wird dir gewährt werden.“ Der Mann erwachte, weckte seine Frau und erzählte ihr von dem Traum. „Wenn du drei Wünsche frei hast, könntest du dann nicht auch um etwas für mich bitten?“ „Hast du denn einen Wunsch?“, fragte der Mann. „Einen grossen!“, antwortete die Frau. Denn sie hatte längst gemerkt, was ihr Mann im Geheimen dachte. „Ich wünsche mir, nicht mehr so hässlich zu sein!“ „Dann wünsche ich mir, dass du wunderschön bist!“, rief der Mann. Im selben Moment war seine Frau so schön, dass er nicht glauben konnte, sie sei noch dieselbe wie zuvor. Am nächsten Morgen ging er mit ihr durch die Stadt spazieren, damit alle sähen, wie wunderschön seine Frau geworden war. Nicht nur die Männer drehten sich nach ihr um, auch die Frauen schauten ihr bewundernd nach. Die beiden kamen am königlichen Palast vorbei. Der König stand gerade am Fenster, und als er die schöne Frau entdeckte, wollte er sie für sich haben. Er sandte Diener auf die Strasse, sie mussten dem Mann die Frau wegnehmen und in den Palast führen. Der Mann aber ging traurig nach Hause und dachte: „Nun bin ich ganz allein!“ Der König wird mir meine Frau nicht zurückgeben. Ach, hätte ich sie doch nie so schön gewünscht. Dann fiel ihm noch ein, dass er noch zwei Wünsche frei hatte. Sollte er sich eine andere Frau wünschen? Nein, das brachte er nicht übers Herz. Immerzu musste er an seine Frau denken, die im Königspalast war. Er dachte, wenn sie hässlich wäre, dann würde der König sie sicher nicht mehr haben wollen. Ich werde mir wünschen, dass sie wieder so hässlich wird wie zuvor, dann wird der König sie fortschicken. Doch er zögerte. Vielleicht hat der König sich in sie verliebt, und wenn er sie liebt, dann wird sie ihm auch gefallen, wenn sie hässlich ist. „Was soll ich nur tun? Jetzt weiss ich es: Ich werde mir wünschen, dass meine Frau im Königspalast zu einer Äffin wird. Einen Affen will der König sicher nicht zur Frau haben wollen.“ Der Mann sprach seinen zweiten Wunsch aus und verwandelte die Frau in eine Äffin. Als der König statt der schönen Frau einen Affen erblickte, erschrak er und rief: „Zauberei! Fort mit dem

Affen!" Da jagten die Diener die Äffin aus dem Palast. Sie irrte durch die schmalen Gassen bis zu der Hütte des Mannes. Dort setzte sie sich hin und weinte. „Lieber Mann", jammerte sie, „kannst du mich nicht in das zurückwünschen, was ich früher war? Ich war hässlich, aber ich war ein Mensch. Ich will deine Frau sein und kein Affe!" Der Mann dachte lange nach, so lange, wie er noch nie nachgedacht hatte. Inzwischen hatte er gelernt, dass er vorsichtig sein musste. Endlich sagte er: „Ich wünsche mir, dass du wieder meine Frau bist. Und wie du aussiehst, das ist mir gleich, denn als du im Königspalast warst und ich dich verloren glaubte, wusste ich nicht mehr, ob du hässlich oder schön bist, sondern nur, dass du gut bist und ich dich liebe." Sofort verschwand die Äffin, und seine Frau sass bei ihm und sah genauso aus wie früher. Nur freilich kam sie ihm jetzt nicht mehr hässlich vor. Und das ist mit allem so, was man mit den Augen der Liebe ansieht.

Tigerlilly liest, dass es eine neue Partnerbörse auf dem Markt gibt. Beautiful People. Das Besondere an dieser Online-Singlebörse ist die hohe Hürde für Neumitglieder. Mitmachen dürfen nur schöne Menschen. Nur jeder Fünfte schafft es. Achtzig Prozent der Bewerber gelten als hässlich. So wie die aussehen, nimmt sie eh keiner. Andere Websites sind ein echter Dschungel voller Nilpferde und Warzenschweine. Beautiful People ist ein wunderbares Wildgehege für Leoparden und Gazellen. Nach der Registrierung stimmt die Community über die Aufnahme ab. Frauen bewerten dabei die Männer, Männer die Frauen.

„Ist Aussehen wichtig für Sie, wenn Sie auf Partnersuche sind?"
„Wollen Sie eine Garantie dafür, dass Ihre Dates schön sind?"
„Hässliche oder durchschnittlich aussehende Personen haben keine Chance, Mitglied zu werden."
Tigerlilly denkt: „Das ist der Anfang vom Ende."

Where is the love?

Tigerlilly findet, es ist Zeit für eine neue Annonce auf www.singles.ch:

Grösse (cm): 175
Gewicht (kg): 75
Body-Mass-Index: 24

Was ich mag: Starke Männer, die mit ihrer Freiheit umgehen können und einer grossen, starken und dynamischen Frau auf Augenhöhe begegnen wollen, die Helden, Könige, Zauberer oder Krieger des Lichts sein wollen, die wissen, dass unser Spiel nur dann Spass macht, wenn sie dafür aktiv werden, die sich trauen, wie ein Narr auszusehen, um ihre Träume zu leben, ihre Liebe zu finden, um Neuland zu entdecken, alleine, mit Freunden, mit mir. Alles zu seiner Zeit.

Was ich nicht mag: Ich habe eine Unverbindlichkeitsallergie, bekomme schreckliche Krämpfe, rote Flecken im Gesicht und aufgeblasene Backen, Spontan-Warzen am ganzen Körper, und meine Zähne krümmen sich nach aussen, sofort, immer wenn ich lese, dass Du gar niemals keine Zeit findest, Dich mit mir zu treffen, weil es andere Prioritäten bei Dir gibt. Sabber läuft mir aus dem Mund, und ich rede nur noch „blablabla". Wirklich schrecklich. Tu mir das nicht an, aber schreib, wenn Du Lust auf Beziehung hast, so mit Streiten und Kindern und Liebe. Live und in Farbe. Action. Hol mich hier raus!

Na? Durch all die tollen Frauen-Bilder geklickt? Nichts dabei?
Was fehlt denn einem Mann wie Dir im Leben? Was suchst Du hier?
Was willst Du eigentlich?

Ist es:

Glück? Findest Du nur bei Dir selbst, sagen die Weisesten der Weisen. Falls Du jammerst, weil das Leben so anstrengend und unfair zu Dir ist, dass Du nicht genug vom grossen Kuchen abbekommst und die anderen immer mehr, dann mach Dich auf Deine Reise. Such Dir ein Vorbild, einen Therapeuten oder einen Coach. Du brauchst mich nicht.

Geld? Du bist ein Mann, Du kommst nicht in Deine Kraft, wenn Du nicht selbst auf der Jagd sein darfst und die Beute nach Hause bringst. Du brauchst mich nicht.

Freizeitaktivität? Du bist in meinem Alter, hast einen patenten Freundeskreis um Dich herum, mit dem Du es ganz gut bis hierher geschafft hast. Du brauchst mich nicht.

Sex? Ach komm, können wir im Zeitalter der unbegrenzten Möglichkeiten an jeder Ecke haben, wenn wir auf uns acht geben. Der Fantasie sind keine Grenzen gesetzt, der Perversion, Distanzlosigkeit und Entfremdung oftmals leider auch nicht. Pures Abenteuer, zu zweit, mit mehreren, im Bett, im Fahrstuhl, auf dem Parkplatz, im Auto, im Swingerclub, alles ist möglich. Wie viel davon brauchst Du? Wann ist es genug? Du wirst Dich ganz sicher mit mir langweilen. Du brauchst mich nicht.

Ein Kind? Du hast wahrscheinlich schon welche und willst keine mehr. Oder Du wolltest noch nie welche, weil Kinder mehr kosten als nutzen? Oder Du lässt es offen, wie ich. Man kann auch ohne glücklich werden, sagst Du? Du brauchst mich nicht.

Herausforderung? Du bist gut ausgebildet und hast einen coolen Job, der Dich fordert, wo Du Dir für vollen Einsatz von 6:30 bis spät in die Nacht für ein Trinkgeld Deinen eigenen Antrieb abkaufen lässt. Oder Du verwirklichst Dich selbst, bist eh nie gut genug und magst gar nicht daran denken, was Dir gerade alles an Möglichkeiten da draussen entgeht? Du hast keine Zeit und keinen Platz für mich.

Zerstreuung? Von einem Alltag mit Scheidungsanwälten, Alimenten, zickigen (Ex-)Frauen, Chefs oder (noch schlimmer) frustrierten Chefinnen, Angestellten und Müttern, die eh immer alles besser wissen als Du? Zwischen Familienfeiern, Deine tollen Freizeitaktivitäten, den anspruchsvollen, zeitintensiven Job und die Besuchswochenenden geschoben? Du brauchst mich nicht.

Beziehung? So wie all die anderen? Voll von Bequemlichkeiten, Nörgeleien, Unzufriedenheit und Unfreiheit? „Nein danke“, sagst Du? Es ist gerade nicht der richtige Zeitpunkt für eine feste Beziehung bei Dir. Du brauchst mich nicht.

Macht? Du brauchst jemanden, den Du dominieren kannst, damit Du Dich stark und mächtig fühlst in dieser Welt voll Unsicherheiten, Veränderungen und starken Frauen, die in immer mehr Deiner ureigensten Reviere vordringen und nach anderen Regeln spielen als Du? Du brauchst mich nicht.

Du bevorzugst eine andere Art Frau? Fair enough! Ich habe auch die süssen Äpfel lieber als die sauren, was nicht heisst, dass die sauren schlecht sind. Wir glauben oft, gierig wie wir Menschen sind, das zu lieben, was wir nicht kriegen können. Eine Bessere als mich gibt es immer.

Klick weiter!
Oder nutz die Chance, Deine Hausaufgaben zu machen, geh zur Lebensschule, zum Frauenflüstern oder was auch immer Dir dabei hilft, in Deine Kraft zu kommen.

That's not love, 'cause love don't feel that bad.

Ist es:
Zärtlichkeit, Geborgenheit, die Wärme einer Frau? Ich zitiere an dieser Stelle meine Nachbarin: Schokoladenkuchen schmeckt ohne Sahne gut, aber 100% sind es nur, wenn man beides zusammen geniesst. So ist es auch mit den Küssen, die sind nur mit Liebe richtig gut.

Liebe?

Echt jetzt?

Dann bist Du ein gut ausgebildeter, attraktiver und glücklicher Mann, der seine Hausaufgaben gemacht hat und genug von 80/20 hat, so dass Du weisst, was eine Frau braucht, um sich mit Dir wohlzufühlen? Mit dem ich von einem gemeinsamen Kind träumen darf, der sich binden mag, dabei Mann bleibt und der sich freut, mit mir Zeit zu verbringen? Der Bedingungen fair verhandeln will, damit wir es bleiben können, beziehungsvoll und trotzdem frei und glücklich? Dann suchst Du wie ich etwas altmodisch, naiv und ungewöhnlich die Liebe? Du kannst mir das Wasser reichen und die Stirn bieten? Dann hast Du Humor, den Du brauchst, weil Du nichts unversucht lässt und sie auch hier suchst. Die Liebe. 100%?

Action. Schreib!

Du fragst Dich, was ich bereit bin dafür zu geben?
Alles! 100%! Jeden Tag aufs Neue! Du wirst mein König sein.

Es gibt Männer, die ihr fluchend antworten oder sie beschimpfen, ihr mit viel Sarkasmus zwischen den Zeilen „viel Glück" wünschen. Ganz viele, die sich gar nicht melden. So wie Tigerlilly aussieht, hat sie eh zehn an jedem Finger. Einer schreibt ihr das. Dass Männer sich nicht trauen, wenn die Frau sehr hübsch ist. Aus Angst vor einem „Nein!". Tigerlilly schüttelt den Kopf. Manche verlassen sogar eine Party, wenn eine schöne Frau sie anlächelt. Und nicht etwa deswegen, weil sie ihnen nicht gefällt, sondern einfach, weil sie Angst haben.

Aber es gibt auch welche, die Tigerlilly schreiben und Anerkennung schenken. Und es gibt sogar welche, die sie treffen wollen.

Der Porsche ist seit eintausendsechshundertzweiundfünfzig Tagen da drin. Im Netz. Mit immer denselben Worten.

Über mich: Ich mag es unkompliziert, direkt, spontan, Überraschungen, mit Stil, aber ohne Arroganz, ehrlich und mit Respekt.

Vom „am See liegen" bis zum Galadinner, gemütlich Kaffee trinken, auf der Terrasse liegen und in die Sonne blinzeln, Frühstück im Bett oder gediegen zusammen kochen, Reisen, unter Freunden, mal mit einem Buch die Ruhe geniessen, ein anderes Mal mitten im Trubel die Party geniessen, alles zu seiner Zeit.

Ich suche: Menschen, die mit sich selbst zufrieden sind, wissen, was Ihnen gut tut, bereit sind, es zu leben, Ihre eigene Meinung haben, offen für Neues, unkompliziert sind, aber das Interesse am Detail nicht verloren haben und sich von diesen Zeilen angesprochen fühlen.

Was daraus wird? Das Abenteuer des Lebens, eine reizvolle Freundschaft ... who knows, es liegt in unseren Händen.

Er schreibt ihr nicht.

Die Hoffnung auf Konsum ist gross. Man muss nichts mehr alleine machen. „Wir verlieben Sie." Matching-Punkte, ermittelt mit einhundert Fragen, nehmen einem das Suchen ab. Das Internet gibt sie alle her, schöne Menschen, dicke Menschen, junge Menschen, alte Menschen. Intelligente und blöde. Betrüger. Mörder. Tigerlilly. Und den Porsche. Dusky, Amador, Stefanuski. RamaLamaDingDong. Winnetou und Saxli. Alle suchen. Alle leben. Alle haben Sehnsucht. Alle wünschen. Alles ist möglich. Alle haben ihre Geschichte. Und eine Geschichte hinter der Geschichte, aber was von dem, was möglich ist, was passiert uns wirklich? Und warum?

SMS an Porsche:
Da steht, man ist, was man will und was man denkt. Warum bist Du nicht mein Mann? Ich will Dich und denke: „Mein rechter, rechter Platz ist leer!"

Zwei Minuten später SMS an Porsche:
Da steht auch, man soll weiter mit Geduld und Liebe üben. So I do. Sehen wir uns wieder?

Der Porsche simst: *Gruss an die Panik. Mach einen Punkt.*
Tigerlilly denkt: *Wer hat hier gerade Panik?*
Dann schreibt sie: *„."*

Er denkt, er ist frei, weil er sich nicht bindet, aber ein Samen, der alle paar Minuten ausgegraben wird, um neu eingegraben zu werden, wird niemals zur Pflanze. Nur an einem konkreten Ort, in der konkreten Bindung kann der Mensch zeigen, was in ihm steckt[4]. Bindung macht Tigerlilly Angst. Weil sich im geduldigen Aushalten erst zeigt, wer man wirklich ist und was man wirklich kann, weil dann erst aus all unseren Möglichkeiten Wirklichkeiten werden. Tigerlilly greift nach dem Porsche, weil sie selbst so schön ist, wenn sie mit ihm zusammen ist. Aber das, was sie mit ihm ist, ist nur Fassade. Tief in ihr drin rumort eine Stimme, die andauernd sagt: „Du bist schlecht!" Manchmal denkt sie, hinter all den Nicknames im Internet steckt nur ein einziger Mann, der sein Spiel mit ihr treibt, sie immer wieder aufs Neue hinauslockt, in den Nebel. Mit immer neuen, geflüsterten Versprechen, denen sie so gerne glauben möchte. Blind um sich greifend tappt sie ihm nach, dem Zauberer, gierig greift sie nach ihm, um ihn zu besitzen, ihn nie wieder herzugeben, um nicht allein zu sein, damit nach aussen alles stimmt. Und immer wieder verschwindet er, wenn sie denkt: „Jetzt! Gleich hab ich ihn! Für immer und ewig!" So tanzen sie miteinander im Nebel, sie und der unbekannte Mann, der nie Entzauberte. Tigerlilly überlegt, ob man ihre Spur vom Mond aus sehen kann. Sie hält es für möglich, dass sie mit ihren Fussabdrücken eine flammende Spur hinterlassen hat, in der Form eines sich liebenden Paares. Aus ihrer Sicht, fest in der Erde verwurzelt, fühlt es sich trotzdem nur an wie verbrannte Erde.

„Und wo ist jetzt die Liebe?"

Caroline sagt: „Die findet man nur bei sich selbst. Man lernt nur lieben, wenn man liebevoll lebt. Ohne Angst davor, verletzt zu werden. Verletzungen gehören dazu. Wenn man nicht verletzbar ist, ist man auch nicht berührbar. Verletzung ist nichts weiter als eine zu starke Berührung."

Caroline sagt: „Der Krieg ist vorbei. Es ist Zeit, die Waffen niederzulegen."

Krieg, Flucht und ein Neuanfang mit einer Mutter, die einen Mann heiraten muss, um versorgt zu sein, den sie aber nicht einen einzigen Tag im gemeinsamen Leben liebt, mit einem unehelichen Kind, dessen Vater man nicht kennt. Sind das genug Gründe für eine traumatische Kindheit? Sind das alle Gründe? Tigerlilly denkt: „Arme Mutti!" Tigerlilly denkt: „Ist der Krieg je vorbei, wenn ein Körper nicht vergessen kann?"

Heidelberg kommt nach Zürich gefahren, um mit ihr ins Bett zu gehen. Sie fragt: „Gibt es in Heidelberg keine Frauen?" Er sagt: „Doch, aber ich hatte Lust auf Dich!" Er macht es ihr besser als sie sich selbst. Sie sagt: „Der Frau, die Dir das beigebracht hat, darfst Du nachträglich noch einen Strauss Rosen schenken!" Er dreht sich um, schmunzelt und sagt: „Das war sicher nicht nur eine!" Tigerlilly lacht. Er ist sechs Jahre jünger, fünf Zentimeter kleiner, tanzt Salsa wie ein junger Gott und weiss, was er will. Sie darf sich nicht verlieben. Sie überlegt kurz. Dann verabschiedet sie sich von ihm. Sie sitzt in ihrer Lieblingssauna mit Kamin. Zehn Menschen sitzen mit ihr dort. Sie macht die Augen zu. Als sie sie wieder aufmacht, sitzt nur noch ein Mann da, schön wie der Mond. Sie denkt, sie träumt. Augen zu. Augen wieder auf. Der Mann sitzt immer noch da. Kein Traum. Was jetzt? Die Luft brennt. Und plötzlich hört sie sich selbst in die Stille hinein sagen: „Sie sind ein sehr schöner Mann, und es macht mich an, mit Ihnen in der Sauna zu sitzen!" Das Herz schlägt ihr bis zum Hals. Es ist still. Tigerlilly denkt, jetzt stirbt sie. Dann sagt der Mann: „Na, das nenn ich mal ein schönes Kompliment, vielen Dank!" Als Tigerlilly mit zittrigen Beinen aufsteht und die Sauna verlässt, sagt sie zum Abschied: „Ich geh dann mal raus in den See, mich abkühlen!" Es zischt leise, als sie ins Wasser steigt. Sie lacht, als sie nach Hause fährt, und sie ist sehr stolz auf sich.

Sie schreibt dem Porsche: *Gibt's Dich noch?*
Er antwortet nicht.

Sie trifft sich mit einer anderen Frau, zusammen schlürfen sie Cocktails und jammern gemeinsam über dieses „Keine Antwort ist auch eine Antwort" von den Männern. Ein paar Tage später sieht ebendiese Frau in Tigerlillys Internet-Kontakten, dass sie den Porsche kennt.

Sie fragt: *Wie kommst Du zum Kontakt mit dem Porsche?*

Tigerlilly antwortet: *Mit dem hatte ich den besten Sex meines Lebens. Und woher kennst Du ihn?*

Wie klein die Welt doch ist. Das war meine letzte Internet-Bekanntschaft. Ich habe Dir von ihm erzählt. Der, der immer arbeitet und sich dann einfach nicht mehr gemeldet hat. Ja, stimmt, der Sex war gut.

Tigerlilly überlegt kurz. Dann leitet sie die Nachricht der anderen Frau dem Porsche weiter.

Tigerlilly an Porsche
Du armer Kerl! Willst Du das bis ans Ende Deines Lebens so machen? Einen Friedhof von stinkenden Frauengeschichten hinterlassen, aus denen Du Dich so davongeschlichen hast? Bist Du blöd!

Porsche an Tigerlilly
Emotional am Austeilen und offensichtlich sehr eingebunden, Tigerlilly! Vielleicht ist der Unterschied, dass ich keine Frau unter stinkende Frauengeschichten einordnen würde, sie nicht als Abenteuer betrachte, überhaupt keine Abenteuer suche und ich mich kaum mehr davonschleiche als mein Gegenüber. Bekanntlich gehören ja zwei dazu, aber offenbar bin ich immer noch ein rotes Tuch für Dich. War ich mal nicht ehrlich zu Dir, oder hast Du mal nicht von mir bekommen, was du wolltest, dass du Dich so aufregst?

Tigerlilly an Porsche
Entschuldige, Porsche, aber „beziehungsvoll" ist Dein Verhalten in keinster Weise. Es ist respektlos, herabwürdigend und verletzend. Und ja, ich habe das bis ins Letzte ausgekostet und das Schönste daraus

gemacht, was daraus zu machen war, aus dem „zwischen uns". Ich jedenfalls hab mein Bestes reingegeben. Und Du? Ich hoffe, dass Du wenigstens eine Ahnung davon hast, was «beziehungsvoll» wäre. Es geht doch hier gar nicht darum, zu bekommen, was man will. Allein Deine Fragen nerven mich schon total. Ich will das Fass mit der Aufschrift „zwischen uns" nicht mehr aufmachen, und schon gar nicht so „beziehungslos virtuell", wo Du Dich, wie gewohnt, hinter Deinen Plattitüden verstecken kannst. Es hat mich einfach genervt, als ich die E-Mail von der anderen Frau las, und mir war danach, Dir das kopfschüttelnd vor die Füsse zu spucken. Nicht mehr und nicht weniger. So!

Er schreibt ihr nicht mehr. Sie schreibt ihm nicht mehr. Tigerlilly findet den Porsche blöd. Für immer.

Ihre Schwester erzählt ihr davon, wie man wilde Pferde zähmt: Dem Pferd wird ein Huf hochgebunden, bis es sich unterwirft und führen lässt, bis der Wunsch, wieder auf seinen eigenen Beinen zu stehen und sich von fremden Händen führen zu lassen, grösser ist als die Angst davor und der damit einhergehende Wunsch zu flüchten. Es ist ein Schritt, eine Entscheidung, die das Pferd treffen kann. Steht es auf und versucht auf drei Beinen zu laufen, wird es in der Natur von wilden Tieren gefressen und verschwendet sinnlos seine Kraft. Es kann so nicht das tun, wozu es gemacht ist. Gibt es aber nach und legt es sich hin, sein Schicksal akzeptierend, wird es lernen, sich führen zu lassen und die Hand am anderen Ende des Zügels kennenzulernen, bis ein gemeinsames Handeln auf der Basis von Vertrauen entsteht.

Caroline sagt: „Wer nachgibt, führt. Wer immer nur dagegenhält, verschwendet seine Energie und lernt nichts dazu."

Genau so kommt sich Tigerlilly vor, mit drei Hufen durchs Leben humpelnd, immer noch nicht ganz bereit, sich dem Universum zu unterwerfen und sich führen zu lassen von Mächten, denen sie nicht vertraut. Sie denkt manchmal immer noch, sie weiss es besser, niemand weiss es besser als sie. Und das, obwohl sie anderen Menschen als Trainerin beibringt, dass die Kunst der Beziehung hier beginnt, dass es immer bei einem selbst anfängt, nie bei dem anderen. Allein bei dem Gedanken daran, sich zu ergeben, will sie mit ihren Hinterhufen ausschlagen.

Caroline sagt: „Alles eine Frage der Energie. Mit dem Alter hat man weniger davon zur Verfügung. Man überlegt sich dann besser, in welchen Kampf man einsteigt. Tigerlilly, Sie sind jetzt gross genug. Sie haben die Wahl."

Tigerlilly träumt jetzt nachts von Pferden. Nach ein paar Nächten geht sie in die Reitschule hinter ihrem Schloss und fängt an, Reitstunden zu nehmen. Um ein Gespür für sich zu bekommen. Und für Beziehung. Tigerlilly sucht sich einen echten Hengst, der den Porsche ersetzen soll. Als sie mit dem Hengst am Zügel in die Halle kommt und die Reitlehrerin begrüsst, ist die erstmal still und schaut die beiden nur an. Innerhalb der ersten dreissig Sekunden der ersten Reitstunde ist ganz klar, wer hier der Hengst, wer die Reitschülerin und wer Chef ist, ohne dass ein einziges Wort gefallen ist. Tigerlilly denkt: „Das will ich auch können, wenn ich gross bin!"
Am Anfang bleibt der Hengst nach fünf Minuten einfach stehen und bewegt sich keinen Millimeter mehr. Die Reitlehrerin sagt: „Kein Wunder, Du zerrst ja nur am Zügel, da hätte ich auch keine Lust, mich für Dich zu bewegen! Es gibt Nuancen im Spiel mit den Zügeln."
Sie lernt mit den Zügeln spielen, und der Hengst trägt sie weiter, je weniger sie am Zügel zerrt, je leichter sie durch die Manege ihres Lebens trabt. „Dein Hengst spürt den kleinsten Ansatz von Druck im Zügel und bewegt sich nur dann, wenn es ihm Spass macht mit Dir. Es ist Deine Aufgabe, dafür zu sorgen, dass es ihm Spass macht!", sagt die Reitlehrerin.

„Wie bei den Delfinen!", denkt Tigerlilly.

Es dauert nicht lange, und Tigerlilly stellt neben der Parallele zu den Delfinen auch Parallelen zwischen Männern und Pferden fest. Männer sprechen eine andere Sprache als sie. Nichts geht mit denen, wenn man angespannt ist. Dann fühlen die sich gleich schuldig, aber es gibt anscheinend Kommunikation, die ohne gemeinsame Sprache funktioniert. Mit viel Gefühl für den richtigen Moment. Für den gemeinsamen Rhythmus. Und mit Spass. Nie mit Gewalt. Mit Respekt für das, was uns unterscheidet.
Als ihr Lieblingshengst das erste Mal wie aus Versehen mit ihr galoppiert, einfach weil es ihm Spass mit ihr macht, weint sie vor

Freude. Die Reitlehrerin sagt zu den anderen Schülern in der Halle: „Schaut euch die beiden an, eine perfekte Einheit von Reiterin und Pferd. Seht ihr, wie viel Spass die beiden miteinander haben?"

Nach einem Jahr Reitunterricht fährt sie nach Amrum und galoppiert dort am Strand entlang. Es raubt ihr den Atem, als der Wind ihr die Luft in die Lungen drückt. Galoppieren ist wie Fliegen. Man trägt sich selbst und gibt sich hin an den Moment, man empfängt, was kommt, während das Pferd unter einem alle vier Hufe in der Luft habend den Boden nicht mehr berührt. Man braucht genauso viel Vertrauen in das Pferd unter einem, wie das Pferd in den Reiter braucht, denn der Reiter, der auf ihm sitzt, könnte ihm mit einer falschen Bewegung am Zügel viel Schmerzen bereiten. Auch das Pferd gibt sich hin und will nichts anderes tun als das, wofür es gemacht ist, mit seiner unbändigen Kraft. Ein Galopp ist der freie Wille von Reiter und Pferd, und nichts davon ist selbstverständlich. Ein Galopp spricht die Sprache von tiefem Vertrauen. Sowie der Reiter zweifelt, wird das Pferd unsicher und stolpert. Pferde können Gedanken lesen. Es ist wie Motorradfahren ohne Helm. Rasend schnell, jemand anders dreht am Gas, und man weiss nicht, wo die Bremse ist. Es ist unsicher. Alles, was hilft, ist, fest im Sattel sitzen zu bleiben, egal, was passiert, die Zügel nicht aus der Hand zu geben und die Verbindung zueinander nicht zu verlieren. Tigerlilly will nie wieder etwas anderes tun als galoppieren.

In der Bahn sitzt ihr ein Mann gegenüber, der sie ansieht und mit seinen Blicken auszieht. Unübersehbar streicht er sich dabei mit der Hand über seinen Schwanz.
Er sagt: „Schöne Beine!"
Tigerlilly sagt: „Danke!"
Er sagt: „Wirklich. Sehr schöne Beine!", und legt seine schmierige, gierige Hand auf ihr Knie.

Tigerlilly denkt an die starken Hengste und was die Reitlehrerin ihr für einen solchen Fall beigebracht hat. Sie richtet sich innerlich auf, wird riesengross, setzt einen Blick auf, mit dem man jemanden umbringen könnte, und sagt laut und deutlich: „Pfoten weg, aber sofort, ansonsten stehe ich auf und gehe."
Der Mann zuckt vor Schreck zusammen, nimmt seine Hände weg und versucht es zwei Minuten später nochmal. „Ich hab Lust!",

sagt er lallend. Tigerlilly steht ruhig auf und setzt sich auf einen anderen Platz.
Die anderen Menschen im Abteil applaudieren.
Der Mann gibt ihr beim Aussteigen seine Handynummer.

Tigerlilly schreibt ihm später: „Wenn Du lernen willst, wie man Frauen erfolgreich anbaggert, empfehle ich Dir, einen Kurs im Frauenflüstern zu belegen!"

Caroline klatscht vor Begeisterung in die Hände und sagt: „Niemand darf Sie ungefragt anfassen. Wenn Sie Vertrauen haben sollen, dann dürfen Sie auf Ihrem Körper nur das spüren, was Sie spüren wollen!"

„Alles wird gut, irgendwann", denkt Tigerlilly.

Tigerlilly schaut sich ihre Blumen am Wegrand an und überlegt, wer bei ihr geblieben ist. Hannover ist geblieben. Hannover hält nicht viel von festen Beziehungen. Er mag es nicht, wenn ständig jemand um ihn herum ist. Er schreibt mit Tigerlilly jeden Tag E-Mails hin und her, aber wenn er direkt neben ihr sitzt, ist von der Nähe aus ihren E-Mails kaum etwas zu spüren. Als Tigerlilly ihn einmal fragt: „Weisst Du, was Liebe ist?", sagt er: „Klar." Tigerlilly fragt: „Was ist Liebe?" Hannover sagt: „Na manchmal, sekundenweise, beim Sex, da ist es so ein Gefühl ..." Tigerlilly sagt: „Da muss doch mehr gehen. Die Dichter dieser Welt schreiben doch nicht Tausende von Wörtern wegen ein paar Sekunden Gefühl beim Sex!" Sie sitzen zusammen auf der Terrasse ihres oder seines Schlosses und reden über Männer und Frauen und das Leben an sich. Und sie denken immer aneinander, wenn sie die Tower Bridge sehen. Und auch sonst oft. Zum Beispiel bei Zeitungsartikeln, die das Ende der Monogamie voraussagen. „Wozu sonst haben Frauen Brüste und einen Hintern, wenn nicht dazu, um immer attraktiv für das andere Geschlecht zu sein, aber doch nicht nur für einen Mann?" Tigerlilly zuckt die Schultern und fragt: „Wenn Du frei bist und jede haben kannst, warum brauchtest Du dann damals unbedingt ein ‚Ja' von mir, sogar noch schriftlich?" Er sagt: „Männer wollen zu neunundneunzig Prozent Sex, das ist ja wohl Erklärung genug!" „Sag mal, kann es sein, dass Du Angst vor Nähe hast?" Hannover sagt: „Ich habe vor gar nichts Angst!"

Sie schauen sich an, müssen lachen und finden, sie verstehen sich gut, aber ein echter Kerl ist das nicht. Kein König.

Tigerlilly weiss, dass man einen König nicht an dem erkennt, was er sagt, sondern an dem, was er tut, aber von dem hat sie nur gehört, gelesen. Sie hat noch nie erfahren, wie das ist und was man dafür tun muss oder was man eben besser lassen sollte.

Der Rennfahrer sagt, er liebt Tigerlilly für ihren Humor und ihre aussergewöhnlich liebevolle, respektvolle Art. Sie darf sich in ihn verlieben. Einfach langsam, aber dann meldet er sich nicht mehr, obwohl sie an einem Samstagabend miteinander verabredet sind. Sie weiss nicht einmal, wo er wohnt. Wenn es nach ihm ginge, könnte er ewig mit ihr weiterschreiben. Jeden Tag Tausende Kurznachrichten schreiben, E-Mails und zauberzarte Worte. Wie ganz viele andere Männer auch, ewig in der virtuellen Welt des Internets verhaftet und doch mutterseelenallein, aber sicher vor jeglicher Nähe. Er würde sogar mit ihr verreisen, einfach nicht dorthin, wo seine Freunde sind. Schritte über Grenzen sind tabu. Tigerlilly übertritt sie trotzdem in den ersten Sekunden eines Treffens. Was ist so anziehend, dass sie sich um sie scharen, die Journalisten, Event-Manager, Rennfahrer, Versicherungsmakler, Marketingleiter, Geschäftsführer, Porsches und Schreiner dieser Welt, und was ist so zum Wegrennen, dass keiner bleibt? Die, die sie einfach so haben kann, die will sie nicht. Sie will einen echten Kerl.

Caroline fragt: „Warum werden Sie nicht mal wütend auf den Rennfahrer?"
Tigerlilly sagt: „Ich bin doch so schon schwierig genug und finde keinen Mann, der bei mir bleiben will. Wenn ich jetzt noch wütend werde, wer bleibt dann noch bei mir?"
Caroline sagt: „Es bleiben die bei Ihnen, denen wirklich an Ihnen liegt. Und Sie sollten sich nicht mit weniger zufriedengeben."

Tigerlilly hört auf, denen zu schreiben, die sie schon allein durch ihre E-Mails „gefährlich" finden, und auch denen, die sie toll finden ohne sie gesehen zu haben, schreibt sie nicht mehr. Am liebsten sind Tigerlilly die, die sie nicht wollen, aber die wollen sie eben nicht. Das ist auch nicht gerade vielversprechend für eine Liebesbeziehung.

Tigerlilly löscht alle Telefonnummern aus dem Handy von all den alten, unerfüllten Träumen, den verlorenen Kämpfen. Die vom Porsche muss sie vergessen lernen, die kann sie auswendig, weil sie sie so oft gelöscht und wieder neu eingespeichert hat. Tigerlilly löscht ihre Accounts. Singles. Delete. Friendscout. Delete. Parship. Delete.

Parship wirbt im Anschluss an das Löschen des Profils um sie. Wenn man bereit ist, trotz Krise Geld zu investieren, kann man sich für drei, sechs oder zwölf Monate seine eigene Fantasie abkaufen lassen, sich durch einhundert Fragen arbeiten, hier klicken, dort auswählen und hier beschönigen, mit der Versprechung, verliebt zu werden, an einen der zweitausendfünfhundertsiebenundfünfzig potenziellen Partner, die irgendwie zu einem passen. Ein kleiner Teil von den 3,25 Milliarden Männern, die ebenfalls tagtäglich irgendwie zu einem passen. Eigentlich passen alle zu einem, irgendwie, wenn man sich die Mühe machen würde, sie in ihrer Andersartigkeit und in all dem, was sie von uns selbst trennt, entdecken zu wollen.

Nachdem Tigerlilly alle Werbungen ungelesen gelöscht hat, bekommt sie von Parship eine Drei-Tages-Gratis-Mitgliedschaft geschenkt. „Zum letzten Mal", denkt sie und setzt ein neues Profil auf. Man kann ihre Homepage als Märchenerzählerin finden, wenn man eins und eins zusammenzählen kann und die Rätsel, die in ihrem Profil versteckt sind, richtig löst. Parship benötigt sechsunddreissig Stunden, um ihr Profil freizuschalten, vor allem ihre Bilder und den Text im Abschnitt „Ich wünschte, ich könnte ...".

Tigerlilly schreibt:
„Ich bin in der beneidenswerten Lage, alles tun zu können, was ich will. Und ich tue, was ich kann, um zu bekommen, was ich mir wünsche. Und wenn ich es nicht tue, dann bin ich selbst schuld. Ich glaube, ich kann mich noch daran erinnern, wie Liebe ohne Parship funktioniert. Du Dich auch? Action!"

Ohne Abo darf sie nur eine einzige E-Mail an jeweils einen Mann schreiben. In dieser einen E-Mail an die Männer darf sie Wörter wie „Liebe" oder „Zukunft" nicht verwenden. Es erscheint die

Fehlermeldung, das sei zu persönlich und die angeschriebenen Mitglieder würden sich dadurch gestört fühlen. Das Wort „Sex" darf man ohne Probleme verwenden. Tigerlilly denkt: „Wahrscheinlich ist die Plattform von Männern programmiert", und probiert so lange an ihrem Text herum, bis sie ihn verschicken kann.

Hallo, hier ist Tigerlilly,

ich habe letzte Woche gelesen, dass die Partnerbörsen gerade richtig Geld mit uns machen, weil Menschen in der Krise nach Sicherheiten suchen und sich darauf besinnen, dass es einen Wert hat, Partnerschaften einzugehen. Ich möchte keine Jahresmitgliedschaft eingehen, nicht mal drei Monate, aber ich suche einen Mann, in den ich mich verlieben darf, um mich mit ihm gemeinsam zu verändern. Ein gewisses Mass an Verbindlichkeit und gegenseitigem Engagement für eine Beziehung ist mir wichtig, alles andere ist Verhandlungssache. Ich bin fair und habe Spass an guten Verhandlungen.

Jetzt, nach ewigen Angeboten zu Vergünstigungen, habe ich eine Drei-Tages-Gratis-Mitgliedschaft bekommen. Ich denke, es besteht ein Interessenkonflikt zwischen Parship (die an treuen Kunden interessiert sind, indem sie ihnen immer mehr interessante und passende Partner und Möglichkeiten zu verwirrenden Konditionen und systematisierter, hochtechnologischer Handhabe anbieten) und mir, die einfach nur daran interessiert ist, den letzten Mann ihres Lebens zu finden. Bei der täglichen Konkurrenz von ca. 3,25 Mrd. Frauen, die irgendwie zu Dir passen könnten, gleicht das der Suche einer Stecknadel im Heuhaufen, aber ich lasse auf meiner Suche nichts unversucht. Ich habe schon mal einen verlorenen Ohrring an einem weissen Strand wiedergefunden. Es ist also möglich.

Deswegen frage ich Dich, ob Du Lust hast, einen Kaffee oder ein Glas Wein mit mir zu trinken, einander in die Augen zu schauen und zu sehen, wie gut wir uns miteinander fühlen. Es wäre schön, mit Dir gemeinsam zu schauen, was sich aus dem machen lässt, was zwischen uns entsteht, denn das Ganze ist ja bekanntlich immer mehr als seine Einzelteile.

Wenn Du mich suchst, findest Du mich garantiert als Märchenerzählerin im Schlaraffenland. Und wenn Du nicht nur sagst, dass Du eine Part-

nerin suchst, sondern auch etwas dafür tust, sie zu finden, dann freue ich mich auf Deine Nachricht.

Was uns passiert, liegt an uns. Nur an dem, was wir für möglich halten.

Lese ich von Dir?

Herzlich,
Tigerlilly

Nach einhundert E-Mails an einhundert Frösche, äh Männer, bekommt sie bei der nächsten E-Mail die automatische Antwort, dass sie zu viele E-Mails an einem Tag geschrieben hat und jetzt vierundzwanzig Stunden warten muss, bevor sie weitere E-Mails verschicken darf. Sechs Männer von den hundert angeschriebenen finden ihre Homepage im Internet und schreiben ihr.
Hamburg schreibt. Tigerlilly denkt: „Wenn das klappt, kann ich jedes Wochenende nach Amrum fahren!"
Sie fragt alle sechs: „Darf ich mich in Dich verlieben?"
Hamburg schreibt: „Du darfst Dich nicht nur in mich verlieben, Du musst sogar, wenn aus uns ein Paar werden soll."

Alle anderen schreiben nichts.
Nach ein paar Tagen fliegt Hamburg voll auf Tigerlilly ab.
Er sagt: „Ich bin total in Dich verliebt!"
Und diesmal merkt Tigerlilly etwas davon.
Maja fragt: „Lohnt es sich, dass ich mir den Namen merke?"
Tigerlilly nickt, und während sie „Hamburg" seufzt, entfleuchen rosa Herzchen mit ihrem Atem in die Luft: „Der ist es!"
Sie hat Postkarten in ihrem Briefkasten mit Bildern von den Eichhörnchen in seinem Garten. Sie bekommt einen Adventskalender mit Bildern von ihm als Kind. Sie bekommt selbstgeschriebene Gedichte.

Für Tigerlilly
Dreiunddreissig Tage sind nun vergangen,
als alles mit uns angefangen.
Eine Nachricht erreichte mich von Dir,
elektronisch, nicht geschrieben auf Papier.
Du fragtest mich und viele mehr,

wie es denn mit uns beiden wäre.
Ein Rätsel hast Du uns auferlegt zu lösen,
um damit zu trennen die Guten von den Bösen.
Mein Interesse war geweckt,
so wie von Dir bezweckt.

So nahm das Märchen seinen Lauf,
die Prinzessin aus dem Schlaraffenland spürte ich auf.
Zaghaft zunächst war der Kontaktverlauf,
doch zusehends nahmen Fahrt wir auf.
Die Strasse, auf der ich fuhr, war nicht eben,
nicht zu viel Gas durfte ich geben.
Und auch die Bremse musste ich verwenden,
um nicht an der Mauer mit einhundert Sachen zu enden.
Doch ganz allmählich kam ich weiter,
die Mauer hoch auf meiner Leiter.
Es wurde immer schöner und vertrauter,
die Rufe nach einem Treffen wurden lauter.
Wir schrieben Mails und SMS zu Hunderten,
worüber sich andere nur wunderten.
Wir verschickten Päckchen und auch Karten,
das war mein Lohn, auf Dich zu warten.
Auch telefoniert haben wir viel und gerne
mit dem anderen in kilometerweiter Ferne.
Stunden und halbe Nächte lang häufig,
das war mir so noch nie geläufig.

All das war wunderschön mit Dir,
was hast Du bloss gemacht mit mir?
Verzaubert hast Du mich wie nie 'ne Frau zuvor,
so dass jetzt bereits ich mein Herz an Dich verlor.

Morgen endlich ist es nun so weit,
Du und ich, in Zürich treffen wir uns, nur zu zweit.
Eine perfekte Idee, Deiner Kreativität entsprungen,
ist es Dir gelungen,
dass wir uns treffen, jedoch zunächst nicht erblicken,
riechen, spüren und berühren und auch Essen picken,
das ist möglich, erlaubt und auch gern gesehen,
damit wir langsam auch persönlich uns gut verstehen.

Dann kommt der grosse Augenblick,
wir gehen händchenhaltend raus, und es macht „klick".
Eines in jedem Fall ist verlässlich,
dieser Abend wird für uns beide unvergesslich.
Am Ende darf ich es erleben,
und in Dein Schloss mit Dir entschweben.
Du lässt mich bei Dir übernachten – o, wie nett,
egal, ob im Keller, Gäste- oder Himmelbett!
Ich freu mich auf Dich, Tigerlilly!

Alles passt. Was fehlt? Ein winziges, kleines Detail. Sie haben sich noch nicht gesehen.
Aber sie haben wirklich alles abgecheckt. Was soll da schon noch schiefgehen?
Kinder = ok.
Beruf = ok.
Verlieben = ja.
Schwimmen im kalten Meer = ja.

Sie darf sich verlieben. Das war noch nie da.
Sie treffen sich in der „Blinden Kuh", einem Dunkelrestaurant in Zürich. Als er kommt, sitzt Tigerlilly schon da, fasst ihn an, berührt ihn, küsst ihn und denkt: „Das ist er!" Als er sich danach im Hellen kaum ein Bier alleine an der Bar bestellen kann und sein bestes Stück nicht funktioniert, als er ein Gummi drüberziehen soll, weiss sie: Er ist es nicht. Zusätzlich lächelt er die ganze Zeit aus seinen grossen, lieben Jungenaugen zu ihr auf, und jeder dritte Satz von ihm ist: „Du bist toll!"
Weich, lieb. Den macht sie platt, bevor er „pieps" sagen kann.
Sie ist traurig. Wieder nichts.
Tigerlilly setzt sich die rosarote Brille auf und geht zu Caroline. „Das wird sicher, wenn ich mich ein bisschen anstrenge!"
Caroline nimmt ihr die Brille wieder ab, wirft sie in den Mülleimer und fragt: „Ist er Ihnen nicht männlich genug?"
Tigerlilly nickt fast unmerklich.
„Vergessen Sie's! Sie sind eine starke Frau, Sie brauchen einen starken Mann. Und das mit dem Gummi sollte bei einem Mann klappen, der vierzig Jahre alt ist."
Tigerlilly seufzt: „Ich ziehe nur die Schwachen an. Die anderen nicht."

Caroline sagt: „Noch nicht!“

Tigerlilly richtet sich in Gedanken darauf ein, als starke, alte Jungfer zu sterben. Tapfer blickt sie der Tatsache ins Gesicht, dass sie eben anders ist als alle ihre Freundinnen, die zu angemessener Zeit geheiratet haben und Kinder bekommen haben oder zumindest versucht haben, welche zu bekommen, und jetzt eben Hunde haben. „Alles ist besser, als als alte Jungfer ganz allein zu sterben“, denkt Tigerlilly. Ein paar Wochen später fährt sie nach Amrum, ohne Mann. Sie geht am Strand spazieren und lässt gedankenverloren ihren Blick über das spiegelblanke Meer schweifen. Auf einmal sieht sie es. Sie glaubt es nicht, aber dann ist sie sicher. Er taucht auf in einer der harmonischsten Bewegungen, die es gibt, um nach einem perfekt geschwungenen Bogen wieder im Meer einzutauchen. Ein Delfin. Sie darf einen Moment mit ihm sein, begleitet seinen Weg ein paar Schritte am Strand, vergisst die Zeit und freut sich fassungslos. Ein ganz normales Wunder also. Delfine sind wild und frei und kommen nur, wenn sie wollen, wenn sie neugierig genug sind und das Entertainment für sie stimmt, aber wenn sie wollen, kommen sie dorthin, wo es sie eigentlich gar nicht gibt, sogar in die Nordsee, wie die Liebe. Es hilft, wenn man daran glaubt und die Augen offen hat. Da sie ja keinen Mann hat, dem alle ihre Blicke gelten, hat sie genug Augenblicke übrig für die Besonderheiten, die das Leben jedem von uns bietet.

Tigerlilly ist langweilig, weil sie nichts mit sich anzufangen weiss. Sie lernt auf www.singles.ch einen Mann kennen, der sie hinterm Ofen vorlockt. Er reizt und lockt und spielt. Er ist aufmerksam, kann sehr gut schreiben und ist geheimnisvoll. Sie trifft ein kleines, graues Männchen. Hätte sie die Märchen aufmerksamer gelesen, dann wüsste sie, dass man erst warten muss, bis aus denen Männer geworden sind, vorher kann man nichts mit ihnen anfangen, aber er will sie wiedersehen, und weil es davon ja nicht so viele gibt, will sie ihn auch wiedersehen. Nachdem sie sich das dritte Mal gesehen haben, nicht miteinander im Bett waren, er immer noch regelmässig nachmittags um halb vier mit ihr telefonieren möchte und diese Telefonate als „Praliné zum Kaffee“ bezeichnet, denkt sie: „Der ist es!“ Sie kann nicht mehr schlafen und fragt ihn, ob er empfindet, was sie empfindet. „Ja!“ Er will immer wieder ein nächstes Mal und schmunzelt, wenn Tigerlilly sagt: „Die gute

Nachricht ist, es gibt ein nächstes Mal!" Er fragt: „Du zweifelst?" Sie sagt: „You never know!" Sie zeigt Maja sein Bild und flüstert leise: „Den Namen MUSST Du Dir merken!" Er schreibt sieben Kurznachrichten hintereinander mit eindeutig zweideutigem Inhalt, nennt sie „meine Panterin", und wenn Tigerlilly das alles nicht so anstrengend finden würde, würden sie sicher heute noch glücklich und zufrieden miteinander auf dem Handy herumtickern, aber alles kam anders. Tigerlilly sagt ihr Sprüchlein auf, wie sie es bei Caroline brav gelernt hat: „Mehr!", und fragt nach einem gemeinsamen Wochenende, nach gemeinsamer Zeit, die nicht nur in lauten Restaurants stattfindet, sondern zur Abwechslung auch mal im Bett. Plötzlich wird das kleine, graue Männchen ganz leise. Beim nächsten Treffen sagt er kaum hörbar: „Du bist eine tolle Frau." Wenn Tigerlilly das in der Vergangenheit gehört hat, war es der Anfang vom Ende. Sie verzieht schmerzhaft das Gesicht. Auch dieses Mal geht es nicht sehr vielversprechend weiter. Er sagt: „Ich muss jetzt erstmal sehen, wo ich stehe und was aus mir werden soll!" Tigerlilly ist total wütend. „Hättest Du Dir das nicht überlegen können, BEVOR Du mich hinterm Ofen vorgeholt hast?" Er meldet sich per E-Mail für das kommende Wochenende bei ihr ab. Er will nicht gestört werden, er muss in sich gehen, um seinen Bauch zu befragen. Er verspricht, er meldet sich Montag wieder. Tigerlilly versucht, nicht zu warten. Sie wartet. Montagnacht kurz vor dem Einschlafen kommt eine Kurznachricht: „Lass Dich in Deinem Selbstvertrauen nicht erschüttern, wir wissen nie, wozu etwas gut ist. Ich wünschte, wir könnten Freunde sein! Sei Dir sicher, dass Dich nur meine besten Gedanken begleiten!", und er meldet sich nicht mehr. Tigerlilly dreht durch.

Sie fragt sich, welchen makaberen Scherz sich Gott erlaubt hat, als er den Mann geschaffen hat. Sie findet, Gott hat eindeutig übertrieben. Und wenn er ihn schon so anders, so fremd und gleichzeitig so schön und begehrenswert gemacht hat, den Mann, dann hätte er ihm wenigstens die Fähigkeit mitgeben können, sich in einer für Frauen verständlichen Sprache zu artikulieren, aber so? So bleibt ihr nichts anderes übrig als allen anderen Mitreisenden im Zug von Zürich nach Bern oder umgekehrt mitleiderregende Szenen zu liefern, weil sie es einfach nicht mehr schafft, ihre Tränen herunterzuschlucken.

Maja sagt: „Was ist nur mit den Männern los?"
Tigerlillys Schwester geht mit ihr Kaffee trinken und schüttelt nur den Kopf.
Papa sagt: „Du hast zu hohe Ansprüche. In Deinem Alter solltest Du Dir vielleicht überlegen, was noch möglich ist!"

Tigerlilly kann keinen einzigen Psychospruch mehr hören, nicht mal von Caroline.
Caroline ist still und pustet nur sanft ein bisschen über Tigerlillys Leben.
Tigerlilly liegt im Wald wie ein angeschossenes Reh und leckt sich ihre Wunden.
Caroline sagt: „Wenn Sie eine Wildkatze sein wollen, eine Panterin, die jagt, dann dürfen Sie sich nicht bei so kleinen Wehwehchen hinlegen und heulen. Das passt nicht zu einer Panterin. Das würde zu einer Maus passen, und das sind Sie ja nicht, oder?"

Tigerlilly will keine Panterin sein. Sie kann den Porsche verstehen, der zwar ein Porsche ist, aber keiner sein will. Es ist schwer, toll zu sein. Manchmal wäre Tigerlilly lieber blond und blöd. Ist sie aber nicht. Tigerlilly will auch keine Männer mehr, nie wieder. Das will sie NIE wieder erleben. Nie, nie wieder. Sie stellt Ulla Meinecke auf ihrem iPod für die nächsten zehn Tage auf Dauer-Repeat, bis ihr ein sehr schöner Mann in der Bahn gegenübersitzt, dem sie beim Aussteigen ihre Visitenkarte gibt, wo sie hinten draufgeschrieben hat: „Sie sind ein sehr schöner Mann!"
Als er sich sehr berührt umdreht und vor ihr wortlos dankend verneigt, schüttelt sie über sich selbst den Kopf: „Hier stimmt doch etwas nicht!"
Die Fassade steht. Sie ist gut ausgebildet, wie viele Frauen von heute. Sie kann sich gewählt ausdrücken. Sie ist verdammt gut angezogen und kann alles vom eigenen Gehalt bezahlen. Sie muss niemanden mehr fragen und darf tun und lassen, was sie will. Sie will dieselben Rechte und dasselbe Geld wie die Männer, aber will sie auch dieselben Pflichten? Was wollen die Frauen von morgen? Tigerlillys Patentochter ist vier Jahre alt und sagt: „Ich will Lokomotivführerin werden!" Die Jungen, mit denen sie spielt, sagen: „Das geht nicht, das können nur Männer. Du kannst auch keine Piratin werden!" Es sitzt tief. Und es fängt früh an. „Hier stimmt wirklich etwas nicht!", denkt Tigerlilly und will ihre Patentochter

und die Jungen sofort mitnehmen, in einen Zug, der von einer Lokomotivführerin gesteuert wird. Tigerlilly denkt an Oma N. Mal abgesehen davon, dass viele andere Frauen ein ähnliches Schicksal in Kriegszeiten hatten, hat sie sich dafür entschieden, Opfer zu sein. Mit aller Macht. Und fast alle anderen um sie herum haben sich mit der Wahl, die Oma für ihr Leben getroffen hat, tyrannisieren lassen. Ihr Mann, ihr Sohn, ihre Enkel, unbeschreiblich weiblich. Mutti hat sich dazu entschieden, es so zu machen wie Oma. In Abhängigkeit zu leben, bis dass der Tod euch scheidet, nicht mal für die Trennung soll ein Paar selbst verantwortlich sein, wenn es nach der Kirche geht, das überlässt man dem Tod. Für Tigerlilly hat dieses Spiel nie gestimmt. Sie wollte es immer anders machen. Das ist ihr auf sonderbare Weise gelungen, aber jetzt steht sie da und stellt fest, dass hinter der schön angemalten Fassade immer noch der alte Film läuft. Sie schaut in den Spiegel, und ihr blickt eine attraktive, hübsche, lächelnde, positive Frau entgegen. Die Frau hat alles, was das Herz begehrt: einen guten Job, viel Geld (was gut ist, weil sie nicht gerne spart, denn irgendwann kommt ja der Prinz, der sich um alles kümmert), tolle Hobbys, ein wichtiges Ehrenamt, viele Freunde auf der ganzen Welt, eine Wohnung, gross wie ein Schloss, einen Tisch, so breit wie eine Tafel, ein Bett wie eine Prinzessin, aber etwas fehlt.

Tigerlilly fragt: „Spieglein, Spieglein an der Wand, sag, hast Du meinen sehnlichsten Wunsch erkannt?"
Die Frau im Spiegel seufzt „Ach, ich bin so allein. Hätte ich doch einen Mann und sieben Kinder. Dann wäre endlich Ruhe!" als Antwort auf all die unbequemen Fragen, die das Leben einer Frau so mit sich bringt, nur in schöneren Worten.
Tigerlilly kann es nicht fassen, Caroline auch nicht.
Wie ein Allergieschub überrollt Tigerlilly die Depression. Heftig. Sie kippt aus ihren Stöckelschuhen, der Nagellack löst sich von ihren Fingernägeln ab, die Schminke verwischt unter ihren Tränen. Plötzlich hat sie keines ihrer schönen Kleider mehr an, und sie sitzt auch nicht mehr in ihrem Schloss. Sie befindet sich wieder auf dem Weg voller Einbahnstrassen mit den Sackgassenschildern und weiss nicht mehr vor und zurück.

„Also nochmal von vorne, zurück auf ‚Los!', seufzt sie und wischt sich die Tränen aus dem Gesicht.

Fieberhaft grübelt sie über ihre Träume nach, über ihre eigenen Visionen, über das, was sie will. Sie weiss nicht, was sie will. Ihr fällt Amrum ein. Sie bewirbt sich dort, bekommt ein Angebot und lehnt es ab, weil sie zu schlecht zahlen. An die Hand genommen von einer Kompetenzberaterin wirft sie Schritt für Schritt einen Blick auf all das, was sie kann, und unter dem Strich steht, dass sie eine tolle Hebamme wäre, aber man muss vier Jahre dafür studieren. Das kann Tigerlilly nicht finanzieren, sie ist ja allein und gibt ihr Geld immer noch lieber für sich und andere aus, als dass sie es spart. Von einer Budgetberaterin an die Hand genommen wirft sie Schritt für Schritt einen Blick auf ihre Finanzen, und unter dem Strich steht, dass es ihr so gut geht wie nur ganz wenigen Frauen auf der Welt. Sie geht zur theologischen Studienberatung, und ihre Augen leuchten, aber sie schreibt sich nicht zum Studium ein. Es ist alles nicht richtig. Nichts ist richtig.

Tigerlilly sagt: „Ich will auch mal Prinzessin sein!"
Caroline sagt: „Tigerlilly, Sie sind eine Prinzessin. Die Prinzessin auf der Erbse!"
Tigerlilly sagt: „Die kriegt am Ende einen Mann, weil sie eine echte Prinzessin ist. Ich habe keinen Mann."
Caroline sagt: „Wenn Sie sich einen Mann angeln wollen, müssen Sie sich rarmachen. Können Sie das?"
Tigerlilly schüttelt den Kopf.
Caroline sagt: „Dann üben Sie das jetzt!"

Am nächsten Tag sitzt sie im Zug und fährt nach nirgendwo. Im Gepäck wie immer drei Märchenbücher, die sie auspackt, woraufhin der Mann neben ihr neugierig wird. Den findet Tigerlilly blöd, aber sie findet den Mann gegenüber cool, der ganz angestrengt in einem Buch über die Anatomie des Ohres liest. Der Mann neben ihr fragt Tigerlilly ganz viel über Märchen, bis schliesslich auch der Ohrenarzt nicht mehr anders kann, aufblickt und zuhört. Tigerlilly schreibt ihm im Gespräch fast unbemerkt ihre Telefonnummer in sein Anatomiebuch, während sie ihm erklärt, wie man sich Märchen merken kann. Kurz bevor er aussteigt, gibt er ihr seine Nummer. Als sie auf dem Bahnsteig steht, schaut sie wehmütig auf die Nummer in ihrer Hand und denkt an Caroline. Dann geht sie zum Papierkorb und wirft mit dem Zettel auch alle Erwartungen weg.

Caroline sagt: „Wenn ein Mann Sie will, werden Sie das merken. Ohne Zweifel!"

Tigerlilly wartet einen Tag. Zwei. Drei. Völlig erschöpft vom Warten auf die Liebe sitzt sie bei ihrer kleinen Schwester in Papas Garten und mault so vor sich hin. Ihre Schwester hört ihr geduldig zu, steht kurz auf und holt ihr eine Flasche selbstgemachten Eistee aus dem Brunnen, der mitten im Garten steht. Sie stellt die Flasche lächelnd vor Tigerlilly hin, setzt sich auf die Decke daneben und liest weiter in ihrem Mathebuch. Und plötzlich sitzt die Liebe einfach so mit Tigerlilly auf der Decke. Tigerlilly ist ein bisschen überrascht, weil sie sie dort niemals vermutet hätte. Sie dachte immer, die Liebe kommt mit Tamtam und Feuerwerk und Glitzer dahergeritten, aber jetzt ist sie einfach da, ohne dass sie sie hat kommen sehen. Tigerlilly bleibt einfach still sitzen, tut nichts, und um die Liebe nicht zu verscheuchen, denkt sie ganz leise bei sich: „Caroline hat Recht wie immer. Die Liebe fängt immer bei einem selbst an, nie bei einem anderen! Da ist ein kleines Kitzeln im Bauch, und dann plötzlich ist es so viel, dass man die ganze Welt umarmen möchte." Das gefällt der Liebe. Tigerlilly glaubt, es ist ein göttlicher Funke, der in jedem von uns brennt. Tigerlillys Funke war fast erloschen und ist in dem Moment wieder neu entflammt, als sie bei Caroline mitten im finsteren Wald sass und sich an deren Feuer wärmte. Es ist eine zarte Flamme, die unsere Seelen wärmt. Angst ist wie Sand und erstickt die eigene Flamme, wenn man nicht mutig genug ist und nicht gewillt ist, Schmerzen auszuhalten. Dann deckt der Sand betäubend die Flamme zu, bis sie irgendwann erlischt, auch wenn er buntgefärbt ist und die halbe Welt Dir einredet, dass Sand alles ist, was Du brauchst. Diese innere Kälte zum Preis des ewigen Neides auf das Glück der anderen ist dann leichter zu ertragen als die unbequeme Freiheit, die als Preis den ehrlichen Blick in den eigenen Spiegel fordert und oftmals ein ganz anderes Bild von Dir selbst zeigt, als Du meinst. Und die Antworten auf die Fragen, die sich Dir dadurch stellen, sind alles andere als bequem, aber die Schlösser, die Du baust, werden ein festeres Fundament haben, sie sind nicht auf Sand gebaut, sie stürzen nicht einfach wie ein Kartenhaus ein. In dieser Welt macht Dich die Liebe nie satt, sondern immer hungrig. In dieser Welt stachelt Dich die Liebe an, Dich immer mehr nur einem einzigen Menschen zuzuwenden. Dir selbst, auch Deinen eigenen, dunklen

Seiten. Wenn Du da hinsiehst und Dich selbst immer noch in den Arm nehmen kannst, dann darfst Du von Liebe sprechen, dann kannst Du aushalten, dass die Liebe nur immer die nächste Frage bereithält, für deren Antwort Du Dich dann auf den Weg machst, obwohl Du mal losgezogen bist, um einen Frosch, äh, Prinzen, äh, Mann zu finden.

Tigerlilly schreibt einen Brief an ihre Mutter:

Liebe Mutti,
ich habe mich gefragt, wie es mir als Mutter gehen würde, die keinen Kontakt zu ihrer Tochter hat, und ich würde vor allem wissen wollen, wie sie aussieht und ob es ihr gut geht. Anbei ein paar Bilder von mir. Ich bin glücklich, ich gehe tapfer meinen Weg und löse meine Aufgaben. Ich danke Dir dafür, dass Du mir dieses Leben geschenkt hast. Ich lebe sehr gerne.

Lass es Dir gut gehen.
Tigerlilly

Mutti schreibt zurück:
Aus einer Raupe ist der allerschönste Schmetterling geworden.

Tigerlilly erlebt viele Dinge immer noch zum ersten Mal. Vor ein paar Tagen war sie das erste Mal mit einem Arbeitskollegen einfach so ein Bier trinken. Überhaupt das erste Mal mit einem Mann tanzen war sie mit vierunddreissig Jahren. Ihren ersten richtigen Freund hatte sie mit vierunddreissigeinhalb Jahren. Töff-Tim. Und auch, na, Du weisst schon. Vorher war sie zweimal fest gebunden, einmal neun Jahre, einmal fünf Jahre, einmal mit Mimi, einmal mit Tinka. Sie war dick. Unsichtbar. Versteckt. Keiner hat sie geliebt. Aber wir haben ja immer eine Wahl. Tigerlilly wollte es einfach nur anders machen, anders als Mutti, anders als Oma N., unbedingt anders.

Tigerlilly weiss nicht, ob sie es anders macht.
Caroline sagt: „Sie kommen regelmässig zu mir. Sie haben nur sich zu versorgen. Sie sind sehr gut ausgebildet. Sie schauen regelmässig in den Spiegel und sind ehrlich zu sich. Sie machen es anders!“

Aber Tigerlilly findet, sie macht es nicht gut genug, denn sonst hätte sie ja einen Mann an ihrer Seite. Gemessen an der Wichtigkeit, die sie der Liebe zumisst, beurteilt sie sich selbst als eine absolute Verliererin. Sie ist nicht diszipliniert. Sie hat keine Geduld. Sie verliert so schnell den Mut. Dann lässt sie sich fallen in das, was sie kennt. In diese dicke, schwarze Decke aus Depression. Kein Mensch ist so schlimm zu ihr, wie sie zu sich selbst in diesen Momenten ist, in denen sie glaubt, sich Zuwendung ergaunern zu müssen, die sie braucht, um zu überleben. Und die Strafe dafür ist, dass sie eben keinen Mann an ihrer Seite hat. Weil sie zwar ein Dach über dem Kopf und auch genug zu essen hat, aber manchmal nicht weiss, was sie wert ist.

Sie schaut in ihren Spiegel. „Spieglein, Spieglein an der Wand, zeig mir, wovor bin ich weggerannt?“ Ihr schaut Mutti entgegen. Tigerlilly schaut hin. Dann verwischt das Bild plötzlich. Tigerlilly zwinkert ein bisschen, und als sie das nächste Mal in den Spiegel schaut, blickt ihr Papa entgegen. Hm. So ist das also.
Caroline sagt leise: „Hinsehen, Tigerlilly!“
Und als Tigerlilly das nächste Mal hinsieht, sieht sie etwas, das sie noch nie zuvor gesehen hat. Genauso schnell, wie es plötzlich da war, ist es auch wieder weg. Wie eine Ahnung, eine Idee.

Als sie in einer Abteilung neu anfängt zu arbeiten, sagt die neue Chefin, die sie ganz sonderbar an Mutti erinnert, nach ein paar Wochen zu Tigerlilly: „Ich bin sehr stolz auf Sie!“, weil sie eine eigentlich unmögliche Aufgabe mit Bravur gemeistert hat. Tigerlilly beschleicht das merkwürdige Gefühl, dass die sie entlassen wollen.

Sie telefoniert deswegen mit Maja. Die sagt: „Du spinnst!“
Caroline sagt: „Quatsch! Schauen Sie mal genauer hin.“

Nach fast drei Monaten, genau sieben Tage vor Ende ihrer Probezeit, ruft ihre Chefin sie in ihr Zimmer, wo bereits eine Mitarbeiterin der Personalabteilung sitzt.
Tigerlilly wird entlassen, weil sie nicht führbar und unangemessen gekleidet ist, weil sie keine Initiative zeigt und nicht im Team arbeiten kann, weil sie immer nur nimmt und nicht gibt.

Tigerlilly sagt: „Warum haben Sie davon vorher nichts gesagt? Ich wäre bereit gewesen, an diesen Dingen zu arbeiten!", nimmt ihre Kündigung und geht aufrecht hinaus, sich innerlich die Hände reibend und all ihren Freunden in Gedanken sagend: „Ich hab's doch gewusst!", und weil Caroline sich doch einmal ein klitzekleines bisschen geirrt hat.

Sie beschwert sich schriftlich bei der Geschäftsführung mit den Worten: „In meinem Fall ist das Mass des Zumutbaren deutlich überschritten!", woraufhin die Chefin entlassen wird.

Danach ist Tigerlilly arbeitslos. Sie bewirbt sich wie blöd. Das darf doch nicht sein, einfach so ohne Arbeit und ohne Mann. Was soll denn jetzt aus ihr werden? Nichts klappt. Da liegt sie nun in der Hängematte und spürt die warmen Sonnenstrahlen auf ihrer Haut. Frustriert gibt sie „Spass" bei der Suche nach Jobs im Internet ein, und es erscheint ganz oben ein Inserat vom Cirque du Soleil, der Platzanweiserinnen sucht. Sie schreibt: „Ich würde gern den Zirkus, den ich bisher erlebt habe, mit echtem Zirkus austauschen." Ein paar Tage später klingelt das Telefon. Sie ist angestellt. Jeden Abend taucht sie ein in die Welt aus Illusion und Zauber, wo Männer mit verkrüppelten Beinen einen Tanz auf Krücken hinlegen, der seinesgleichen sucht. Da berühren Zwergenmenschen, die überall sonst in der Welt benachteiligt sind, behindert, anders eben, die Herzen von Menschen, wenn sie in einem von Kunstschnee berieselten Rad halsbrecherische Kunststücke vollbringen. Da steht eine viel zu dicke Frau als Clown auf der Bühne und bringt ein ganzes Zelt voller Menschen zum Lachen. Tigerlilly hört die Nachricht leise durch das Zelt klingen. Du bist einzig auf dieser Welt. Du hast ein Talent. Es gibt einen Ort, an dem Du ganz richtig bist, perfekt. Folge dem Weg, den Du mit Deinen eigenen Händen gestaltest, er ist hart, er ist steinig, dunkel und ungewiss, aber am Ende ist er Dein Werk, Deine Bestimmung. Du kannst nicht scheitern. Sie taucht ein in die Liebesgeschichte, wo Mann und Frau am Ende im gleichen Schritt über die Bühne tanzen, und sie geht jeden Abend allein nach Hause, auf ihren beiden Beinen, die zwar bis zum Boden reichen, aber sie doch nur in die Leere bringen, die sie so schwer aushalten kann.
Das Mitsichalleinsein erschöpft sie, sie findet sich selbst manchmal echt anstrengend. In solchen Momenten möchte sie niemandem

beweisen müssen, wie toll sie ist (sie findet zwar, sie ist toll, aber eben nur genauso toll wie alle anderen auch). In diesen Momenten möchte sie auch kein Interesse zeigen müssen für die Männerhobbys, von denen sie viel zu oft gar nichts versteht, oder für die Kinder anderer Menschen. In diesem Momenten möchte sie gar nichts von alldem wissen. In diesen Momenten möchte sie einfach nur bei jemand anderem im Arm einschlafen.

Der Mann dürfte sogar, wenn sie eingeschlafen ist, leise aufstehen und gehen, um die Steuererklärung oder was auch immer zu machen, um sich nicht allzu zu Hause bei ihr zu fühlen. Internet-Plattformen sind ja bekannt dafür, dass männliche Partner für solche Aktionen dort leicht zu haben sind.

In solchen Momenten ist sie eine ganz normale Enddreissigerin, auf die wahrscheinlich jedes Klischee zutrifft, das man den hübschen, nichtrauchenden, berufstätigen, kinderlosen, sprachbegabten, in Aktivität erstickenden, erfolgreichen, selbständigen, in tollen Wohnungen wohnenden, nie jemand anderen brauchenden, weil alles selbst könnenden, leicht übergewichtigen, weil zu wenig Sport treibenden und zu wenig Sex habenden, sich andauernd selbst hinterfragenden, immer in den Falschen verliebt seienden und deswegen in Psychoratgebern lesenden Frauen nachsagt. In diesen Momenten macht sie die Welt nicht besser. Sorry. Morgen wieder.
Sie sucht in solchen Momenten einfach nicht mehr im Parship. Wenn man nämlich alle Werbungen und auch die Gratis-Mitgliedschaft ignoriert, weil man anderes zu tun hat, bekommt man trotzdem weitere E-Mails zugeschickt, drei in einer Woche. Diese E-Mails wollen einem Geld schenken, wenn man bereit ist, welches auszugeben, und begrüssen einen unter anderem mit ermutigenden Betreffzeilen wie „Gefällt es Ihnen auf dem Abstellgleis?“. Mit Liebe hat das nichts zu tun, findet Tigerlilly.
Manchmal, sehr selten, trifft sie einen Mann, dann ist es seine Geschichte, die Tigerlilly interessiert, und das, was der Mann daraus gemacht hat. Umgekehrt sind sich alle Männer einig. Tigerlilly kann gut schreiben. Sie sagen, Tigerlilly soll mal ein Buch schreiben. Wenn sie erzählt, dass das Buch schon fertig ist, lachen die Männer. Sie fragt dann: „Möchtest Du erwähnt werden? Die letzte Seite ist noch frei.“

Caroline schimpft: „Die letzte Seite gehört nur Ihnen. Der letzte Schritt ist Ihrer ganz allein, so wie der erste auch. Wir lernen immer wieder laufen, machen immer wieder erste Schritte auf der Reise unseres Lebens! Und wir sind die ganze Zeit allein. Wenn wir geboren werden und wenn wir sterben. Am Anfang und am Ende."

Als Tigerlilly auf ihr Handy schaut, blinkt dort eine SMS.
Hallo, Tigerlilly, ich bin sicher, Du erinnerst Dich nicht mehr an unser Gespräch im Zug. Ich aber denke noch immer an Deine Märchen und Geschichten. Wie geht es Dir?

Tigerlilly wartet einen Tag, dann schreibt sie zurück: *Wie könnte ich als Erzählerin einen griechischen Arzt vergessen, der den Menschen beim (Zu-)Hören hilft. Es geht mir gut. Und Dir?*

Auf den Tag genau sind sieben Monate vergangen, als sie den Arzt aus dem Zug auf ein Glas Wein trifft. Er will unbedingt ein Märchen von ihr hören. Tigerlilly sagt: „Das geht nicht in einem Café, es ist zu laut!" Er will aber unbedingt, und er ist sehr raffiniert. Schliesslich fragt er: „Würdest Du mit zu mir kommen?" Tigerlilly nickt. Als sie auf seinem Sofa sitzt, fängt sie an zu erzählen. Er weint. Und als das Märchen zu Ende ist, fragt er: „Würdest Du mich küssen?" Sie küsst ihn. Er führt sie in sein Schlafzimmer, das mit dem Gummi ist für ihn nicht im Geringsten ein Problem (Tigerlilly seufzt innerlich vor Erleichterung auf), und bevor es richtig zur Sache geht, fragt er: „So, Prinzessin, bist Du bereit, einen echten König zu empfangen?" Sie kann nur noch sprachlos nicken. Kurz vor dem Einschlafen flüstert er ihr ganz leise ins Ohr, dass ihm der Mann, der neben Tigerlilly im Zug sass, der, den Tigerlilly so gar nicht mochte, in den letzten sieben Monaten mehrere Male begegnet ist und sich jedes Mal bei ihm nach Tigerlilly erkundigt hat. „Es war einfach unmöglich für mich, Dich zu vergessen!", seufzt er. Dann küsst er ihre linke Schulter, ungefähr tausendundeinmal in dieser Nacht, und jedes Mal sagt er leise: „Entschuldige, ich lasse Dich gleich schlafen!" Und dann küsst er ihre Schulter noch einmal. Als er am nächsten Morgen aufsteht, hebt er sanft ihren Kopf an und schiebt sein Kissen darunter. Dann küsst er ein letztes Mal ihre Schulter und geht.
Zwei Tage später erzählt er Tigerlilly schmunzelnd, dass er den anderen Mann ausgerechnet heute ein weiteres Mal im Zug

getroffen hat. Tigerlilly fragt lachend: „Und, was hat das Deiner Meinung nach zu bedeuten?" Er sagt: „Alle Wege führen mich zu Dir!", und küsst formvollendet ihre Hand, bevor er sie umdreht und in sein Schlafzimmer schiebt. Als sie ein paar Tage später etwas zusammen trinken gehen, sagt er: „Ich werde Dir etwas über Männer verraten. Der entscheidende Moment ist der, nachdem ein Mann in Dir gekommen ist. Er ist dann total offen und ungeschützt. Dieser eine Moment ist entscheidend dafür, wie er sich mit Dir fühlt. Wenn er sich in Deinen Arm fallen lässt und sich umarmen lässt, dann fühlt er sich sicher und geborgen bei Dir. Dieses Gefühl ist für einen Mann unbezahlbar, und es kommt nicht oft vor. Du kannst als Frau nichts tun, um das Gefühl zu erzeugen, entweder es ist da oder eben nicht." Tigerlilly überlegt kurz. Der Arzt lag noch Stunden nach dem Sex in ihrem Arm, genauso wie er in ihr gekommen ist, hat sich von Tigerlilly die Haare kraulen lassen und dabei vor Wohlbehagen geseufzt. Tigerlilly sagt: „Ich werde Dir etwas über Beziehungen verraten!" Sie nimmt ihren Zeigefinger kurz in den Mund, bis er feucht genug ist, tupft ihn in die Reste des Puderzuckers, die sich auf dem Tisch, an dem sie sitzen, angesammelt haben, und malt ihm ein Bild auf den Tisch. Sie malt zwei ganze Kreise, die eine Schnittmenge haben. Sie sagt: „Ich bin felsenfest davon überzeugt, dass es nur so funktioniert. Die beiden Kreise stehen für zwei ganze Menschen, beide sind verantwortlich für sich selbst, dafür, dass es ihnen selbst gut geht, sie genug Geld haben, sich mit ihren Freunden gut verstehen, ihren Körper achten und so weiter. Der Bereich, den sie teilen, wird aus diesem „Ich habe dafür gesorgt, dass es mir selbst gut geht" gespeist. Die Schnittmenge kann nur so gut sein wie der Rest. Aber dieser Teil des Ganzen, ihre Beziehung, ist nicht nur ein Teil. Er ist magisch, weil das, was darin ist, immer mehr wird, ihre Beziehung zueinander immer tiefer wird, je besser die beiden Einzelteile unabhängig voneinander für sich selbst sorgen, je ehrlicher und liebevoller sie zu sich selbst sind, je besser sie sich selbst kennen und mögen. Dann ist eins und eins mehr als zwei, verstehst Du? Es bedingt, dass die beiden sich jeden Tag neu aus ihrem freien Willen heraus dafür entscheiden, ihr eigenes Leben miteinander zu teilen!" Der Arzt hört ihr aufmerksam zu, nimmt ihren Finger, an dem noch ein bisschen Puderzucker ist, und leckt die Reste von allen Seiten langsam und genussvoll ab. Dann fragt er: „Conclusion?" Tigerlilly lacht und antwortet: „Liebe ist nicht logisch, Herr

Doktor!" Ein paar Tage lang meldet er sich nicht bei ihr. Einfach so. Tigerlilly macht sich rar. Als trotzdem nichts mehr von ihm kommt und zehn ganze Tage vergangen sind, schreibt sie ihm: *Was ist los?* Er antwortet: *Jetzt, wo wir uns so lange nicht beieinander gemeldet haben, ist doch klar, dass nichts zwischen uns ist. Es wäre völlig übertrieben, sich noch einmal zu treffen! Du siehst das doch sicherlich auch so!*
Tigerlilly sieht es ganz anders.
Es hat nicht mit einer SMS angefangen, und es wird nicht mit einer SMS aufhören. Wenn Du mir ‚Adieu' sagen willst, dann machst Du das bitte persönlich.
Er trifft sie. Und dann passiert das, was Tigerlilly immer passiert. Der Arzt sagt: „Ich kann nicht bleiben. Ich muss weit weggehen und bin lange fort!" Er kann Tigerlilly nicht mitnehmen, auch nicht in seinem Herzen. In Tigerlillys Herz rast eine Tigerin wie der Panter in Rilkes Gedicht hin und her, und hinter tausend Stäben keine Welt. Tigerlilly hält es allein in ihrem Bett nicht mehr aus. Sie schläft nicht mehr. Ruhelos streift sie durch die Räume ihres goldenen Käfigs, als sie eines Nachts bis auf ihre Terrasse gelangt ist. Sie schaut hoch in die Sterne. Da erinnert sie sich plötzlich an diesen Raum in ihr, der sich auftut, wenn sie meditiert. Gross, leer, still und unendlich mächtig liegt er da in ihr. Er macht ihr Angst. Sie überlegt einen Moment, steht auf der Schwelle zu dem Raum, sieht zurück nach hinten und dreht sich schliesslich entschlossen auf dem Absatz um. Sie holt sich ihre Matratze raus auf die Terrasse, setzt sich eine Mütze auf, bereitet sich für den nächsten Morgen Amrumer Sonntagstee in der Thermoskanne zu, legt ein Schaffell auf die Matratze, lässt „Die Odyssee" in ungekürzter Fassung gelesen als Hörspiel laufen und schläft unter der Weite des Sternenhimmels seit vielen Wochen das erste Mal wieder ein. „Das Leben ist bei Licht betrachtet völlig paradox. Es ist gut, wenn unsere Wünsche nicht in Erfüllung gehen. Und es ist gut, wenn unsere grösste Angst wahr wird! Ich würde das alles gar nicht wissen, wenn ich in der Ecke meines Zimmers geblieben wäre!" Es scheint, als ob die Antwort auf eine Frage immer zwei weitere Fragen mit sich bringt. Wie wenn man zu Caroline geht. Man geht immer mit mehr zu lösenden Aufgaben wieder nach Hause, als man überhaupt dachte zu haben.
Tigerlillys grösste Angst ist, ihre Zeit mit Jammern zu verplempern und am Ende nicht erkannt zu haben, wie kostbar der Augenblick ihres Lebens war. Kurz entschlossen belegt sie ein Tantra-Seminar.

Als sie die Einladung per Post zugeschickt bekommt, hört es sich so an, als ob sie weit wegrennen müsste, zurück in ihre Ecke, um sicher zu sein vor dem, was sie dort erwartet. Sie geht hin. Tantra heisst Lieben, Lachen und das Leben feiern. Tigerlilly atmet viel frische Luft gegen all den alten Mist, der sie daran hindert, zu sich selbst zu stehen. Tantra sagt: „Die Liebe ist frei im Geben wie im Nehmen." Das Ziel ist, sich selbst und seine eigene, natürliche Sexualität wieder zu entdecken, wie Frauen und Männer sie vor all den Beschränkungen frei von jeder Moral leben konnten. Die Seele hat den Weg bereits vorbereitet, den der Körper beschreitet. Diesen Weg zu gehen und dabei seine eigenen Grenzen immer wieder neu zu überschreiten, ist das Ziel des Seminars. Tigerlillys Seele ruft laut nach Freiheit hinter den aus all ihren Ängsten selbst gezimmerten Käfigstäben. Tigerlilly findet viele Antworten, am Anfang sind alle unbequem. Es ist wie im Zirkus. Macht man das Licht an, erkennt man die Illusion. Hinter den Masken stecken einfach nur Menschen, die sind Licht und Schatten. Alle anderen Menschen dort sind wie sie selbst auf der Suche nach ihrer eigenen Kraft, Lust und Liebe. Menschen, die so viele Fragen wie sie selbst haben und die Antworten wie Schatzsucher vor allem bei sich selbst suchen. Sie erlebt andere Männer, die sich öffnen und sich von all ihren Seiten zeigen. Als sie mitbekommt, dass Männer generell dann schöne Meditationserlebnisse haben, wenn vor ihrem inneren Auge die Sonne scheint, muss Tigerlilly lachen. Man begrüsst sich mit einer Namaste und sagt: „Ich ehre den Platz in dir, in dem das gesamte Universum wohnt. Ich ehre den Platz des Lichts, der Liebe, der Wahrheit, des Friedens und der Weisheit in dir. Ich ehre den Platz in dir, jenseits von gutem Tun und bösem Tun, wo, wenn du dort bist und auch ich dort bin, wir beide nur noch eins sind." Und nirgendwo findet sie einen Button mit der Aufschrift „Für immer verabschieden".

Tantra ist ein Weg, dessen Einladung man folgt, um wahrhaftig lieben zu lernen. Nur wenn man sich selbst liebt und sein Bedürfnis nach Liebe nicht den anderen in die Hände drückt, steht einem dieser Weg offen, Schritt für Schritt hin zu wahrer Liebesfähigkeit, natürlich nur, wenn man in den Spiegel zu schauen gelernt hat.

Es gibt eine Zauberformel zum Öffnen der Türen zu sich selbst, die ich Dir hier jetzt aber nicht verrate. Tigerlilly hat viele leise Begegnungen an diesem Wochenende und eine sehr laute. Die mit sich selbst, als sie nach vielen tiefen Seufzern und Atemzügen in diesem magischen leeren Raum ohne Wände, in der Stille, die so viel lauter ist, als sie es erwartet hat, plötzlich die Stimme ihres Herzens deutlich hören kann. „Der Maler der schönen Worte hat Recht gehabt. Alles, was man braucht, ist in einem selbst", denkt Tigerlilly und meldet sich zum nächsten Seminar an.

Dort schläft sie mit einem Mann, der ihr gefällt, weil er gut tanzen kann. Sie trifft ihn nach dem Seminar oft zum Mittagessen, er macht ihr Komplimente, flirtet mit ihr, zahlt ihr Essen, ruft sie an und schwärmt von ihr, sagt ihr, wie sexy er sie findet. Sie ist nicht verliebt in ihn, aber die Männer stehen ja nicht gerade Schlange an der Tür zu ihrem Herzen, und ihre beste Freundin hat eine Affäre mit ihrem Nachbarn, mit dem fährt sie in den Schnee. Das macht Tigerlilly neidisch. Sie beschliesst, mit dem Tantra-Mann ein Wochenende nach Venedig zu fahren. So!!! Auf der Fahrt nach Venedig im Auto sagt er ihr, ganz nebenbei, dass er verheiratet ist. „Aber es ist schon ganz lange vorbei, wirklich, wir wohnen einfach nur zusammen, wie eine WG. Sie kann gut kochen! Schliesslich haben wir lange zusammengelebt. Sie tut mir so leid." Tigerlilly schluckt und sagt zögernd: „Ich habe also eine Affäre mit einem verheirateten Mann?" Er nickt. Tigerlilly setzt die rosarote Brille auf und denkt: „Ist ja nicht so wild, das machen andere Frauen ja auch!", aber als sie in Venedig in ihr Hotelzimmer gehen und Tigerlilly sich gerade versuchsweise an den Mann anlehnen will, bekommt sie eine SMS. Da steht: „Hallo, Tigerlilly, bitte sagen Sie meinem Mann, dass er mich dringend anrufen soll!" Tigerlilly liest es drei Mal. Es klingt so komisch, wie nach Mutti. Dann sagt sie: „Du, ich glaube, ich habe gerade eine SMS von Deiner Frau bekommen!" Er sagt: „Was? Kann ja gar nicht sein, die weiss doch gar nichts von Dir!" Tigerlilly liest ihm die Nachricht vor. Er kratzt sich am Kopf: „Komisch!", sagt er. „Macht sie sonst nie, wenn ich bei einer meiner anderen Frauen bin!" Tigerlilly wird blass: „Du gehst jetzt sofort raus und regelst das!", bringt sie eiskalt hervor. Als er wieder reinkommt, sagt er: „Das Heizöl war alle!"
„Woher hat die denn meine Nummer?"
„Na, sie hat Deine E-Mails gelesen!"
Tigerlilly entgleist alles. Sie fährt ihre Schotten hoch, eine riesengrosse Mauer aus Angst ist in Sekundenschnelle um sie herum gebaut, und auf jedem Stein steht: „Alle Männer sind Schweine!" Das Wochenende ist plötzlich ganz anders, als Tigerlilly es insze-

niert hat. Tigerlilly wollte Romantik, sonst nichts. Der Mann wollte Sex, sonst nichts. Am Ende standen beide einfach einem anderen Menschen und seiner ungekannten Geschichte gegenüber, und nichts verbindet sie miteinander. Keiner von den beiden hatte Lust, die Arbeit in Angriff zu nehmen, die nötig gewesen wäre, um echte Nähe entstehen zu lassen, sie verstehen sich gar nicht gut. Sie verabschieden sich nach dem Wochenende voneinander, und jeder geht seinen eigenen Weg. Auf dem nächsten Seminar verliebt sich Tigerlilly in einen Mann, der auch nicht weiss, was Liebe ist, aber er rennt nicht weg. Er bleibt neben Tigerlilly liegen.

Es war nämlich so. Es war einmal eine schöne und zarte Königin, die war in einer schattenvollen, kalten Höhle gefangen, und die Höhle wurde von einem bösen Monster bewacht. Das war immer schon so. Das Monster sah genauso aus wie die Königin, man konnte die beiden lediglich an diesem fiesen, verkniffenen Zug um die Mundwinkel herum unterscheiden, die echte Königin lächelte für gewöhnlich liebevoll und sehr freundlich, tanzte und spielte gerne, war frech und neugierig und hätte stundenlang absichtslos im Wald umherstreifen können, gedankenverloren und mit sich zufrieden. Natürlich gab es einen König, der, an der Königin interessiert, von Zeit zu Zeit um die Höhle herumschlich, aber genaugenommen hatte er keine Chance, an sie heranzukommen. Jedes Mal, wenn er sich auch nur auf einen Meter an den Eingang der Höhle heranwagte, sanft und sehr achtsam, kaum spürbar für die Königin, die darin sass und an ihrem Lebensfaden spann, leicht wie ein Atemhauch, fiel ihn das königinnengleiche Monster an und schrie: „Du liebst sie nicht. Man kann sie nicht lieben, so schlecht, wie sie ist. Sie ist zu dick. Sie ist schlecht. Sieh sie Dir doch an. Das will doch keiner. Es wird Dir eh keinen Spass mit ihr machen. Die hier war nur übrig, weil keiner sie wollte. Geh und such Dir eine, die zu Dir passt, es gibt so viele Bessere als sie. Die hier, die ewig Hässliche, die ewig Ungeliebte, die kannst Du vergessen. Und überhaupt, es ist doch immer das Gleiche mit euch Königen, pah, ihr kommt, übt mit ihr, und dann zieht ihr weiter, in euer Leben, nehmt euch eine von den wirklich hübschen Frauen. Und was wird dann aus der Königin hier? Die liegt dann da im Wald, verletzt und benutzt und wieder einmal übrig gelassen? Nein, hier kommst Du nicht ran. Geh und zieh Leine!“ All das sagte das Monster, aber in ganz schönen Worten. Der König hörte nämlich federleichte Worte wie: „Ahhh, da ist der schöne König, komm, komm her zu mir, benutz mich, ich mach es Dir recht, ich tue alles, damit Du bei mir bleibst, komm, komm, ich liebe Dich. Jetzt lieb Du mich auch dafür, aber bitte so richtig, mit Anfassen und so, dann muss ich es selbst nicht tun (Anm. d. Red.: Sich selbst zu lieben, noch dazu, wenn man so ein schreckliches Monster ist, ist nämlich sehr anstrengend)!" Und das Monster lockte ihn, den coolen König, schön angemalt, in glitzernde Kleider gehüllt, mit perfektem Königinnengehabe immer näher zu sich heran. Wenn da nur nicht dieser Gestank nach Klebstoff gewesen wäre. Viele Könige vor ihm waren schon davongelaufen angesichts des Gestanks. Dieser König hier blieb aber neugierig und in sicherer Distanz an der Seite der Höhle stehen, seinen liebevollen Blick von Zeit zu Zeit auf die echte Königin gelegt, die im Dunkel der Höhle manchmal im kurzen Moment eines Sonnenstrahls, der es in die Dunkelheit der Höhle geschafft hatte, erschien und tanzte. Dann winkte er ihr zu, oder er legte ihr ein Geschenk vor die Tür, oder er pustete ihr einen Kuss zu. Manchmal tastete er mutig in der Nacht nach ihrer Hand und hielt sie fest, bis sie beide schliefen. Und manchmal sogar, in Sternstunden, wenn der Mond sanft über den Wald schien oder die Morgensonne, je nachdem, schlief das Monster so fest, dass die Königin sich für einen kurzen Moment aus der Höhle herausschlich und leise mit dem König einen finnischen Volkstanz oder so tanzte. Dann versuchten die beiden sich zu lieben, aber lieb Du mal jemanden mit einem lauernden Monster im Nacken. Nicht so einfach. Und dann war der König auch die meiste Zeit schwer mit sich selbst beschäftigt, so Monster machen nämlich auch echten Königen Angst. Es gibt viele Monster im Leben eines Königs zu bezwingen, kein Wunder, wenn da selbst der stärkste König irgendwann schlappmacht. Es geschah eine Zeit lang nichts. Dann kam ein heftiges Gewitter über den Wald, es stürmte und regnete, es blitzte und donnerte, die Königin fürchtete sich sehr, verkroch sich ganz hinten in der Höhle, und das Monster war schon längst aufmarschiert, um gute Miene zu machen, das perfekte Image aufrechtzuerhalten. Zweige peitschten einem vom Wind getrieben ins Gesicht, Bäume fielen um, und es wurde stockfinster. In all dem Getöse blieb der König neben der Höhle stehen, erhaben wie ein stolzer Hirsch, sein Geweih in die Höhe gehalten, die Wahrhaftigkeit seiner Kraft aus seinem Innersten in den Wald gerufen, lauter als der Sturm, unüberhörbar und wunderschön.

Ein strahlendes Licht ging von ihm aus und erreichte die schöne und zarte Königin in der Höhle, ihr Herz begann golden und stark in ihrer Brust zu schlagen, sie stand auf und machte sich auf den Weg zum Ausgang der Höhle. In diesem Moment, als das Monster das sah und hörte, gerieten die Dinge ausser Kontrolle, es konnte nicht mehr anders, es liess seine Tarnung fallen, wurde riesengross, schwabbelte in seiner Fettigkeit los und biss in blinder Wut, Eifersucht und in all seiner monströsen Kleinheit und Lieblosigkeit um sich. Alle Vögel, alle Tiere im Wald, alle, alle, einfach alle, sogar die Königin in der dunklen Höhle, konnten es in seiner Grauenhaftigkeit sehen, und alle rannten vor lauter Angst davon. Es stank nach Schlechtigkeit, nach Gewalt und Grausamkeit, roh, fleischig und blutig, es wollte alles umbringen, was in seiner Nähe stand, es stürmte zornig brüllend vom Eingang der Höhle los auf den König und auf alles, was nah war. Es rief: „Du bist schuld, dass es mir nicht gut geht! Das ist alles Deine Schuld!" Mit seinem grossen, gierigen Maul, in dem stumpfe Hauer wie die eines Wildschweines anstatt Zähnen klafften, schnappte es um sich, wollte es alles fressen, sich einverleiben, es wollte haben, es wollte alles ganz festhalten, alles unter seinem massigen Gewicht runterdrücken, vor allem diese unglaubliche Schönheit, dieses Licht, das ihm im Kern wehtat. Es wollte alles in die Höhle schleppen, in der es kein Licht gab, keine Freude, keine Musik, keine Wärme, keine Liebe. Nur in dieser Höhle war es sicher. Es schrie und schrie: „Das darf nicht sein. Du darfst nicht so schön sein. Du darfst nicht glücklich sein. Du darfst es nicht schaffen. Denn dann ...? Denn was ist dann mit mir? Dann muss ich in diesen Spiegel schauen, in den ich nicht schauen will. Geh! Es ist einfacher, wenn Du gehst. Denn mein eigener Anblick im Spiegel, diese Monsterfratze, ist so schlimm. So viel Schuld liegt in diesem Anblick. Niemals werde ich da hinsehen. Niemals. Alles Schlechte der Welt liegt darin. Ich bin nicht stark genug dafür. Und wenn Du glücklich bist, aus Dir selbst heraus, wer braucht mich dann noch? Ich werde nie so schön sein wie Du. Was wird mit mir, wer bin ich dann, wenn Du so stark, so schön und so kraftvoll bist? Ich kann das niemals sein. Ich bin schlecht. Mama und Papa haben es gesagt. Und die haben immer Recht. Ich werde Dir nicht genügen. Du wirst mich verlassen, so sicher wie das Amen in der Kirche. Ich werde wieder allein sein. Klare Sache. Das darf nicht passieren!" Plötzlich sah das Monster, dass alle es sehen konnten. Es wurde rot. Wie peinlich war das denn? Erst plapperte es ein bisschen herum, um sein Image wieder herzustellen, darum bemüht, wieder so auszusehen wie die Königin, aber es gelang ihm nicht mehr. Da fielen unglaubliche Schmerzen über das Monster herein, und es liess sich faul auf den Rücken fallen, jammerte, wand sich in seinem eigenen stinkenden Blut und Schweiss vor der Höhle. Neben ihm lag die abgerissene glitzernde Haut wie Fischschuppen, in jede einzelne das Wort „Ich liebe Dich" eingraviert, und da lagen all die Monsterworte wie Erbrochenes stinkend nach Unaufrichtigkeit auf hohen Misthaufen drumherum. In der Höhle, ganz hinten, wimmerte die Königin leise vor sich hin. Ihr war übel, sie war atemlos vor Angst, den Blick hatte sie angewidert vom Schlachtfeld, in dem das Monster lag, abgewandt, ihren schönen Kopf hatte sie tief in den eigenen Armen versteckt, und sie zitterte am ganzen zarten Körper.

Er bleibt auch neben anderen Frauen liegen. Polyamorie nennt er es. Tigerlilly schaut sich Polyamorie von allen Seiten an und findet nichts von dem darin wieder, was in ihrem Märchen steht. Vor allem findet sie sich selbst darin nicht wieder. Tigerlilly findet Liebe zu einem Menschen schon schwierig genug, wenn man es wirklich anders machen will. Allein die Vorstellung, mehrere Menschen gleichzeitig zu lieben, überfordert Tigerlilly. Gemeinsam stehen sie an der Tantra-Front um ein Feuer herum. Tigerlilly steht allein auf ihren eigenen Beinen. Da steht auch die andere. Eine fünffache Mutter, zwanzig Jahre älter als er, mit Buckel und Schwabbelbauch. Hand in Hand mit dem Mann, der sie in den letzten drei Monaten überall als seine Freundin vorgestellt hat. Obwohl Tigerlilly es ganz doll versucht, kann sie nicht wegsehen. Sie sind überall. Sie ruft Caroline an. „Ich sterbe."
Caroline klatscht begeistert in die Hände und sagt: „Das ist ja wundervoll. Das Leben macht Ihnen ein Geschenk. Sie sterben nicht. Ganz sicher nicht."
„Aber es fühlt sich so an!"
„Ja", sagt Caroline liebevoll, „ich weiss. Schauen Sie hin, Tigerlilly. Das Leben ist paradox. Heilung liegt genau da, wo Sie nicht hinsehen wollen. Sehen Sie hin."

Also nimmt Tigerlilly all ihren Mut zusammen und sieht in den Spiegel hinein. „Spieglein, Spieglein an der Wand …?" Kein Licht scheint daraus hervor, alles ist mit schwarzem Floor verhangen, keine Stimme spricht mit ihr. Es ist einfach still. Tigerlilly fürchtet sich, aber sie kann nicht weg, wie ein Sog hält es sie fest. Da verschwindet plötzlich der Boden unter ihren Füssen, und Tigerlilly merkt, wie sie zu fallen beginnt. Hinein in das Dunkel, in die Nacht, sich nicht daran erinnernd, dass es ein Morgen gibt. Sie kann nicht mehr. Jetzt ist ihr das Schlimmste passiert. Sie fällt ohne Kontrolle, ohne Halt, alles geschieht einfach ohne ihr Dazutun. Sie denkt nichts, sie will nichts, sie fällt und fällt und fällt, wach in einem unendlichen Raum.

Am nächsten Morgen wacht sie auf, nach all ihren „Ich kann nicht mehrs", steht auf ihren eigenen Beinen, all-ein, mit dem, was ist, überlebt, brennend, sich selbst fremd. Sind das ihre Beine, auf denen sie steht? Ist da wirklich Boden unter ihr, der trägt? Wo kommt das Licht her? Sie geht ein paar Schritte und spürt erstaunt Lebendigkeit und Leichtigkeit in sich, und bevor das Monster erwacht, springt sie mit einem Satz über viele ihrer Schatten hinweg. Das Dunkle verschwindet im Licht. Wusstest Du das? Sie ist ein bisschen freier trotz des wunden, aufgeschürften Gefühls in ihrer Herzgegend, das nur ganz wenig Berührung zulässt. Sie entdeckt die Ruhe in sich, die sich einstellt, nachdem sie sich dem Dunklen in sich selbst gestellt hat, wenn sie nichts unterdrückt, vor nichts ausweicht, sich auch in diesen Momenten liebevoll über die Wange streichelt und zulächelt. Sie ist gar nicht immer nur sehr laut und energiegeladen und so. Sie ist als Frau wahrhaftig schön und zart, sinnlich, kraftvoll, stark und fähig zu grosser Verbundenheit mit allem um sich herum, gespeist aus den sprudelnden Quellen in sich selbst. Sie wartet auf den nächsten Windstoss, sich ihrer selbst sehr bewusst. Und plötzlich erkennt sie, dass sie selbst die Feder ist, nach der sie all die Jahre ihre Menschenhand fordernd in die Welt hinausgestreckt hat. Doch der Wind weht unablässig weiter und trägt es durch die Luft an ihre Ohren und an ihr Herz.

Aus ihrem acht Jahre jüngeren Bruder ist ein verwirrter, süchtiger, unklarer, lügender, schwacher, kraftloser, mutterabhängiger Immeropfer-Mann, Vater von zwei kleinen Jungen geworden. Tigerlilly hat ja keinen Kontakt mehr zu ihm. Sie weiss, er lebt von der Mutter seiner Kinder getrennt, arbeitet nicht, läuft immer wieder voller Schuldzuweisungen und Rechthabenwollen mit einer Anspruchshaltung, dass alle Welt ihm etwas schulde, davon. Seine Exfreundin heisst Tina. Eine bildhübsche, gesunde Frau, um die Tigerlilly sich in der Vergangenheit sehr bemüht hat, die sie nach der Trennung erfolglos ermutigt hat, sich eine Caroline zu suchen, weil sie ja weiss, wie gemein Mutti sein kann, wenn man mit ihr an einem Tisch sitzt und sie einen nicht beachtet, weil es ja unbedingt Tigerlillys Bruder sein musste, den sie als Vater ihrer Kinder gewählt hat, aber Tina wählt anders. Sie bringt sich um. Ihre beiden kleinen Söhne finden sie am nächsten Morgen. Nach einer halben Stunde im Dunkel nehmen sie sich an die Hand und finden den Weg ein Stockwerk höher zu einer Nachbarin. Hinein ins Licht. Sie sind zwei Jahre alt. Überall hängen plötzlich die losen Enden der Fäden des zauberhaften Netzes in der Leere, die sich an diesem einen Leben zusammengefunden hatten. Wenn wir von diesen zarten Fäden wüssten, von dem Netz um uns herum, das uns alle hält, wenn wir wüssten, wie wichtig jeder Einzelne und jede Einzelne von uns ist, wie sehr es auf jeden und jede von uns ankommt, um das Netz zusammenzuhalten, dann würden wir viel achtsamer mit uns selbst sein. Tigerlilly weint fassungslos. Das Jugendamt will die Kinder zu Tigerlillys Bruder geben. Mutti ist ja da, um zu helfen, sagen sie. Einmal mehr steht Tigerlilly vor dem Spiegel, vor der eigenen Geschichte in all ihrer Ohnmacht. Tigerlilly würde ihrem Bruder nicht mal eine Pflanze zur Pflege anvertrauen und Mutti schon gleich gar nicht, geschweige denn zwei kleine Kinder, wissend um das Leid, das unfähige Erwachsene bis jetzt schon auf ihre kleinen Seelen geschrieben haben. Die brauchen doch jetzt Menschen, stark wie zehn Carolines, an ihrer Seite. Entschlossen nimmt sie mit ihren beiden Händen so viele lose Fäden auf, wie sie kann, und hält sie schützend um die beiden kleinen Menschen herum. Mit all ihrer Urliebeskraft erhebt Tigerlilly ihre Stimme überzeugt, laut, klar und voller Vertrauen in sich selbst gegen die von ihrem Bruder und Mutti gelebte Verantwortungslosigkeit und ihre selbstgemachten Opfer-Täter-Retter-Macht-Dramen. Diesmal kann sie sich hörbar machen, so hörbar, als würde sie ein Märchen erzählen. In Absprache mit dem Jugendamt schreibt sie dem Richter, der über das Sorgerecht ihres Bruders entscheiden muss. Mutti wartet vor dem Gerichtssaal, in dem Tigerlillys Bruder tobend „Verleumdung" schreit. Sie sitzt den beiden kleinen Jungen gegenüber, um die die anderen Grosseltern liebevoll ihre Arme gelegt haben. Ihre beiden kleinen Enkel halten Mutti einen reich verzierten, goldumrahmten Spiegel, gross wie ein Fussballtor, hin. Mutti schaut kreidebleich zur anderen Seite, schnippt mit ihren rotlackierten Fingernägeln unsichtbare Fusseln von ihrer Tigermusterhose, zieht nervös an ihrer Zigarette und jammert, von vielen Seufzern begleitet, kopfschüttelnd vor sich hin: „Bald habt ihr mich so weit, dass ich mir auch einen Strick nehme. Das kann doch alles nicht wahr sein. Womit habe ich das nur verdient, nach allem, was ich für meine Kinder getan habe? Nicht aufgeben, nur nicht aufgeben, ich werd's schon irgendwie schaffen!" Mehr sagt sie nicht.

Tigerlilly ist erschüttert über die deutliche Erkenntnis, dass auch sie selbst es im Ansatz ganz ähnlich macht wie Tina. Mit ihrem andauernden Festhaltenwollen an ihren kleinen rosa Märchenideen wählt auch sie sich immer Männer, die so unübersehbar gar keine Partner für sie sein können, so überdeutlich ganz anders sind, als Tigerlilly es braucht, aber sie will ja ganz unbedingt den Porsche oder das graue Männchen oder den Tiger. Immer und immer versucht sie mit ihrem starken Willen das Leben gegen seinen eigenen Lauf zu lenken. Wie kann es nach all der harten Arbeit mit sich, nach all den schon abgeschälten Zwiebelhäuten und damit einhergegangenen Tränen immer noch wirken, das fatale Frauenmuster? In den Spiegel blickend spürt sie Reue, ein Rütteln tief in sich. In Tigerlilly bricht ungekannte Entschlossenheit auf:
„Wir sind selbst verantwortlich für unser Glück. Das ist unsere Aufgabe. Wir sind wie Mutti, wir sind wie Papa. Wir haben keinen Einfluss auf das, was uns das Leben für Steine auf unseren Weg legt, aber wir sind auch noch viel mehr als das. Wir sind die Feder. Wir sind der Teil, der fehlt. Wir sind die Liebe in der Welt. Nur wir können unsere eigene Geschichte heilen, wenn wir anfangen zu verstehen, dass die grösste Kraft in uns selbst verborgen ist, dass unsere Geschichte nur dann wirklich beginnt, wenn wir uns entscheiden, vor allem mit uns selbst leben zu wollen, mit jedem der Steine auf unserem Weg und mit all den Blumen am Wegrand. Alles andere folgt. Unser Leben ist ein einzigartiges Geschenk, reich und kostbar, und nur wir selbst entscheiden darüber, ob es ein volles, ganzes Lichtschattenleben oder ein ausschliesslich schmerzvolles Leben ist. Es gibt keine Alternative zum Erwach-

senwerdenwollen." Tigerlilly spürt, dass sie eine Wahl hat, in allen Bereichen ihres Lebens, gar nicht in dem, was ihr geschieht, weil das Leben ja seinen eigenen Gang geht, der Wind weht, wie er will, die Steine einfach rollen, wohl aber darin, welche Haltung sie bezieht. Angst und Weigerung oder Mut und Tapferkeit. Den Fokus auf das Leid und das Grauen oder auf die eigene Kraft und das Licht gerichtet. Sie schaut beschämt über sich selbst in den Spiegel. Da ist sie. Wie Mutti. Gutschlimm. Da ist sie. Wie Papa. Schlimmgut, aber alles ist irgendwie eins. Ist alles gar nicht so schlimm. Tigerlilly hält sich selbst an der Hand. Ihr mutiger, kraftvoller Mann hält entschieden ihre unzufriedene, jammernde Frau an der Hand, ihre schöne und zarte Frau hält selbstbewusst ihren desinteressierten, abwesenden, immer arbeitenden Mann an der Hand. Tigerlilly schaut sich selbst ins Gesicht, ganz fest. Und sie entscheidet sich: „Jawohl, das ist meine Geschichte, jawohl, mit der werde ich leben, wie auch immer sie weitergeht, mit oder ohne!" Einen Augenblick lang dauert es. Nach diesem einen Augenblick muss sie den ihr bekanntesten Zustand, den der sie zwar schützenden, aber lähmenden Depression, zu keinem einzigen Zeitpunkt mehr beziehen. Sie hat sie auf dem Weg bis hierher irgendwo losgelassen und vermisst sie nicht. Sie ist frei von ihr. Halleluja.

In diesem Erkennen wird der Schmerz leichter zu tragen, die Freude über das Gelingende wird grösser, beides ist im selben Mass vorhanden, und in der Mitte ist es ruhig. Tigerlilly spürt sogar leichte Dankbarkeit Mutti gegenüber, dass sie wenigstens geblieben ist, sich nicht unwiederbringlich und brutal wie Tina davongemacht, ihr sogar vieles ermöglicht hat. Wie oft musste Mutti wohl über sich selbst hinauswachsen? Ohne Buchstaben im Kopf hat Mutti Tigerlilly auf die gute Schule gehen lassen, ohne Buchstaben im Kopf brachte Mutti ihr alles bei, was sie konnte und hat Tigerlilly sogar viel mehr lernen lassen, als sie selbst wusste, eben so viel, wie Mutti ertragen konnte. Tigerlilly weiss wenig über Muttis Geschichte, noch viel weniger weiss sie über die Geschichte dahinter. Und was weiss Tigerlilly schon von Muttis Schmerz, ausser dem bisschen, das jetzt bei ihr selbst im Herzen zu heilen beginnt. Tigerlilly erkennt den bisherigen Schmerz in ihrem Leben an, an dem sie letztendlich über sich hinauswachsen konnte wie ein Baum, der sich gelassen vom Herbststurm biegen lässt und vielleicht sogar ein bisschen das schwindelerregende Gefühl der Kontrolllosigkeit, das Spiel mit den Urkräften geniesst.

„Wo soll ich jetzt hin?“, denkt Tigerlilly, sich in ihrem Leben umschauend. Sie denkt an Oma K. Zurück zum Ursprung. Von dort kommen wir, und dorthin gehen wir alle zurück. Und dazwischen findet die spannende, märchenhafte Frauengeschichte statt, in die sie von Mutti hineingeboren wurde und die sie ab jetzt beginnt zu ihrer eigenen zu machen. Tigerlilly hat ihr Leben plötzlich in der Hand. Weil sie ein bisschen an ihrer Essenz schnuppern durfte, an diesem zauberhaften Geruch von Freiheit, Weite und unendlich stiller Leere, dem sie folgen wird, in ihre ureigene alltägliche Realität. All-ein.

Tigerlilly nimmt sich selbst an die Hand, geht heim und schreibt an sechs verschiedene Universitäten folgende E-Mail:

Guten Tag,
mein Name ist Tigerlilly. Ich bin jahrelang vor mir selbst weggelaufen und bin nun entschlossen, mir meinen Berufstraum zu erfüllen. Ich möchte gerne Theologie studieren. Das wollte ich schon immer machen. Bei meiner Recherche nach Umsetzung meines Plans bin auf Ihr Studienangebot aufmerksam geworden und erbitte die Unterlagen. Bitte lassen Sie mich vor allem wissen, bis wann ich mich anmelden muss. Zusätzlich möchte ich noch einmal zu Ihnen in die Beratung kommen, da ich als Quereinsteigerin Ihre Unterstützung brauche in der Planung von Arbeit und Studium. Wann passt es Ihnen? Auf Ihre Antwort freue ich mich sehr. Herzlich,Tigerlilly

Als sie die E-Mails verschickt hat, geht sie in ein Tierheim und holt zwei alte, rote Kater zu sich nach Hause. Dann beschliesst sie, in eine neue Wohnung zu ziehen, ganz allein. Sie lässt alle Liebesbriefe, Kurznachrichten, Gedanken und Träume, Matrosen, Journalisten, Rennfahrer, Porsches und Piloten dort zurück und verbrennt ihre Liebesbriefe. Und plötzlich hat sie sehr viel zu tun. Wenn sie jetzt noch jammert, raubt sie sich ihre eigene Energie, die sie für die anderen Dinge nötiger braucht. „So also machen das die anderen Frauen!“, denkt sie, als sie zufrieden auf ihr Leben schaut und das Gefühl hat, endlich angekommen zu sein. Nach all dem Wollen, den Versuchen der Vergeblichkeit, nach all den Monstern, nach all dem Scheitern. Bei der Frau, die sie schon immer war und mit der sie jetzt leben will, mit allem, was war, was ist und was sein wird.

Es ist nämlich, was ist.

Oft erkennen wir erst am Ende, dass es gut war, wie es war. Vorher jammern, weinen und klagen wir, dass sich die Dinge nicht nach unserem Willen entwickeln.
Es gibt immer eine Geschichte hinter der Geschichte hinter der Geschichte hinter der Geschichte. Geschichte. Bei jeder. Und jedem. Wir haben immer eine Wahl. Die Wahl, von welcher Seite wir unsere Geschichte ansehen, was wir daraus machen, wie wir darüber denken, mit wem wir auf dem Weg sind, ob und von wem wir uns helfen und berühren lassen. Es muss einfach einmal im Leben eines Menschen anders sein. Wenn nur ein einziger Mensch uns mit seinem Herzen ansieht und den Kern erkennt, das, was über Mutti und Papa hinausgeht, das, was bei uns allen golden ist, und jemand uns daran erinnert, dass wir einzigartig sind und es unsere Aufgabe ist, unserem Talent Leben einzuhauchen, dass wir eben sind, wer wir sind, mit unseren Begabungen und Möglichkeiten, und niemals jemand anderes sein werden und dass wir gut sind, wie wir sind, wenn wir Verantwortung für unser Leben übernehmen, die Beziehung mit uns selbst pflegen und mit dem in Kontakt sind, was grösser ist als wir selbst, dann brauchen wir uns nicht mehr für uns selbst zu schämen, dann spüren wir die Kraft, uns wieder ein Stück aufzurichten, uns um uns selbst zu sorgen. Wenn einmal jemand den Sand der Angst von unserem Feuer pustet, können wir uns an uns selbst wärmen, schauen mit ebendiesem liebevollen Blick in unseren Spiegel und können voll Überzeugung sagen: „Dies ist mein Werk." Dann können wir uns den Schuh unseres Lebens anziehen, und er passt, ohne zu drücken und neue Wunden zu hinterlassen, während wir darin durch unser Leben tanzen. Nicht nur, wenn die Sonne scheint, auch im Regen. Wild und frei.

„Danke, Caroline!", sagt Tigerlilly.
Caroline freut sich und fragt: „Wen sehen Sie jetzt im Spiegel?"
Tigerlilly schaut hinein und fragt: „Spieglein, Spieglein an der Wand, sag, wen hast Du tief in meinem Herzen erkannt?"

Ihr schaut einfach nur eine Frau entgegen. Sie ist vierzig. Weiblich. Lackierte Fingernägel, Handtasche mit glitzernden Blümchen, Hackenschuhe. Ein hübsches Kleid, das ihr schönes Dekolleté betont, Brust raus, Po rein. Sie lacht. Ganz normal eben.

Die Frau im Spiegel kommt langsam auf Tigerlilly zu. Sie ist ein bisschen schüchtern und unsicher, aber irgendwie schön. Strahlend, klar und so weit wie ein blauer Himmel. Tigerlilly lächelt. Als sie voreinander stehen, nehmen sie sich in den Arm und halten sich ganz fest. Eng umschlungen stehen sie stundenlang so da, wiegen sich, wissen alles voneinander, waren die ganze Zeit zusammen. Sie kennen sich gut, und sie waren doch so weit, einen ganzen Schritt, voneinander entfernt. Tigerlilly weint. Sie ist ergriffen vor Freude. So ist das also mit den Märchen, wenn nach all den Mühen und Kämpfen, dem Mangel, der Trauer und all den miesen Deals am Ende die hohe Zeit gefeiert wird und Mann, Frau, alles miteinander zur selben Zeit glücklich und zufrieden bis an das Ende des Lebens lebt. Tigerlilly hat die Liebe gefunden, glaubt sie. Sie ist nicht sicher, weil das, was sie hört, so leise ist. Sie kann es nur hören, wenn sie ganz still ist, ruhig. Tigerlilly ist fast enttäuscht, so unspektakulär ist das, so gewöhnlich, so genau da, wo es immer schon war und bis in alle Ewigkeit sein wird. In ihrem eigenen Herzen.

Caroline sagt: „Es gibt keine grössere Sehnsucht als die nach sich selbst.“

Die Frau im Flugzeug neben Tigerlilly, die ständig in ihrer Tasche kramt, schaut Tigerlilly traurig an und sagt mit Tränen in den Augen: „Ach, wissen Sie, mein Mann ist vor drei Monaten einfach umgefallen. Er war Steuerberater. Sehr erfolgreich, wissen Sie. Er fiel mit seinem Kopf auf einen Stein. Jetzt sitzt er im Rollstuhl und sabbert. Ich kümmere mich um alles. Ich musste mich nie um etwas kümmern. Ich finde nichts mehr und bin verwirrt. Es ist alles zu viel. Ich sage Ihnen nur eins: Leben Sie! Leben Sie! Leben Sie! Alles andere kommt sowieso!“

Tigerlilly versteht und sagt: „Oh, das mit ihrem Mann tut mir leid. Sie werden sich irgendwann zurechtfinden, dann hört das Suchen bestimmt auf! Nur Mut!“

Die Frau, die sich den Salat im Eimer macht, nickt, als sie Tigerlilly das sagen hört, und muss lachen, als sie Tigerlillys skeptisch fragendem Blick begegnet. „Wissen Sie, ich bin als Stewardess immer mehrere Wochen am Stück im Dienst und kann das Flugzeugessen nach ein paar Tagen einfach nicht mehr sehen. Ich bekomme schreckliche Bauchschmerzen davon, aber ich muss es ja nicht essen, ich habe doch eine Wahl, nicht wahr?", sagt sie freundlich zu Tigerlilly, während sie mit einer Nagelfeile eine Karotte putzt und sich darauf freut, nach Hause zu kommen.
Tigerlilly lacht auch und nickt.

Und die Moral von der Geschicht'? Vergiss das mit der Moral, das Leben, das Du Dir wünschst, liegt hinter der Moral verborgen, wild und frei. Lebe, lebe, lebe! Du hast immer eine Wahl! Du hast jeden einzelnen Tag Deines Lebens alle Freiheit der Welt, Dich für Dich selbst zu entscheiden oder immer wieder so sonderbar zu scheitern.

Falls Du zufällig ein Prinz bist, Haare glatt auf den Kopf geklatscht, Gesicht Typ Pferd, länglich, Brillenträger, bart- und schnurrbartlos, mit unwiderstehlichem Lächeln, das Deine Unsicherheit überspielt, schlank, wahrscheinlich eher sportlich-businesslike mit Jackett/Krawatte und Du Dich, hinter den Eisenöfen, Ringen um Deine Brust, unter der Rinde von Bäumen oder in tiefen Seen versteckt, selbst schon gefunden hast und jetzt Tigerlilly finden willst, um mit ihr gemeinsam ein Tantrastudio zu eröffnen, dann suchst Du sie am besten auf Amrum, wo sie nachts am Strand liegt und den Sternen beim Fallen zusieht. Oder Du findest sie auf www.singles.ch, dort, wo die Liebe wie Coca-Cola light schmeckt, süss, ohne wirklich Zucker zu enthalten. Je mehr man davon trinkt, desto grösser wird die Gier nach echtem Zucker, aber für den Moment hilft es, schöne Worte in das Universum zu schicken, weil immer schöne Worte zurückkommen. Wie alles, was man dem Universum schenkt. Es funktioniert in der Bahn, in der Disko und im Internet. Auch mit der Liebe. Tigerlilly weiss das. Sie findet, sie ist immer noch Anfängerin in Sachen Liebe, die Auseinandersetzung mit ihr selbst nimmt viel Raum ein, viele Gedanken, viel Zeit, sie ist wichtig. Und mühsam. Tigerlilly ist auf dem Weg, fest entschlossen, mutig, tapfer ihren eigenen Dämonen zu begegnen, ihre Kraft zu befreien und sich trotz allem selbst zu umarmen, sich zuzulächeln. Jeden Tag neu. Heute ist es ruhig in ihr, friedlich. Sie fühlt sich sehr frei und sehr auf ihren eigenen Beinen.

Sie ist im Wandel, von innen nach aussen, von aussen nach innen. Ohne Arbeit. Ohne Mann. Und beinahe ohne Angst. Sie erinnert sich an diese Gewissheit, dass immer etwas nachkommt im Leben, dass der Fluss ohne Ende ist. Alles ist eins, es ist ein Kreislauf, und alles findet zugleich statt. Sie erinnert sich daran, dass wir im Leben ohne etwas starten und ohne etwas gehen und alles zwischendrin geschenkt oder geliehen ist. Sie erinnert sich an das, was schon immer in ihr war, an ihr Talent. An Momente, in denen die Manege nur ihr gehört, wo alles andere verschwindet. Sie ist geliebt worden vom Leben, als sie noch nicht wusste, dass sie auf ihren eigenen Beinen steht. Jetzt steht sie auf ihren eigenen Beinen und liebt. Sich selbst. Sich all ihrer Kraft bewusst, die im Dunkel ihrer Seele noch schläft, lässt sie die Gitterstäbe los, springt aus dem Boot, gleitet in das Wasser hinein, gibt sich den Wellen hin und schwimmt durch das ewige Leben, in dessen endlosem Fluss sie ein Tropfen ist. All-ein. Am Anfang. Und am Ende.

Willst Du wissen, was Caroline dazu sagt?
Caroline sagt: „Die Zeit ist um! Schreiben Sie doch bitte meine Telefonnummer in Ihr Buch. Ich könnte wirklich ein paar neue Liebesgeschichten, äh, Entschuldigung, Klientinnen oder Klienten gebrauchen. Und jetzt raus mit Ihnen. Hinein ins Leben!"

Und Tigerlilly? Die war reich für ihren Lebtag. Was sonst?

Und Du? Suchst Du noch, oder liebst Du schon?

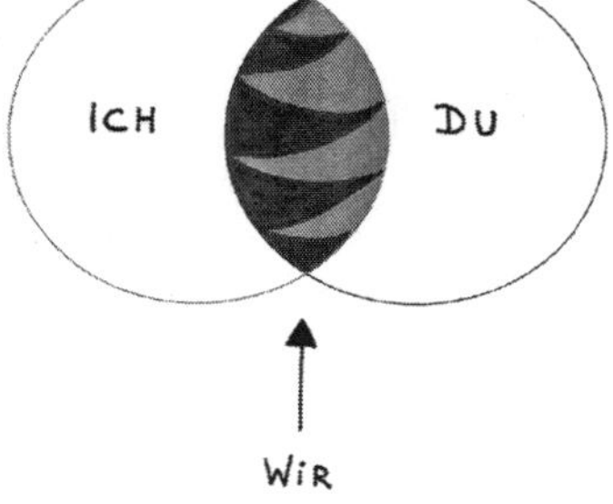

Danke

Caroline Ratz (+41 79 742 78 77, für den Fall, dass Du Dich auch auf die Suche nach dem Schatz machen willst, der sich in Deinem Herzen verbirgt).
Doris Christinger von S+C, für ihre Liebesschule für Frauen.
Roswitha Neumann und den Exen.
Medica Mondiale, für das Wachsen am Mehr der anderen, weltweit.
Allen, die Märchen hören und erzählen.
Allen, die mir helfen.
Allen, die mir nicht helfen.
Allen, die mein Buch kaufen.
Allen, die einen Grund hatten, mein Buch zu lesen.
Allen, die mein Buch gelesen haben und mich verstehen.
Allen, die beim Lesen meines Buches ihr eigenes Herz hören konnten.
Allen, die die Bibel geschrieben haben.
Oma Krüger, für die Flöte im Schrank, das erste Tagebuch, den letzten Teddy und das Hinführen zu der nie versiegenden Quelle in die Anderswelt.
Papa, für die vielen kleinen Schritte aufeinander zu.
Silke, dafür, dass Du meine beste Freundin bist.
André (und allen anderen Männern, die mich mit ihrer ureigenen Kraft unterstützen und mir jederzeit ein vollwertiges Gegenüber sind).
Michèle (und allen anderen Frauen, die mich durch ihr Eigensein inspirieren und mir darin Vorbild sind).
Bernd.
Tashi.
Madlen.
Gabriela.
Krümel, Cimo, Scooby und Merlin, wahre Meister in bedingungsloser Liebe und Hingabe.

Und ich danke Gott dafür, dass ich getragen, von Glück gesegnet und geliebt bin, von Anfang an und ohne Ende.

Anhang

1: Psychologie Heute, August 2009, Ingrid Glomp, Der Körper vergisst nicht
2: Charles Perrault
3: Psychologie Heute compact, 2007, Heft 17, J. Bauer, Ohne den anderen ist alles nichts
4: Pfarrer M. Griesser, 2012, Völlig losgelöst – warum Freiheit nur durch Bindung gelingt
5: GEO, 2005, Heft 09, Andrea Böhm, Tod im Feuer
6: Paul McKenna, Hugh Willbourn, 2008, Mosaik bei Goldmann, Liebeskummer
7: Matthias Voelchert, 2006, Kösel, Trennung in Liebe … damit Freundschaft bleibt
8: quad = althochdeutsch für schlecht, übel, schwach

Die Autorin

Diana Krüger wurde am 30.12.1971 in Berlin geboren. Sie lebt seit 2004 in Winterthur in der Schweiz. Besonders am Herzen liegen ihr ihr Ehrenamt für die NGO medica mondiale in Köln und natürlich das Märchenerzählen. Sie hat bei Mutabor-Märchenseminare eine zweijährige Ausbildung zur Märchenerzählerin absolviert und tritt seitdem, frei erzählend, unter anderem in Berlin, Stuttgart und Zürich auf. Ihr Repertoire besteht ausschliesslich aus Volksmärchen, also aus durchs Erzählen weitergegebenem Kulturgut aus aller Welt, wie zum Beispiel jüdischen, armenischen und auch erotischen Märchen. Sie reiht sich mit ihren Auftritten in den ewigen Kreis der alten Erzähltradition ein und lässt diese Kunst gemeinsam mit ihren Zuhörerinnen und Zuhörern lebendig sein. Denn heute wie damals sind es die gleichen Themen, die uns als Menschen beschäftigen, Glück, Liebe, Sterben, Leben, Erwachsenwerden und so weiter. Märchen sind seit jeher liebevolle Begleiter auf unserem Weg. In ihrem ersten Roman nimmt Diana Krüger das Märchen auf eine andere Weise als sonst in die Hand, um ihre Geschichte(n) zu erzählen, mit Dir gemeinsam darüber zu lachen und um Mut zu machen.